テンセント成長樹

2004年まで馬化騰が使用していた賽格テクノロジーインキュベーションパーク内のオフィス。現在は無人だが、剥がれかけた壁には当時の古い写真が貼られ、消えることのない記憶を空間にとどめる。

2000年の社内クリスマスパーティー。壇上で出し物を披露する創業者5人（左から許晨曄、馬化騰、曽李青、陳一丹、張志東）は、その先で自分たちを待ち受ける運命をまだ知らない。

のちに誰もが知るキャラクターとなるペンギン。中国インターネット企業として初めてロゴの決定権をユーザーに委ねたことが誕生のきっかけ。

2004年6月16日、香港連合取引所に上場。

経営陣の記念撮影。2005年、飛亜達ビル会議室にて。

「オープン化」と「変革」がテンセントの新たな課題に。2013年ビジネスパートナー会議はこのテーマで開催。

「未来の扉を開く」の発表後、テンセントは徐々にオープン化を推進。馬化騰も公の場に姿を見せる機会が増えた。写真は2013年11月10日のテンセントWEサミットでスピーチする馬化騰。

2014年3月、劉熾平(左)と劉強東(右)が戦略提携を発表。その前後、テンセントはM&Aを活発化させ、捜狗、滴滴打車、大衆点評、58同城などに相次いで出資。

この時代の者は、誰もが崖っぷちの子どものようだ。
彼らは青春の荒野で不意に光を見た。
力いっぱい走る。足を踏み下ろせば、ぬかるみか草の中。
ぎょっとした瞬間、天と地には自由にちなんだ名前の花園と
大きな山河が生まれて広がっている。
時間は薔薇、彼らは薔薇のトゲである。

２０１６年の原稿締め切り日、立冬の明け方に記す。

呉暁波《ウーシアオボー》

テンセント――知られざる中国デジタル革命トップランナーの全貌　目次

プロローグ　噴火中の火山の姿をいったい誰がフレームに収められるのか

第1部　創業　1998～2004年

第1章　少年――天文好きの掲示板サイト管理人ポニー

第2章　試合開始――先の見えないスタート

第2部　出撃　2005〜2009年

2015年

9月 「騰訊公益」が世界の有名企業・組織と合同で中国初のインターネット公益デー「99公益デー」を始動。

2016年

7月 国内オンラインミュージック事業と中国音楽集団を合併し、テンセント・ミュージック・エンターテインメントグループを設立。

10月 「王者栄耀」の登録ユーザーが2億を超え、1日当たりアクティブユーザー数が4000万を突破。

12月 モバイル決済の月間アクティブアカウント数と1日当たり取引件数がともに6億を突破。

2017年

1月 ウィーチャットのミニプログラムをリリース。

7月 「王者栄耀」を手始めに、ゲームの健全化システムを率先してリリース。

11月 医療画像分野のAIオープンプラットフォーム構築を国より受託。閲文集団が香港証券取引所に上場（銘柄コード00772）。

2018年

3月 国内外ウィーチャットの合計月間アクティブアカウント数が10億を突破。

4月 中国「インターネットプラス」デジタル経済サミットで、テンセントは各業界の「デジタルアシスタント」を目指すと馬化騰が表明。「多領域エンターテインメント」戦略が「ネオカルチャークリエイティビティ」戦略に進化。

5月 政府サービス用のウィーチャット・ミニプログラム「粤省事」リリース。

9月 産業向けインターネット強化のための社内組織変更「930変革」を実施。

2019年

5月 新たなビジョンとミッション「技術を善く使う（科技向善）」を提起。

※追補　本文記述以降のテンセントの動向を、同社からの提供情報をもとにまとめた（編集部）

プロローグ
――噴火中の火山の姿をいったい誰がフレームに収められるのか

「どんなものにも裂け目がある。光はそこから差し込む」

―― **レナード・コーエン**（カナダの歌手、詩人）、『Book of Longing』

「インターネット経済が急進的な社会に構築された場合、現代社会は不可避的にオープンで透明な方向に進んでいくと考えられる」
―― **デビッド・カークパトリック**（アメリカのビジネス系作家）

「一緒にシェイクしよう。1、2、3、シェイク！」。ライフルに弾を込めるような音がカチャカチャと中国南部の晩秋の空気に響く。乾いているが官能的な音だ。

２０１１年11月の夕方、筆者は馬化騰《マーホワトン》（ポニー・マー）と深圳《しんせん》ベニスホテル（訳注　現ザ・ヴェニス・レイツアー・ホテル深圳）の入り口に立っていた。去り際に馬は、ウィーチャット（微信《ウェイシン》）をダウンロードして「シェイク」機能で「相互フォロー」するやり方を教えてくれた。この頃のテンセントは、かの有名な「奇虎《チーフー》３６０」との争いに決着がついたばかりで、新浪《シンラン》とはマイクロブログのユーザー争奪戦が延々と続いていた。ウィーチャットはテンセントの新たなプロダクトで、ユーザーはすでに３０００万余りいて、しかも毎日20万ずつ増えている、という。「ウィーチャットを出したので、マイクロブログの戦いはもう終わった」。これが馬の最後のひと言で、疑問を挟む余地のない落ち着いた口ぶりだった。

馬と会ったときよりも2カ月前に、やはりテンセントの創業者である張志東《ジャンジードン》と陳一丹《チエンイーダン》が杭州《こうしゅう》へやってきた。竜井村《ロンジン》にある、乾隆帝《けんりゅうてい》が植樹したと言われる木の下で一緒に茶を飲んだ。二人は筆者にテンセントの企業史を書いてほしいと言ってきた。「我々は執筆の独立性を妨げないし、どの従業員への取材も手配できる」と約束してくれた。

それからの数年間で、副総裁クラスの上級職、一部部門のゼネラルマネージャーやリタイアあるいは退職した者を含む60人余りを取材し、入手を依頼した社内資料や文書に目を通した。また、インターネット業界内の者やウオッチャー、さらにはテンセントの競合への取材も進めていった。

それまで、これほど長期にここまで精力を注いで一つの企業をリサーチした経験はなかったし、今後もないだろう。ぶざまなことに、この会社の「成長のパスワード」を完全に探しだすことができなかったばかりか、一部の点においてはますます大きな疑問に苦しめられてしまった。目の前に姿を見せたテンセントは、まるで進化中の生き物のようだった。我々は、これまでにテンセントがたどってきた歴史をよく知らない。だからこそ、今まさにそこで起こっている進化に強力に吸い寄せられ、呑み込まれていく。

だいぶ長い間、テンセントは中国インターネット界の謎めいた存在だった。扉は固く閉ざされ、メディアの詳細な取材を受け付けないばかりか、公開学術界によるリサーチのイベントにもあまりやんわりと断ってきた。馬化騰が取材に応じることはめったになく、公開のイベントにもあまり姿を見せない。極力目立たないように振る舞う「国王」のように、フラッシュを浴びる場を避けている。

さらに驚くのは、テンセント自身が自社の歴史に無頓着《むとんちゃく》であることだ。同社の文書保存は、「お粗末」のひと言と言ってもよいだろう。オリジナル文書の多くが保管されておらず、重要な社内会議もほとんど議事録が存在しない。社員によれば、テンセントは電子メールで管理を行ってきた会社なので、過去の細かい部分の多くは、その場にいた者の記憶や個人のメールボックスに分散しているのだという。執筆当初は、こうした光景が実に意外に思えたが、逆に社員に「インターネット業界では誰もが将来を見つめている。昨日がいったん過ぎてしまえば何の意味もない」とさらりと言われた。テンセントの上級管理職は大多数が技術系出身でデータには敏感だが、筆者が知りたいようなエピソードはさっぱり覚えていなかった。重要な行事などについても、大半は写真も動画も残されていなかった。

リサーチと執筆を進めている最中、筆者には三つの疑問がずっとつきまとっていた。

なぜ他のインターネット企業ではなくテンセントが中国で時価総額、ユーザー数、収益力ともトップの企業となったのか。同社の成功は戦略やプランによる結果なのか、それとも偶然の産物なのか。

なぜテンセントに対してかつてないほど疑義の声が高まったのか。模倣ばかりでイノベーションをしない、閉鎖的でオープンでない、という同社への「非難」はどのように生じたのか。どんな経緯で温厚な馬化騰が大勢から「国民の敵」とされたのか。

中国とアメリカではインターネットにどんな違いがあるか。前者の繁栄は長期的な後追いの旅なのか、それとも自身に東洋式の生き残る道があったのか。

以上の三つの疑問は、混沌とした過去に由来すると同時に、明確に未来を向いてもいる。物書きとしてそれらに立ち向かっていくのは実に大変だったことを、素直に認めなければなるまい。

どんな分野の創作であれ、クリエイターは皆「事実の描写」と「本質の発見」という二つの苦境に直面する。レオナルド・ダ・ビンチはかつて、画家の使命について「優秀な画家は人物とその人の考えという二つのものを描くべきである。前者は容易だが、後者は難しい」と述べた。哲学者のウィトゲンシュタインも、1934年のある講義で似たような視点を示しており「我々が語っていることを知るのは容易だが、我々がなぜそのように語るのかを知るのは非常に難しい」と述べた。

企業史の執筆も、ダ・ビンチやウィトゲンシュタインが語ったような苦境に陥る。執筆者は企業の成長の歩みを整理し、企業に生じた「思想と意図」を記述する必要がある。産業革命時代の研究者たちは優れた仕事をした。ピーター・ドラッカーの『企業とは何か』やアルフレッド・チャンドラーが記したアメリカ企業の発展史も、非常に明確で長期的な視点でその時代の企業を展望した。中国においても、万科《ワンコー》、ハイアール、レノボなどの企業史を我々と同時代のビジネス系作家が見事に書き上げたと言ってよい。

しかしこうした仕事は、インターネット時代に入って突然骨が折れるものに変わってしまった。近年アメリカのビジネス系作家が執筆したインターネット企業史、たとえばウォルター・アイザックソンの『スティーブ・ジョブズ』、ブラッド・ストーンの『The Everything Store: Jeff Bezos and the Age of Amazon』（邦訳『ジェフ・ベゾス　果てなき野望』）、デビッド・カークパトリックの『The Facebook Effect』（邦訳『フェイスブック　若き天才の野望』）などは売れ行き好調だが、後世まで残る作品とは言いがたい。それは決して現代の作家の才能不足によるものではない。変化が続くインターネット経済には依然として巨大な不確実性が存在しているため、観察や定義が難しくなったのだ。これは、今まさに火を噴いている火山の姿を正確に描写ないしはフレームに収めることができる写真家、画家、ジャーナリストがいないのと同様である。

それゆえ、これまでの5年余りにわたる執筆はしばしば滞ってしまった。読者も、筆者の迷いや理解不足を本書の一部から読み取れるだろう。執筆の後半に入ってからは「全体を網羅した叙述」や「本質の体系化」を断念し、エピソードを掘り起こしてきっちり書くことだけに精力を傾けることにした。

数日前、友人の哲学教授が杭州に来た。雑談中に本書『テンセント』(訳注 原題『騰訊伝』)執筆の苦しみを明かしたところ、友人はロシアの思想家ミハイル・バフチンの見解を引用しながらこう慰めてくれた。この奇怪さで有名な脱構築主義の大家は「この世に総括的な事柄が生じたことはこれまで一度もないし、世界に対して、あるいは世界に関する最終総括について語った者もいない。この世界は開放的で自由で、あらゆるものごとは未来を待っており、しかも永遠にその状態が続く」と述べたそうだ。[1]

1 フランス・アナール学派の歴史学者フェルナン・ブローデルは、早くも1950年代に世界は「部分的に秩序がある」にすぎないことを発見していた。あるいは、構造よりも分散的な一つの形式として現れているとも言える。ブローデルはそれを「集合体の形態(Aggregate)」と呼んだ。この考察がジャック・デリダに至り、脱構築主義派が形成された。これはまさにインターネット哲学の起点の一つである。

ここまで聞いて友人の意図を悟り、思わず笑みがこぼれた。どうやら世界とはそういうものであり、インターネットもテンセントもまた同じらしい。ならば、筆者自身のやり方でテンセントの物語を少しずつ綴らせてもらおう。1人の少年が1986年の春の夜にハレー彗星を見かけた話から始めることにする。

創業　1998〜2004年

「シャイで物静かな馬化騰がよくぞ企業家になったものだ」。取材に応じてくれた馬化騰の中学・高校や大学の同級生や教師は、皆が口をそろえてこんな感慨を述べた。馬化騰本人ですら、自分が「大企業」を作るとは予想していなかった。馬と創業パートナーの張志東がかつて立てたプランでは、3年目の雇用者数は18名だった。OICQ、すなわちのちのQQを開始した当時に設定したユーザーの限界値は10万人だった。また、馬化騰は何度も会社売却を考えたが、引き取り手は現れなかった。

ただ、馬化騰が最もラッキーだったのは、「大業界」と「大時代」に身を置いていたことだ。ハーバード・ビジネス・スクールのリチャード・テッドロウ教授は、鉄道と電報のビジネス的意義について「人間、製品および情報の時間的・空間的限界を打破できる新たな開発は、どんなものであれビジネス運営の形に大きく影響を及ぼす」と述べた。人類の歴史上、1990年代に勃興したインターネット経済は、明らかに鉄道や電報と同等に重要なビジネス的発明であり、情報の伝達方法を一から作り替えた。そして中国は、改革開放を開始して20年後にインターネット経済の始発列車に乗った。仮にアメリカがその汽車の先頭車両だとすると、中国はその後ろに連結された2両目だ。中国は、インターネット・ムーブメントにおける最大の受益国と言ってよいだろう。

馬化騰は改革開放後の第三世代創業者であり、その上の世代の農民による起業、「都市周辺者」の商売や、官僚の事業家への転身とは異なる。馬化騰をテンセント起業により強く駆り立てた力は興味だった。情報技術への情熱は持って生まれたものだ。深圳は中国で3番目にインターネット接続サービスを実施した都市で、馬化騰は全国で最も早くインターネットを使い始めた数百人の一人であり、ある有名な掲示板サイトの管理人だった。馬化騰と他の創業仲間4人はいずれも都市部中流家庭の生まれで、うち4人は中学・高校と大学の同級生だ。全員がインターネット（金銭ではない）に対して信者のような熱意を持っていた。

アルフレッド・チャンドラーは、アメリカのアーリーステージの商工企業が成長するまでの歴史を研究する中で、有名な「成長四段階」論を提起した。すなわちリソースの蓄積、リソースの適切な利用、持続的成長、拡大を続けるリソースの適切な利用だ。テンセントのアーリーステージ成長史を振り返ると、そうした発展の軌跡をはっきりと見て取れる。QQでユーザー資源の蓄積を果たし、イノベーティブな収益モデルによってユーザー資源の収益への転化を実現した。だがこれは決して必然的なプロセスではなかった。

1990年代半ばから2000年のインターネットバブル崩壊に至るまで、中国のインターネット企業はすべてアメリカの模倣だった。ニュースポータル、メール、検索、さらにはインスタント・メッセージング・ツールも含めて一つも例外はない。テンセントはだいぶ長い間、業界では有望視されてこなかった。その大きな理由は、彼らが模倣したもの、すなわちイスラエル人が開発し、のちにアメリカ・オンライン（AOL）に買収されたICQが、一度も黒字を実現することがなかったことにある。しかも筆者が本著を執筆していた時期に至っても、良好な収益獲得方法を見いだしたインスタント・メッセージプロダクトは、他製品も含めてなかった。したがって馬化騰は正しいことを複数行わなければならず、その多くはアメリカ人には未体験であった。

〈正しいことその一〉

テンセントのICQ模倣は、マイクロイノベーションをベースにしていた。情報をクライアント端末からサーバー側に移動して保存することにより、当時の中国のネット環境に適応させたものだ。その前後にはブレークポイント送信、グループチャット、スクリーンショットなどの新たな機能を発明した。テンセントのケースで明らかにわかるのは、中国のインターネット事業者は応用的イノベーションの能力とスピードにおいて、決してどの国の同業者にも引けを取らないことだ。この特徴は、電子製品、自動車、医薬、機械装置などの分野で生じた光景とは完全に異なっている。

〈正しいことその二〉

技術的なマイクロイノベーションだけでなく、インターネットのビジネス利用もその地域のネットワーク環境、ユーザーの習慣、決済体系、国の政策といった外的条件の影響を受ける。このため、地元企業が往々にして大きな優位性を持つ。テンセントは早くから「ユーザー体験」のコンセプトを提起して、アイデア豊かに「会員サービス」、バーチャルアイテム販売、QQコインなどのサービス型イノベーションを開始し、これによってQQを温かみのない単なるインスタント・メッセージング・ツールから「ネットの知人」のソーシャルプラットフォームへと転換した。テンセントはこの意味で、世界で最も早くSNSを試行した業者の一つである。

〈正しいことその三〉

馬化騰は起業してまもない頃から資本市場に支援を求め始めた。幸運なことに、馬が世界各地から資金を得ようとしていた時期にはすでにベンチャーキャピタルが中国に進出していた。IDG、PCG、MIHがテンセントのアーリーステージの資金提供面で大きな役割を果たした。テンセントは、中国のインターネット企業として二番目に香港《ホンコン》証券取引所に上場した企業でもある。

このほかにも、これまで重視されたことがない現象が一つある。中国のモバイル通信分野の付加価値サービスがアメリカよりもだいぶ早くスタートしたことだ。早くも2000年末には、設立されたばかりのチャイナモバイルが「モンターネット」事業を開始した。ショートメッセージのプッシュ送信により携帯電話ユーザーに各種情報付加価値サービスを提供するものである。これにより、他に例がないほどショートメッセージが激増したため、案件に加わった付加価値サービスプロバイダー（SP）はどこも驚異的な利益を手にした。テンセントも「モンターネット」の最大パートナーだった時期があり、最大の受益者でもあった。テンセントは2001年6月、思いも寄らぬ形で黒字を達成した最初のインターネット企業となった。

1998年末の設立から2004年6月の上場に至るまで、テンセントはこの紆余《うよ》曲折《きょくせつ》の創業期間にプロダクトモデルの模倣、応用的イノベーションから収益モデル模索までの全プロセスを完了した。これは中国インターネット企業の縮図でもある。2000年に世界でインターネットバブルが崩壊した後、中国のインターネット企業は収益モデルとユーザー価値の発掘において、アメリカの同業者とは違う道を歩み出す。中国とアメリカのインターネットは、2003年に歴史的な大分流が生じた。そこから2年余りの間に、中国では国内企業がポータル、検索、eコマース、メールサービス、オンラインゲーム、インスタント・メッセージングなど、ほぼすべての分野で海外企業に「完勝」した。他国とは明らかに異なる中国式インターネット世界の輪郭がしだいにはっきりしていった。

創業期の馬化騰は、企業家としての特質をすべて見せていたわけでなかった。他の者なら障害と見なすであろう状況をチャンスとして捉えたが、彼が身につけた能力はどうやら致命的欠陥のある「よろい」だったようだ。「モンターネット」収益モデルへの過度の依存には疑問の声が上がったし、ほぼすべてのインターネット企業が自社のインスタント・メッセージング・ツールをリリースしたからだ。高くて危険な柵のように、試練が若かりし馬の眼前に立ちはだかっていた。仮に、若い彼らがバーチャルな世界で「自身が何者であるか」を知ったのは、テンセントの手助けがあったからだとしよう。そうだとしても実は、テンセント自身こそがかなり長い間、すくすく成長する子どものように「自分は何者なのか」と好奇心旺盛に問い続けていたのである。

出撃　2005〜2009年

テンセントは上場した2004年以降、スケジュールどおりに四半期、半期、年次の財務諸表を公表してきた。それらをじっくり読み込んでいったところ、いささか悲しい結論が出た。財務諸表からは永遠に、この会社がインターネット企業だとは読み取れないのだ。

ＩＢＭを創立したトーマス・ワトソンには「機械は働くべき、人間は考えるべき」というよく知られた名言がある。これは産業文明の時代には最も先見性があった思想だろう。だが情報革命の時代には立ち遅れたものになった。インターネット企業にとっては、機械と人間の境界線はもはや消えている。機械や資産とは何かを定義し直し、技術の投入産出サイクルについても計画を立て直す必要がある。ひいては戦略の意義、競合の確定、さらには会計ルールなど、あらゆるものに対して「価値の再評価」が必要だ。

資本市場は一貫して、上場後のテンセントを非常に冷ややかな目で見てきた。２００４年の上場から２００７年前後まで、テンセントは3年にも及ぶ「戦略調整期」に入る。これは戦略が確定するまでのプロセスではなく、調整を続ける中で戦略が徐々に形になっていくプロセスだったようだ。戦略調整当初の目的は、難を逃れることだった。当時のテンセントの営業収入は、７割弱がチャイナモバイルの「モンターネット」事業によるものだったが、チャイナモバイルは取引業者を整理するという「通知」を出す。テンセント上場の前日のことだった。

それ以降の調整において、テンセントの危険をいとわないさまざまな行動は、炎上を招く要素に満ちていた。

不遇の時期だった２００５年、馬化騰は「オンラインライフ」という新戦略を打ち出すとともに、組織や人材構成の大幅な調整を実施した。30以上あって混乱していた部署を再編し、事業部門をワイヤレス付加価値事業、インターネット付加価値事業、インタラクティブエンターテインメント事業、企業開発事業、ネットメディア事業という五つのビジネスモジュールに明確に区分した。劉熾平《ラウチーピン》、熊明華《シオンミンホワ》ら、多国籍企業での経験がある上級管理職者を社内方針決定メンバーに迎えると、彼らが一定基準に沿った運営理念をもたらした。テンセントのアーリーステージには「草の根起業」の意欲にあふれる人材が大勢そろい、こうしてテンセント社内にビッグウエーブが起こった。

インスタント・メッセージングの主戦場において、テンセントは他社との「相互接続」を積極的に主張しなかったため、一部の同業者に「世界をフラット化する」というインターネット精神に反していると見られた。テンセントは、ネットイース（網易《ワンイー》）、新浪《シンラン》、ヤフーといったポータル型企業のＱＱへの包囲を撃退した。特にマイクロソフトＭＳＮとの戦いにおいては、ＭＳＮの強烈な攻撃をかわした上、ＭＳＮ中国研究開発センターの中核幹部３人を自社に引き抜いた。中国インターネット企業の自国市場での戦闘力を示す象徴的な出来事だった。

テンセントが２００５年にリリースしたＱＱゾーン（ＱＱ空間）は、当初はマイスペースの中国版、のちにはフェイスブックの後追いと見られた。だがＱＱゾーンは、運営モデルと収益モデルが両者とは完全に異なっていた。バーチャルアイテムの稼ぎ力をさらに高め、アイデア豊かに月額プラン方式を実施して利用者の消費意欲をかきたてた。さらにその後の４年間で51.com、人人網《レンレンワン》、開心網《カイシンワン》との「三つの戦い」を段階的に経てから、ＱＱゾーンはソーシャル化という大きな波の中で最大の勝ち組となった。

２００５年の時点では、テンセントは依然オンラインゲームで最大の覇者を目指していたが、当時はほとんど実現不可能なミッションと思われた。というのも、テーブルゲームでは北京聯衆《リエンジョン》が8割を超えるシェアを持っており、大型オンラインゲーム分野は広州《こうしゅう》のネットイースの丁磊《ディンレイ》と上海のシャンダ（盛大）の陳天橋《チエンティエンチアオ》がまるで門の魔除けの神のように誰も中へ入らせまいとしていたからだ。彼らはいずれもオンラインゲームの成功で「中国ナンバーワン長者」の座に登りつめた者たちだった。しかしテンセントは、わずか1年半の間にテーブルゲームのプレーヤー数で聯衆を追い抜いた。さらに２００９年にはオンラインゲーム収入でシャンダを上回った。ウィーチャットが成長するまで、オンラインゲームはテンセント最大の「稼ぎ頭」として全収入の半分程度を占めていた。このためテンセントは、オンラインエンターテインメント企業に「させられて」いた。

不思議なことに、テンセントにはポータルでの実績もある。従来型三大ニュースポータルである新浪、捜狐《ソーフー》、ネットイースを、テンセントは迂回戦術でこっそりと抜き去った。劉勝義《ラウシンイー》がネット広告の投入ルールを見直して広告主に高く評価された上、ＱＱミニ（ＱＱ迷你）トップページのトラフィックも大きな牽引力となり、競合各社はどうしようもなくなったのだった。

馬化騰はｅコマースと検索にも触手を伸ばした。まず「拍拍網《パイパイワン》」とオンライン決済システム「財付通《ツァイフートン》」（テンペイ）を立ち上げてから検索エンジン「捜捜《ソウソウ》」をスタートした。この二つの戦場ではジャック・マー（馬雲《マーユン》）と李彦宏《リーイエンホン》（ロビン・リー）の激しい抵抗に遭ったが、それがのちの「新三巨頭」体制の伏線ともなった。

中国のインターネット史において、２００８年は一つの象徴的な年だった。中国のインターネット人口が初めてアメリカを超えた。ソーシャル・ネットワーキング・サービス（ＳＮＳ）のうねりの中で、三大ニュースポータルはブログによって形態転換を図ろうとしたが、確実な収益方法を見つけることはできなかった。ＱＱゾーン、百度空間《バイドウコンジエン》、人人網、51《ウーシーイー》などの企業が新たなＳＮＳモデルによって突如台頭し、ポータル時代は終わりを迎えた。

この時期のテンセントの調整と出撃は、大きな危険を冒す可能性を伴った。専業化という従来の考え方に反しているように見え、さらには馬化騰のアーリーステージでの発言とも一致しない。このわずか数年の間に、テンセントはますます見知らぬ「ビッグモンスター」に変身し、複数の分野で同時に勢力を拡大した。これに似たケースは、中国にもアメリカにも見当たらない。２００４年に上場した際、テンセントは急成長してはいたものの、業界の隅にいるインスタント・メッセージングのサービス業者にすぎなかった。だがその後の数年で、地味な軽騎兵部隊が動じることなく戦域の隅から中心へとひたすら前進するかのように、クライアント側からウェブページ側へのテリトリー開拓を実につつがなく完了したのだった。２００８年にはＱＱ、ＱＱゾーン、ＱＱゲーム（ＱＱ游戯）、騰訊網《トンシュンワン》（QQ.com）という4億人クラスのポータルを擁するまでになり、これはインターネット企業として世界的にもほとんど例がないことだった。馬化騰はエネルギッシュに四方へ出撃し、あちこちに敵を作り、ほぼすべての分野で戦いに臨み、いずれも激闘となった。しまいには「国民の敵」というあだ名まで頂戴した。

テンセント自身すら自社の定義がわかっていなかった。かなり長い期間、中国南端に位置し従業員の平均年齢わずか26歳のこの企業は、自身が手にした勝利に応じた準備を整えてこなかった。馬化騰はずっとメディアとの接触を避けており、2010年までビジネス系メディア編集長の誰とも会食したことがなかった。中国全土の経済ジャーナリストにとって、最も取材困難な企業家2名はいずれも深圳にいた。一人はファーウェイ（華為）の任正非《レンジョンフェイ》で、もう一人が馬化騰だ。動向がよくわからないので謎がさらに深まり、馬は「陰のリーダー」とも称された。馬はのちに、ある事実的側面において、実は「テンセントの物語を他人にどう語ればいいかわからなかった」と認めている。

何かを築いた者自身がその歴史をほとんどわかっていないという状況は、このときが初めてではなかった。

「成長とは常に脆弱《ぜいじゃく》なもの」というピーター・ドラッカーの警告は、その後まもなくテンセントにおいても現実となる。2010年以降にかつてないほど疑義を呈され攻撃にさらされたが、それらはすべて、定義のあいまいさによる必然の結果のように思える。

巨頭　2010〜2016年

中国のインターネットでは、これまでに「囲い込み」が3回起こった。第一次囲い込みは1999年前後で、ニュースポータルを基本業態とした新浪、捜狐、ネットイースの「三巨頭」が出現した。2007年以降には、アプリケーションプラットフォームを基本業態とする大再編が生じて、ポータル系は「モデル上の苦境」に陥って成長力不足となった。次に、バイドゥ、アリババ、テンセントがそれぞれ、検索、eコマース、インスタント・メッセージング・ツールの各方面からスタートし、2010年前後には「対方向的な超越」を実現して「新三巨頭」となり、三社で「BAT」と呼ばれるようになった。さらに2012年以降はスマートフォンが急速に普及して、インターネットユーザーはパソコンからモバイル端末利用中心へと速やかに移行し、これを機に第三次の「囲い込み」が起こった。

テンセントは第二次「囲い込み」の最大の受益者だった。2010年の中間決算報告では半期利益がバイドゥ、アリババ、新浪、捜狐4社の合計をも上回ったため、「全業界の敵」となった。実際、テンセントに対する疑義と攻撃はそれ以前からエスカレートしていた。2010年末にはありとあらゆる「怒り」が3Q大戦でいっせいに爆発した。テンセントは事実面においては有利な地位にあった（その点はのちの司法判決で証明された）のだが、高まる世論の中での苦戦ぶりは誰の目にも明らかだった。

3Q大戦はテンセントの戦略を変え、馬化騰の性格の一部までも変えた。馬はテンセントが半年の戦略転換準備期間に入ると宣言し、企業のオープン化拡大を約束した。その後、テンセントは10回にわたる「診断会」を実施し、初の開発者会議も開催した。またQゾーンとQQアプリケーションプラットフォームを相次いでオープン化した。

興味深いことに、3Q大戦では中国インターネット産業の実質的な転覆は何も起こらなかった。むしろPC（パーソナルコンピュータ）時代の終結を暗示していた。競争者たちは皆すぐに新たなモバイルインターネット戦場に転じ、一つの新たな時代の幕が開いた。まずは新浪の微博《ウエイボー》が独走態勢となり「すべてをがらりと変える」逆転のチャンスをつかんだかに見えた。しかし馬化騰は、張小竜《ジャンシアオロン》のチームが図らずも登場したことにより、幸運にもピンチでの逆転を果たした。

2011年1月から2014年1月までの3年間、中国のインターネットはウィーチャットの「独擅場時代」だった。まったくのゼロからスタートしたウィーチャットは、誰もが驚く疾《しっ》風《ぷう》怒《ど》濤《とう》の勢いで成長し、最大の影響力を持つ花形ソーシャルツールとなった。単に、QQに続くもう一つのプラットフォーム級プロダクトが誕生しただけではない。テンセントはこれでモバイルインターネットへの「入場券」も最初に手に入れ、中国の主流消費層の生活と仕事にも真に溶け込むことができた。

ウィーチャットのパブリックアカウントは、真の意味での中国式イノベーションだ。脱プラットフォーム化により、メディア人や商品の売り手はソーシャル環境下で自身を深く浸透させることができた。開設されたパブリックアカウント数は4年弱で累計2000万を超え、多数の企業が自社の購読アカウントかサービスアカウントを持った。メディアもほぼすべてパブリックアカウントで自身のコンテンツを発表するようになった。多くの若い創業者たちは、かつてない斬新なセルフメディアの使い方をいろいろと試した。こうして、中国市場での成功を狙う者なら誰でも「ウィーチャットとどう関わるか」を自身に問わざるを得なくなった。

テンセントの資本市場での戦略展開は、ゴールドマン・サックス勤務を経てテンセント総裁となった劉熾平の功績だと言えよう。2011年以降、テンセントはそれまでの投資戦略を一変させ、資本的手段でアライアンス型のオープン化を実現するようになった。ウィーチャットの成長により、劉熾平はぜひともトラフィックが欲しいインターネット巨頭すべてと交渉するカードを手に入れた。テンセントは大衆点評《ダージョンディエンピン》、京東《ジンドン》、58同城《ウーバートンチョン》などの企業に相次いで出資し、居丈高なアリババと史上最大規模の買収競争を繰り広げた。複占型の軍備競争に備え、テンセントもアリババも高い城壁を築き、広い堀を掘った。馬化騰の言葉を借りれば「相手の過度な接近を抑えつける、もしくは締めつけるため」だった。

馬化騰は依然人づきあいは得意ではなく、公の場にも出たがらないが、少しずつ変わってきている。ここ数年はたびたび講演しており、中国のインターネットの将来について先見性に満ちた見解を披露している。その内容は「馬八条」「馬七点」と呼ばれて世間に広まった。馬が提起した「すべてをつなぐ」はもはや公理となったようだ。「インターネットプラス」という文言も中央政府の年度活動報告に採用された。

馬化騰の七つの武器

創業型企業家の性格と才能は、企業のあらゆる個性を最終的に決定づける。アップルが完全にジョブズとイコールだったのと同様に、テンセントも気質やスピリット的な意味においては馬化騰そのものだ。

テンセントに関しては、馬化騰チームが形成した極めて個性的なコアコンピタンスが見て取れる。それらを以下のとおり「馬化騰の七つの武器」にまとめてみた。

〈第一の武器〉プロダクトミニマリズム

極めてサイズが小さいＩＭ（Instant Messaging、インスタント・メッセージング）ツールからスタートしたテンセントは、創業当初から先天的に「プロダクト」のコンセプトが備わっており、「少ないことこそ最適である」「Don't make me think!（私に考えさせないでくれ）」「無形の中に機能を存在させる」という考え方だった。馬化騰本人は「細部の美学」と「知性不要主義」のパラノイア的実践者であり、その点で中国ひいては世界インターネット界の神童であった。そうした強みは、PC時代には決して際立っていなかったが、モバイルインターネットの時代に入ると最強の殺傷力を持つ企業哲学となった。テンセントは、エンジニア文化とプロダクトマネージャー文化融合の見本でもある。

〈第二の武器〉ユーザー駆動戦略

馬化騰は早くも2004年に、インターネット企業には技術の駆動、アプリケーションの駆動、ユーザーとサービスの駆動という三つの駆動力があり、テンセントは三つ目の力の育成に力を入れる、と語っていた。テンセントチームは、かなり長い時間をかけて中国ユーザーのバーチャル消費心理を探って掘り起こし、「バーチャルアイテム」はユーザーの「心の支え」である、と定義し直した。テンセントは、技術面ではビッグデータのもとでユーザーフィードバック体制を構築し、アプリケーションツールのイノベーションにおいては、中国ならではのさまざまな理解を提示した。

〈第三の武器〉社内競馬方式

インターネット界のほぼすべてのイノベーションは、破壊的という特徴を持つ。それらは往々にして周縁で突然起こり、取るに足りないようなマーケットで顕在化する。メインストリームに身を置いて成功した大企業は、それらになかなか気づかないことがよくある。テンセントの18年の歴史において、QQショー（QQ秀）、Qゾーン、ウィーチャットといったいくつかの企業の命運を定めた大きなプロダクトイノベーションは、いずれも最上層部がリサーチした上で決定した結果ではない。中間職や一般スタッフによる下からのブレークスルーに端を発している。こうした状況は、馬化騰が社内に形成した競馬方式のたまものだ。

〈第四の武器〉試行錯誤のイテレーション戦略

標準化と精密化を特徴とする工業経済と比較して、インターネット経済が最も本質的に異なるのは、あらゆる完璧主義への反逆だ。「小さな歩幅、イテレーション、試行錯誤、疾走」は、全インターネット企業が成功するための秘訣である。企業はこの秘訣から研究開発、フィードバック、反復を求められるうちに、製造業とは完全に異なるシステムが構築された。この点において、テンセントの振る舞い方は模範的だったと言えよう。

〈第五の武器〉生態育成モデル

テンセントは従業員数で最大規模の世界的インターネット企業の一つとして、超大型企業経営の中国的な経験を提供した。馬化騰は進化論と「アウト・オブ・コントロール」理論（訳注　提唱者は『ワイアード』誌創刊編集長ケビン・ケリー）のファンだ。大きな不確実性に直面し、馬はテンセントを境界が曖昧な生態組織にしようとした。早くもQQ時代にはインターネットを「水や電気のように暮らしに溶け込ませる」ことを提起し、2013年前後には「すべてをつなぐ」と「インターネットプラス」の理念を打ち出した。内的拡張と外的拡張の両方を進める中で、テンセントはフレキシブルな組織および競争モデルを形成していった。

〈第六の武器〉 資本統合力

テンセントは最も早くベンチャーキャピタルからの出資を獲得した中国インターネット企業の一つだ。だが2011年を過ぎた頃までは、自分らしい投資スタイルを真に確立することはできなかった。馬化騰と劉熾平はテンセントのオープン化力をトラフィックと資本であると定義し、トラフィックの強みと戦略構想を資本の原動力に転じて拡大した。テンセントは、中国インターネット企業の中で最大にして最も急進的な戦略型投資家の一人である。

〈第七の武器〉 創業の初心への注力

1990年代末に起業した馬化騰は、改革開放以降の知識型創業者だ。創業の初心においては、富を得たい気持ちよりも個人の興味および社会をよくしたいという情熱のほうが強かった。18年間、馬化騰は公の場で話をする機会をまったくと言っていいほど持たず、ひたすらプロダクトのことに没頭してきた。これは馬の最も鮮明な職業的特徴だ。

二つのインターネット世界　アメリカと中国

本書はテンセントが成長するまでを記録し、中国がグローバル化していく過程での曲折と独自性をインターネットの視点によって再解釈しようと試みたものだ。インターネットを血と肉と魂を持つ人間と見なした場合、その魂はどこで芽生えるのか。この問題についての説明は国によってさまざまであり、答えがまったく一致しないからこそ、築かれるインターネット世界もそれぞれ異なってくる。

アメリカでは『タイム』誌にかつてこんな記事が掲載された。今日のパーソナルコンピュータ革命とインターネットがこのようになったのは、1960年代のヒッピー精神を継承したからだ。第二次世界大戦後生まれのアメリカの青年たちは、1968年前後にあらゆる大学を占領し、豊かでありきたりな市民社会に嫌気がさしてそれにあらがい始めた。こうして、西海岸から性の解放とロック音楽をテーマとするヒッピー・ムーブメントが沸き起こった。「世界がどんなものかではなく、世界をどう創るかを教えてくれ」というコーネル大学の反抗的なスローガンが一世を風靡《ふうび》した。

このヒッピー・ムーブメント自体は、石油危機の発生とともに早々と終止符が打たれた。だがヒッピーの精神は幽霊のようになかなか消え去らず、長いこと音楽、映画やインスタレーションアートの領域をさまよっていた。そして、かつては大麻を吸っていたエンジニアたちがその精神を情報革命の世界に持ち込んだ。彼らは、新しくてより自由な技術を駆使してヘンリー・フォードたちが築いた機械の王国をぶち壊したいと強く願ってきた。まさに、ヒッピー精神の影響を大きく受けたジョブズが「コンピュータは人間が創造した最も非凡な道具であり、まるで我々の思想の自転車のようなものだ」と言ったように、自転車は流浪と反逆の道具であり、レールのない目的地に自由に到達できる。コンピュータという胚の中で成長したインターネットは、四方に自由の旗がはためく混沌とした世界である。

インターネットの誕生以降、ネットの世界で一貫して信奉され流行している「自由平等、心の赴くままに」というネット文化と精神は、ヒッピー文化に似たものを内包している。ジョブズ、ジェリー・ヤン、ジェフ・ベゾスから、セルゲイ・ブリン、ザッカーバーグ、イーロン・マスクに至るまで、彼らはいずれも伝統的な意味での「アメリカ人」ではなく、一部は東欧、ロシアや台湾からの新移民である。ヒッピーの血が流れていない者はなく、皆学校を中退し、反逆し、自由と「邪悪になるな」（訳注　Don't be evil.　グーグルの初期のスローガン）を信奉している。

中国がアメリカと完全に異なるのは、インターネットが一つの新たな技術として自国に導入された頃、ちょうど一つの世俗的な商業社会に変わりつつあったことだ。かつてめざましく活躍していた評論家の洪波《ホンボー》が考察したように、中国のインターネットはアーリーステージの非商業段階を経ていない。当初から資本の舞台だったため、インターネット自体の民主性や非中心性は、中国で広く注目されたことは一度もなかった。

インターネットという化け物が中国に入ってきたのは、1978年に始まった改革開放がまもなく20年目を迎えようとしている時期だ。中流階級文化はまだ新しい潮流で、これから盛んになっていくものだった。1980年代に野火のように燃え広がっていた理想主義は、風前のともし火だった。若者はもはや政治に関心を持たず、エリートはほぼ全員がビジネスに身を投じ、お金が成功と社会価値を測る唯一の物差しとなった。こうした社会背景のもと、モンスターのようにやってきたインターネットは、富を築くための現金化ツールおよび事業発展の手段としか見なされなかった。第一世代インターネット創業者にとって、アルビン・トフラーの『第三の波』とニコラス・ネグロポンテの『ビーイング・デジタル』はバイブルだった。そこに記されているビジネス楽観主義が、中国社会で流行していたダーウィンの思潮と混在して輝き合った結果、中国のインターネットには拭い去りがたい拝金体質が染みついた。ヒッピー精神に促されて誕生したインターネットは、中国では「魂の抜けた肉体」と化したと言ってよい。

中国インターネットの商業化を加速させたものとしては、ベンチャーキャピタルとナスダック市場もある。国際資本市場で最初に認められた中国企業群はインターネット企業だった。新浪や捜狐などは、誕生したその日から背後にベンチャーキャピタルの存在があった。創業してほどなく株式上場を実現し、その後もすぐ「資本のムチ」に尻をたたかれながら利益拡大のためクレージーに頑張り続けた。中国のインターネット事業従事者は、富を実現するという約束をインターネットにしてもらえた。ある二人の若者は、それぞれ31歳と32歳のときに「中国ナンバーワン長者」となった。これまでの10年余り、インターネットと不動産は億万長者を最も多く生み出してきた二大分野だが、不動産分野のグレーで野蛮なイメージと比べて、インターネット分野は「日が当たる所の富」と考えられている。

中国のインターネット成長史は、ビジネスモデル的にはシリコンバレーの長期的な後追いだと多くの人に考えられてきた。思想史上に現れた光景と同様に、東洋諸国のインテリと企業家たちはこんな拷問を受け続けてきた。西洋からどのように新たな文明の火種を得るのか。また、行進しながらどのようにして「西洋文明中心論」の縛りから逃れるか。

中国のインターネット企業はほぼすべてがアメリカのクローンであり、アメリカで原型を見つけることができる。しかし成功した企業の大半は、のちに原型とは完全に異なる生存および収益のモデルを探し当てている。ＱＱはＩＣＱのクローン、ウィーチャットはKikの後追いであり、テンセント史上の戦略的プロダクトはすべて模倣の元が見つかる。だが模倣の元が早々と姿を消した一方で、テンセントはそこから成功を得たという点は示唆に富んでいる。

本書はエピソードを多数書いて、この事実の解読を行った。応用的なイテレーションと自国消費者行動への理解に関して、中国のインターネット人が自身のやり方を見いだしたことがわかる。たとえばアメリカ人は自分が聞く歌にお金を払うが中国人は友達に聞かせたい歌にお金を払うというような、さまざまな東西の消費の違いをテンセントのケースから見て取れる。2011年の比較報告によれば、中国のネットユーザーはソーシャルメディア利用において、アメリカを完全に超えていた。シェアをより好み、バーチャル系アイテムの購入意向が強く、ネットショッピングの意欲も大きく上回っている。2014年になると、中国ネットショッピング販売額が全社会消費材小売総額に占める率は、アメリカの率を4ポイント上回った。[2]

さらに重要なのは、中国の金融業界が長く閉鎖的で怠惰だったことにより、インターネット企業がオンライン決済や金融の信用関係再構築の突破口をやすやすと見つけたことだ。

したがって、ネットユーザーの絶対数、アクティブ度、制度上のイノベーションといったいずれの指標においても、中国はアメリカよりもエキサイティングなビジネス市場である。2015年頃には、中国インターネット企業は応用的イノベーションの能力と実績においてアメリカの同業者を追い抜いていた。また北京、深圳、杭州は、インターネットのモデルを議論するのにシリコンバレーよりもふさわしい3都市となった。

もしアメリカ人が世界をどう変えるかを常に考えているとしたら、中国人が主に考えている

2　アメリカの調査会社Netpop Researchが2011年に発表したこの報告によると、13歳以上のブロードバンドユーザー数はアメリカが1億6900万人で、中国は4億1100万人。毎日の平均接続時間は中国が4・8時間、アメリカが4・2時間。他のデータとしては、ネットユーザーが掲示板に書き込みをする率は中国47％、アメリカ12％、マイクロブログを投稿する率は83％と17％、ブログ利用率は78％と13％、仮想空間を試したことがある率は14％と3％、製品のレビュー率は50％と27％、となっている。

のは、今変わりつつある世界にいかに適応するかだ。自分の生活を変えることに前向きであるのは、商業的価値観、もっと広く言えば人生観の違いであり、ビジネスストーリーの多くはアメリカと中国とで起点が異なるということでもある。

もしインターネットがなかったら、アメリカも今日のアメリカではないかもしれないが、中国の場合はもう間違いなく今日の中国ではない。中国は、いまだに一般的形態とは異なる近代国家だ。政府が無限に近いリソースを掌握し、巨大な国有資本グループが産業の川上を占拠して政策決定に加わっている。インターネットは、実力で成長が見込める数少ない産業だ。変化が急速でリソースも不確実性を伴うため、国有資本はまだこの産業をうまく統制して独占的利益を獲得する手だてを見つけていない。インターネットは、この国に想定外の商業的進歩と社会空間の開放をもたらしたと同時に、新たな混乱を生み出してより巧妙な規制を受けている最中でもある。明らかに、これはまだ終わっていない物語であり、せめぎ合いは現在進行中だ。結末を言い当てた者は誰もいない。

本書の主役であるテンセントに対しては、さまざまな論争がまだ続いていて、その熱は冷めない。テンセントはますます期待しうる存在、ますます恐れられる存在となった。ビル・ゲイツやジョブズが終始「オープン化とクローズ化」「踏襲とイノベーション」という究極の問題につきまとわれていたのと同様に、馬化騰もまだそうしたことを突きつけられている。中国のインターネットは世界から独立した一種独特の市場だ。手なずけられるのを嫌がったグーグルは追い出され、フェイスブックのザッカーバーグは流暢な中国語を話せるようになったものの、まだ扉の中に入れてもらえない。そして中国の内部では、プラットフォーム間の相互ブロックや遮断がもはや誰も気にかけないほど日常茶飯事となっている。テンセントと馬化騰、そしてアリババとジャック・マー、この企業と企業家はワールドクラスとなった今も成長を続けている。また、彼らには公共的な責任も与えられたが、それはこれから答えを出すプログラムだ。

この企業はすでによい状態だが、もっとよくなれるはずである。

第1部

創業

1998～2004年

第1章
少年
――天文好きの掲示板サイト管理人ポニー

「私は嵐を見て大海のように波立った」
―― **リルケ**（オーストリアの詩人）、『予感』

「インターネットが体現するのは一つの新たな文明、新たな文化である。その特徴は、一、小さな事物を特にあがめる、二、アングラ経済、ルールを守らない、三、権威や健全なものに敬意を示さない（中略）未来を予見する最善の方法は、それを創り出すことだ」

―― **ニコラス・ネグロポンテ**（アメリカのニューメディアの教授）、『ビーイング・デジタル』

ハレー彗星を見た少年

1986年4月11日、ハレー彗星が76年ぶりに神秘的な尾をきらめかせながら、予定時刻どおり地球上空に再び姿を見せた。早春のその夜、世界各地の数えきれないほどの少年が星空を仰ぎ見ていた。

中国南部の新興海浜都市、深圳《しんせん》。馬化騰《マーホワトン》（ポニー・マー）という15歳、中学3年生の少年は、自分が校内で最初にハレー彗星を見たと宣言した。「北斗七星の南西に現れたが、思ったほど明るくはなく、肉眼では簡単に見つけられなかった」。長い年月がたってから、馬は筆者にそう語った。馬化騰は当時深圳中学天文クラブのメンバーで、彼が唯一参加していた課外クラブだった。

馬少年がハレー彗星を見つけられたのは、根っからの天文好きだったことのほかにもう一つ理由があった。他の生徒よりも高度な「兵器」を持っていたのだ。馬は14歳の誕生日が近づいた頃、家族にセミプロ級の80ミリ口径の天体望遠鏡をねだった。父親の給料4カ月分に近い値段だった。「息子はどうしても欲しいと言った。700元以上もして高いのでダメだと言ったら、科学者の夢を親につぶされた、と日記に書いてあった。ある日、母親が息子のカバンをひっくり返してその日記を見つけたんだ。夫婦で話し合って、結局買い与えた」。父親の馬陳《マーチエン》術《シュー》はそう振り返る。

ハレー彗星を見つけた馬化騰は写真に撮り、わくわくしながら観測レポートを書いて北京に郵送した。結果、観測コンクールの３等となり賞金40元を手にした。馬化騰が初めて自分で稼いだお金だった。天文好きはその後も変わらない。「中学時代からずっと購読している唯一の雑誌は『天文愛好者』」だそうだ。２００４年には、誕生日プレゼントとして精巧な望遠鏡の模型を董事会の同僚からもらった。

彗星は俗に「ほうき星」と呼ばれる奇怪な物である。早くも紀元前６１３年、『春秋《しゅんじゅう》』に「星孛《せいはい》有り、北斗に入る」という記述がある。これはハレー彗星に関する人類初の確かな記録だ。漢族や他のさまざまな民族の予言によると、ハレー彗星が現れるのは秩序を再構築する時期がまもなくやってくるという予兆だという。

馬化騰の世代の中国人は、緊迫して変化の激しい時代に育った。

１９７１年10月29日、馬は海南島《かいなんとう》の東方《とうほう》市八所港《はっしょこう》に生まれた。両親は八所港港務局の職員だった。戸籍の原籍の欄は、父親が慣例に従って「広東《カントン》省潮陽《ちょうよう》県（旧称）」と記入した。馬には４歳上の姉が１人いる。

馬化騰が生まれる１カ月ほど前の１９７１年９月13日、国を裏切る行為を働いた林彪《りんぴょう》とその妻は国外に逃れようとしたが、搭乗した飛行機がモンゴルで墜落して死亡した。このスキャンダルは中国の現代政治史におけるターニングポイント的な出来事であり、一つの閉鎖的な時代の終わりが近いことを暗示していた。1年後、中華人民共和国とアメリカ合衆国の外交関係が正常化に向かい始める。古い東洋と新しい西洋を代表するこの二つの超大国は、22年にも及ぶ長い敵対状態を終わらせた。馬化騰が5歳だった1976年9月9日、毛沢東《もうたくとう》がこの世を去った。その2年後に74歳の鄧小平《とうしょうへい》が実質的な指導権を手に入れ、このときに改革開放のとばりが開いた。

実務的な鄧小平は外資導入のため、北京から遠く離れており開放的な伝統を持つ広東省を対外開放の最先端窓口に選んだ。1979年1月、宝安《ほうあん》県（旧称）南頭《なんとう》半島の最南端、海を隔てて香港《ホンコン》と向き合う1000ムー（訳注「畝」。中国の面積の単位。1ムー（畝）は15分の1ヘクタール）余りの荒れ地が、企業誘致と外資導入を実施してもよい最初の工業区に選ばれた。これがのちに名をはせる蛇口《じゃこう》工業区である。宝安県は同年3月に深圳市と名を改めた。1980年8月、深圳、珠海《じゅかい》、スワトウ、アモイが国務院に四大経済特区として指定され、各種優遇政策によって巨額の国家投資や国際資本が南方のこれらの地域に導入された。経済回復のエンジンがこうして強制的に起動され、社会全体が遠慮するそぶりを見せながらも開放へと進んでいった。

馬化騰は幼年時代を八所港で過ごした。海南島の最西端にあり、住民は苗族《ミャオ》が多かった。馬化騰は、小さな町には顔に入れ墨を入れた苗族の人がたくさんいて、大きな竹かごを背負ったまま雨がしたたる軒下でじっとしゃがんでいたのを今も覚えている。独りでいるときの子どもは、手の届かない神秘に最も引きつけられやすい。南シナ海の港の澄みわたる深い夜空に無数の星が輝けば、皆無限の好奇心と想像をかき立てられ、自分がちっぽけな存在だと思い知る。

息子が科学に興味を持つようにと、馬家では『科学大好き』などのポピュラーサイエンス雑誌を購読していた。馬化騰は小学4年のとき、さまざまなレンズを使って天体望遠鏡を作る方法が書いてある記事を読んだ。母親にせがんでレンズセットを買ってもらい、単純な望遠鏡を自分で作った。これが馬の人生初の作品だったかもしれない。

望遠鏡は、焦点距離が長いほど視野が狭くなり、遠くまで見えるようになるという特徴がある。人は遠くにある未知の深い霧のようなものに向き合うと、近視眼的なかく乱を逃れられなくなる。焦点距離を伸ばし、焦点を合わせて見つめることでようやく、真相の一部分が少しずつはっきりしてくる。馬は雑談中、久しぶりに自分の趣味の話になると不意にこう言った。

「インターネットはまるで、爆発中で形が定まっていない銀河みたいじゃないか?」

馬化騰と中学の同級生3人

馬化騰の一家は潮汕《ちょうさん》人で、中国の商幇《シャンバン》（商人集団）の系統の中では非常に特別な一派だ。潮汕は中国南東部に位置し、中原《ちゅうげん》からは遠く離れ、土地が狭く畑も少ない。民衆は漁業と農業をなりわいとし、昔から遠洋航海で生計を立てる伝統を持つ数少ない海洋系民族だ。唐《とう》・宋《そう》の時代、潮汕人は南洋一帯で最も活発な貿易集団であり、最も早くにキリスト教を受け入れた漢族の一つでもあった。明《みん》・清《しん》時代は朝廷が航海禁止政策を実施したが、潮汕人は生計を立てる必要から危険を覚悟で航海に出た。歴史書『清稗類鈔《しんはいるいしょう》』（訳注　中華民国時代、１９１７年に発行された、清の順治《じゅんち》帝から宣統《せんとう》帝までの歴史書）には「潮人は商いにたけている。貧しい家の子は独り海に出るしかなく、毛皮、枕、毛氈《もうせん》、布団以外にまともな物はない。何年か雇われて働くと少しずつ独立開業し、その後何年かたつとほぼ全員が大商人になっている」という内容が記されている。中原に位置する山西《さんせい》省や徽州《きしゅう》の商人と比べると、潮汕商幇は官府の商いをしているという意識が薄く、「商売を重んじて学問を軽んじ、男尊女卑」という鮮明な個性があった。近代になると、潮汕人は香港や東南アジア一帯で一大商業勢力を形成し、潮汕籍の富豪が多数誕生した。うち最も有名なのは、華人ナンバーワン長者の李嘉誠（リー・カシン）だろう。

１９８４年、13歳の馬化騰は両親とともに海南島から深圳に引っ越した。

当時の深圳はすでに中国で最も注目されており、最も賛否両論の多いモデル都市でもあった。この年の初めには鄧小平が隠密に深圳を視察して「深圳の発展と経験は、経済特区を設置した我々の政策が正しかったことを証明した」と揮毫《きごう》した。10月には北京《ペキン》で中華人民共和国建国35周年の盛大な閲兵式が執り行われ、装飾を施した各省・自治区・直轄市の車両が式に参加した。深圳市の車がゆっくりと天安門《てんあんもん》広場を通過したとき、上部に２行で大きく書かれていた文字は、多くの中国人に強い違和感と理解不能の感覚を抱かせた。「時間は金銭、効率は生命」。このフレーズは蛇口工業区政府の入り口に掲げられていた標語であり、のちに深圳という都市の精神と定義された。中国人の歴史上初めて、時間と金銭がかくもあからさまにイコールで結ばれたのだった。２０００年来の儒家《じゅか》の伝統に背くばかりか、改革開放前のイデオロギーとも正反対である。その標語がセレモニーの中で華々しく全国人民の前に提示された。このことは、初めて目にする新鮮な時代、物質ですべてを数値化できる時代の本格的な到来を示していた。

馬化騰少年にとっては、中国の経済復興、深圳の台頭、潮汕人の商人の系譜はいずれも自分の外側にある記憶だ。それらは徐々に馬の肉体と魂の中にしみこんで、またとない運命体を最終的に築いていく。

馬化騰は中学2年のときに深圳中学に転校した。当時の馬は、身長１４１センチで13歳にしては小柄だったので、教室では一番前の列に座っていた。同じく最前列だったクラスメートの1人が許晨曄《シューチエンイエ》だ。許も教育関係の仕事をしていた両親とともに、天津《てんしん》から引っ越してきたばかりだった。

その年は、鄧小平の南方談話に感銘を受けて全国各地から深圳に移り住んだ者が大勢いた。深圳中学の中学1年はもともと8クラスだったが、2クラス増やさざるを得なくなった。この2クラスの生徒は大半が標準中国語を話していたが、元からの8クラスは広東語（生徒たちは「白話《バイホワ》」と呼んでいた）だった。その中にテンセントの創業者がもう2人いた。張志東《ジャンジードン》と陳一《チエンイー》丹《ダン》だ。張志東は深圳生まれの深圳育ち、陳一丹は1981年に一家で深圳にやってきた。父親は広東省スワトウ市田心鎮《でんしんちん》の人で、のちにある銀行の支店長となった。

馬化騰の中学時代の成績はずっと上位3名以内だった。許晨曄、張志東、陳一丹は「国際数学オリンピック」の勉強をしており、馬化騰だけが天文クラブに入っていた。高校に上がると、馬化騰、許晨曄、陳一丹は同じクラスになった。高二のクラス替えでは、馬化騰と許晨曄、陳一丹と張志東がそれぞれ同じクラスになった。

陳一丹は馬化騰との思い出をこう語る。高校時代は円周率を暗記する競争をした。休み時間になると廊下で向かい合わせに立って、交代で暗唱する。今日は相手が2桁多く暗唱したから、明日は自分が2桁多く暗唱する、というやり方で小数点以下100桁まで言えるようになった。また、一緒に切手収集をしていた時期もあり、互いに相手の分も買ったりしていたという。

数学教師で馬化騰の高校時代の担任だった高佳玲《ガオジアリン》によると、馬化騰はとても真面目に勉強するよい生徒だった。「他の生徒ともうまくやっていて協調性があり、授業を欠席したことは一度もなく、宿題ノートの書き方もいつもきれいだった。ただ、それ以上の印象はない」

馬化騰は高校生になってから身長が急に伸びた。何十年も前の話なのに、許晨曄は今もちょっと悔しがっている。「最初は自分と同じ列だったのに、身長がどんどん伸びて、席も次第に後ろになった」。隣のクラスにいた張志東もがっちりとした青年に成長し、同級生に「冬瓜《トウガン》」というあだ名をつけられた。

馬化騰やその同年齢の者たちは、不安に支配されてきた世代だ。彼らは自身の国と同じく、ずっと一つの巨大な「不確実な繁栄」の中で育った。馬が中学にいた頃、校内で最もはやっていた言葉は「時は人を待たず」だった。教師たちは若者に、これ以上ない切実な口調でこう忠告した。今は100年に一度の大時代だ。チャンスは川の中のドジョウのようにあちこちに見えているが、捕まえるのは容易ではない。

大学コンピュータ室のウイルスの名手

馬化騰が大学を受験したのは、1989年だ。その年の6月、中国ではある政治的事件が発生した。大学入試の全国統一試験は予定どおり7月7日から9日に実施されたが、焦燥や不安感が立ちこめていた。ほとんどの保護者は子どもが親元から離れるのを望まなかったため、その年の深圳の統一試験受験生は、第一志望を深圳大学とした者が多かった。馬化騰の統一試験の点数は739点（900点満点）で、全国上位大学の合格ラインを100点以上も上回った。本来なら、北京の清華《せいか》大学や上海《シャンハイ》の復旦《ふくたん》大学にも入れる成績だ。

深圳大学には馬化騰が最も興味があった天文学科はなかったため、その次の志望として電子工学科のコンピュータ専攻に入学した。許晨曄と張志東も馬と同じ専攻に進学した。許晨曄とは寮も同室だった。クラスの学生は計36名で、推薦入学生1名を除くと張志東が試験成績トップで、馬化騰は3番だった。

コンピュータアセンブリ言語の講義を担当していた胡慶彬《フーチンビン》先生はこう振り返る。「馬化騰の年度の入学生は深圳大学史上最も優秀で、志願者のレベルが非常に高かった。彼らのクラスには、単位を落とした者が1人もいなかった。深圳大学では、それ以前にもそれ以降にもそうしたことは起こっていない。馬化騰たちはとても優秀で、基礎がしっかりしていた。のちにあれだけのことを成し遂げたが、私は少しも驚いていない。テンセントを設立していなかったとしても、彼らは優秀な人材となったことだろう」

黄順珍《ホアンシュンジェン》は馬化騰の大学のクラス担任で、コンピュータのオペレーティングシステムの講義を担当していた。今も残っている成績表によると、馬化騰のその科目の試験成績は86点だったが、黄先生は総合評価として88点をつけた。張志東の総合評価はクラス最高の92点だった。先生は二つのエピソードを話してくれた。「クラス担任として、毎週寮に見回りに行っていた。馬化騰は毎回、本を読むかコンピュータを操作しているかのどちらかだった。馬や張志東など一部の学生は家にゆとりがあったので、自分でパソコンを組んでいた。他の学生は集まって雑談をするなどしていた。あるとき、馬化騰がマシン操作の実験報告を提出したのだが、名前の書き方をちょっと工夫していた。ソフトウエアを使って名字の『馬』という字を馬が疾走するデザインにしていて、なかなか格好よかった。それに続けて、手書きで『化騰』と書いてあった。こういうクリエイティブなことをする学生は理系には少なかったので、今でもよく覚えている」

馬化騰と寮で同室だった許晨曄は「あの頃はよく一緒に英単語を暗記していた。朝は一緒にキャンパスの周りを1周走る。あと、馬が突然気功に興味を持った時期もあった」

深圳大学は1983年に設立された大学で、伝統のようなものはほとんどない。南山《なんざん》半島に位置し、キャンパスにライチの木が多数植えられていることから「荔園《リーユエン》」と呼ばれている。当時、キャンパスの周囲は畑と数戸の農家だけだった。馬化騰と許晨曄がランニングをしていた頃は、まさか20数年後にキャンパスの北側に39階建ての自社ビルを建てて、最上階のオフィスから日々キャンパスを眺めては過ぎ去りし青春を懐かしむことになるとは思いも寄らなかっただろう。

彼らのもう1人の同級生、陳一丹は化学科に進んだ。大学時代の陳一丹は非常に活発なタイプに変わり、化学科学生会の主席に選出され、大学学生会委員会の副主任も務めた。卒業式では総代に選ばれてスピーチした。馬化騰によると「卒業して前線に出ていくかのように、感極まった話し方だった」

大学2年になってから、馬化騰はC言語の勉強に力を入れるようになった。C言語は、1972年にアメリカのデニス・リッチーが開発した高級プログラミング言語だ。高い描画力、優れた移植性などの強みがあり、データ処理能力も高いので世界的に最も流行し、最も広く使用されるプログラミング言語の一つである。オペレーティングシステム、システム使用プログラムやハードウエアへの操作が必要な場合、C言語は他の高級言語に大きく勝る。馬化騰はのちに「我々はCに頼って最終的に天下を取った」と筆者に語った。「自分は、アルゴリズムはあまり得意ではない。数学が得意な人でないとできない。だが自分は技術の応用は得意だ。つまり、技術をどうプロダクトに落とし込むかを知っている」。馬と比べて、クラスメートの「冬瓜」こと張志東のほうがアルゴリズムにたけていた。

馬化騰のコンピュータの才能は、すぐにはっきり現れた。

大学でプログラミングを学ぶあらゆる若者にとって、公共コンピュータ室は技術力の勝負にうってつけの競技場だ。彼らはよくコンピュータを使ってウイルスプログラムを書き、ハードディスクをフリーズさせて、他人は起動できないが自分は自由に開けるようにする。あるいは他人が設計したプログラムを解読できる強者もいて、これは間違いなく格好いいことだ。同級生たちの記憶では、馬化騰はウイルスプログラム作成の名手だった。「しょっちゅうコンピュータ室のマシンのハードディスクをフリーズさせていて、アドミニストレーターでも開けなかった。やがて、そういう状況が発生したら、必ず最初に馬が『容疑者』として呼び出された」

C言語プログラミングのほかに、馬化騰が技術的に得意だったもう一つの分野はGUI（グラフィカルユーザインターフェース）のプログラム作成だった。

当時のコンピュータはDOSプログラムを採用しており、マイクロソフトのウィンドウズはまだ中国に入っていなかった。馬化騰はDOSシステム下でウィンドウズに似たGUIを作成することができた。「当時はまだ、そういうことに挑戦する者が国内にほとんどいなかった。私は本で基本エレメントを見つけてから、その上に積み上げていく形で自分のGUI技術を増やしていった」

大学4年になると、学生たちは企業でインターンシップに参加する。馬化騰は深圳の黎明《リーミン》電脳網絡《ディエンナオワンルオ》有限公司へ行った。当時、中国の南部で技術レベルが最も高いコンピュータ会社だった。1990年の設立で、中国で初めて「電脳網絡（コンピュータネットワーク）」という語を社名に入れた企業だ。中国のネット発展史上、同社は、最も古いコンピュータネットワーク通信システムインテグレーション企業、最も早くデジタルデータネットワークとフレームリレー技術を応用した企業、最も早く非同期通信ネットワーク上で画像、音声とデータの統合通信活用を実現した企業、そして中国の証券用コンピュータネットワークの創始者という輝かしい記録を四つも持っている。かつてはコンピュータネットワークの設計と主要な構築において中国最大の事業者だった。上海・深圳の両証券取引所のコンピュータ自動マッチング式ネットトレーディングシステムは、同社が設計して完成させたものだ。1990年代半ばの中国株式市場は猛烈に勢いづいており、富が核融合する巨大なゲームセンターだった。このため黎明網絡公司も莫大な稼ぎを得たのだった。

この会社で、22歳の馬化騰は本当の意味でのプロダクトを初めて生み出した。

GUIの株式相場の分析システムだ。馬化騰はテクニカル分析、関数アルゴリズムのほか、漢字入力ソフトも自ら追加した。自身が持つC言語とGUIの優れたスキルをいかんなく発揮した。株式の売り手と買い手双方の心理ゲームの過程を分析するために、ニューロンについても勉強し、株式の今後の行方を予想できるよう努めた。見たところ非常に実用的な株式分析ソフトだった。ユーザーは、株式相場の変動状況をイメージで理解してチャート分析を行える。

当時の株式ブームの中で、全国で数えきれないほどの株式投資ソフトが登場した。どのソフトも未来を見通せる「水晶球」だと謳っていて、馬化騰のプロダクトもまさにその一つだった。しかし、他のプロダクトにはないグラフィカルなデザインを採用していたため、プログラマーが多数集まる黎明網絡公司の中であっても、キラリと光るものがあった。会社はインターンだった馬に、このソフトを買い取りたいと持ちかけた。馬はびくびくしつつも、思い切って5万元の価格を提示した。当時の大卒者の給料3年分に相当する金額だったが、意外にも会社は言い値で応じてくれた。

こうして馬化騰の大学生活は、ソフトの取引をして終わった。この4年間、馬は大学で何かの役職を務めた実績はまったくなく、協会などの役員選挙に出たこともなかった。大勢の学生の中で、見た目がよくてもの静かで、たまにコンピュータ室でちょっとした騒ぎを起こすのが好きな一人の理系の優等生にすぎなかった。マネジメント、広報や政府との意思疎通の優れた才能を持つことを示す形跡も、何一つなかった。

潤迅《ルンシユン》公司の「馬さん」

1993年9月、馬化騰と同級生たちはそれぞれの道を進んだ。張志東は広州の華南理工大学大学院への進学が決まり、引き続きアルゴリズムスキルに磨きをかけることになった。許晨曄はまず半年働いたのち、南京《ナンキン》大学の大学院に入ってコンピュータ応用を専攻し、修了後は深圳電信データ通信局に勤務した。陳一丹は深圳出入境検験検疫局に配属され、働きながら南京大学法学院の経済法修士課程で学んだ。馬化騰は深圳潤迅通信集団有限公司のソフトエンジニアとなった。

馬化騰の就活は実にシンプルだった。1993年3月のある日、黎明網絡公司で実習していたときに華強北《ホワチアンベイ》のコンピュータ専門書店で本を物色していたところ、無線通信専攻の同級生にばったり会った。潤迅への就職が内定していたその同級生に、同社でソフトエンジニアを募集中だから応募してみてはどうかと言われた。馬は早速会社を訪れ、採用担当者に自分が設計した例の株式相場分析システムを見せたところ、翌日に採用通知をもらったのだった。

潤迅は設立して1年の新しい企業だったが、当時爆発的に成長していたポケベルサービスを手がけていた。ポケベルとは、無線呼び出しシステムによって呼び出されるユーザーの受信機で、シグナルを受信すると音や振動で知らせ、情報を表示する。小型なので、腰に装着できる。

ポケベルは1983年に中国に入ってきて、1990年頃にはほぼ「1人の腰に1台」に達した。ここまで普及したのは、当時の中国が実質的にリアルタイム通信の時代に入っていたことを意味する。ポケベルサービスは、かなり長い期間、利用料が高止まりしていた。ネット接続料は100元、数字のみ表示する機種の年間使用料は180元、漢字表示機種は年600元で、濡れ手で粟の業種だった。

1990年以前のポケベル業界は、ほぼ国有電信会社の独占だったが、やがて少しずつ民間の参入が可能になった。潤迅の創業者2名は、いずれも電気通信業界との太いパイプを持っていた。まず中国本土と香港の両エリアをまたぐ画期的な呼び出し業務を開始し、すぐに深圳のマーケットでしっかりと足場を固めた。その後もいち早く全国衛星通信網やセクレタリーセンターなどのサービスを開始して急成長し、中国南部で最大のポケベルサービス業者となった。最盛期には香港連合取引所に上場した上、ハンセン株価指数の構成銘柄にもなった。年間売上高は20億元にも上り、粗利益は30%を超えた。

馬化騰はこの伝説の企業に1998年末までいたので、会社が成長して衰退するまでの全過程を実際に見ていた。入社した当初は研究開発部門で呼び出しシステムのソフトウエアプログラムを書いており、月給は1100元だった。のちに事業部門へ異動して、各地の呼び出しセンター設置に携わった。呼び出しシステムの開発から発信装置の据え付けまで、ソフトウエア作成とネットワーク設置を担当して、月給は8000元余りまで上昇した。

職務階級が厳格に分かれていた潤迅で、馬化騰はスーパーバイザーまで昇進した。その上には執行役員、ゼネラルマネージャー、副ゼネラルマネージャー、部門副総裁、ディレクター、シニアマネージャー、マネージャー、そしてシニアスーパーバイザーがいる。同僚たちの馬に対する印象は非常に薄かった。「馬さん」と呼ばれていたが、何十人もいる「馬さん」の1人だった。

もちろん、これは事実の一部でしかない。それとは別にあるバーチャルな世界では、身の程をわきまえたりしない野心的な馬化騰が存在していた。卒業してまもない頃、馬化騰は華強北での起業を考えたことがあった。最初に思いついたのは、顧客向けにコンピュータを組み立てる業務だった。当時の中国にはコンピュータパーツの大きな集散地が二つあった。北は北京の中関村《ジョングワンツン》、そして南が深圳の華強北だ。馬化騰は自身で8086、286、386から486まで、初期のあらゆる世代のコンピュータを組み立てた経験がある。コンピュータ1台を組むと、工賃ベースで50元のもうけが出る。1日2台組めば収入は潤迅の給料を上回る。しかし馬はすぐさまこの構想を断念した。「華強北でコンピュータを組み立てているのは、皆農村から来た中学生だ。彼らはパーツの相場に詳しいし、よく働くので、自分にはかなわないと気づいた」

のちに馬は、友人数名と株式情報の受信システムを開発した。「ポケベルで株式市場の情報を受信するものだ。受信したらシングルボードコンピュータでコード変換し、シリアルポート経由でパソコンにつなぐ」。馬化騰はこれに「股覇カード《グーバー》」という名前をつけて、華強北の電子市場で販売した。当初の価格は8000元、のちに6000元に引き下げ、さらに4000元とした。「原価は1000元で、数十セット売った」。多少の稼ぎを得たが、その商売はそれきりとなった。

1994年末、馬化騰はFidoNetという新しいものに突如どっぷりはまることになる。

FidoNet掲示板サイトの馬管理人

FidoNetは中国語で「恵多網《フイドウオワン》」といい、「会多網《フイドウオワン》」と表記されることもある。1984年にアメリカで誕生した一種のBBS（電子掲示板）設置用プログラムだ。電話回線で接続し、ポイント・ツー・ポイントでメールを転送するもので、技術愛好家が自身で構築する選択的な通信ネットワークである。のちのインターネットと異なり、FidoNetはオンラインのコミュニケーションをサポートしておらず、電話回線1本を1人でしか使えない。あるユーザーが送信する内容をアップロードしてすぐに接続を切らないと、別のユーザーは利用できない。

1991年に北京在住の台湾人、羅依《ルオイー》がFidoNetによる中国初の掲示板サイト「長城站《チャンチョンジヤン》」を開設した。中国にできた一連のFidoNetのBBSはCFidoと呼ばれた。開設当初にFidoNetにアクセスしていたのは、ほとんどが国際回線で接続してくる海外の中国人留学生だった。やがてここを見つける国内の技術愛好家たちが少しずつ増えていった。そうした者のうち、かなりのマニアが各都市に自分の掲示板サイトを開設するようになり、それらが相互接続して一つのネットワークが形成され、中国の第一世代ネットユーザーが誕生する場となった。

馬化騰は、瑞星《ルイシン》を通じてこういう新しい物があることを知った。「瑞星はアンチウイルスソフトの会社で、電子掲示板を持っていた。モデムでダイヤルアップ接続して、更新ソフトをダウンロードすることができた。私はそこでFidoNetというものを知った」。馬はすぐにFidoNetに魅了され、どんどん深みにはまっていった。「実に不思議なものだった。モデムでダイヤルアップすると、ヒューマンマシンインターフェースが現れる。メニューと会議室があって、そこで全国各地の自分と同じような人に会える。顔を合わせたことは一度もないのに、自作の最新ソフトウエアを披露し合ったり、暗号化や復号の知識や技術を交換したりできるし、プログラミング人生についての思いを本音で語り合えたりもできる」

2011年5月、すでにテンセント董事局主席だった馬化騰は「15年にわたる掲示板サイト管理人」として第6回中国インターネット掲示板サイト管理人年次総会に出席し、FidoNetに最初にログインしたときの思いを振り返った。そのときも気持ちの高ぶりを抑えがたかった。「あの頃、我々はコンピュータソフトのプログラムを書いていたが、プログラミングはすべてローカルでやるものだと誰もが思っていた。リモートの掲示板を通じてスクリーンにテキストが吐き出されるのを初めて見た瞬間は、本当に感動した。新たな表門が開いたような感じだった。あれは当時のネットワークの走りだったと思う」

ネットを使いだしてから半年近くたった頃、すっかりはまってしまった馬化騰は自分の掲示板サイトを立ち上げようと決めた。1995年2月にFidoNetの深圳サイト（站）を開設し、「ponysoft」と名づけた。Pony（ポニー）は馬化騰の英語名で、子馬の意味だ。この掲示板サイトは「馬站《マージャン》」とも呼ばれた。コードは655／101で、655が中国のエリア番号、101が「馬站」のナンバーだ。

「馬站」ができた頃、全国のFidoNet掲示板サイトは合計でも10カ所に満たなかった。うち北京が2カ所、南京、上海、広州が各1カ所だ。アクティブユーザーは計100人前後で、その中にはだいぶ後に中国インターネット史上で名をはせる者たちが多数いた。それらの掲示板サイトのうち、「馬站」は最もぜいたくな掲示板サイトの一つだったろう。馬化騰は家に電話回線を4本引き、パソコンを8台置いた。つまり、同時にユーザー4名のアクセスを受け入れられるということだ。当時の中国は、電話設置の初期費用が1台8000元と非常に高額だった。馬の姉が電話会社勤務だったため、半額優待を申請できたが、諸設備の設置と使用料で5万元近くかかった。これは、株式相場ソフトを売ったときの収入を全額つぎ込んだのに等しい。

700元の望遠鏡を購入したり、FidoNetの掲示板サイト開設に5万元かけたりというあたりには、馬化騰のある種の天性がうかがえる。一見上品で優しげなこの南部のインテリ青年は、実は危険な場に思い切って出ていける勇気と決断力の持ち主だったのだ。それは、潮汕人が代々受け継いできた天性に由来する。

「馬站」の開設により、馬化騰の生活はにわかに多忙で充実したものになった。母親の黄慧《ホアンフイ》卿《チン》によると「あの2年間は昼も夜もずっとネットに張りつき、連絡やデータを受け取っては返信していたので、ものすごく忙しそうだった。出張するときは、もしネットの友達からネットにつなげないと電話が来たら、この手順でトラブル対応をしてほしい、とメモを渡された」

その年、馬化騰は業界紙『計算機世界』の深圳通信員も務めていた。「BBSとFidoNet」という記事を書き、中国におけるFidoNetの現状を簡単に説明し、全国11カ所の掲示板サイトアドレスと電話番号を掲載した。馬化騰らが推進する中でFidoNetの掲示板サイトはしだいに増えていった。1996年初めには求伯君《チウボージュン》（訳注　キングソフト創業者）が珠海で「西《シー》線《シエン》」掲示板サイトを、同年5月には雷軍《レイジュン》（訳注　シャオミ創業者）が北京で「西点《シーディエン》」掲示板サイトをそれぞれ開設した。

リアルな生活では社交的ではなく、シャイで自己表現しない馬化騰だが、バーチャルな世界では逆に非常にアクティブだった。李宗樺《リーゾンホワ》というFidoNetの友人は「ネットだと、まさに話し出すと止まらないタイプで、何か技術的な問題を討論すると、いつも延々とやりとりしている。『馬站』ユーザー一人ひとりの意見を大切にしていて、面倒くさがることなく頻繁にメールを送っていた」と振り返る。

テンセントのシニア・エグゼクティブ・バイスプレジデントで「ウィーチャット（微信《ウエイシン》）

の父」張小竜《ジャンシアオロン》は、馬化騰よりも早く有名になった。単独でFoxmailを作成し（原著編集者注　1997年1月に誕生）、皆に南部で最高のプログラム設計者と見なされたからだ。張は、馬化騰のことを最初に知ったときのエピソードをこう語った。「あるとき、あるユーザーから突然メールが来た。Foxmailの設計についての疑問が書かれてあり、外部の人が見ても気づかないような非常に微細なエラーを指摘していたので驚いた。発信者はポニーと名乗り、ある掲示板サイトを運営している、と述べていた」

馬化騰はのちに「中国のナンバーワン・プロダクトマネージャー」と呼ばれる。プロダクト意識とユーザー体験に対する理解は、「馬站」の時期に形成されたのだった。

中国最初のインターネット人たち

馬化騰をとりこにしたFidoNetは、まだ本当の意味でのインターネットではなかった。情報化革命初期の一つの原型でしかなく、明らかに主流のモデルではなかった。湧き上がった潮流はここで一つ角を曲がったにすぎず、それ以降はさらに猛烈な勢いで見知らぬ方向へと突き進む。凝り固まったものはことごとく洗い流されて跡形もなく消える。

馬化騰がFidoNetに接した1994年、はるか遠いアメリカでは、2人の天才少年がネット経済の硬い「卵の殻」を、恐れを知らぬ歯でかみ砕いた。

28・8Kの高速モデムが開発された。ファイルを毎秒3KBで送信できる。馬化騰と同じ1971年生まれのマーク・アンドリーセンは、UNIX版のウェブブラウザ「モザイク」を開発した。また、パソコンのウィンドウズシステムもしだいに技術が成熟化していた。技術上のこうした大きなブレークスルーは、ネット革命を引き起こすのに十分だった。

同じく1994年の4月、スタンフォード大学の米国籍華人学生ジェリー・ヤンが世界初のウェブサイト検索ソフトを開発した。取得寸前だった博士の学位を断念し、トレーラーハウスの中でヤフーという会社を設立した。未曾有のネットビジネス時代が到来した。同年9月、MITメディアラボのニコラス・ネグロポンテ教授は著書『ビーイング・デジタル』を出し、その名を世に知られるようになった。同教授はその中で「社会を構築する基本要素全体に変化が生じるだろう」「コンピューティングはもはやコンピュータだけと関わるのではなく、我々の生存を決定する」という視点を大胆に提示した。インターネット技術が成熟していくにつれて、物質的世界は突然仮想性に転じる。電子流によって、知識、情報および商品の製造と販売はこれまでとはまったく異なるあり方を実現する可能性がある、と述べた。

1995年から1996年にかけて、インターネット世界は目のくらむような激動の時期に入った。

1995年5月、アメリカの企業サン・マイクロシステムズがジャバ（JAVA）プログラミング技術を開発し、ワールド・ワイド・ウェブ（WWW）の画像・音声の性能が大幅に向上した。同年8月9日、マーク・アンドリーセンが設立に参加したネットスケープコミュニケーションズがナスダックに上場した。発行価格は1株28ドルで、当日の終値は58・5ドル、時価総額は27億ドルに達した。『ウォール・ストリート・ジャーナル』は、ゼネラルモーターズが43年かけてやっと達成した目標まで、ネットスケープは約1分しかかからなかった、とコメントした。ネットスケープのブラウザ市場での業績は、業界におけるマイクロソフトの地位に重大な脅威を与えた。

1996年4月12日、ジェリー・ヤンのヤフーもナスダックに上場した。株価は1日で13ドルから43ドルに急騰し、一挙に時価総額8億5000万ドルにも上る新たな巨人となった。ヤフーは検索をベースにしたポータルサイトモデルを確立し、その後のインターネットの技術および商業利用の行方に大きな影響を及ぼした。

東洋では、マーク・アンドリーセンやジェリー・ヤンの台頭も、ネグロポンテの予言も遠い別世界のことにしか思えなかった。しかしインターネット経済に対する試みはひっそりと始まっており、中国と世界の距離は互いの息づかいが聞こえるくらいに近づいていた。

1994年5月15日、中国科学院高能物理研究所が国内初のウェブサーバーを設置し、中国で初めてのウェブページを公開した。コンテンツは中国のハイテク技術発展についての説明と、「Tour in China」という記事だった。同年9月、中国郵電部電信総局とアメリカ商務省は、中米双方のインターネットに関する合意書に調印した。合意書では、電信総局はアメリカのスプリント社を通じて64K専用回線を2本開通し、1本は北京、もう1本は上海に敷設すると取り決めた。中国の公用コンピュータのインターネット構築は、ここから始動した。

当時はまったく注目されなかったこうした動きは、のちに「創世紀」と同様の意味があったと見なされるようになった。それらは、FidoNetよりも技術的、ビジネス的に将来性があるネットワークモデルが登場しつつあることを意味していた。

1995年4月、馬化騰は深圳にやってきた丁磊《ディンレイ》という浙江省《せっこう》寧波《ねいは》市の男と会っていた。丁磊と馬化騰は身長約180センチでほぼ同じ体格、そして偶然にも同じ1971年10月生まれだった。ただし見た目のいい馬化騰と違い、丁磊はパソコンのマウスのようによく動く小さな目をしていて、どこかシニカルで投げやりに見える顔つきである。

FidoNet深圳站の管理人だった馬化騰にとって、FidoNet仲間が南の深圳までふらっとやってきたら、その相手をするのは義務である。このときの丁磊は、まさに先の見えない無職の青年だった。丁は成都《せいと》電子科技大学の出身で、主専攻はマイクロ波通信、副専攻はコンピュータだった。コンピュータがどうしようもなく好きで、超人的な直感力を持つこの技術の天才は、当初からずっと自分のコンピュータ会社を設立しようと考えていた。大学のクラスノートには、ある同級生が「自分のコンピュータ会社を持ちたいという丁磊の願いが早くかないますように」と丁に宛てて書いている。丁磊は大学卒業後に故郷の寧波市に戻り、電信局でエンジニアをしていた。丁は職場のコンピュータ室で、FidoNetの最古参ユーザー100名の1人となった。馬化騰と違い、自身の掲示板サイトは開設しなかったが、電信局の無料の回線を利用して「中継器」となり、各地のネット仲間との連絡やデータ交換を手助けしていた。まさにそうした折りに、深圳の馬化騰のことを知ったのだった。

1995年の春、丁磊はついに淡々とした味気ない生活に耐えられなくなり、「自分を解雇する」ことに決めた。家族は猛反対したが、心は決まっていた。「自分から辞めるのは初めてだった。だがその一歩を踏み出す勇気があるかどうかが、人生の勝敗を分ける一つの分水嶺となる」。丁はうだるような暑さの南部に1人でやってきて、あちこちをぶらぶらした。ネットでは親しいが会ったことはない仲間を何人か訪ねた。どんな見た目なのか、どんな突拍子もない考えを持っているのかを知りたかった。深圳では、自分と同様に不安を抱え、進む方向を探しあぐねている管理人ポニーに会えた。その年の5月、丁磊はアメリカのデータベースソフトウエアの会社サイベース（Sybase）の広州支社に入社し、技術サポートエンジニアとなった。

本格的な情報分野の技術者だった馬化騰と丁磊が南の地で失意の対面を果たした頃、情報産業の専門技術とは一見何の関係もなさそうな人たちが、てんてこまいしながらそれぞれ新たな場でキックオフした。

その年の4月、ジャック・マー（馬雲《マーユン》）という31歳、大学の外国語教師が浙江省《せっこうしょう》杭州《こうしゅう》市で「中国イエローページ」というウェブサイトを開設した。5月に本格的に公開し、ウェブで初めての中国語ビジネス情報サイトと謳った。ジャック・マーは、企業向けのインターネットビジネスモデルを生み出そうとしていた。企業が自身のビジネス情報をネットに掲載するよう促して収益を得るものだ。

5月には、応用化学専攻の張樹新《ジャンシューシン》が夫と北京で瀛海威《インハイウェイ》（InfoHighWay）公司を設立した。同社のネットワークシステム「瀛海威時空」は、国内で唯一市民向け情報サービスに立脚し、一般家庭に開かれたネットワークであるとアピールした。「瀛海威時空にアクセスすれば電子新聞を読めます。ネット上のカフェで顔を知らない友人とおしゃべりしたり、ネットフォーラムで自由に発言したり、さらにはいつでも海外のインターネットを見て回ることもできます」。中国のインターネット草創期に啓蒙家と先導者の役割を果たした瀛海威は、初めて大衆ブランド効果を生み出したネット企業だった。張樹新は中関村の白頤《バイイー》路（原著編集者注　現在の名称は中関村大街）の南端の角に「中国人の情報ハイウエーまでの距離は？——北へ1500メートル」という中国インターネット産業初の広告看板を掲げ、多くの人の道しるべとなった。

7月、マサチューセッツ工科大学で物理学博士の学位をすでに取得していた張朝《ジャンチャオヤン》陽は同校のネグロポンテに出会い、すぐにインターネットに夢中になった。張は「李政《リージョンダオ》道のような物理学者になる」という自身の夢をあきらめることにして、それよりもエキサイティングな「ビーイング・デジタル」に身を投じた。張朝陽はネグロポンテの協力を得て資金100万ドルを調達し、その年の暮れに北京に戻った。中国在線《ジョングオザイシエン》（China Online）というプロジェクトを始動するつもりだった。

ジャック・マーたちが正しい道を歩いていたことは、のちに証明される。彼らはその後心が折れるさまざまな出来事に遭遇し、成功のゴールに全員がたどり着いたわけではなかったけれども。

1996年に入って米国籍の華人青年ジェリー・ヤンがアメリカで大きな成功を収めたことから、ヤフーモデルは中国のインターネット創業者たちが競って模倣する対象となった。

ヤフーが上場して1カ月後の1996年5月、「中文之星《ジョンウエンジーシン》」という漢字入力ソフトを開発した王志東《ワンジードン》が四通利方網站《スートンリーファンワンジャン》（www.srsnet.com）を開設した。

また、よいウェブサイトモデルがずっと見つからずに苦しんできた張朝陽は、ヤフーを完全にまねることにした。外注で開発した中国語検索エンジンに「捜狐（Sohu）」と名づけたが、まるでヤフーにそっくりの「いとこ」だった。

「一緒に会社を作ろう」

内向的で同級生とほとんどつきあいがなかった馬化騰だが、1996年後半以降はしょっちゅう張志東とつるむようになった。

テンセント創業者たちの中では、張志東だけが地元宝安《ほうあん》育ちだったため、「土着」を自称していた。張家の親や先祖は畑仕事をしながら学問にいそしんでいた。張志東が生まれた頃、家はまだ１ムー余りの畑を持っていて、ピーナッツやサトウキビを作っていた。「当時の深圳はいくつかの漁村に分かれていて、どこも貧しくてひっそりしていた。僕らは毎日裸足で、自転車のリムやスモークシートを砂地で転がす競争をした」。張の父親は家で初めての大学生で、清華大学で物理工学を学んだ。卒業後はまず武漢《ぶかん》に配属され、異動で広州に戻ってきた。母親は教師で、３人の子を産んだ。上２人は男の子、末っ子が女の子だ。張志東は２番目で、兄と妹がいる。小さい頃から過保護に育てられた。テンセントに最初に入社したプログラマーの１人で、張志東の家に２カ月ほど間借りした経験がある李海翔《リーハイシアン》は、こんなエピソードを「暴露」した。「張志東は料理ができないばかりか、家の洗濯機も使えない。服は全部妹に洗ってもらっていた。一度妹が旅行に出かけたことがあったが、そのときは２人で何日もストリートチルドレンのように過ごしていた」。張志東の父親は家族を郷里から広州に呼び寄せたかったのだがかなわず、その後思い切って地元に戻った。

　大学時代、張志東と馬化騰は同じクラスだったがそれほど親しくはなかった。「寮の部屋が別々だった。馬は７０１、私が７２５号室で、何部屋も離れていた」。当時の馬化騰について、張志東の印象は「とても根気強かった。朝はいつも大学の周りをランニングしており、かなり長い間続けていたはずだ。私もちょっと走ってみたが、続かなかった」。張志東は運動が好きではなく、囲碁や中国将棋にはまっていた。

　深圳大学を卒業後、張志東は華南理工大学の大学院に進学した。中国南部で最高の工科大学だ。テンセント創業者数人のうち、コンピュータアルゴリズムの技術が一番優れていたのは張志東だった。背は高くなく、実直そうで朴訥《ぼくとつ》と言ってもよい見た目は、まさに「冬瓜《トウガン》」というあだ名のとおりだ。いつもにこやかだが、内面は毅然としていて鋭敏である。経済的に困らない家で育ったせいか、張志東は小さい頃から物欲があまりなかった。テンセントが上場して大富豪になってからも、長い間高級車ではないボーラに乗っていた。

張志東は1996年9月に大学院を修了して深圳に戻り、馬化騰がかつてインターンとして行っていた黎明網絡公司に入社した。電気通信会社向けに特化した小さなプロジェクトグループに配属され、あるポケベル呼び出しセンターへのネットワークサービス提供を担当した。まさにそのとき、3年間連絡を取っていなかったクラスメートの馬化騰に偶然再会したのだった。

それは実にドラマチックな光景だった。張志東は、自社のあるサーバーがなぜか頻繁にハングアップするのに気づいて分析したところ、原因はハッカーの侵入だと思われた。異常アクセスのログから侵入元を調べると、IPアドレスから羅湖《らこ》区の潤迅公司だとすぐに判明した。張の記憶では、自分が知る潤迅の社員は馬化騰だけだった。大学時代はウイルスの名手として名をはせた同級生である。早速、馬に電話をかけてみた。

「やったのはお前だろ?」速くもなく遅くもない口調で単刀直入に聞いた。

電話の向こうで聞き慣れた笑い声が聞こえた。「お前のレベルを試そうと思っただけだ」

馬化騰のほうから会おうと言ってきた。場所は黎明網絡公司近くの名典《ミンディエン》カフェを指定された。華強北一帯で非常に有名なプログラマーのたまり場で、薄暗い店内に客の話し声が響いている。全国各地から来た若者たちが、そこで青臭い夢をどうかなえるかをひそかに思案している。こうして、同級生が再びつながりを持った。その後の1年余り、二人は週末にしょっちゅう会って話をするようになった。インターネットの世界で起こるさまざまなニュースから、二人は嵐が襲来する気配を感じ取り、海辺で揺れるアシのように心を躍らせていた。

このときの馬化騰にとって、中国北部の張樹新、王志東、張朝陽らの動静は実にうらやましかった。だが本当に刺激を受けたのは、先般寧波から来たので会った、FidoNet の同い年の友人丁磊だった。

丁はサイベースで1年勤務してから、飛捷《フェイジエ》というインターネットサービスプロバイダ(ISP)に転職した。そこでは、ファイアバードというプログラムを使ってパブリックインターネットをベースとしたBBSシステムを構築した。丁はこれにより、相対的に小規模な FidoNet、そして馬化騰と決別したのだった。その頃、丁はインターネットのある新たな動向に気づく。1996年7月、アメリカ人のジャック・スミスが無料の電子メールシステム Hotmail をリリースした。それを1年後にビル・ゲイツが4億ドルで買収し、マイクロソフトのウィンドウズプラットフォーム上で動くようにした。丁はピンときた。電子メールは、無限の将来性があるインターネットの基本サービスになるはずだ。そこで貯金の全額50万元をはたいて、社員わずか3名のネットイース(網易《ワンイー》)の設立登記をこっそり行った。そして華南理工大学の2年生だった陳磊華《チエンレイホワ》とともに、初めての中国語無料メールシステムを開発したのだった。

丁磊はこの開発によって、中国インターネット産業において貴重な稼ぎを真に得た初の創業者となった。丁はこのメールシステムを119万元という価格で広州電信傘下の飛華網《フエイホワワン》に売却した。その後、全国各地の電気通信会社が開設したウェブサイト（当時は多くが「情報ポータル」と称しており、たとえば北京情報ポータル、成都情報ポータルなどがあった）が相次いで丁への調達を実施した。一式の販売価格は10万ドルとした。丁の名声は一気に高まり、すぐさま大富豪となった。

丁磊の話を知って、管理人ポニーはもうじっとしていられなくなった。馬は当時をこう振り返る。「私も潤迅にいた頃にメールシステムを開発しようと考えたことがあったが、遅かった。サポートしてくれる人がいなかったので、自分一人でやっていた。丁磊はやり遂げて会社も作った。私もその影響を受けたと言ってよい。インターネットにはどうやら起業のチャンスがあるようだ、だから何かやってみたい、と思うようになった」

1998年の春節明けのある日、馬化騰は張志東を潤迅公司が入る金威《ジンウエイ》ビル近くのカフェに誘った。雑談の最中、不意にこう切り出した。「一緒に会社を作ろう」

第2章
試合開始
―― 先の見えないスタート

「持てる力を倍出して突き進め。振り返るな。そうすれば、それまで見えなかったものが見えるようになる」

―― **安藤忠雄**（建築家）

「起業した年は、将来を考えたことは一度もなかった。明日生き残るための苦悩しかなかった」

―― **馬化騰**《マーホワトン》**（ポニー・マー）**

設立日、1998年11月11日

大半の人は、起業すると過去に経験したことに引き続き取り組む。馬化騰も例外ではなかった。馬は、近々設立する会社の主力製品について興奮気味に張志東《ジャンジードン》に語った。登場してまもないインターネットを普及が進んだポケベルと組み合わせて、ソフトウエアシステムを開発する。すると端末でインターネットからの呼び出しを受信して、ニュースやメールなどを受け取れる。馬化騰はこのシステムを「ワイヤレスネットワーク呼び出しシステム」と総称した。システムの販売対象は全国各地の呼び出しセンターだ。

この構想はなかなかよいものに思われた。潤迅《ルンシュン》の専門業務と関係がある上、馬が以前に開発した股覇《グーバー》カードの面影もある。丁磊《ディンレイ》の「システム販売」からの啓示も受けたようだ。馬化騰は呼び出しサービスの世界に5年身を置いているし、張志東は集積システム開発の名手だ。だから2人のコラボはまさに「天による理想の縁組」だった。理屈からするとそういうことだが、実はその分析もほとんど当てにならないことが、のちの事実で証明される。

張志東は、その頃ちょうど黎明網絡公司《リーミンワンルオ》を辞めるつもりだったので、馬化騰の話に心を動かされた。張にはアメリカ在住のおばがおり、家族の手配もあっておばの元へ身を寄せようとしていたところだった。馬化騰の誘いで、張の選択肢がもう一つ増えた。馬の語る製品に非常に興味が湧いたのは確かだった。「あのときの我々にはもうけたいという思いはなかった。ただ自分の好きなこと、価値のあることをやってみたかった」とのちに筆者に語っている。実は退職についても、張のほうが馬よりも行動が早かった。「私が先に黎明を辞めて、その後にようやく馬が潤迅を去る決断をした」

それからの数カ月間、馬化騰と張志東は創業パートナー探しを続けた。まず張志東が陳一《チエンイー》丹《ダン》を見つけてきた。二人は仲がよく、以前一緒に旅行したこともある。陳一丹は深圳《しんせん》出入境検験検疫局勤務で仕事が安定しており、2年ほど前に所帯を持った。しかし、仲のいい友人と一緒に会社を興せるという話には大きく心が揺れ動いた。ただ、万一失敗したら生活の収入源はどう確保すればいいのか、という点は心配だった。帰宅して妻に相談したところ、「自分も働いているから大丈夫」と言われた。陳一丹はのちに「妻のあのひと言には今日までずっと心から感謝している」と筆者に語っている。馬化騰も、中学から同じクラスだった許晨曄《シューチエンホワ》を見つけてきた。許は深圳の電信データ通信局勤務なので、当然専門分野上の大きな強みを持っている。

この同級生4人が集まり、自分たちについてああだこうだと話していたとき、あることに気がついた。販売を担当する者がいないのだ。

このとき、「5人目」の曽李青《ゾンリーチン》が現れた。

曽李青は１９７０年1月生まれで馬化騰よりも2歳近く上だが、大学の卒業年は同じだ。西《せい》安《あん》電子科技大学で通信を専攻し、卒業後は深圳電信データ通信局で働いていた。頑丈そうな体つきで性格は明るく、弁が立つ。性格は馬化騰や張志東とは正反対だ。若いながら曽はこんな記録を持っている。たった1人で深圳のある不動産デベロッパーを説得して120万元を出資させ、全国初のブロードバンド団地を建設したのだ。電信局で目をかけられ、同局傘下の竜脈《ロンマイ》公司でマーケティングマネージャーを務めていた。だが1998年になって電信局がサービス部門を整理することになり、竜脈も廃止される運命にあった。曽が今後どうしようかと考えていた折りに、セールスのスペシャリストを探し回っていた馬化騰と接触したのだった。

曽李青はこう振り返る。「馬化騰、張志東と会社設立の件で初めて会ったのは、竜脈公司の狭い事務室の中だった。ドアを閉めてから、皆でざっと担当業務を決めた。馬化騰は戦略とプロダクト、張志東は技術、私がマーケティングを担当することになった」

まもなく設立する新会社の登録資本金は50万元とした。会社登記の時期、馬化騰と張志東はまだ退職手続きが終わっていなかったため、董事長の名前は馬化騰の母、黄恵卿《ホアンフイチン》とした。なお、母親は会社に来たことすらない。

社名の登記については、名称の後ろの文字を「訊」にして「通訊（通信）」と関係があるとわかるようにすることは決めていた。だが最初の文字をどうするかで紆余曲折があった。馬化騰によると「最初に思いついた名前は『網訊《ワンシュン》』だった。ネットワーク通信を意味し、最もストレートでシンプルだ。2番目の候補は『捷訊《ジエシュン》』、3番目は『飛訊《フェイシュン》』で、4番目が『騰訊《トンシュン》』

だった。登記は父親に行ってもらったのだが、帰ってきた父に第3候補まではすべて登記不可で『騰訊』だけが登記可能と言われた。私は、自分の名前が含まれる社名ではあまりにも個人的なカラーが強すぎてよくないと思った。しかし父親が『騰訊』にしておけ、そうしないと登記できないと言うので、『騰訊』にした」。その後、「騰」は馬化騰の名前、「訊」は「潤迅」にちなんでいると推測する者が出てきたが、当たらずといえども遠からずだと言えよう。

　会社の英語名Tencentは、Lucent（朗訊）からひらめいて決めた。「当時は左右対称にこだわっていて、Tencentだとほぼ対称に近い」。この名前を分解するとTen Cent（10セント）になる。テンセントがのちに小額決済の収益モデルで大成功を収めることになったのは、「天意」だったのかもしれない。

　次はオフィスの場所だ。テンセントは、最初のオフィスを華強北《ホワチアンベイ》の賽格《サイゴー》テクノロジーインキュベーションパーク内にある南向きの古いビルの中に構えた。馬によると「知り合いに、ポケベル事業をやっている陶法《トウファツ》という香港のビジネスマンがいた。ずっと私を引き抜きたがっていたのだが、自分で創業すると伝えた。その人がちょうどパーク内に空いているオフィスを一部屋持っていたので、無料で何カ月か貸してもらった」。そのオフィスは4階にあり、広さは30数平方メートル、入り口にはけばけばしい大きな陶器の花瓶が対で置いてあった。部屋の天井には、くるくる回るダンスホール用の派手な電飾がつるされている。陳一丹が香江家具城（家具店）でオフィスデスクを数台買ってきた。5〜6人入ると、部屋はいっぱいになった。

そのオフィスは数カ月後に貸主から明け渡しを求められたので、馬化騰は隣にある「二棟東楼」の2階を新しいオフィスとした。今度は広さ100平方メートルほどで2部屋に仕切られていて、奥がマネージャー室、手前が事務用スペースとなっていた。筆者が本書を執筆していた時点では、このオフィスには誰も入居しておらず、中はそのままの状態だった。剥がれかけた壁には当時の古い写真が貼られ、隅にほこりだらけのオフィスデスクが積み上げられている。すっかり古びたが消え去ることはなかった記憶がその空間にとどまっていた。

張志東によると、ある日、馬化騰とオフィスでテンセントの将来を自由に思い描きながら、二人で「3カ年計画」を立てたという。3年後のテンセントは従業員が18人に達し、この100平方メートル強のオフィスがちょうどいっぱいになる、とした。

テンセントの設立日は、1998年11月11日ということになっている。しかし実際には「正式な」設立日は存在しない。1998年の春節明けから翌年の初めまで、馬化騰と他の創業パートナーたちはバタバタと一日一日を過ごしてきた。生きることは一本の大河に似ている。いわゆる「水源」は、のちの誰かが定めたものだ。

理解しておくべき「インターネット世代」

テンセントが誕生した頃、インターネットの世界ではどんなことが起きていたかを振り返ってみよう。

中国そして世界のインターネット史上において、1998年から1999年までの2年間は謎の多い時期だ。この時期を理解し損ねると、一つの世代を理解し損ねることになる。

まずはアメリカを見ていく。

1998年11月24日、アメリカ・オンライン（AOL）が42億ドルでネットスケープを買収して、ネットスケープとマイクロソフトのブラウザ争いは白熱化の段階に入った。ビル・ゲイツは、ウィンドウズ95とIEブラウザのバンドル販売という非常に強気な策によって大きな成果を上げた。マイクロソフトはその年にウィンドウズ98の発表も行った。ウィンドウズの中にブラウザのウェブページデザインの思考を取り入れ、ウィンドウズをより柔軟で実用的にして、真の意味でインターネットに対応したデスクトップシステムとした。その年、マイクロソフトは株価が72％も上昇する一方で、不正競争だと激しく非難された。アメリカ司法省および20の州政府は、マイクロソフトが独占禁止法に違反しているとしてワシントン連邦地裁に訴訟を起こした。

1998年、ジョブズが復帰したアップルはミニマルなコンピュータiMacを発売した。アップルは黒字転換を果たしてハードウエア産業での勝利を収めた。しかし同社がやがて新たな支配者になることを示す兆しは何もなかった。その頃の世界はソフトウエアとインターネットの天下であり、ジョブズは「帰ってきた不良少年」にすぎなかった。

1998年に全米で最も絶賛されたインターネットの英雄は、米国籍の華人青年ジェリー・ヤンだった。『タイム』誌や『ビジネスウィーク』誌の表紙を飾り、『フォーブス』誌の「ハイテク長者番付トップ100」では保有資産額10億ドルで第16位に躍り出た。ヤフーは中国への進出を開始し、ジェリー・ヤンは中国でのウェブサイト広告の販売も考えていた。一方、ヤンは同年に生涯で最も愚かな決断をした。同じく1973年生まれでスタンフォード大学の校友でもある二人の人物がヤンの元を訪れ、自分たちの検索技術を100万ドルでヤフーに売りたいと言ってきた。ヤンは申し出をエレガントに辞退した。その二人、ラリー・ペイジとセルゲイ・ブリンは、やむなく9月7日にカリフォルニア州郊外のガレージでひっそり起業し、会社に「グーグル」という名前をつけた。

では中国を見よう。

「ジェリー・ヤンの奇跡」に触発された中国のインターネット開拓者たちは、ほぼ同時に成長の道筋を探り当てた。

1998年4月、まず張朝陽《ジャンチャオヤン》のチームが中国語検索システムを完成させた。ヤフーモデルに沿って中国語版の「クローン」を作り、そこは「捜狐《ソーフー》」という企業になった。張朝陽は10月にアメリカ『タイム』誌の「グローバル・デジタルヒーロー・トップ50」の一人に選ばれ、インターネット業界人として初めて全国ニュースで取り上げられた。

1998年8月、四通利方《スードンリーファン》の王志東《ワンジードン》はアメリカ視察中に北米最大の中国語サイト「華淵《ホワユエン》生活資訊網《ションフオズーシュンワン》」の事業者と接触した。たちまち意気投合し、すぐに合併交渉に入った。12月1日には新浪網《シンランワン》が誕生し、「ソフトウエア、ニュース、情報、ネットサービスなどの機能をトータルに提供し、世界最大の中国語サイトを目指す」と宣言した。

広州《こうしゅう》では、電子メールシステムの販売で起業後初めて巨額の富を得た丁磊も、ネットイース（網易《ワンイー》）をソフトウエアベンダーからポータルサイトに転換するという天才的な決断を下した。

こうして中国のインターネットは「ポータル時代」を迎えた。新浪、ネットイース、捜狐が相次いで頭角を現し、その後の10年を支配する「三巨頭」となった。1999年1月13日に経済紙『中華工商時報』が発表した当時の国内商業サイトトップ10は、新浪、163電子郵局《ディエンズヨウジュー》、捜狐、ネットイース、国中網《グオジョンワン》、人民日報ウェブサイト、上海熱線《ローシエン》、ChinaByte、首都在線《ショウドウーザイシエン》、そしてヤフー中国だった。選ばれたサイトのタイプはすべてニュースや情報系のポータルサイトであり、利益獲得モデルはほとんど持っていない。選出実施組織の選定基準は「アクセス数が最も重要で、次がコンテンツ、そして見た目の美しさ」だった。

また、非ポータル型のモデルもひっそりと雨後の竹の子のように登場した。たとえばオンラインゲーム、eコマース、専門的な検索エンジンなどだが、それらのいずれも当時は「三巨頭」ほど注目されなかった。

1998年から1999年にかけて、3人が前後してオンラインゲーム領域に進出した。1

998年6月、中国語にローカライズしたプラットフォームシステムUCDOSを開発した鮑《バオ》岳橋《ユエチアオ》は北京に聯衆游戯《リエンジョンヨウシー》を設立し、すぐに中国最大のテーブルゲームサイトとなった。1999年8月、大学を2年で中退した朱駿《ジュージュン》は上海でエンターテインメント型コミュニティGame-nowを開設し、のちに「第九城市《ディージウチョンシー》」（略称「九城」）に名称変更した。11月には1973年生まれで復旦《ふくたん》大学卒の陳天橋《チエンティエンチアオ》が貯蓄50万元で上海にシャンダ（盛大）を設立し、「網絡帰谷《ワンルオグイグー》」というバーチャルコミュニティの運営を開始した。オンラインゲームはやがて中国インターネット産業で最も稼げる事業となっていくが、当時は「主役の脇の小者」扱いでまったく有望視されなかった。

eコマース分野の試みも、それぞれ優れたものがあった。1998年6月、劉強東《リウチアンドン》は中《ジヨン》関村《グワンツン》で京東《ジンドン》公司を設立して光磁気製品の代理販売を行ったのち、eコマースに業態転換した。1999年3月、ジャック・マー（馬雲《マーユン》）は有り金50万元で中小貿易企業向けサービスに特化したB2B（Business to Business）サイト「阿里巴巴（アリババ）」を開設した。数カ月後、中国のこの無名サイトは世界で最も活発なeコマースサイトとなった。『フォーブス』は記者に杭州《こうしゅう》で追跡調査をさせ、ついに湖畔花園という団地の中にあるこの小さな会社を探し出した。6月には旅行業に狙いを定めた携程網《シエチョンワン》が誕生した。ここの創業者4人は、当時の創業者たちの中で最も輝かしい肩書きを持っていた。沈南鵬《シエンナンポン》はドイツ銀行のアジア太平洋地域総裁、梁建章《リアンジエンジャン》はオラクルの中国地域コンサルティングディレクター、季琦《ジーチー》は以前にテクノロジー企業を設立した経験があり、范敏《ファンミン》は上海旅行社のゼネラルマネージャーだった。11月、長年個人で書店を経営していた李国慶《リーグオチン》と留学帰りの妻・兪渝《ユーユー》が書籍のネット販売サイト「当当網《ダンダンワン》」を共同で開設した。そのモデルは完全にアメリカのアマゾンのウェブサイトをコピーしたものだった。

検索分野ではバイドゥ（百度）と３７２１が登場した。１９９８年10月、北京方正《ファンジョン》集団のソフトエンジニア周鴻禕《ジョウホンイー》は、アクセスしたいサイトをユーザーが中国語で探せるソフトウエアを開発した。自宅の離れに国風因特軟件公司《グオフォンイントールワンジュン》を設立し、自社のサイト名を「３７２１」とした。中国のことわざ「不管三七二十一（訳注　「闇雲に、何も顧みず」の意）」からつけた名前で、何と言われようと我が道を行くという思いを込めている。周鴻禕は１９７０年生まれで、のちに馬化騰の最もやっかいな敵の一人となる。１９９９年末にはアメリカでコンピュータサイエンスの修士号を取得した李彦宏《リーイエンホン》（ロビン・リー）が帰国してバイドゥを設立した。当時の李はすでにシリコンバレーで多少は名を知られた検索技術の専門家だった。「バイドゥ」は辛棄疾《しんきしつ》（訳注　南宋の詞人、政治家）の有名な詞の一節「衆裏尋他千百度、驀然回首、那人却在、灯火闌珊処（訳注「人混みで見かけたが姿が見えなくなった美女を、千度も百度も捜した。ふと振り返ると消えそうな明かりの中にいた」。捜し物は意外なところで見つかる、の意）」から取った。

１９９８年から１９９９年に登場したインターネット創業者の一群は、中国企業史における未曽有の世代だ。彼らはけたたましくてまばゆい銀河を織りなす新しい企業家世代であり、古い世代とは一線を画している。

まず年齢が非常に若い。皆1960年代半ばから70年代半ばくらいまでの生まれで、今の中国の「黄金世代」だ。大半がきちんとした学校で教育を受け、専門分野の良好なバックグラウンドがある。修士号や博士号を持つ者も多く、世界の一流大学を卒業した者もいる。彼らの若々しい気概や学識は、農村あるいは都市庶民層の草の根起業家とは大きくかけ離れている。

また、こうした創業者は他産業から抜きん出た情報産業に身を置いている。起業したその日から彼ら自身が世界的なインターネットの波の一部だった。彼らには、頼みにできる生来からのリソースや権力とのコネクションがなく、政府にレントシーキングをする必要もまったくない。しかも当初から、古くさくて横暴な国有企業グループを競争の場から締め出している。したがって彼らは、生まれながらのグローバル世代、日の当たる場所で創業した世代である。

さらに、彼らはベンチャーキャピタルの資金と国際資本市場に後押しされた世代であり、「翼を持つ創業者」だ。これは、それ以前の中国企業界には例がなかった創業パターンである。張朝陽と李彦宏は最初からベンチャーキャピタルの支援を受けていた。周鴻禕と陳天橋は会社経営を始めて1年以内にベンチャーキャピタルの資金を得られた。ジャック・マーは『フォーブス』に掲載されると、すぐに国際資本から追いかけられる対象となった。新浪、捜狐、ネットイースもいっそうの注目を集め、1999年末には相次いでナスダック上場計画を始動した。

にっちもさっちもいかない歳月

インターネット創世紀の銀河の中で、テンセントは間違いなく最も目立たない星の一つだった。

ポータル、検索、eコマースといったどのはやりの括りにも属さず、自身を定義できなかった。ひいてはその出発点すら間違っていた。馬化騰が張志東に語った、インターネットとポケベルを合体させた「ワイヤレスネットワーク呼び出しシステム」は、ダメなプロダクトであった。

一見すると、先が明るい事業に思える。馬化騰はトータルソリューションとして非常に画期的な呼び出しサービスを構想していた。たとえばウェブページ呼び出しのユーザーは、インターネット上で呼び出しセンターのメインページにアクセスできるので、市外電話をかけなくてもメッセージを呼び出しシステム経由でポケベルに送信できる。またメール呼び出しサービスの場合、ユーザーは着信したメールのタイトルと内容の一部をポケベルで見ることができる。さらにネットセクレタリーサービスは、ユーザーがインターネット上で毎日のスケジュールを入力しておくと、ネットセクレタリーが設定した時刻に遅滞なくその事項をポケベルに送信してくれる。

そのほか、馬化騰はバーチャル呼び出しサービスも構想していた。ユーザーは本当のポケベルを持っていなくても、バーチャルな呼び出し番号があれば、友人が直接呼び出しセンターに電話をかけてメッセージをユーザーのメールアドレス宛てに送れる。原理的に、これはもはやインターネットベースのリアルタイム通信ツールだった。

とは言っても、しょせんはダメプロダクトである。

なぜかと言うと、技術的に未熟だからではなく、非常に単純なのに気づきづらい競争の原則に反していたからだ。成長が見込めない産業においては、どんなイノベーションもそれに見合うリターンを得るのは難しいという原則だ。だから意味がない。

馬化騰のイノベーションはすべて、皆がポケベルを使い続けることが前提だった。

致命的な問題として、1998年以降は携帯電話の普及が進んでおり、ポケベルは時代遅れで打ち捨てられる通信製品になりつつあった。全国の呼び出しセンターはほぼすべて拡張や資金投下を停止していた。かつてはモトローラが中国のポケベル市場を牛耳っており、最盛期には同社製ポケベルが1台3000元で売れた。その中国合弁企業の年間利益は3億ドルという驚異的な額に上った。しかし1998年末にモトローラのポケベル部門は完全に廃止されてしまった。まさに急降下中の市場であり、人々は業界が消える日をおののきながら待ち構えていた。業界の重大な転換点で、馬化騰は立ち遅れた側に立っていた。馬の提供するソフトウエア製品は、一見すると最もはやりのインターネットと融合したものだが、打ち捨てられる運命にあるポケベルを真に救うことができないのは明らかだった。

創業で気持ちの高ぶりが続いていた馬化騰は、自分のいる危険な状況に気づかなかった。馬は「どんなことでも危険を冒すのは好まない」タイプを自称しており、この点は大半の創業者とまったく異なる。このため、テンセントの設立を計画し始めた頃から、仕事になりそうなことをあちこち探し始めていた。ある友人は河北《かほく》電信との取引を紹介してくれた。同社は馬化騰のソフトウエアシステムに関心があり、20万元を試しに出してもよいとのことだった。1998年の5月から7月にかけて馬化騰は石家荘《せっかそう》を4回訪れ、ついにその案件を完了させた。チームの皆が興奮に包まれ、このことが会社の正式な設立に至った要因でもあった。

業務開拓のため、馬化騰は何とか知恵を絞り「ポケベル企業大全」を入手した。多数の企業の住所と電話を収録したものだ。皆でビジネスレターを印刷し、大量の封筒を買ってきて手書きで宛名を書いて郵送した。そして毎日ひたすら棚からぼた餅が落ちてくるのを待っていた。

しかし彼らにやってきたのは気落ちすることばかりだった。河北電信以外に、20万元を出してこのソフトを買おうとする呼び出しセンターは全国どこにもなかった。馬化騰の提示価格はしだいに下がった。業務マネージャーだった陳一丹はこう振り返る。「当時は、毎日各地の呼び出しセンター業者に電話して『御社のゼネラルマネージャーはいらっしゃいますか』とまず聞いて、先方が興味を示せば出向いて話をしに行った。通常は二人で行く。私の名刺の肩書きは業務マネージャー、馬化騰はエンジニアとしていた。先方は名刺を見ると、うちが背後に大きなチームを抱えた専門性の高い会社だと思ってくれる。でも本当は全部で数人しかいない。その頃は結局十数件くらい受注したのだが、価格はどんどん安くなっていった。20万元から10万元に下げて、さらに8万元、5万元、3万元となった。このソフトウエアの開発コストは3万元前後だったので、実はもう利益が全然出なくなった。仕事を増やそうと思って、我々は何でもやった。ウェブサイト構築、サーバーストレージとスマートアップデート・管理メンテナンスの包括的サービスから、単純なウェブページ作成まで手がけた。中にはわずか500元の仕事もあった。しまいには、のちのメンテナンス費で稼ぐつもりで、無料の仕事も請けたことがある」

張志東と黎明網絡公司で同僚だった李海翔《リーハイシアン》も、その頃仕事を手伝いに来ていた。李の記憶では、それはにっちもさっちもいかない歳月だった。「あの頃は規格だのファイルだのは一切なく、ソースコードだけ渡されてそれを組むだけだった。その最中に何か問題が起きても、他の人がわからないというから、自分で対応して修正が可能なら修正する。完成したら、そのシステムは自分が管理する。他の人にはわからないからだ。そのうち、それが一つの伝統になった」

この期間には曽李青が会社に貢献した。深圳電信で培った自身の人脈を駆使して電子メールシステム開発の受注にこぎつけた。金額は30万元、おかげで馬化騰たちはしばらく喜びと多忙の日々を過ごすことができた。

こうして1998年末の創業から1999年末までのちょうど1年間でテンセントは計100万元の営業収入を実現した。賽格テクノロジーインキュベーションパークのあの狭いオフィスで、馬化騰のチームは当初から苦戦を強いられ、主たる事業は座礁した状態で、出る資金が入る資金を上回り、息も絶え絶えのベンチャー企業のように見えた。馬化騰は、陳一丹と許晨曄に今の勤め先を辞めてくれとはとても言えなかった。その1年余り、二人は通勤帰りと週末に賽格テクノロジーインキュベーションパークへ来て仕事をしていた。

しかし物語は、まさにこういうときに小さな転換が生じるものだ。「創業の神様」は、常に意外なカードを切ってくる。過去の成功と経験を余計なものと見なし、極限状態のもとで人間が意志と想像力をもって挑戦するよう仕向けるのが好きだ。「神様」はいつもからかいの笑みを浮かべて運命の正門をふさいでから、自分の脇の下に隙間を見せる。

その隙間はとんでもなく小さい。テンセントの場合、隙間はOICQという名前だった。

ICQからOICQへ

OICQの前に、まずICQについて説明しておく。

1996年、Vigiser、ヴァルディ、ゴールドフィンガーという兵役を終えたばかりのイスラエル人青年3人がインターネット上で直接やりとりができるソフトを開発し、この新しいソフトをＩＣＱと名づけた。「I SEEK YOU（私はあなたを探している）」の意味だ。ＩＣＱは、インターネット上でのチャット、メッセージ送信、ファイル送信などをサポートしている。３人はミラビリス社を設立し、登録ユーザー向けにインターネットリアルタイム通信サービスの提供を開始した。インターネットの通信ツールとして、ＩＣＱのインタラクティブ性はＢＢＳや電子メールをはるかにしのいでいた。家族や友人の番号をコンタクトリストに登録しておけば、相手がオンラインかオフラインかがすぐわかり、しかも随時対話できるため、若い人の人気を博した。ＩＣＱのユーザー数は驚きの成長を遂げ、1年もしないうちに世界でユーザー数最大のリアルタイム通信ソフトとなった。１９９８年末、ミラビリス社のＩＣＱはアメリカ・オンラインに4億７００万ドル（株式取得分が2億８７００万ドルで、実績に応じた追加分が1億２０００万ドル）で買収された。この時期のＩＣＱユーザー数は１０００万人を超えていた。

インターネットの革新的プロダクトが誕生すると、それを模倣する者が必ず中国に出てくるのと同様に、ＩＣＱも１９９７年には漢字版の開発を始める者が現れた。既存の資料によると、台湾の資訊人《ズーシュンレン》公司が最初に繁体字中国語版ＩＣＱをリリースし、品名をＣＩＣＱとした。資訊人は１９９８年８月に大陸市場に進出し、簡体字中国語版であるＰＩＣＱをリリースした。それとほぼ同時に、南京《ナンキン》の青年エンジニア２人が北極星軟件《ベイジーシンルワンジエン》公司を設立し、ＩＣＱに類似した「網際精霊《ワンジージンリン》」というプロダクトをリリースした。

馬化騰も潤迅時代からＩＣＱに注目していた。以前、社内で製品開発の実行可能性について同僚と議論したことがあった。あるシニアスーパーバイザーは「これでもうけが出るのか」と疑問を呈して否定的な反応を見せ、すぐに話題を変えてしまった。のちに「中国のパートナーを探していたＩＣＱ社は、潤迅と接触したことがある。そのときに交渉を担当したのが馬化騰だった。潤迅がその件を断念した後、馬化騰は独立して会社を興した」といううわさが流れたが、これは事実ではない。

馬化騰のチームがＩＣＱ開発を始めたのは、偶然の出来事だった。

１９９８年8月前後のことだった。馬化騰は広州電信の情報ポータルサイトを「ぶらぶら見て回っていた」とき、たまたまある入札募集情報を見かけた。広州電信がＩＣＱに似た中国語のリアルタイム通信ツールを購入したいので、正式に一般競争入札に付すという。馬化騰は直ちに張志東、曽李青と相談し、技術的にはそう難しくないと思えるので参加してみようということになった。しかし入札日が迫っていてプロダクトを作る時間はないので、技術プランのみで応札するしかなかった。

翌日、曽李青が状況を探ったところ、すぐに悲しい知らせが入ってきた。今回の競争入札には広州電信傘下の飛華《フエイホワ》公司が加わっており、同社はすでにプロダクト開発もすべて終えてＰＣＩＣＱという名前もつけたとのことだった。「我々が参加しても絶対に見込みはない」。曽李青はオフィスの中でそうささやいた。

しかし馬化騰は参加することに決めた。張志東と二人で数日こもって競争入札の書類を仕上げた。その「紙上のプロダクト」には名前がどうしても必要だったので、馬化騰はopenという言葉を思いついて「ＯＩＣＱ」と名づけた。中国語名は「中文網絡尋呼機（中国語ネットワークポケベル）」とした。

果たして曽李青が予想したとおり、広州電信はその競争入札会でテンセントに何のチャンスも与えてくれることはなく、飛華が順当に落札した。

深圳に戻ってから、創業者5人で「本当に」ＯＩＣＱを開発する必要があるかどうかについて徹底的に議論した。許晨曄の記憶によると、これがテンセント史上初めての激しい論争だったという。「あのときは皆が熱く意見を戦わせた。いろんな意見が出たが、主な点はまったくもうかる見込みがない、ということだった。しかも、台湾資訊人、網絡精霊、飛華が先行開発中であり、マーケットに第4の『漢字版ＩＣＱ』が必要なのか、と。とはいえ、アメリカ・オンラインが数億で買い取っただけに、すごいプロダクトだとは思えた。もちろん最終的には、皆が馬化騰に従った」

馬は「何なら、我々がプロダクトを育てよう」と言ったのだった。

ところで筆者は取材の際、ＩＣＱにはなぜ中国語名がないのかという同じ質問をいろんな相手にぶつけてみた。

中国経済がランディングするまでの30年間、大多数の外国企業や商品が中国市場に進出する際は、いずれも中国語名をつけていたし、どうしてもそうする必要があった。70%以上の都市部あるいは農村の消費者は、アルファベットの読み方を知らなかったからだ。中国語名がない企業や商品は、実は70%の消費者市場をさげすんで放棄したのと同じことになる。非常に有名な例を挙げよう。１９９０年代、広東省《カントン》恵州《けいしゅう》市にＴＣＬというテレビのメーカーが誕生した。同社の製品が郷や鎮のショッピングセンターのカウンターに並べられたとき、大部分の人は商品の読み方がわからなかった。ＣＭには当時最も有名だった女優の劉暁慶《リウシヤオチン》が出ていたため、しょっちゅう「劉暁慶のテレビ」と呼ばれていた。やがて企業も「ＴＣＬ」の前に中国らしい名前をつけざるを得なくなり、「王牌《ワンパイ》ＴＣＬ」に変更した。

情報業界にもこの法則は通用する。ジャック・マーの回想によると、インターネットが中国に入ってきた当初は音声からの直訳で「英特耐特網《イントーナイトーワン》」と表記された。ジャック・マーが立て板に水のような弁舌で周りの人にインターネットを広めようとした際、子どもの頃から「インターナショナル（訳注 Internationale、共産主義。中国語は「英特耐雄納爾《イントーナイシオンナーアル》」なので「英特耐特網」と音が似ている）は必ず実現する」と歌って育った中年層によく「あなたは共産主義を宣伝しているのか」とこわごわ尋ねられたという。やがてインターネットは「情報ハイウエー」という訳に変わり、さらに「互聯網《フーリエンワン》（訳注　つながり合っているネットワーク、の意）」という中国語に定められた。これと同様に、ｅメールは「電子郵箱《ディエンズヨウシアン》」、ポータルウェブサイトは「門戸網站《メンフーワンジャン》」と訳された。だがＩＣＱは、姿を消すまで中国語名を持つことはなかった。

筆者の質問に対し、回答に窮した人が多かったが、張志東の説明は一つの真実かもしれない。リアルタイム通信はあまりにも「ニッチ」で一つの大業種と見なす人が誰もいなかったため、プロダクトにわざわざ中国語名をつけるところまでいかなかった、という説だ。

その後の現実は確かにそのとおりであった。かなり長い間、中国インターネット産業の主流モデルだったのは一貫してポータルサイトであり、リアルタイム通信で身を起こしたテンセントはずっと業界の隅にいた企業だった。自身の重要性をどう述べていいかわからず、やがて業界で登録ユーザー数と利益で最高の企業となったときですら「主流」のカテゴリーには入れられていなかった。

したがって馬化騰がＯＩＣＱを「育てよう」と決意した時点では、それが「小さな巨人」に成長するとは決して考えていなかった。馬は筆者に「テンセントを正式に設立したとき、我々はポケベル業界が急激に衰退しているのを目にしていたが、どうすることもできなかった。当時は、まずはＯＩＣＱを作って育てよう、どうせ大きなプロダクトではないだろうから、もうけを出すにはやはりソフトウエアを売るしかない、という考えだった」と語っている。

こうして、誕生したばかりのテンセントは兵力を二つに分けた。馬化騰、曽李青と李海翔らが「ネット呼び出しシステム」の開発を進め、張志東がＯＩＣＱの開発を率いることになった。

OICQの中国式改善

張志東に付き従ってOICQを一緒に開発していたのは徐鋼武《シューガンウー》、そして「小光《シアオグアン》」というニックネームの呉宵光《ウーシアオグアン》と「夜猫《イエマオ》」こと封林毅《フオンリンイー》だった。

徐鋼武は華南理工大学オートメーション学部を卒業して潤迅で働いていた。ふだんはリナックス（無料で使用でき、自由に配布できるUNIX系オペレーティングシステム）とMUD(Multiple User Dimension。多数のユーザーがアクティビティに参加できる一種のコンピュータプログラム）が好みで、バックエンド技術に詳しい典型的なバックエンド技術の達人だ。テンセントに入ってから、OICQで初めての「バックエンド・チーフプログラマー」となった。

あとの二人はいずれもFidoNetの「馬站《マージャン》」の仲間である。「小光」は南京大学で宇宙力学を専攻し、天文、コンピュータとサッカーが趣味だ。大学在学中にコンピュータプログラミングにはまり、C言語に強い。1996年に卒業すると、深圳気象局に配属された。「気象局に入った頃、局内のコンピュータネットワークを管理する者がいなかったので、私がネットワーク管理と内部システムのソフトウエア開発をやっていた」。「夜猫」は「小光」より年下で頭が切れる。以前、FidoNetで「夜猫客桟《イエマオコージャン》」という掲示板サイトを運営していた。

当時「小光」と「夜猫」はアルバイトとして開発に参加していた。社内の業務分担は、張志東がプロジェクトの進度とコストの管理で、チームとしては欲しいが作るのが間に合わない機能のカットを担当した。徐鋼武はバックエンドコードの記述、「小光」と「夜猫」はクライアント部分を担った。また馬化騰は、いろいろとプロダクトの構想を提案し、細かい部分の改善要求を出して実現を迫る役目だった。

のちに、テンセントの創業者たちはこんな質問をよく受けるようになった。OICQを開発していた頃には、ICQがとっくに成熟して中国市場進出も果たしていたし、すでに使用されている漢字版ICQも3製品あったのに、なぜトップになれたのか。

理由は二つある。一つ目は競合たちの気の緩みと弱々しさ、二つ目は自社技術のマイクロイノベーションだ。

まず競合に関しては、ICQがアメリカ・オンラインに買収された後、創業者3人はイスラエルから離れたくなかったため、会社を去った。財力があって鼻息が荒いアメリカ・オンラインはこの時期、ブラウザ市場でマイクロソフトと死闘を展開中だった。このためICQにはあまり力を注いでいなかった。張志東はのちにアメリカ・オンラインの上級管理職と話をする機会があり、ICQを買収したのに事業がうまくいかなかった理由を尋ねてみたが、先方は答えに困っていた。また国内の競合3社については、台湾の資訊人はさまざまな政策上の規制に縛られる中、広大な中国大陸市場での展開方法がわからないままだった。南京の北極星はテーブルゲームを主要事業とする会社なので、「網際精霊」に意を決して取り組むことはなかった。

また飛華が開発したＰＣＩＣＱは、広州情報ポータル中に多数あるサービスの一つにすぎず、戦略的プロダクトと見なされたことは一度もなかった。そもそも国有企業の体制では、急速なイテレーション競争には到底ついていけなかった。

テンセントは技術面で、後から振り返れば大成功と言えるマイクロイノベーションをいくつか行った。

最初の技術討論会議で、馬化騰が一見技術とは関係ない奇妙な質問をしたことを、呉宵光ははっきり覚えている。「うちのユーザーはどこでネットにアクセスしているのか」

１９９８年末のアメリカはパソコンの普及がかなり進み、中産階級の家庭なら1台以上のパソコンがあり、大多数のホワイトカラーは自分用のパソコンを持っていた。しかし当時の中国は、パソコン普及率が1％にも達していなかった。全国のネットユーザー２４０万の7割以上が25歳以下の若者で、自分専用のパソコンを持つ者はいなかった。１９９６年5月には、初のネットカフェ「威盖特《ウエイガイトー》電脳室《デイエンナオシー》」が上海《シャンハイ》にできた。経営者はコンピュータを50台設置し、１時間40元で若者が使えるようにした。１９９８年末には全国のネットカフェが1万軒近くに達し、使用料も1時間10~15元に下がって、中国の若いネットユーザーにとって最も重要なネットアクセスの場所となった。テンセント社が入っていたビルの2階にも比較的大きいネットカフェがあった。

馬化騰の質問は、技術革新の巧妙なポイントを指し示していた。ＩＣＱは、ユーザーのデータと友人リストをすべてクライアントのコンピュータに保存する仕様だ。「アメリカでは、その点がほとんど問題にならない。皆が自分用のパソコンを持っていて、データがどこにあっても構わないからだ。だが中国は事情が全然違う。当時は自分のパソコンを持つ者はほとんどおらず、たいていは職場かネットカフェのパソコンを使っていた。別のパソコンでネットにつなぐと既存のデータや友人リストが消えてしまうのが、大変困った点だった」。そして資訊人、北極星、飛華のいずれも、この問題には気づいていなかった。

徐鋼武はOICQのこの泣きどころを解決した。ユーザーのデータと友人リストをクライアントからバックエンドのサーバーに移し、ユーザー情報と友達リストがなくなる問題を回避した。誰がどのパソコンでネットにつないでも、自分の友人リストが見られるようになった。「実は、この技術はそれほど難しいものではない。この問題を何よりも重要視して当時の中国のネット環境に適応させたことがカギだった」と張志東はのちに語っている。

二つ目の重要なイノベーションは、ソフトウエアのサイズに関するものだった。

中国のネットインフラは欧米諸国にはとうてい及ばなかった。当時はまだナローバンドで通信速度が非常に遅かった。呉宵光によると、その頃はまだ国内にサービス総合デジタル網（ISDN）がなく、ネットアクセスはダイヤルアップだった。通信速度は14Kか28Kが普通で、54Kなら速いほうだった。それなのにICQソフトウエアのサイズは最低でも3～5MBで、ダウンロードに数十分かかる。速度の遅さは想像がつくだろう。

こうしたときに呉宵光は、持ち前の技術的才能でソフトウエア全体をうまくサイズダウンさせた。張志東はこう語る。「最初の内部テスト版の開発を終えたばかりの時点で、すべて完成させた状態でも220KBしかなかった。私が馬化騰に見せたら信じてもらえず、ダイナミッククリンクライブラリ（DLL）が入っていないのだと思っていた。だが実際はそのサイズで単独で実行可能なバージョンだった」。このようなバージョンだと、ユーザーは5分程度でダウンロードできる。他のICQプロダクトをつぶせるレベルであることは間違いなかった。

もう一つの特筆すべきイノベーションは、ユーザーの側では実感できないだろうが、OICQの当時の生存と成長においては決定的な役割を果たした。ネットワークプロトコルに関して、他社のリアルタイム通信ソフトウエアはTCP（Transmission Control Protocol）を採用するのが当時は一般的だったが、徐鋼武は迷わずUDP（User Datagram Protocol）を採用した。UDPを採用すると開発の難度は高まるが、サーバーのコストを大幅に節約でき、サーバー1台当たりのサポートクライアント数を増やすことができるので、徐の決断は重要だった。その年のテンセントは資金がひっ迫していたが、このイノベーションで技術的な強みを得て、最低限のサーバーで長時間持ちこたえることができるようになった。

OICQはやがて、まれに見る「天才的プロダクト」と業界で評価された。そのシステムアーキテクチャはユーザーが億単位になっても耐えられると謳っているが、張志東だけはその裏の苦難を知っている。「天才的」は、徐鋼武、呉宵光、そしてその後の無数のエンジニアが

「書き換え」て最適化してきた結果だ。「ユーザーが急増して性能のボトルネックが絶えず現れていた。ユーザーをがっかりさせないよう、チームは性能の最適化とボトルネックの解消を強いられた。要するに、すべて必要に迫られて生じた結果だ」。この頃のことをのちに振り返ったときの張志東は、感無量の様子だった。

上記のいくつかのイノベーションのほか、ＯＩＣＱの最初のバージョンではＩＣＱの欠陥に対する修正も行った。

たとえばＩＣＱはオンラインの友達としかチャットできない上、ユーザーが提供した情報に基づく友達探ししかできない。だがＯＩＣＱはオフラインメッセージ機能を設けた。またオンラインの見知らぬユーザーを「友達」として直接追加できるようにしたため、ＯＩＣＱのソーシャル機能は間違いなく無限大に広がった。

さらにＩＣＱのユーザー画像表示は個性を欠いていた。ユーザー名が表示されてオンラインはグリーン、オフラインはグレーという標準のデザインしかなかった。そこでＯＩＣＱはアイコン（プロフィール画像）をカスタマイズできるようにした。ドナルドダック、ガーフィールド、ピカチュウ、ポパイといった中国の若者になじみのあるアニメキャラクターの画像をそろえ、ユーザーがソフトを自分らしくすることで、ソフトに愛着を持てるようにした。

ＯＩＣＱにはメッセージ着信音もつけた。システム発表前、最後に決定したサウンドはメッセージを表示するときの音だった。技術チームは「聞いてなじみ深いのはどの音か」という問題を、だいぶ時間をかけて議論した。張志東によると、ドアをノックする音、口笛の音という意見が出たが、最終的には馬化騰が「皆に最もなじみ深いのはポケベルの呼び出し音」と断言した。そこで馬が自分のポケベルの「ピピピ」という音を録音し、これが定番の「テンセント音」となった。ここからも、馬化騰の「ポケベル愛」は相当強かったことがわかる。

こうした一連の微細なアイデアと仕様により、明らかに大きく違う結果が導きだされた。テンセントのOICQは、一見するとICQをベースとしているように思えるが、実はより中国ユーザーに根ざしたプロダクトである。思考の出発点はどれも技術上の革命的なブレークスルーではなく、顧客一人ひとりの小さな体験なのだ。リリースして十数年の間に、このリアルタイム通信ツールはこまめにイテレーションを行い、100以上のバージョンが作られてきた。

OICQというプロダクトに現れているスマートさは、そのほとんどが優秀な中国インターネット業界人の共通の特質だ。インターネット産業が誕生したその日から、コアテクノロジーの開発と基本的製品モデルの発明においては、中国人はアメリカの同業者に到底太刀打ちできなかった。それまではずっと、「外国のよいものを積極的に取り入れる主義」の者たちの集まりだった。しかし、ローカライズする中で彼らは無数の応用的イノベーションを実施した。そうした小さくて細かく、より実務的なイノベーションによって、外国の開発者にははるか及ばないレベルとなり、ひいては法則を見いだすのも難しくなった。本質的に言えば、これらのイノベーションは経験と本能の範疇《はんちゅう》に属する。

OICQのリリース日――1999年2月10日

張志東のグループが開発に明け暮れていた頃、曽李青は自分の古巣である深圳電信の口説き落としにかかっていた。最終的に、深圳電信は60万元を出資し、サーバーと回線を提供した上、「共同立案」の形でOICQの研究開発と普及に参加するという内容で交渉をまとめた。こうしてOICQを配布するプラットフォームを確保した。

OICQの最初のバージョンであるOICQ 99 beta build 0210が正式にリリースされたのは1999年2月10日で、テンセント設立日の3カ月後だった。

創業者全員の記憶によると、その日は特にセレモニーのようなものは行わなかったという。OICQのナンバーを割り当てる前に、馬化騰らはあらかじめナンバー200個を確保しておいた。外部向けのナンバーは10201から始まる。「最初の200個を自社用とした。当時は、200個あればこの先10年くらいで増える従業員の分として十分だと思っていた」。馬化騰は自分用に10001を確保した。社内の計画では、1年目はユーザー数1000名、2年目は3000～4000名、3年目には1万名という目標だった。それ以降のことは、別途考えることにしていた。張志東の計算では、ユーザー数が1万以内であれば年間の人件費、回線レンタル料、サーバー費用を合わせても10万元を超えないので、費用的に「育てられる」はずだった。

ＯＩＣＱのユーザー第一弾は、ＰＣＩＣＱからの移行組だった。

当時、飛華が開発したＰＣＩＣＱはすでにリリースされており、華南地域に千人単位のユーザーがいた。広州電信情報ポータルのトップページで毎日このプロダクトの広告を打っていたが、性能的に不安定でダウンロード速度が遅い上、しょっちゅう接続が切れた。このためＯＩＣＱがリリースされるとすぐにクチコミで評判が広まり、ユーザーが相次いでＯＩＣＱに乗り換えた。

張志東のチームは、プロダクトリリース後もネットユーザーの体験に基づいてバグの発見と修正を続けた。最初の1週間だけで3バージョンをリリースした。平均で2日ごとに1バージョンを配布したことになる。これによりユーザーの使用意欲がさらに高まった。その後の十数年間テンセントが技術開発で堅持している「小股の疾走、試行錯誤のイテレーション」という原則は、このときに始まったのだった。

馬化騰と張志東は時々2階のネットカフェに行き、ユーザーが使っている様子を店内で観察した。「あのとき、ピピピという音が暗闇のどこからか鳴り響くと、我々も胸を震わせた。あいう体験は初めてで、本当にすばらしかった」と馬化騰は語った。

明らかに、事態を動かした「アルキメデスのてこ」の支点はユーザー体験だった。

1999年4月、馬化騰と陳一丹は北京に出張し、日中に呼び出しセンター業者6～7社を回ってネットワーク呼び出しプランの売り込みをした。ヘトヘトになって簡素な宿に戻り、パソコンを開いたときのことだ。なんとＯＩＣＱの接続ユーザー数が５００人を超えていた。二人は同時に跳び上がり、慌てふためきながらカップを二つ取り出した。瓶ビール１本を買ってきて、その狭い部屋で祝杯を挙げた。

そのときの二人は、ピピピと音を立てる小さなものがまもなくテンセントのキャッシュを食い尽くし、猛烈なスピードで膨張する「無限空間」へと彼らを押し込むことになるとは、知るよしもなかった。

第3章
生死
——はじけるバブルの中でのあがき

「顧客のためになることを考えていないのなら、何も考えていないのと同じだ」
—— **セオドア・レビット**（アメリカの戦略思想家）

「本当に金がなくなったら返さなくてもいい。ただ君の株はいらない」

—— **馬化騰《マーホワトン》（ポニー・マー）に対するある友人の言葉**

「前世は餓鬼だった小さなモンスター」

ＯＩＣＱがリリースされた頃、許晨曄《シューチエンイエ》はまだ深圳《しんせん》電信データ通信局を辞めておらず、日中は付加価値サービス事業グループに勤務していた。このグループの業務の一つは電気通信設備室の管理だった。テンセントが深圳電信からレンタルしているサーバーは、許の席から10メートルも離れていない所にあった。「張志東《ジャンジードン》たちは数日おきに設備室にやってきて、サーバーを調整していた。あまり親しく見られるのはまずいので、互いに目くばせをしておどけた顔をしていた。これほどサーバーを見にくる借り手は初めてだったので、ちょっといぶかしむ同僚もいた」

見に来る理由は単純だ。ユーザーが激増したので、サーバーが何度も死にかけていたのだった。

スタートアップ期の中国インターネット企業は、アメリカの同業者と比べてサーバーの使用に関して非常に大きな相違点があった。アメリカでは人件費は高いがサーバーは安い。したがってプログラマーがシステムを設計構築する際は、サーバーの最適化をあまり考えなくてよい。容量が足りなくなったら、もう数台増やせばいいだけだ。しかし中国はその正反対で、サーバーが高価で人件費が安い。システムのキャパシティを増やすためには、プログラマーたちがサーバーの最適化にかなりの精力を注がなければならない。それには、アルゴリズムの精緻化、ＣＰＵ消費の低下、一部のオペレーションをより底層のデータベースに置くことなどが含まれる。張志東たちにとって、そうした技術を参考にしたり学んだりする先はほとんどなかった。というのも、アメリカ人はそもそもその必要がないし、国内でも資金が潤沢で鼻息の荒い電気通信サービス業者や金融サービス業者であれば、そうした措置は不要だからだ。そしてまさにそうして鍛えられる中で、テンセントのプログラマーたちは独自のコアコンピタンスを形成していった。

ＯＩＣＱのユーザーは、製品リリース後の2カ月余りで右肩上がりに成長した。しかも非常に急カーブだった。ある時期には、ユーザー数が90日ごとに４００％も増えていき、これは馬化騰と張志東の当初の見通しを完全に上回っていた。中国で最も古いソフトウエアダウンロード掲示板サイトの一つ「華軍軟件園《ホワジュンルワンジエンユエン》」の創業者・華軍《ホワジュン》はこう振り返る。「ＯＩＣＱがリリースされてから、我々はすぐ掲示板サイトで扱い始めた。半年もしないうちに、あらゆるソフトウエアの中でダウンロード数が最大となった。ダウンロードがスピーディーにできるので、すぐに利用者から高評価が得られた」

9月に入ると、深圳電信のサーバーは完全に持ちこたえられなくなり、増設が必須となった。しかし、もう少しいいサーバーを設置するとなると、最低でも5～6万元必要だ。馬化騰にその資金はなかったので、張志東が華強北《ホワチアンベイ》市場でパーツを買って「なんちゃって高級サーバー」

を組み立てた。当然ながら性能は、ブランド機と同等というわけにはいかない。ウェブサイトでしょっちゅう問題が起こるので、即座に会社に駆けつけて対応できるプログラマーがどうしても必要だった。徐鋼武《シューガンウー》が会社から400メートルも離れていない所に小さめの部屋を借りて、その大変な役目を買って出た。システムトラブルの知らせを受けたら、15分以内にオフィスに駆けつけられる。徐はその部屋に2004年頃まで住んでいた。呉宵光《ウーシアオグアン》、李海翔《リーハイシアン》など他の重要なプログラマー数人も、ポケベルを肌身離さず持っていなければならなかった。李海翔は「我々は何年も泳ぎにいく気になれなかった。泳いでいる最中にトラブルの連絡が来たら困るからだ」と当時を振り返った。

ユーザーの急増に伴い、クライアントの性能も向上させる必要が生じ、技術チームは何度も崖っぷちに立たされた。

初期のテンセントについて、こんな笑い話が広まったことがある。最初の1年余り、テンセントはセキュリティーの問題を考えていなかった。OICQの通信プロトコルは暗号化されておらず、プロトコルは脆弱で、データをそのまま送信しているので、ハッカーに侵入されたら、思うがままにユーザーのデータを持っていかれてしまう。やがて馬化騰は、それは問題であると気づき、プログラマーの黄業均《ホアンイエジュン》に暗号化ソフトの開発を命じた。2週間余りが過ぎてから、馬化騰はプログラム作成の進行状況を確認しようと思い、黄業均のところへ行った。黄はちょうど球技をしに出ていて、席にはいなかった。デスクには『暗号化のしくみ』という本が伏せてあった。手にとってページを確認した馬化騰は顔面蒼白になった。黄業均が読んでいたのは、第一章第一節「暗号化とは?」だった。

隣の席にいた呉宵光はその光景を目撃した。のちに取材したところ、呉は笑いながらこの昔話についてこう言った。「創業して何年かは、皆が勉強しながら仕事をしていた。今振り返るとちょっと恐ろしいが、あの頃はそういうものだと思っていたし、それ以外にやりようがなかった」

急に大きく育ったOICQを満腹にさせるため、馬化騰と曽李青《ゾンリーチン》はあちこちの仕事を引き受けざるを得なくなった。地方政府のウェブサイト制作、企業のウェブページデザインなどで稼いだ数万元、あるいはたった数千元でも、ピピピと騒ぐOICQに与えてやらなければならなかった。「ある時期は、ピピピという音を聞くと皆ギョッとした。まるで前世は餓鬼だった小さなモンスターのようだった」。許晨曄は冗談交じりに語った。

馬化騰はテンセントが「生き残れる」よう毎日奔走した。FidoNetの「馬站《マージャン》」をメンテナンスしている暇はなくなり、掲示板サイト管理人としての役目はこうしてひっそりと終わったのだった。

ペンギンの誕生

ＯＩＣＱの最初のロゴはポケベルのデザインだった。技術部門がバージョン3の準備を進めているとき、何か面白いキャラクターにするべきではないかという提案が出された。

社内のデザイナーがハト、ペンギンなど小動物のドラフトを何種類か作成した。これらのアイコンはサイズが大きければ生き生きとして見えるが、16×16、32×32ピクセルにするとリアル感がなくなる。ある社内討論会では、ロゴを巡って激しい論争となった。「ポケベル愛」の強い馬化騰は「やはり元のアイコンにしよう。皆、一目見ればＯＩＣＱがどんなものかわかる」と提案した。しかし他の創業者の多くは、ペンギンに変える方向に傾いていた。しばらく誰も意見を譲らなかったが、馬化騰が新たな考えを提示した。「だったら両方のアイコンをウェブに掲載して、ユーザーに決めてもらおう」

中国インターネット企業がブランドロゴの決定権を初めてユーザーに引き渡した瞬間だった。第1回の投票では、大半のユーザーが「ポケベル」に投票した。最初のペンギンアイコンはモノクロの写実的なものでリナックスのペンギンに近く、テクノロジー企業のロゴのように見えた。それから数日後、テンセントのデザイナーが動くペンギン画像をいくつか追加した。ユーザーの意見はだんだん変わっていき、体が黒、顔は白で目が細くてスリムな体形のペンギンへの投票が増えていった。こうしてロゴは「ポケベル」から「ペンギン」に変わった。

1999年10月、深圳市が開催した第1回中国国際ハイテク成果交易会に、テンセントもカウンターを借りて出展した。立ち寄る来場者を増やすため、陳一丹《チエンイーダン》は業者に委託してペンギンの陶製貯金箱を1000個製作した。製作を依頼された会社は、テンセントが提供したペンギンのアイコンだと「スリム」すぎて、デザインどおりに製作すると貯金箱が自立しないと思った。そこで自社の判断で勝手にペンギンをもう少しふっくらさせた上、首に黒いマフラーをつけ加えた。意外なことに、そのペンギン貯金箱は交易会で大人気だった。最初は無料で進呈していたが、もらいに来る人があまりにも多いので、陳一丹は1個5元での販売に改め、さらに10元に値上げしたが、それでも売り切れた。もうけはカウンターの使用料とちょうどトントンだった。

テンセントはこの丸っこいペンギンのキャラクターを気に入る者が増えていることを知り、アニメ制作専門会社の東利行《ドンリーハン》にロゴデザインのやり直しを依頼した。曽李青が自らコンピュータのそばに座り、デザイン担当者と一緒に案を検討した。デザイン担当者から「ペンギンは本来南極圏にいるのだから寒さに最も強い。なぜ首にマフラーを巻く必要があるのか」と質問され、曽李青は「いい質問だ。皆が疑問に思うなら、このペンギンはきっと覚えてもらえる」と笑って答えた。

新たにデザインされたペンギンのキャラクターは、丸っこい体に大きな目、厚めのくちばしでかわいらしいものになった。マフラーも黒から鮮やかな赤に変わった。東利行はこのペンギンキャラクターで、コーポレートアイデンティティに関わる包括的な作業もすべて終えた。さらにQ妹《メイ》、漢良《ハンリアン》、多多《ドウオドウオ》、小橘子《シアオジユーズ》など、ファミリーを構成するキャラクターもいくつか追加でデザインした。

このとき、一つ面白い出来事があった。東利行はデザインを進める中で、テンセントのペンギンキャラクターは商品化すれば売れると考え、30万元でペンギンキャラクターグッズの独占的な商品開発権を取得したいと申し出たのだ。２００１年10月、東利行は広州《こうしゅう》に初の専門店「Q-GEN」をオープンし、テンセントペンギンブランドのアパレル、玩具、腕時計の専門販売を開始した。テンセントは販売収入から10%のライセンス料を得られることになった。その後3年で東利行は１９９の専門店をオープンさせた。このビジネスにより、馬化騰はしばらくの間意気揚々だった。「すぐに数十万元を落としてもらえたし、自社の宣伝をしてもらいながらライセンス料も手に入る」。馬も一時は、テンセントペンギンがミッキーマウスやハローキティのようにはやるのを夢見たこともあった。しかし今になって思えば、よい商売とは言いがたかったようだ。ＯＩＣＱでチャットをしているときに、うんともすんとも言わない丸っこいペンギンを自分のそばに置いておきたいというユーザーは、そう多くないだろう。

「金は返さなくてもいい。ただ君の株はいらない」

1999年は、東利行へのライセンス付与のような喜ばしい話はあまり多くなかった。むしろ、次々と起こる悩ましい出来事に馬化騰は苦しめられていた。

ハイテク成果交易会に出展した10月のことだった。テンセントに突然アメリカからの分厚い郵便物が届いた。開封したところ、アメリカ・オンラインの弁護士からの英語の書状だった。先方はアメリカの下級裁判所に、OICQがICQの知的財産権を侵害したことをすでに告訴しており、テンセントに対してはOICQ.comとOICQ.netのドメイン名使用を停止してアメリカオンラインに返還するよう要求する、とあった。弁護士の書状を受け取ったその夜、馬化騰は他の共同創業者4人を集めて対策を協議したが、皆で顔を見合わせながら途方に暮れるばかりだった。

法律を専攻した陳一丹は皆にこう言った。「うちにはこの件で訴訟を起こす金はまったくない。起こしたとしても、いい結果は望めない。相手の動きは阻みようがないので、成り行きに任せるしかない」。そして本件は機密事項とすることを取り決めた。

11月になり、馬化騰が困り切った様子で自分のオフィスにいたとき、張志東と陳一丹が同時に入ってきた。二人は馬と向き合って座り、よい知らせと悪い知らせを一つずつ伝えた。

よい知らせは、ＯＩＣＱの登録ユーザー数が配布開始からわずか9カ月で１００万を超えたことだ。7桁のユーザー番号割り当てを開始することになり、ＣＩＣＱ、ＰＩＣＱ、網際精霊《ワージージンリン》を大きく引き離した。

悪い知らせは、テンセントの企業口座に残っている現金が1万元になってしまったことだった。

新たな収入源開拓が見込めない中、このときの馬化騰にできることは二つだけだった。一つは増資と給与カット、もう一つはテンセントの売却である。

株主は皆、資本金を50万元から１００万元とすることに同意してくれた。創業者のうち何人かは、働きだして何年もたっておらず貯金の額も多くなかったが、歯を食いしばる思いで再度出資してくれた。5人の月給も半額カットとした。それまでの1年間は、馬化騰と張志東が月５０００元、他の3人が２５００元だったが、それ以降は２５００元と１２５０元に引き下げた。当時の深圳だと、腹を満たすだけで消える額である。

増資や給与カットに比べて、会社を売却するほうが思い切りのよい手法であろう。馬化騰の希望価格は３００万元で、曽李青とともに買い取ってくれそうな人を探し回った。この時期の実にやりきれないいきさつについては、馬化騰たちは今もあまり語りたがらない。しかし多くの人の回想から、当時の追い詰められた状況が見て取れる。不完全な統計ではあるが、テンセントは少なくとも6社から株式譲渡を断られている。

馬化騰が依頼に行った投資家第一弾の中には、テンセント社オフィスの大家である深圳賽格《サイゴー》集団も含まれていた。当時賽格電子の副ゼネラルマネージャーだった靳海濤《ジンハイタオ》はこう振り返る。「馬化騰は我々に何度も接触してきたが、当時は同意しなかった。その理由は何か。何の事業をやっているのか得体が知れなかったからだ。もしあのときに買い取っていれば、少なくとも数千倍の価値になったのだから、大喜びしていたことだろう」。曽李青はかつての雇用主、広《かん》東《とん》電信を訪ねた。広東電信傘下の21CN事業部でシニアマネージャーを務めたことがある丁《ディン》志峰《ジーフォン》は、『沸騰十五年』の筆者である林軍《リンジュン》に対し、こんな話を披露している。当時、テンセントから21CNに買収してほしいという申し出があった。協議をしに来たのは馬化騰と曽李青だった。「二人で会議室に入ってきたとき、我々全員が曽李青を馬化騰だと思っていた。曽李青のほうが明らかに貫禄があるからだ。議論の最中も曽李青は馬化騰よりアグレッシブで、方針決定者のように見えた」。靳海濤と丁志峰のいずれも、OICQは大きく成長するプロジェクトのように思えた。「しかし世界で誰一人として、それがどうやってもうけを生むのかわからなかった」

馬化騰は深圳の企業だけでなく北京《ペキン》と広州《こうしゅう》にも足を運び、計4社と自社売却の件を交渉した。

のちにテンセント北京公司のゼネラルマネージャーを務めた張志浩《ジャンジーハオ》は、呼び出しサービスで華北地域最大企業だった中北尋呼《ジョンベイシュンフー》集団に当時は勤務していた。中北はテンセントからネットワーク呼び出しシステムを調達したことがある。馬化騰は自らエンジニアとして北京本社へ出向いて装置のデバッグを行い、事のついでに設備室で張志浩にＯＩＣＱの使い方を指南した。コンピュータ応用が専門の張志浩は、これは巨大なマーケットチャンスかもしれないので、自社の業態転換としてよい方向であると直感した。グループの上層部にもＯＩＣＱを推奨し、テンセントを買収するようそそのかした。「しかし上層部は、私があまり面白くない冗談を言ったのだと思っていた」

馬化騰や曽李青と協議した企業のほとんどが「テンセントの技術や無形資産の価値がわからなかった」という。中には、テンセントの「保有するパソコン、デスク、チェア、スツールの価値でしか買い取れない」、だから会社の評価額は最大でも60万元だと言ってきた企業もあった。馬化騰はのちに「テンセント売却を交渉したときは非常に複雑な心境であり、首をうなだれる思いだった。立て続けに4社と話したが、どことも我々が想定していた最低ラインに達しなかった」と気落ちした様子で語っている。

現金が底をつこうとしていたとき、創業者数人は図々しくあちこちの友人からお金を借りざるを得なくなった。深圳の街中で多少でも面識のある人なら皆、一度は彼らに金を貸した。少なくとも裕福な友人2名は、テンセントに20万元と50万元をそれぞれ貸している。馬化騰は彼らにテンセントの株で返済してもいいかどうか尋ねたが、いずれもやんわりと断られた。そのうち一人は鷹揚《おうよう》にこう言った。「本当に金がなくなったら返さなくてもいい。ただ君の株はいらない」

陳一丹は銀行に借入が可能かどうか尋ねた。銀行は、担保にできる固定資産が何かあるかと聞いてから、減価償却中のサーバー数台をちょっと見た。借入という手段は「焼け石に水」でしかなかった。

会社売却の道を断たれてから、曽李青は馬化騰に交渉先を変えるよう提案した。

「それまで話を持ちかけていたのは情報産業の企業や個人だった。彼らは実は未来が見えていない。今当たるべきは、もっとぶっとんだ人たちだ。そういう人たちが必要としているのは今稼いでいる会社ではなく、将来大もうけできる会社だ。彼らは眼前の企業利益からもうけを得るのではなく、上場や転売を行って資本市場で裁定取引をする。そういう面々を『ベンチャーキャピタル』という」

馬化騰チームが初めて「ベンチャーキャピタル」という言葉を聞いた瞬間だった。

命の恩人―IDGとPCG

「ベンチャーキャピタル」という名詞は、中国ビジネス界では1999年末に突然よく聞かれるようになった。アメリカ人が発明したこのハイリスク・ハイリターンの投資モデルは、1994年前後には中国に進出していたのだが、政策や産業環境が伴わなかったため大きく成長することはなかった。インターネット企業の台頭により、ベンチャーキャピタルはようやくふさわしい投資対象を見いだしたのだった。

当時の中国に数社しかなかったベンチャーキャピタル会社のうち、最も知名度が高かったのはアメリカのＩＤＧだった。アメリカでは中小規模であるこの投資会社は、早くも１９９１年に中国で事業展開を開始した。１９９６年、ＩＤＧの王樹《ワンシュー》は投資先開拓のため深圳に派遣された。日がな一日深圳、珠海《じゅかい》、中山《ちゅうざん》などのサイエンスパークで投資先を探した。サイエンスパークに到着すると、企業リストを開く。社名に「科技（科学技術）」という字を含む所があれば、しらみつぶしに訪問した。当時は企業家と会う際、ベンチャーキャピタルの由来や最も基本的な常識から話を始めなければならないのでやりづらかった。王樹は2年余りの間に、中国科健《コージエン》、金蝶《ジンディエ》などの企業に投資した。

曽李青は仲介者を通じてすぐに王樹と接触した。「私の湖南《こなん》大学の校友で、『Ａ８音楽《インユエ》』を設立した劉暁松《リウシアオソン》が訪ねてきて、こんな話をした。テンセントという会社が『中国的な』ＩＣＱを初めて開発した。登録ユーザーは爆発的に増えて数百万人になったが、料金を徴収する仕組みがないためサーバーを買う金がなく、会社はつぶれる寸前だ」。王樹は行ってみることにした。

曽李青は、ＩＤＧとの交渉がテンセントを救う藁《わら》になるかもしれないと承知していたので、20ページにもわたる事業計画書を作成した。だいたいはすらすら書けたが、収益予想の部分はどう書いたらいいかわからず6回修正し、結局詳しくは書かなかった。さらに劉暁松に対して、今回の件がうまくまとまったら、テンセントの株式を5％進呈すると約束した。王樹と面会する日、馬化騰は腰椎椎間板《ようついついかんばん》ヘルニアの症状が出て寝込んでいたが、曽李青は無理やり起こして連れていった。

実にドラマチックな対面だった。王樹は話してみてすぐに、これは先の見えない案件だと認識した。「もし我々ＩＤＧが出資しなければ、テンセントはまもなく死んでしまうだろう。だが出資しても前途が明るいわけでもない」。王は事業計画書をめくりながら、気乗りしない様子で馬化騰に質問した。「自社の将来をどう見ているのか」。ぐったりした馬化騰は、しばし沈黙してから答えた。「私もわからない」。横にいた曽李青の顔色が変わった。長年たってから当時を振り返った王樹によると、まさに馬化騰のその答えで彼に対する見方が変わったという。

「とても誠実なリーダーであり信頼と提携に値する、とそのひと言で判断した」

テンセントの案件がＩＤＧの北京本部に報告されたのち、同社シニアパートナーの王功権《ワンゴンチュエン》が一団を率いて視察にやってきた。王功権によると「皆で一緒に広東省に飛んで話し合いの場を持ち、このシロモノが一体どうやってもうけを生むのかと馬化騰に詰め寄った。その頃、ＯＩＣＱは皆が使っていたが、ユーザーの居場所もわからなければ、人物像もわからない。ならば金はどうやって徴収するのか。我々数人で一晩中馬化騰を拷問にかけていたら、夜明けになってしまった。馬は、このシロモノが皆に好かれているのは承知だが誰から金をもらえばいいのかはわからない、と言っただけだった」

最終的にＩＤＧがテンセントへの投資を決定した理由は二つあった。第一に、ＯＩＣＱは収益の出し方は誰にもわからないが、人気があってすばらしいものであるのは確かだったこと。第二に、恐らくこちらのほうが重要だが、絶頂期にあったアメリカ・オンラインが１９９９年3月にイスラエルのＩＣＱを2億８７００万ドルで買収したこと。中国で最も成功しているＩＣＱの模倣者として、ＯＩＣＱは真に一定の金額を出す価値があるように思えた。

ＩＤＧが投資の意向を表明したのと同じ時期、曽李青は香港《ホンコン》のビジネスマン林建煌《ラムギンウォン》を通じて香港のＰＣＧとも接触した。華人ナンバーワン長者の李嘉誠《リーカシン》の次男、リチャード・リー（李沢楷）が設立した企業で、当時はサイバーポート（数碼港）プロジェクトで評価が急上昇していた。ＰＣＧは一貫して中国本土市場進出をもくろんでおり、テンセントへの出資は、それを試す駒の一つになるかもしれなかった。

ＩＤＧに渡した事業計画書において、馬化騰と曽李青はテンセントの評価額を５５０万ドルとし、株式の40%を譲渡、すなわち２２０万ドルの資金を調達したいと書いた。なお、そこに収益の根拠はほとんど記載されていなかった。

王樹は馬化騰に「何を根拠にテンセントの価値を５５０万ドルとしたのか」と聞くと「我々は資金が２００万ドル不足しているからだ」と答えた。

馬化騰はのちにこう説明している。「我々は、この先1年に必要な資金で自社の価値を評価した。まずサーバーの購入と給与の支払いで1000万元が必要と予測し、そこから逆算して会社の評価額を出した。会社の支配権は失いたくなかったので、譲渡できる株式は最大でも半分だった。曽李青は200万ドルと書いたが、私が意を決して20万ドル上乗せした。仲介者の2人に株式を渡さなければならなかったからだ」

資金調達の交渉は、全体的にはまずまず順調に進んだ。曽李青は深圳、広州、香港の三地を奔走した。IDGにはPCGが非常に積極的だと伝え、PCGに対してはIDGがまもなく契約を締結すると伝えた。「PCGは迷いがあって、出資してもいいししなくてもいい、という姿勢だった。それに比べるとIDGのほうがやや積極的だった。実は両社とも状況がよくわからないまま、1社が投資すればもう1社も投資する、というふうに互いを大胆にさせていた。そしてついに王樹から評価調整条項が提出された。契約を締結した後に、先方がまず半額を出資する。我々は1年以内にユーザーを一定数まで増やさなければならず、達成できないと残り半分の資金は出資してもらえない。一方、先方は20％の株式をそのまま保有する。我々はそういう条件をのんだ」と曽李青は語る。

契約を詰めている最中に、テンセントの資金は底をついてしまった。王樹によると「今も覚えているが、いろいろな法律文書を起草しなければならなかったし、当社の資金は中国域外にあるため、中国に持ち込むには国家外貨管理局への認可申請が必要で、手続きが複雑だった。口座に入るまで最低でも1カ月かかる。だがテンセントのほうはそれまで待てないという。そこで私から広州のある友人に頼んで、テンセント向けの緊急資金450万元を立て替えてもらった」

投資契約は2000年4月に締結した。3社が一堂に会して何らかのセレモニーを行うことはなかった。書類はファクスで送信され、各自が署名して終わりだった。その日、5人の創業者はただ黙ってファクス機を取り囲み、契約書が1ページずつ送信されてくるのを見ていた。馬化騰が曽李青に「こんな締結でいいのか」と聞くと「これでいい。遅くなると間に合わなくなる」と馬にサインを促した。

それ以上遅かったら、本当に間に合わないところだった。

IDGとPCGがテンセントに出資した時期は、ちょうどインターネット世界が快晴から曇りに転じる「業務の受付時間帯」だった。それまでの1年余りで、インターネット経済が突然、世界の資本市場で最も気炎《きえん》を吐く投資コンセプトとなった。主にインターネット企業で構成されるナスダック総合指数は、1991年4月には500ポイントにすぎなかったのが1998年7月に2000ポイントの大台を突破し、痛快極まりない大相場が翌年まで続いた。2000年3月9日にはナスダック指数が驚きの5000ポイント突破を果たし、世の中が喜びに沸いた。マーケットが活況を呈したことで、インターネットへの情熱は湯が沸き立つくらいまで高まった。アメリカの事業戦略家ゲイリー・ハメルはまるで予言者のように「今はまさにゲームのルールを書き換える千載一遇《せんざいいちぐう》のチャンスだ」と宣言した。

世界の資本市場に呼応して、中国の株式市場も１９９９年５月19日に突然相場が急騰した。２カ月もたたないうちに上海総合株価指数は一気に１７００ポイントに達した。伸び幅は50％を超え、こうして有名な「５・19相場」が形成された。中国に数社しかないインターネット企業も北米投資家の人気を博した。１９９９年７月14日、香港人ビジネスマンの葉克勇《イップハッヨン》が設立した中華網（CDC Corporation）は先陣を切ってナスダックに上場し、９６００万ドルを調達した。中華網は国内のネット企業数社を買収した以外に大きな実績はなかったが、「チャイナ・コンセプト」銘柄ということでアメリカ株式市場では絶賛された。１９９９年11月に中国のＷＴＯ加盟に関する中・米二国間交渉が合意に至ると、中華網の株価は１日で75％も上昇した。株価は一時期、１株３００ドルという驚きの額まで上昇し、企業の時価総額は50数億ドルに上った。これは、電気通信メーカーの巨頭であるエリクソンの当時の時価総額に相当する。２０００年４月13日、中国の最大ポータルサイト新浪《シンラン》が正式にナスダックに上場し、６０００万ドルを調達した。ネットイース（網易《ワンイー》）と捜狐《ソーフー》もその後３カ月以内にナスダック上場を果たした（ネットイースは７月５日、捜狐は７月12日）。また、深圳証券取引所が現在「中国版ナスダック」である「創業板」開設を準備中という確かな情報が大々的に伝えられた。そうなれば中国のインターネット企業は、本土資本市場で資金調達する機会を得られる。ＩＤＧとＰＣＧが収益モデルをまったく持たないテンセントへの投資をわずか３～４カ月で決定したのは、まさにこの超大型熱波の中のごく小さなエピソードだったと言えよう。

しかし、崩壊は誰も予想していなかった瞬間に起こった。

我が物顔で暴走し続けていたナスダック指数は、２０００年４月の第２週から何の前触れもなく突然急落した。総合指数は半年間の最高値５１３２ポイントから４割低下し、８兆５０００億ドル分の時価総額が消え去った。この数字は、アメリカを除く世界のどの国の歳入も上回る額である。アメリカ・オンライン１社だけで１０００億ドルもの簿価資産を失った。有名インターネット企業はほぼすべてかなりの痛手を負い、時価総額はシスコが５７９２億ドルから１６４２億ドル、ヤフーが９３７億ドルから97億ドル、アマゾンが２２８億ドルから42億ドルにそれぞれ低下した。

この大暴落の中、ナスダック上場中の中国企業も難を逃れられなかった。新浪の株価は１・06ドル、捜狐は60セントまで下げた。ネットイースはさらに深刻で、株価が一時期53セントに下がって取引所から「上場廃止警告」を出された。バブルは崩壊した。インターネットの冬は２００１年５月まで続き、その間は行き場のない負傷者たちであふれかえった。

テンセントの創業者たちもその時期を振り返ると、昔のことなのにいまだに恐怖感を覚える。

１９９９年11月に資金の危機が発生してから２０００年４月に調達を終えるまで、テンセントに残された時間は６カ月しかなかった。しかも同時期にナスダックのバブルがはじけた。その６カ月の間に、もし馬化騰と曽李青が折よくＩＤＧとＰＣＧに出会えていなかったら、もしＩＤＧにいちかばちかで出資する意向がなかったら、もしＰＣＧの資金があれほど潤沢でなかったら、さらにもし王樹が契約締結の前に「自分の権限を越えて」450万元を融通していなかったら、どうなっていたか。当時は、実行中の投資契約が中止されるケースもよくあった。失血死寸前だったテンセントも、あるいは2000年のITバブル崩壊の中で命を落としていたかもしれない。さまざまなビジネスストーリーのうち、運は最も謎めいた部分だ。半数程度の創業者が運によって「死」に至るが、誰もそこをきちんと説明できない。

OICQからQQへ

任宇昕《レンユーシン》はテンセントが最も資金不足だった時期に入社した。2000年1月の入社で、厳密な意味で初めて外部から採用した従業員である。

1975年生まれの任宇昕は四川《しせん》省の成都《せいと》育ちで、小学4年のときに少年宮《しょうねんきゅう》（訳注　課外文化教育活動を行う施設）でコンピュータプログラミングを覚えた。中学2年で飛行射撃のゲームソフトを作成し、あるコンピュータ雑誌に掲載されて20元の原稿料をもらった。成都電子科技大学コンピュータ学科を卒業してからは、プログラマーとして中国南部のファーウェイ（華為）で働いていた。

1999年12月、任と同じくファーウェイに勤めている中学時代のある同級生がテーブルゲームソフトを作成した。同級生は最近注目され始めたテンセントにソフトを売ろうと思い、O

ＩＣＱに情報を掲載した。ある土曜日の夜、任宇昕は同級生に付き添って賽格テクノロジーインキュベーションパークのテンセントまで売り込みに行った。そのときの馬化騰と張志東はゲームにまったく関心がなく、４人でデスクに腰掛けながらの雑談となった。張志東が「ファーウェイの従業員管理はどんな感じなのか」と聞くと、任宇昕は「デスクの前に座ることは認められていない」と答えた。別れ際、馬化騰は出し抜けに任宇昕に言った。「うちで働かないか？」。任宇昕は、その晩あまり眠れないまま翌朝一番に馬化騰に電話で伝えた。「働きたいです」

任宇昕がテンセントで働き出した頃に非常に印象的だったことが二つある。

一つは、出勤時間という概念がないことだ。ファーウェイは軍隊式の管理を実施しており、軍人出身の任正非《レンジョンフェイ》はどんな制度も軍隊のように厳格に実行するよう求めた。しかしテンセントは大きく違った。任宇昕が初めて出勤した日、連絡されたとおり９時ちょうどに会社に来たのだが、入り口は鍵がかかっていた。仕方なく30分以上待ったところでようやく別の者が出勤してきた。馬化騰がオフィスに来たのは10時だった。午後５時の退勤時間になったが、社内の誰も帰らない。逆に、当時はまだ正式に入社していなかった許晨曄と陳一丹が出社してきて事務処理を始める。馬化騰はたいてい夜10時過ぎまで勤務し、多くの者がそれにつきあっていた。

もう一つは、社内の呼称に等級の概念がないことだ。社内には「総（訳注　社長や総支配人などに使う肩書き）」という肩書きつきで呼ばれる者が誰もいない。皆英語の名前を持っていて、馬化騰はポニー、張志東はトニー、曽李青はジェーソン、陳一丹はチャールズ、許晨曄はダニエル、呉宵光はフリーと呼ばれている。任宇昕もマークという名を持つことにした。これはテンセントの伝統となり、テンセントの従業員は皆英語名を名乗っている。新たに入社した者の名前が既存の従業員と同じ場合は、マーク・リー、トニー・リュウというふうに姓と合わせて呼ぶ。

任宇昕は張志東が率いる開発グループに配属され、テンセント初のウェブベースのBBSコミュニティソフトの作成を担当した。その頃のテンセントは生死をさまよう状態だったので、「夜猫《イエマオ》」などを含めた初期のスタッフ数人が相次いで退職した。任宇昕はその3カ月後にウェブグループのグループ長となった。

この時期には、全米仲裁協議会（NAF）がアメリカ・オンラインのテンセントに対する仲裁事案について判断を下した。2000年3月21日、仲裁人ジェームズ・カモディ（訳注 中国語からの音訳）が署名した仲裁判断書は、テンセントはOICQ.comとOICQ.netのドメイン名をアメリカ・オンライン社に返却せよという内容だった。テンセントにしてみれば、予想外の結果ではなかった。1999年10月に弁護士の書状が届いた後、張志東はすぐ新バージョンの開発に着手していた。ただ、OICQに代わる新たな名前をどうするかというのは悩ましいところだった。

創業者たちの記憶によると、新たな名前はこういう経緯で決まった。ある日、呉宵光がバスの中で二人の乗客が自分のＯＩＣＱナンバーの話をしているのを耳にした。二人はそのとき、ＯＩＣＱをＱＱと呼んでいた。呉が会社に戻ってこの話をすると、すぐに馬化騰が「ＱＱにしよう」と言ったので、その名前に決まった。

しかし筆者は当時の新聞を調べていて、別の可能性を発見した。２０００年9月7日の『南方都市報』に「とことんチャットする」というプレスリリースが掲載され、こう書かれている。「幾千万のヘビーユーザーたちを楽しませ、いつまでもネットに貼りつかせてしまうのはネットチャットソフトだ。そうしたソフトの中ではＩＣＱとＯＩＣＱが最も有名なので、チャットソフトは業界の一部から親しみを込めてＱＱと呼ばれている」。つまり最初の一時期、ＱＱはあらゆるチャットソフトの非公式な総称だった。それをテンセントが後から大胆に「自分の物にした」わけだ。

２０００年11月、テンセントはＱＱ２０００バージョンをリリースした。ＯＩＣＱという名は、より簡潔なＱＱに正式に変わった。かつてのドメイン www.oicq.com も放棄して、新ドメイン www.tencent.com を使用することになった。

ＱＱ２０００バージョンは、ＱＱの歴代バージョンの基本となったものだった。このバージョンでは複数レベルの秘密保持用オプションを初めて採用して、個人データおよび秘密情報保持の機能を強化した。また「ＱＱ資訊通《ズーシュントン》」と「テンセントブラウザー（騰訊瀏覧器）」もリリースされた。このことは、ＱＱが単なるリアルタイム通信ツールから情報ポータルおよびバーチャルコミュニティへとひそかに転換したことを意味する。ＱＱのその後のさまざまな変化は、いずれもその理念に基づいている。このほか、張志東は法律上の不安材料も取り除いた。テンセントは以前のバージョンで、ドナルドダック、ポパイ、ミッキーマウスなどのディズニーキャラクターをはばかることなく使用していたが、今回はすべて削除し、代わりに東利行が制作したペンギンシリーズのキャラクターを採用した。

予想外のＭＩＨ参入

２０００年のテンセントの状況は、終始不安を伴うものだった。バブル崩壊の影の中、投資家たちは次第に悲観的になっていった。

最初に撤退の意向が生じたのはＩＤＧだった。ＩＤＧはそれまでの３年間で80数社のベンチャー系企業に合計で約1億ドルを投資してきた。つまり1社当たりに50～１５０万ドル前後を投資しており、収益は少なめでも手広く投資する戦略を採ってきた。うち財務ソフトウエアの企業、金蝶向けの投資案件は成功したと言えよう。同社は２００１年2月に香港連合取引所の創業板に上場した。それ以外に投資したインターネット系企業数十社は、このたびの「インターネットの冬」でほぼ全社が大きな痛手を負った。特に大規模に投資したｅコマースサイト「８８４８」は、上場への最後のハードルにさしかかったところで頓挫《とんざ》してしまった。そして期待が寄せられていた深圳証券取引所の創業板の話も聞かれなくなった。ＩＤＧは、闇が最も深まった時期に一度投資を現金化して生き残りを図る必要が生じた。

　ＩＤＧから見て、テンセントのビジネスモデルは主流の資本市場では人気がなかった上、リターンがまったく期待できなかった。馬化騰は調達した資金をほぼ全額サーバーの追加に充てたので、ユーザーは急増しているものの利益が出る状態にはほど遠かった。２０００年末にテンセントは再び資金の危機に陥った。曽李青は追加投資を希望して頻繁に王樹と面会したが、何度か協議して膠着状態となった。馬化騰は創業時のメンバーによる会社の支配権確保にこだわった。一方ＩＤＧとＰＣＧは、現在の情勢ではテンセントに増資プレミアムの余地がまだあるとは考えていなかった。

　そこで王樹は折衷案を出した。株主２社がテンセントに転換社債の形で２００万ドルの貸付を行うというものだ。しかし、その金を使い果たしても追加投資はもうあり得ないことは、誰もが心の中で承知していた。ＩＤＧは新たな買い手探しへの協力を開始した。

　馬化騰によると「当時は、買い手になってくれる可能性が一番高いのは上場済みのポータルサイト数社だと思っていた。ＩＤＧは捜狐の張朝陽《ジャンチャオヤン》に当たったが断られた。私と張志東は北京へ出向いて新浪の王志東《ワンジードン》と汪延《ワンイエン》に聞いてみたが、やはり断られた。インターネット業界の技術者にしてみれば、テンセントのプロダクトなら自分たちで作れるから、数百万ドルも出して買収する必要がない。しかも当時はナスダックの株価が急落していて、誰も軽はずみな行動はしたくなかった」

新浪と捜狐のほか、ＩＤＧの仲介でヤフー中国にも接触したが断られた。馬化騰は、同じく深圳に位置しＩＤＧが出資している金蝶を訪ねたが、やはり断られた。曽李青はいろんなつてをたどってかの有名なレノボグループ（聯想集団《リエンシアン》）にも接触できたが、当時のレノボはちょうどアメリカ・オンラインと提携してポータルサイトＦＭ３６５の普及を進めていたので、当然ながら買収を断られた。

もう一つの出資者ＰＣＧもテンセントの救済活動に加わった。ＰＣＧは国有資本系の中公《ジョンゴン》網《ワン》と交渉し、まず中公網に出資してから中公網にテンセントを買収させて、事業統合を果たす形をもくろんだが、そのプランは頓挫した。続いてＰＣＧは、自社が支配していたTOM.comにテンセントを推薦したが、経営陣に断られた。ＰＣＧはさらに香港の有名な映画監督・王《ウォン》晶《ジン》にも接触して、テンセントのユーザーと映画事業を結びつけることで利益獲得モデルのイノベーションができるかどうか試そうとした。この空前の構想ももちろん立ち消えとなった。

２０００年９～12月期は八方ふさがりのまま一日一日が過ぎた。テンセントのユーザー数は劇的に増え続け、登録ユーザー数は半年間で１億突破という驚異的な記録達成がほぼ確実だった。それなのにその会社の株を買おうとする者は、中国のどこにもいない。この絶体絶命のピンチからはもう逃れられないと思われた。しかし馬化騰の運の強さがまたもや功を奏した。

２００１年１月、あるアメリカ人が１人の中国人を連れて賽格テクノロジーインキュベーシヨンパークのテンセントのオフィスに突然やってきた。彼の中国名は「網大為《ワンダーウェイ》」で、南アフリカＭＩＨ中国業務部の副総裁だと流暢な中国語で自己紹介した。同行者はＭＩＨが出資している中国企業・世紀互聯《シージーフーリエン》の総裁だった。馬化騰と曽李青はＭＩＨという名を初めて聞いた。

中国でＭＩＨを知る人は１００人もいないだろう。当時はナスダックとアムステルダム２カ所の南アフリカ最大の有料テレビ運営企業でもある。南アフリカに本社を置く投資グループで、上場企業だった。長年新興国でニューメディアに出資しており、「世界トップ５のメディア投資グループの一つ」を自称していた。ＭＩＨは１９９７年に中国に進出して『北京青年報』と脈搏網《マイボーワン》への出資を行った。

網大為がテンセントを知ったのはたまたまだった。「中国の都市を訪れるたびに、その土地のネットカフェに入り、若い人がどんなゲームをプレーしているのかを見ている。ほぼすべてのネットカフェで、パソコンの画面にＯＩＣＱのプログラムが表示されていたので大変驚いた。これはすばらしいインターネット企業に違いないと思った。２０００年末、弊社の出資を受けたい企業数社の総経理と会ったのだが、彼ら全員の名刺にＯＩＣＱナンバーが印刷されていた。私はますます感動して、どんな会社なのか見てみたくなった」

直感は真理に通じる近道である。網大為は、直感に導かれて賽格テクノロジーインキュベーションパーク東棟４階のテンセントにたどり着いた。

馬化騰はコンピュータの前に座り、網大為にＱＱ（原著編集者注　この頃は新バージョンがリリース済みで、ＯＩＣＱはＱＱに名称変更されていた）のユーザー成長曲線を見せてこう伝えた。新規登録ユーザーが1日当たり約50万人いて、これはヨーロッパ１都市の人口に匹敵する。また、テンセントがチャイナモバイルと進めている「モンターネット」計画は、網大為には収益獲得の可能性がぼんやりと見えるものであった。この話は次章で詳しく述べることにしよう。

両者はすぐに実質的な交渉に入り、網大為は二つの条件を提示した。第一に、ＭＩＨはテンセントの評価額を６０００万ドルと査定し、世紀互聯の株式との交換を望んでいること、第二にＭＩＨが筆頭株主となること、であった。

創業者たちはこの条件に対し、同意しない旨を直ちに表明した。株式比率に関しては、支配権の確保は彼らが絶対に譲れない一線だった。しかし「初回でこれほど高い評価額がついた」のは、彼らにとって喜ばしいことだった。1年前と比べて11倍を上回る評価額だった。

２カ月後に網大為が譲歩し、ＭＩＨの投資は全額現金で支払うことになった。しかし株式比率については、テンセント側が協力するよう望んだ。

ＭＩＨの提示価格はＩＤＧにとって望外の喜びだった。投資して1年足らずの案件から撤退して11倍ものプレミアムを手にできるのは、インターネットの冬にあっては想像しがたい戦果だった。ＩＤＧ北京本社は20％の株式をすべて譲渡することに同意したが、深圳の王樹は異議を提出し、その粘りによってＩＤＧは12・８％のみ譲渡し、７・２％を引き続き保有することになった。

逆にPCGは再三迷っていた。追加投資も株式売却も望まず、MIHの「株価つり上げ」で身動きが取れなくなった。馬化騰と曽李青は、「スーパーマン・ジュニア」ことリチャード・リーに香港まで会いに行った。

「その日、『スーパーマン・ジュニア』はシティバンク・タワーのレストランで客人を接待しており、スターのように大勢の人に囲まれていた。私たちはその近くに席を見つけて座っていた。リーは少し時間を取ってくれて10分ほど話をしたが、その後は蝶のように飛んでいってしまった。本当に多忙で、まるで実業界の『アンディ・ラウ』だった」と曽李青は振り返る。2001年6月になると、PCGは香港電訊（PCCW）買収の借入が膨れ上がり2四半期連続で巨額の赤字を出した。このため20%保有していたテンセントの株式を手放さざるを得なくなり、すべてMIHに売却して1260万ドルの現金を手にした。

このように意外な展開を経て、窒息寸前だったテンセントの株式取引の件は一件落着した。偶然押しかけてきたMIHは、株式保有率32・8%でテンセント第二の大株主となった。テンセントの評価額6000万ドルは、新浪がナスダックで調達した金額と同じだ。投資を獲得したテンセントは、これ以降資金不足に悩むことはなくなった。

この2回目の資金調達成功と同時期に、記録しておくべき出来事がいくつか起こった。5月にナスダック指数が底打ちから反転し、インターネットの冬の終わりが間近となった。また同月にQQの登録ユーザーが1億人に達した。

以上が創業から20カ月目までのテンセントである。しばらく回り道したのちにコアプロダクトを見いだし、志を同じくするチームと愛らしいブランドイメージを獲得した。まだ収益を出す方法はわからなかったが、その将来を買ってくれる者が現れた。とてつもない雪害が突如やってきたが、テンセントは運に助けられながらどうにかこうにか生死の境をくぐり抜けた。

第4章
モンターネット
―― 意外な救世主

「市場は絶えず変化しており、企業が身を置く業界のプロフィット発生ゾーンも絶えず変わっている。企業はプロフィット・ゾーンの変化に応じて自身の企業設計と利益獲得モデルを転換していかなければならない」

―― **エイドリアン・J・スライウォツキー**（アメリカのコンサルタント）、『The Profit Zone』（邦訳『プロフィット・ゾーン経営戦略』）

「通信キャリアが意外にも中国インターネット産業を救った」
―― **馬化騰《マーホワトン》**（ポニー・マー）

「陰の王」のモンターネット計画

テンセントは「大雪害」期の最後の瞬間に命をつなぐ資金を調達でき、思いがけない形で難を逃れた。しかしテンセントを真に生き残らせたのはＩＤＧ、ＰＣＧ、ＭＩＨのいずれでもなく、ある新たなビジネスモデルだった。

２０００年初め、馬化騰は日本の通信キャリアＮＴＴドコモによる新たなサービスに関心を持った。同社は１９９９年に「ｉモード」というブランド名の付加価値サービスを開始した。コンテンツプロバイダーと提携して、漫画、ゲーム、画像ダウンロードや音楽配信など価値ある各種コンテンツを顧客に提供するものだ。料金はコンテンツプロバイダーに代わってＮＴＴドコモが徴収し、両者で利益を分け合う。こうして通話事業以外のワイヤレス付加価値事業ができあがった。

「これはまさに我々がカフェで話していたものだろう？　ポケベルが携帯電話に変わっただけだ」。馬化騰が張志東《ジャンジードン》に言った。馬はあるビジネスモデルを説明した。携帯電話を持っているＯＩＣＱユーザーに対し、ショートメッセージによる「モバイルＯＩＣＱ」の新規登録を促す。するとパソコンと携帯がつながって双方向に運用できる。テンセントはユーザーを携帯に誘導し、コンテンツを創出した上で、モバイルキャリアとレベニューシェアを行う。これは今まで誰も試みたことがないモデルだった。

傍らで耳をそばだてていた曽李青《ゾンリーチン》は、携帯キャリアとの交渉を即決した。自身と友人関係にあったチャイナユニコム深圳《しんせん》に持ちかけてみたところ、同社側はやってみてもよさそうだと感じた。この頃のOICQの同時接続アカウント数は10万人に達しており、販促プラットフォームとしては上々だった。毎年5月17日は世界電気通信の日で、この日はどの通信キャリアも優待キャンペーンを実施する。そこでチャイナユニコム深圳は、2000年5月17日に深圳市民向けの「モバイル新生活」という販促キャンペーンをスタートした。そのうち「モバイルOICQ」はテンセントとの合同展開で、OICQのユーザーは自分のユニコムの携帯上でモバイルOICQのナンバーを登録すると、ショートメッセージプラットフォーム経由でメッセージ送信が可能となり、携帯とパソコンでリアルタイムに情報を相互運用できるようになる。「あのときはトライアル的なシステムを組んだので、ユニコムは料金徴収機能を開発しなかった。だが少なくともシステムはちゃんと走ったからうれしかった」と馬化騰は振り返る。

テンセントとチャイナユニコム深圳の提携に、曽李青の別の元同僚たちも関心を寄せた。ちょうど2000年4月、移動通信事業に特化した新たな携帯キャリアが正式に中国電信公司から独立した。チャイナモバイル（中国移動通信集団公司）という名称だ。この頃の中国電信は年間の営業収入が2295億元に上る高収益の独占企業だったが、チャイナモバイルに移籍した者はいずれも入社歴が浅く、主要ではない事業に従事する若い職員だった。そう遠くないうちにここが巨大企業に急成長するとは誰も思っていなかった。

チャイナモバイルは、設立直後から付加価値サービスの事業モデルをリサーチし始めた。チャイナモバイル広東《かんとん》（中国移動通信集団広東有限公司）の深圳支社は、ＮＴＴドコモのモデルとテンセント・チャイナユニコム深圳提携モデルの両方に関心を持った。２０００年8月15日、設立まもない同社（訳注　現社名・深圳移動）はテンセントと「即時通《ジーシートン》――モバイルＯＩＣＱ」事業の試験運用合意書に調印した。合意書では、同事業をまず深圳地域で1カ月半運用したのちにチャイナモバイル広東が正式なサービスとして開始すると取り決めた。

チャイナモバイルは約4カ月後、「ｉモード」モデルを完全コピーしたモバイルインターネット事業ブランド「モンターネット」を正式に始動させた。また、電気通信付加価値サービス事業のビジネスパートナーを公募した。レベニューシェアの比率は15対85で、付加価値サービス業者が大半を得られる。初回に契約した提携業者3社はテンセント、霊通《リントン》、美通《メイトン》で、いずれも広東省で登記した中小企業だった。

ショートメッセージ付加価値サービスは技術的には何のブレークスルーもなく、キャリアの既存技術水準上の応用的な試験でしかない。しかも西側諸国、特に模範的なマーケットと見なされているアメリカには参照できる先例がない。このため、当初から決して有望視されてはいなかった。ところが「モンターネット」は、その後の数年間に荒野で花を咲かせることになる。そんな事態は誰も予想していなかった。これがチャイナモバイル台頭の鍵の一つとなっただけでなく、意外にも赤字の泥沼で途方に暮れていた若い中国インターネット企業の面々を救ったのだった。

中国の携帯電話ユーザーのショートメッセージに対する情熱は恐らく世界一だろう。特にアメリカのユーザーと比べると、極めて大きな違いがある。

アメリカ人は朗らかで率直なので、大半の人は電話で直接話すのを好む。彼らにしてみればショートメッセージで祝意を伝えるのは失礼なことだ。アメリカの携帯ユーザーのうち、携帯でショートメッセージを送受信している人は5％しかいない、というデータもある。ユーザーが携帯電話の加入手続きをする際は通話品質や通話料金にしか関心がなく、携帯端末の型式やショートメッセージ、ネット接続といった付加価値機能にはほとんど興味がない。2000年前後は非常に古い型の携帯を使っている人が多く、ショートメッセージ機能はついていなかった。需要不足により、アメリカの各大手電気通信会社がショートメッセージサービスの提供に熱心でなかったこともあり、異なる移動通信会社間でショートメッセージをやりとりすることは長い間できなかった。この点はアジアやヨーロッパのキャリアのオープン性と大きく異なっている。また、アメリカの携帯電話利用料金はたいてい月額固定制で、月に20数ドルから100ドル強までと設定幅が広い。しかも夜7時または9時以降はすべて無料となる。ただしショートメッセージはたいてい別料金で、1通送信すると10セントもかかる。この割高な費用も、ショートメッセージ普及を阻む要因となった。

一方中国は、それとちょうど逆の状況だ。中国は携帯電話の通話料が高いので、1通0・1元のショートメッセージは明らかにリーズナブルだ。感情をあまり表に出さない中国人は、挨拶を交わしたり思いを伝えたりする際にショートメッセージを好んで使う。こうした消費特性上の奥深い差異によって、それぞれ異なるビジネスモデルが生まれた。携帯電話の急速な普及に伴って、その違いは劇的に拡大した。2002年に全米の携帯電話ユーザーが発信したショートメッセージの総数は81億通だったが、中国人は2004年の春節休暇7日間だけで70億通送信した。2006年のアメリカの年間ショートメッセージ数は、中国の春節1日分にも及ばなかった。まさに中国人のショートメッセージへの情熱がチャイナモバイルやコンテンツプロバイダーたちに巨大なイノベーションの場を与えたのだった。

もちろん、2000年下半期の時点でこうした光景がはっきり見えていた者はまだ非常に少なかった。その年のチャイナモバイルのショートメッセージ収入はわずか1億元、発信数はのべ10億通にすぎなかった。しかしテンセントにしてみれば、一筋の希望の光が見えた思いだった。「我々はお金を見た気がした」と曾李青は語っている。

モンターネットに救われた中国のインターネット

2001年11月10日に本格的に始動した「モンターネット」計画は、まずチャイナモバイル広東でトライアルを実施してから四川《しせん》、浙江《せっこう》などの省に拡大していった。チャイナモバイルは非常にオープンな姿勢を示し、ショートメッセージ付加価値収入の85％を協力業者に渡すことを約束した。各社の参加を促すため「競馬方式」を打ち立てて、積極的な協力業者ほどリソースの分配と政策的な支援を多く受けられるようにした。

その後の数カ月間、曽李青は部下であるマーケティング部スタッフを引き連れ、猛烈な勢いで各地のモバイル事業者へ足を運び、一社一社と「移動ＱＱサービス（訳注　原語は「移動ＱＱ」。後出の「モバイルＱＱ（手機ＱＱ）」とは別のサービス）」事業開始の商談と契約締結を進めた。曽李青は自分のオフィスに全国地図をつるし、赤と青で印をつけることにした。赤はチャイナユニコム、青はチャイナモバイルで、契約が取れた省にはその色で印をつけていった。「うちの担当者が自分でサーバーを担いでモバイル事業者へ出向き、設備室にインストールした。まるで時間を相手にレースをしているようだった」と曽が語る。

２００１年２月、代表的な意味合いを持つチャイナモバイル北京《ペキン》がこの事業を開始する９番目の支社となった。このことは、テンセントが全国主要市場での展開にこぎ着けたことを意味する。３月には「移動ＱＱサービス」の携帯電話のショートメッセージ発信総数が３０００万通に達し、テンセントは月２００万元を超える収入を得られるようになった。

２００１年６月、すなわちＭＩＨが正式にテンセントの株主となった月でもあるが、馬化騰は社内の全スタッフ十数名を集めてこう宣言した。「モンターネット」事業が好調なので、テンセントは財務諸表上初めて単月で損益同額となった。テンセントは年内に売り上げ５０００万元弱を達成し、純利益は１０００万元を超える。利益はすべてチャイナモバイルの「モンターネット」プロジェクトによるものだ。

「大多数のネットヘビーユーザーにとって、ＩＴ界のスターはネットイース（網易《ワンイー》）、捜狐《ソーフー》、新浪《シンラン》ではなく、丁磊《ディンレイ》、張朝陽《ジャンチャオヤン》、王志東《ワンジードン》でもない。深圳のテンセントが開発した小さなペンギン、ＱＱ（旧称ＯＩＣＱ）である」。２００1年6月25日、広東省のニュースポータルサイト大洋網《ダーヤンワン》がある記事でこのように書いた。こうした断定は、当時の広東省以外の主要メディアには受け入れられなかった。しかしテンセントが最も早く黒字を実現したインターネット企業だったのは確かだ。この頃ナスダックに上場していた新浪、ネットイース、捜狐の三大ポータルはいずれも深刻な赤字状態で、ネットイースの純損失は前回に発表した１７３０万ドルから２０４０万ドルに拡大した。ネットイースの財務諸表に疑わしい点があることを理由に、ナスダックが株の取引停止を宣言した時期もあった。ジャック・マー（馬雲《マーユン》）のアリババは同社のｅコマースユーザーが４００万に達したと発表していたが、調達した２５００万ドルはほとんど消えてしまった。ジャック・マーは中国域外の会社を次々にたたんで外国籍職員を解雇せざるを得なくなり、本社も上海《シャンハイ》から再び郷里の杭州《こうしゅう》に移した。

三大ニュースポータルサイトのうち最初にモンターネットプロジェクトに加わったのはネットイースだった。２００1年1月、目も当てられないほど株価が下落して失意の中にあった丁磊はチャイナモバイル広東との提携合意に調印し、携帯ショートメッセージ事業を展開すると発表した。丁はのちに「チャイナモバイル広東から『モンターネット』の提携を持ちかけられたとき、これはいけるという確信は実は誰にもなかった。溺れている者がワラでもいいからつかみたい、というのと同じだった。まさか、そのワラが太い木の枝に化けるとは思わなかった」と語っている。ネットイースはまさにショートメッセージ事業の後押しによって、1年後の2002年4〜6月期に赤字を脱した。同期の黒字額は3万8000元で、内訳としてはショートメッセージ、着信音や画像のダウンロードなどの収入が1500万元を超えて全体の40%を占めた。『アジア・ウォールストリート・ジャーナル』の論説は、ネットイースはインターネットバブル崩壊後に初めて黒字を達成したポータルサイトだと述べた。ネットイースに触発された新浪と捜狐も、チャイナモバイルと提携して携帯ショートメッセージ事業を全力で開拓すると相次いで発表した。

「モンターネット」計画の促進効果により、中国携帯ユーザーのショートメッセージ送信数は突如爆発的に増えた。2001年のチャイナモバイルのショートメッセージ送信数は、16倍増えて159億通に達し、2002年にはさらに793億通に増えた。中国のショートメッセージ数が世界全体の3分の1を占めるまでになった。チャイナモバイルの収入のうち、データ事業収入が占める割合は2001年以前の2・1%から2002年には6・4%に拡大した。

2002年8月にチャイナモバイルは広州で「『モンターネット』共同発展戦略シンポジウ

ム」を開催し、100社以上のコンテンツプロバイダーが出席した。このシンポジウムでは、知名度が極めて高い丁磊が模範的協力者と見なされたが、最大収益を本当に得たのは当時まだ無名だった馬化騰だった。リアルタイム通信ツールであるQQはニュースポータルサイトとは異なり、明らかにユーザーに対する密着性が強く、使用頻度も高い。データによると、移動QQサービスから送信されるショートメッセージ数は「モンターネット」ショートメッセージ数全体の70%を占めていた。

1回目の組織体制変更

「モンターネット」事業の展開に伴い、創業者たちはテンセントの組織体制を初めて変更した。社内全体を、マーケティング部門（Mライン）、リサーチ部門（Rライン）、管理部門の3部門に分けた。また、馬化騰がCEO（最高経営責任者）、曽李青がCOO（最高執行責任者）、張志東がCTO（最高技術責任者）にそれぞれ就任し、陳一丹《チエンイーダン》はCAO（最高総務責任者）としてロジスティクスを含むあらゆる事務管理を、許晨曄《シューチエンイエ》はCIO（最高情報責任者）としてニュースメディア対応とポータルサイト管理を担当することになった。

この時期には、優秀で専門性の高い人材も多数テンセントに入社した。たとえば財務部マネージャーの王斉《ワンチー》、総務部マネージャー郭凱天《グオカイティエン》、そして現CFO（最高財務責任者）でグループのシニア・エグゼクティブ・バイスプレジデントの羅碩瀚《ルオシュオハン》などだ。

Rラインの下には、以下の3部門が設けられた。ワイヤレス開発部は携帯電話端末のショートメッセージ事業を担当、マネージャーは鄧延《ドンイエン》。基礎開発部はカーネル技術とサーバー保守を担当、マネージャーは李海翔《リーハイシアン》。プロダクト開発部はQQクライアントの技術開発および保守を担当、マネージャーは呉宵光《ウーシアオグアン》。

Mラインの下には、総合マーケティング部とモバイル通信部が設けられた。前者は全国販売部隊の構築と管理を、後者は三大通信キャリアとの橋渡しを担う。マネージャーはそれぞれ鄒《ゾウ》小旻《シアオミン》と唐欣《タンシン》が務める。

会社の方針決定については、「総弁会」という会議制度を設けた。2週間に1回実施し、出席者は創業者5人と各中核事業部門の責任者で、人数は10〜12人だ。人数がこれを大きく超えたことは一度もない。テンセントの従業員総数は2万人を超えたが、総弁会の出席者は2013年までずっと16人以下だった。

総弁会はテンセントの最も中核的な意思決定の会議だ。馬化騰は出席者全員に対し、どんなに日常の仕事が忙しくても必ず出席するよう求めている。会議は毎回午前10時定刻で開始し、通常は翌日午前2〜3時まで続く。したがって体力が勝負のマラソン会議だ。

「ポニーは長い会議を好む。各議題が提出されると、馬は自分の意見は言わずに、まずは各出席者の姿勢や意見を知ろうとする。だから会議はしょっちゅう長引く」。出席経験のある数名が会議の光景を明かしてくれた。「総弁会では、重要な決議はほとんどすべて深夜0時を回ってから行われる。その時間帯は皆が疲れているので『眠くてしょうがないから早く決めよう』と大声で言い出す者がたいていいいて、それからいろんな方針が決まる」

またテンセントの総弁会には変わった慣例がある。多数決制が存在しないのだ。人事部門責任者の奚丹《シーダン》らの記憶によると「10年余り、多数決で決めた方針は一つもない」という。部門の業務事項についても、関連する責任者の意見が重視される。「主管する者が意見を出して責任を負う」。会社全体の戦略に関わる件については、合意形成を方針決定の前提としている。反対者が多い場合はいったん棚上げとし、賛成多数となった場合も反対者は自分の意見を留保できる。こうしたプロセスにおいて、馬化騰には「自身の1票で賛成反対を最終決定する」権限は与えられておらず、むしろ調整者のような感じである。

うまくいかなかった有料化の試み

ワイヤレス事業部門に月100万入ってくる熱い状況を目の当たりにして、QQクライアントを担当するプロダクト開発部は、まるで金の茶わんをささげ持つ物乞いのようにして、馬化騰が調達した資金をほぼ全額QQにつぎ込んだ。しかし直接的に収益を得る方法は見いだせなかった。

第一に思いつくのは、もちろん広告だ。

早くも2000年8月には、QQのページ上に初のバナー広告枠を設定した。掲載料金は1日当たり2~9万元と幅があり、広告を開いた回数で計算する。1日当たりの広告露出は4億回、週末は5億回に達する。コストパーミルで計算すると非常にリーズナブルだ。「当時の出稿顧客のほとんどは、事業で資金がどんどんなくなるインターネット企業だった。皆で互いのサイトに広告を出稿し合い、それぞれが収入を得る状態となっていたが、それでは投資家のお金を浪費していることになる。当社はいろいろな消費財の会社に広告掲載を持ちかけたが、P&Gとノキアのトライアル的な出稿しか実現しなかった」

新浪などのポータルサイトに比べて、テンセントの広告は非常に低価格だ。ポータルサイトの5分の1で済むこともしばしばあり、しかも露出率が非常に高い。しかしQQの面積が小さいため、広告の表示効果は決してよくない上、QQユーザーは年齢層が若いので商品購買力には疑問がある。このため広告受注は順調にいかなかった。2000年12月にテンセントの名目上の広告収入はいったん150万元に達したが、翌年2月にインターネットバブルがはじけると、QQに広告を出稿したがる企業はどんどん減っていった。

呉宵光が思いついた第二のモデルは会員制度だった。

「当時計算してみたところ、QQユーザーがすでに1億近かったので、仮にその1%のユーザーが当社のサービスを購入してくれたら結構な収入になるとわかった」。2000年11月、テンセントは「QQ倶楽部」という会員サービスを立ち上げ、無料会員では受けられないサービスを有料会員に提供することにした。たとえばお気に入りをウェブ上に保存する機能、友達リストの保存機能や、覚えやすい「グッドナンバー」（訳注　縁起や語呂がいい番号）を選べるといったサービスで、会費は月10元とした。

テンセントはこの事業に熱い期待を寄せ「中国インターネット史上初の付加価値サービス事業」と自ら銘打った。曽李青が率いるマーケティング部は、この事業のためにQQナンバーとパスワードを記してある名刺サイズの「テンセント会員カード」を作成し、配布スタッフを雇って繁華街や大学キャンパスで大量にばらまいた。

しかし強力なプロモーションを展開したにもかかわらず、「QQ倶楽部」の反応はさっぱりだった。加入するユーザーは毎月数百名、月間収入は2～3万元にとどまり、半年間でわずか3000会員しか獲得できなかった。この結果には、テンセントの上層部もスタッフもすっかり気落ちした。馬化騰は失敗の原因について、いい決済方法がなかったことだと述べた。「当時の中国の若い消費者でクレジットカードを持つ者はほとんどいなかったため、郵便局へ出向いて振り込む必要があった。月10元のために郵便局へわざわざ行く者はほとんどいなかった」。有料会員がごくわずかなのでテンセントが事前に約束したサービスも開発や実現に至らなかった。これは、テンセント史上大苦戦した事業トライアルであった。

第三に試行した事業は、企業向けサービスだった。

馬化騰は、企業から料金を徴収することがＱＱで最も重要な収益獲得手段の一つであると、かなり以前から確信していた。２０００年末にテンセントは企業向けのＢＱＱ（Business QQ）バージョンをリリースした。このバージョンはＱＱのテキスト、オーディオ、動画の通信、ファイル送信などの機能を残しつつ、権限設定をして職場のチャットをコントロールできるようにした。また、ビデオ会議、ディスカッショングループ、ショートメッセージ同報送信などの機能を追加した。万科《ワンコー》など一部の深圳有名企業がＢＱＱの最初の試用者となった。彼らはこのサービスを歓迎していたようだが、有料化には応じなかった。テンセントはグループ向けショートメッセージから収益を多少得るしかなかった。さらに一部のビジネスオーナーからは、ＱＱが「子どもじみている」という声も出た。彼らはプライベートではＱＱを利用して友達とチャットするが、仕事ではよりビジネスに特化されているように見えるＭＳＮを使い続けていた。

３年後の２００３年11月、テンセントは無料のＢＱＱ「試用版」が6回のバージョンアップを経てユーザー7万社に達したと発表した。これを踏まえ、ＩＢＭ、用友《ヨンヨウ》、金蝶《ジンディエ》などのソフトウエアプロバイダーと提携してより進化させた「騰訊通《トンシュントン》」（ＲＴＸ、Real Time eXchange）を発表したが、このプロダクトの販売実績も期待には届かなかった。その後の10年間、テンセントはビジネス市場ではぱっとしないままだった。

QQ有料化騒動——初めての炎上

プロダクト開発部がリリースした第四の有料事業はQQナンバー登録の有料化だった。だが、これがテンセント設立以降初めての炎上を招く。

2001年2月、QQの1日当たり新規登録者数が過去最高の100万人に達し、テンセントのサーバーに巨大な負荷がかかった。張志東によると「当時は毎日数十万個のナンバーを発行していた。皆が先を争って登録しようとするので、操作を何度も繰り返すことになる。本来ならナンバー100万個に対して100万回の操作で済むのだが、何回も操作するので申請回数は千万回規模になり、登録成功率が2%前後まで下がった」。このように供給が需要に追いつかない状態の中、テンセントはユーザー登録規制を開始するとともに、発行するナンバーの数も徐々に減らすことにした。月に100万から60万、さらに40万個程度に減らしていった。

またQQナンバー取得については、168サービスセンター宛ての電話または携帯からのショートメッセージ送信で行うようユーザーに促した。168サービスセンターへの通話料金は1分0.8元、携帯からのショートメッセージ送信によるユーザー登録は1回当たり0.5元なので、ユーザーはQQナンバーを一つ取得するのに1元近い費用がかかる。テンセントは登録有料化を明確に発表していなかったが、ユーザーはそれ以降無料でQQナンバーを得ることがほぼ不可能になった。

このポリシーに対し、すぐにユーザーから不満の声が上がった。7月にはある者が「テンセントQQよ、そのやり方はひどすぎる」という一文をネットに書き込み、こう警告した。「仮にQQに対抗しうる第二のオンラインリアルタイム通信ソフトがあったとしたら、テンセントが打ち出したこのユーザーに歓迎されない登録方法は、自殺を意味する」。筆者はさらにテンセントの有料化ボイコットを皆に呼びかけ、こう表明した。「このままだとテンセントは有料化の道をさらに進むことになり、将来的にはQQログイン後に使用料を払うことになったり、メッセージを送信するたびに金を取られたりするかもしれない。もしテンセントを狙撃できる者が誰もいない場合、そういう事態はあり得ないことではない。独占は、ユーザーから利益を際限なく搾取したいという企業の欲望を生み出し得るものなのだ」。この文章は、各ニュースサイトや掲示板で瞬く間に拡散された。

8月20日にはテンセントへの怒りが既存の紙媒体でも取り上げられた。北京で発行部数最大を誇る消費系の週刊新聞『精品購物指南』は、ほぼ全ページを使って「有料メールアドレスと同じ手法は、テンセントの身の程知らずの人まね」という記事を掲載した。記者は自身の体験を元にこう書いた。「朝、昼、晩、深夜、四つの時間帯でそれぞれ20分かけてウェブページから新規登録を試みたが、すべて失敗に終わった。したがって、こう疑う理由ができた。テンセント社は、すでにウェブによる登録をサーバーで全面的に規制している。新たなQQナンバーを申請するには、金を払って携帯から登録するか168に電話をかけるしかない」。記事はテンセントへの強い不満を示していた。「ネットユーザーはテンセントのやり方に強い悲しみと怒りを覚えており、こう語るネットユーザーもいる。我々はテンセントのポップアップ広告やウィンドウがチカチカ点滅する広告を我慢してきた。今度はさらにこうしたやり方で収入を増やそうとしている。事前に何の通知もないのは、公明正大からあまりにもかけ離れている。（中略）テンセント社は不適切なタイミング、不適切な方法、不適切な項目で費用を徴収してネットユーザーの非難を受けることになった。ひょっとしたら、テンセントは反省するべきではないだろうか」

『精品購物指南』の報道により、テンセントは直ちに矢面に立たされた。

「記者からの電話があれほどかかってきたことはなかった。我々はどう対応していいかまったくわからず、着信音が鳴っても誰も出たがらなかった」。広報関連を担当している許晨曄が振り返る。馬化騰はどのメディアの取材も断った。内向的な馬はかなり長い間、ニュース記者とどんなふうに話をすればいいのかわからなかった。法律を専攻した陳一丹が社命を受けて「公開書簡」を起草し、2日後に『精品購物指南』に全文掲載された。

テンセントは公開書簡の中でこう自己弁護した。「当社は、国外インターネットリアルタイム通信サービス業者の新規登録ユーザー数の指標を参照した。その上で、ユーザー登録の急増は無料リソースの膨大な浪費であると考えるのに十分な理由がある。この点を踏まえたからこそ、当社はユーザー登録数に規制を設け、1日当たりのナンバー発行数を20万から30万以内に抑えた。（中略）当社が携帯電話による登録やサービスセンターでの電話登録などのサービスを開始したのは、真に登録を必要とするユーザーに実行しうる方法を提供するためであった」

いかにも弁護士が書いたような文体の公開書簡は、ユーザーの怒りを静めるには何の役目も果たさなかった。むしろ多くの人にとって「傲慢《ごうまん》で筋の通らない言い逃れ」だった。ネットには「なぜ国外のＩＣＱやＭＳＮはユーザー登録の増加を理由に有料化していないのか。またユーザー数の増加と無料リソースの浪費は何の関係もない」と反論する者もいた。

テンセント社内では、有料方針を継続するかどうかで意見が分かれた。テンセントがユーザー非難の波に呑み込まれて沈むのを心配する意見や、新たな競合の登場を懸念する意見もあった。馬化騰は有料化維持を主張した。「我々はＭＩＨの投資を受けたばかりであり、『モンターネット』事業も多少の勢いはあるが、明るい未来が約束されているわけではない。テンセントは世間に罵倒されて死ぬことはないが、収益モデルを見つけられなければ確実に失血死する」。馬としては、テンセントの生き残りこそが最優先だった。

殺到する罵声《ばせい》に耐えながら、テンセントは２００２年3月に「ＱＱ行《シン》グッドナンバーゾーン（ＱＱ行靚号地帯）」事業を開始すると発表した。ＱＱナンバー使用権を発売し、このサービスを利用すると5桁、6桁、8桁のグッドナンバーおよび誕生日ナンバーの使用権が得られるとともに、ＱＱ会員の機能が使えるようになる。「ＱＱ行」ナンバーは9月から全国のユーザー向けに正式に発売され、毎月の料金は2元とする。無料ナンバーと使い捨てナンバーの申請受付は基本的に中止するとした。

テンセントの有料化戦略は、案の定「競争する狼」たちを引き寄せた。

ちょうど「ＱＱ行」ナンバーの正式販売が始まった9月に、朗瑪《ランマー》というベンチャー企業が「朗瑪ＵＣ」クライアントをリリースした。ユニークなチャット用シーン、アクションランゲージ、アニメーション絵文字といった多数の斬新な機能によりユーザーの好評を得て、わずか３カ月の間に登録ユーザー数が８００万、接続ユーザー数が3万をそれぞれ突破した。朗瑪ＵＣがリリースされてから数カ月の間に、ほぼすべてのポータルサイトがまるで示し合わせたかのように自身のリアルタイム通信ツールをリリースした。「網易泡泡《ワンイーパオパオ》」「新浪聊 聊吧《シンランリアオリアオバー》」「捜狐《ソーフー》我找你《ウオジャオニー》」「ヤフーメッセンジャー」、２６３の「Ｅ話通《ホワトン》」、ＴＯＭのスカイプなど、30を超える類似製品が登場した。テンセントは、自身に対する包囲戦の火蓋を自ら切ってしまったのだった。

２００３年6月に入り、馬化騰は突然夢から覚めたかのように、無料路線への回帰を決定した。テンセントは「移動ＱＱサービス誕生3周年を祝って」という名目で、移動ＱＱサービスを新規に利用するユーザーは、長期的に使用できる無料のＱＱナンバー一つを獲得できると発表した。こうしてテンセントは、長期使用番号発行の扉を再び開け放ったのだった。２カ月後、ＱＱは無料登録を再開した。しかし狼たちがテンセントを包囲して攻めかかる態勢はすでにできあがっていた。テンセントはその後2年余り、その対応に労力を使わざるを得なくなる。テンセント史上における2002年の「グッドナンバー有料化」は、その後ほとんど話題に上らなくなったが、実は非常に危険な分岐点であった。

Qコイン——仮想通貨の誕生

テンセントの2002年は全体として、QQ有料化のトライアルではいろいろとつまずきがあったものの、あるイノベーションがまるで種のように残された年でもあった。それがやがてテンセントの産業基盤の一つを形成する。Qコイン（Q幣）の誕生だ。

金融の信用システムの欠如は、中国とアメリカのインターネット産業で最も大きな相違点の一つである。このため、あらゆる経営者が自身の決済システムの構築について長い間頭を悩ませてきた。最も早く解決策を思いついたのは、オンラインゲームの事業者だった。ちょうど2002年前後のことである。

インターネットバブルがはじけた時期は、収益獲得を実現できるマーケットを誰もが探しており、オンラインゲームがすぐに「硬直的需要（訳注　価格が変わっても影響を受けない需要）」だと認定された。早くも1998年3月にUCDOS（以前に広く使用されていた漢字オペレーティングシステム）の開発者である鮑岳橋《バオユエチアオ》が簡晶《ジエンジン》、王建華《ワンジエンホワ》とともに、中国最初のテーブルゲーム・カジュアルゲーム系のオンラインゲームプラットフォーム「聯衆游戯《リエンジョンヨーシー》」を北京で開設した。すると、わずか1年余りで登録ユーザー数２０００万超、月間アクティブユーザー数３００万に達した。聯衆は１９９９年に中公網《ジョンゴンワン》に１０００万元で買収され、中公網は株式の79%を取得した。また、同じく１９９９年に郭羽《グオユー》などが杭州《こうしゅう》で新たなテーブルゲーム・カジュアルゲームのプラットフォーム「辺鋒《ビエンフォン》」を開設し、一時は「北の聯衆、南の辺鋒」という構図が存在していた。しかし聯衆も辺鋒も長期にわたってプレーヤーに課金させる方法を見いだせないままだった。

２００1年初め、聯衆や辺鋒よりもだいぶ規模が小さいゲーム運営会社「九城《ジウチョン》」が「意外にも」その道を切り開いた。貿易の営業をやっていた九城の創業者・朱駿《ジュージュン》が決済プラットフォームを構築し、１６３、１３９の電話発信者に関するレベニューシェアについて電気通信会社と合意に達したのだ。ダイヤルアップ接続したユーザーが九城にアクセスしたら、ＩＳＰの接続料金を3対7で分け合う。九城はさらに、上海電信と提携カードを発行した。１００元のネット接続カードに15元分の「九城ゲームコイン」が含まれているものだ。朱駿は「九城ポイント」を考案し、プレーヤーが提携カード中のコインで「ポイント」を購入して課金が必要なゲーム1種類をプレーするか、あるいはゲーム中に本物の通貨と等価の「ゲームコイン」を獲得するための賭け金として使えるようにした。こうして九城は、電気通信会社との接続料金収入の分け合い、専用仮想通貨の発行という2種類の料金徴収モデルを生み出した。２００1年

7月頃の九城の月間収入は200万元に達し、登録ユーザー300万人のうち課金したユーザーは10万人にも上った。

テンセントも2002年初めから仮想通貨発行についての議論を開始した。「QQ倶楽部」会員サービスと「QQ行グッドナンバーゾーン」事業の拡大を図っていた時期、馬化騰や曽李青は決済システムが足かせになっていると実感していた。「自社の仮想通貨があれば、状況はだいぶよくなるかもしれない」と多くの者が認識していた。

記憶によると、最初に「Qコイン」のコンセプトを提起したのは許晨曄だった。「3月のある議論の中で、許晨曄が何気なく『Qコイン』という言葉を口にして、皆がいいと思ったのでそれに決まった」。Qコインのルールは非常にシンプルだ。人民元1元で1Qコインを購入できる。課金ユーザーは額面が等しいカードのカード番号、パスワードとQQナンバーを関連づけて「チャージ」を行う。

最初の頃、QコインはQQソフトウエアのシステムサービスの中には入っておらず、単なるマーケティングツールの一つと見なされていた。曽李青が率いるマーケティング部門はユーザーに対し、5月に正式にQコインをリリースしたのだが、4月に配布したQQソフトの最新バージョンであるQQ2000Cの中には、Qコインについての記述は一切見当たらない。この新バージョンをそれ以前のものと比較すると、ワイヤレスQQ、BQQなど一連の付加価値サービスをQQクライアントソフト中に統合したことが最も大きな変更だった。テンセントは

「各種機能を統合したテンセントＱＱ２０００Ｃは、『ネットのリアルタイム通信ツール』の範《はん》疇《ちゅう》をもはや完全に超えた。もしかすると『モバイルインターネット時代の通信ツール』と呼ぶほうがより適切かもしれない」と述べた。これは明らかに、少なくとも10年以上前倒しで実現した「なりたい自分」であった。

　最初の1年はＱコインの月間発行量は50万元程度で、そのほとんどはＱＱグッドナンバーの販売によるものだった。ＱコインはＱＱ登録の無料化再開に伴って、一時期に大した価値はないが捨てるには惜しい「鶏のあばら骨」のような存在になった。しかし２００２年下半期に入って、革命的で秀逸なある有料プロダクトが登場したことにより、突如一つの利器に変貌した。

第5章
QQショー
――現実世界の倒影

「我々は、虚構と現実を混同しているから見つめ合って笑顔になれる。我々は、その幻像が我々を支配していることを感じ取っている」

―― **オルハン・パムク**（トルコの作家）

「ネットは一つの世界であり、我々が現実では実現不可能なことを実現できる夢の世界だ。『アバター（Avatar）』はその可能性を提供した」

―― **テンセント「アバタープロジェクト」計画書**

グループチャット──「コミュニティ」が初めて出現

2002年9月、馬化騰《マーホワトン》（ポニー・マー）はアリババのジャック・マー（馬雲《マーユン》）の招きにより、杭州《こうしゅう》で開催された第3回「西湖論剣」サミットに出席した。馬が全国的な業界リーダーの会合に出席したのは、これが初めてだった。

「西湖論剣」は、人前で自分を見せるのがうまいジャック・マーが発起人で、初期インターネット業界の最も有名なリーダーたちによるサミットである。2000年9月、ジャック・マーと有名な武侠小説家の金庸《きんよう》が連名で「英雄招待状」を送り、西湖のほとりで「茶を味わいながら剣術を語る」場に天下の豪傑たちを招待した。招きに応じて来場したのは、三大ポータルサイトの王志東《ワンジードン》、張朝陽《ジャンチャオヤン》、丁磊《ディンレイ》と、eコマース企業8848の王峻濤《ワンジュンタオ》だった。いずれも当時のインターネット界のスター創業者と公認されていた面々だ。2001年9月には第2回「西湖論剣」が開催され、6人のリーダーが招きを受けて参加した。ジャック・マー、張朝陽、丁磊のほか、新浪《シンラン》の王志東が業績不振で董事会から追放されたため、代わって新CEOの茅道臨《マオダオリン》が出席、王峻濤は出席したものの、8848社が危機に陥り退職を迫られている状態だった。また、PCG傘下のTom.comのCEO王銑《ワンシエン》が新たに加わった。

2002年、三大ポータルサイトはまだインターネットの冬から完全復活していなかったため、トップが全員この年の出席を辞退した。ジャック・マーは別の候補に当たらざるを得なくなり、招待に応じて杭州にやってきたゲスト5名はすべて新顔だった。検索サイト「３７２１」の周鴻禕《ジョウホンイー》、求職サイト「前程無憂《チエンチョンウーヨウ》」の甄栄輝《ジエンロンフイ》、ゲームプラットフォーム「聯衆《リエンジョン》」の鮑《バオ》岳橋《ユエチアオ》、旅行予約サイト「携程網《シエチョンワン》」の梁建章《リアンジエンジャン》、そして馬化騰である。彼らはネットバブル崩壊後のサバイバーと見なされていた。またインターネット業界の「第二線の人」でもあり、当時は「五小竜」と呼ばれていた。

　このサミットの壇上で、馬化騰はやや心ここにあらずの様子に見えた。当時の報道を確認すると、馬化騰の登壇にメディアが大きく注目することはなかった。現地の夕刊紙『銭江《せんこう》晩報』の記者は、自分が目にした馬化騰について記事にこう書いている。「馬化騰はＱＱの生みの親として『ミスターＱＱ』と称されている。ＱＱが与える先駆的、前衛的なイメージとは大きく異なり、本人は少しも時代の先端を行く人には見えない。カジュアルなジャケット姿の彼は大変若く見え、金縁の眼鏡も上品で知的な雰囲気を醸し出しているが、どう見てもあのかわいいキャラクターを生み出したネットの『手練《てだ》れ』とは思えない。首に赤いスカーフを巻いたとしても、少しもＱＱらしくならない」

　また、馬化騰が初めて周鴻禕と顔を合わせたのもこのサミットの場だった。馬より一つ年上の周は、やがて馬の宿敵となる。控えめで無口な馬化騰に比べて、小柄でやり手の周鴻禕はバイタリティーにあふれて社交的で、面白いことや名言をたびたび口にしては会場の拍手を浴びていた。周は壇上のジョークとしてこんなことを言った。「我々5人のうち、馬化騰が一番大人から遠い」。この一言に皆が驚いたが、周はゆったりとした口調で述べた。「我々4人は結婚しているが、彼はしていないからだ」

　このときの馬化騰は、人前でどうユーモア感を示せばよいのかをまだ体得していなかった。取材を受けた際、馬はテンセントの「遠大な前途」について語ったほか、前月25日にリリースしたQQの新バージョンを重点的に紹介した。アップグレードされたこのバージョンには、初めてグループチャット機能が搭載された。

　この機能は、テンセント社内の「ランチ仲間」文化が発想の元となっている。その頃、社内には「ランチ仲間」のグループが多数存在しており、昼休みが近づくと皆がその日のランチをどうするか、メールをやりとりしながら決めていた。メールは遅延が生じる上、意見を返信する際にやや混乱して、すぐに声をまとめるのが難しい。さらに、そのやりとりから漏れてしまう者が出てしまうこともよくあった。こうした問題について、誰かからこんな声が出た。「QQ上に固定的なメンバーリストを作成しておき、そのメンバーが同時にリアルタイムで議論に加わることはできないだろうか」

　技術開発の責任者である張志東《ジャンジードン》と呉宵光《ウーシアオグアン》がすぐさまそのひらめきをキャッチした。8月の新バージョンでは、QQユーザーが自分でQQグループを作成して友人を招待し、いつでもチャットできるようになった。ファイル、画像、音楽もシェアできる。またグループ動向機能により、ユーザーがリアルタイムでグループの出来事や友達の最新状況を確認できる。さらに、グループメンバーの名刺、グループ備考、グループ動向、グループメッセージ受信方法の設定、グループチャット保存など、多様な表示機能やインタラクティブな機能を搭載している。張志東は機能定義の中にこう記した。「QQグループは、QQユーザーのうち、共通性を持つ小さな集団向けに構築したリアルタイム通信プラットフォームです。たとえば『私の大学同級生』『私の同僚』などのグループを作成でき、グループ内のメンバーは親しい間柄となります。QQグループ機能の実現で、あなたのネットライフスタイルがあっという間に変わりました。これからは1人寂しくQQで待つことなく、親しい仲間がいるグループの中で、ネットのすばらしさをともに体験しましょう」

グループチャット機能の開発は、テンセントのリアルタイム通信分野におけるブレークスルー的な創造と見なしてよいだろう。

この機能は、線状をなす従来の一対一の関係を、複数対複数のクロス交流型ユーザーリレーション・チェーンに初めて格上げし、既存の交流方法の限界を突破した。QQグループの発明は、ネットユーザー間のリレーション・チェーンやオンラインでやりとりする方法を徹底的に変えた。これは中国におけるソーシャルネットワーク概念の登場を示すものであり、フェイスブックより18カ月早い。張志東はのちにこう述べている。「グループチャット機能のリリース後、QQは実質的にネットの知人間のコミュニティ領域を確立した。実名制ではないものの、グループでの招待やチャットという行為自体が、ユーザー間が「よく知っている」関係であることを意味している。

グループチャット機能の登場により、ＱＱのアクティブ度が２００２年末から驚異的に高まった。次節では、ある興味深いトピックを取り上げたい。テンセントがこの次第に形成されていくバーチャルコミュニティに人間味を持たせ、それによってある利益獲得モデルを形成していったプロセスだ。

マーケティング部の「アバター計画」

技術部門がグループチャット機能を開発したのと同じ時期、２００２年8月中旬のことだ。マーケティング総合部に入ったばかりの許良《シューリアン》は「テンセント史上初の暇人」となった。

１９９９年に武漢《ぶかん》大学の経済学部を卒業した許良は、ソフトウエア会社を経営していた時期があったが、事業不振により2年ほどで廃業した。その後、テンセントに応募して採用され、当初は全国ネットカフェ普及マネージャーとなる予定だった。しかし携帯電話を紛失したために入社手続きが2週間遅れてしまい、そのポジションは別の新人に割り振られた。そこで鄒《ゾウ》小旻《シアオミン》が許に「プロダクトマネージャー」の職務を与えた。「プロダクトマネージャーは何をすればいいのか」と許良が聞くと、鄒小旻は「製品のリサーチだ。新たな仕事が振られるのを待っていなさい」と答えた。

許良はどんなプロダクトをリサーチしたらいいかわからなかった。ある日、同僚と雑談していて韓国にセイクラブ（sayclub.com）というコミュニティサイトがあるという話を聞いた。「アバター」という機能が開発され、ユーザーは自分の好みに応じてバーチャルキャラクターのデザイン、たとえば髪型、表情、ファッション、背景を変えられる。また、それらの「商品」はお金を払って購入する。このサービスは、リリース以降韓国の若者に大人気だという。同僚は何気なく話しただけだが、許には気になった。パソコンの前に戻ってsayclub.comを検索したところ、実に目新しいサイトだった。韓国語がわからないので、４００元を支払ってサイト内容の翻訳を依頼した。

すばらしいプロダクトかもしれないと許は直感した。そこですぐに製品要求仕様書を作成し、上層部全員にCCでメール送信した。しかし1カ月余りたっても、誰も返信してこなかった。ちょうどその頃、許良は同じく入社したばかりの王遠《ワンユエン》にばったり会った。王遠はインターネット業界が長い。入社前の2年間はチャイナモバイル傘下の卓望《ジュオワン》公司でセールスディレクターとビジネス開拓ディレクターを務めていたが、曽李青《ゾンリーチン》に引き抜かれて曽のアシスタントとなった。卓望は「モンターネット」のビジネス支援プラットフォームである。王遠は中国のワイヤレス産業全体が奇跡のように台頭するのを目の当たりにしながら、日韓のワイヤレスデータ業務のリサーチも深めてきた。王遠は許良のプロジェクトの話を聞いて面白いと感じ、許に再調査を行わせた。

リサーチを進めていくうち、許良のデータが増えていった。sayclub.comでバーチャルアイテムを購入するユーザーは、2000年12月は6万人だったが、1年後には150万人に急増した。ユーザー1人当たりの月平均利用額は人民元に換算して4・94元で、収益はかなり高い。sayclub.comの人気を受けて、韓国でトップ5入りしているチャットおよびソーシャル系サイトは、どこも「アバター化」されていた。アバターは、チャットルーム、BBS、携帯電話、eメール、バーチャルコミュニティなど、オンライン交流が重要となるネットワークサービスの中で広く使われていた。

また、許良を焦らせたのは、この流行がすでに中国に入っていたことだった。2002年5月には、丁磊の163.comが自社のリアルタイム通信ツール「網易泡泡《ワンイーパオパオ》」で試験的にアバター製品をリリース済みだった。「友聯《ヨウリエン》」（ViaFriend.com）という別のウェブサイトでも、「i秀《シウ》」というブランド名でアバターを6月にリリースしていた。「カスタマイズ可能なバーチャルキャラクターのサービスを提供する中国初のウェブサイト」とうたっていた。すなわち「テンセントはまたもや出遅れた」のだった。

許良は数日かけて80数ページにもわたる緻密なロジックのプレゼン用スライド（PPT）を作成し、併せて一連の非常にラフなアバターイメージも制作した。許はこのスライドで、オリジナリティに富む観点をいくつか提示した。自身がリサーチしたところ、「アバターはインターネットでビジュアル化された、ネットユーザーの可変的なしるしである。また、アバターはオンライン系ネットサービスにおいて、最も現実的に実行可能な有料モデルだ」。韓国のデータを見ると、アバターを購入するネットユーザーの中心層は18歳から25歳の若者で、うち20歳以下が半数近くを占める。男女比は約2対1だ。こうしたユーザー層の特徴は、QQを利用する中国のユーザーと一致している。中国では友聯とネットイース（網易《ワンイー》）がアバターに類似したプロダクトをリリース済みだが、友聯はユーザーが少なく決済手段も立ち遅れている。ネットイースも主力製品扱いで販促をかけているわけではない。しかも許良の判断によると「中韓両国のネットユーザーは、ネット上でやりとりする際の習慣に違いが存在する。韓国人はウェブサイト型コミュニティをよく利用するが、中国人はインスタントメッセンジャーを好む。したがってネットイースも、アバター普及の場としては適切ではない」

よって許良はこう結論づけた。「アバター市場については、理論的にテンセントこそが他のどの企業よりも先天的なアドバンテージを持っている。アバターは、まるでテンセントのために用意されたような、急成長するオンラインマーケットである。（中略）テンセントのコミュニティ全体を再統合し、最終的にはテンセントのコミュニティを、現実を模した大規模なオンライン・バーチャルコミュニティもしくはバーチャルゲームプラットフォームへと変える。アバターのサービス内容も、このコミュニティの広がりとともに発展させていく。アバターは、いったん構築したらあとは放置して楽ができる収益ツールではない。方向を見極めたら絶えず力を注いでコンテンツを豊富にしていくプロセスである」

許良のＰＰＴファイルを受領した曽李青は、社内方針決定者を集めてプレゼンを行わせることにした。

「実は我々マーケティング部門は、アバターはいけると見ていた。しかし新製品のリリースはリサーチ部門の担当事項なので張志東がどう思うかを確認する必要があった」と曽李青は振り返る。意外なことに、プレゼンの場で最初に意思表示したのは張志東だった。許良のプレゼンがまだ終わらないうちに、慎重なタイプの張志東が立ち上がってこう言った。「これはいいプロダクトだと思う。すぐにやるべきだ」。馬化騰も同調した。

その場で「アバターグループ」が結成され、許良はリーダー役を命じられた。張志東は、プログラマー３名とデザイナー１名をグループに送り込んだ。翌日、プログラマーの徐琳《シューリン》が最初のプロトタイプを作成した。許良は「テンセントはコンテンツの企画力が弱い。コンテンツに関連するサービスは一貫して得意ではない」と考えていたため、バーチャルアイテムのデザインはある韓国企業に外注することにし、２カ月で８００以上のアイテムができあがってきた。「アバターグループ」のプログラマーは、ＱＱモール（ＱＱ商城）を開発した。この一連のアバターは、「ＱＱショー」と名づけられた。

ＱＱショーは２００３年１月24日に試験運用を開始した。許良はＱＱ会員全員に価値10元のＱコインを進呈して、彼らをＱＱショーの潜在顧客とした。

2カ月後、テンセントはQQの一連のアバター「QQショー」の本格的有料化を発表した。QQユーザーはQコインで洋服、アクセサリー、背景などを購入してアバターをカスタマイズできる。QQショーのモールでは、仙女服、ビジネスウエア、サングラス、ネックレスなどを0・5元から1元で販売した。こうしたバーチャルグッズは自分の必要に応じていつでも変更でき、プレゼントとして自分のQQ友達に贈ることも可能だ。カスタマイズしたアバターは、自分のQQアイコンとして表示できるほか、QQチャットルーム、テンセントコミュニティ、「QQ交友《ジアオヨウ》」などのサービスにも現れる。つまりネットユーザーは、QQショーによって仮想世界の中にバーチャルな自分を再現して自身の思いを表せるようになったのだ。QQショーの各イメージは有効期間が6カ月となっており、延長にはユーザーが課金する必要がある。

QQショーの人気ぶりは、あらゆる者の予想を超えた。QQショーリリース後の半年間で、500万人がこのサービスを購入した。平均利用額は5元前後で、「グッドナンバー」一つの購入額を大きく上回った。しかも今回はユーザーの反感を買ったり炎上したりすることもなかった。購入が完全にユーザー自身の意思で行われたからである。

「QQ人」とQQ現実主義

テンセントがQQショーをリリースした頃、模倣された側のICQは収益獲得方法を見つけられないままだった。北米およびヨーロッパで有していたシェアは、マイクロソフトのMSNとヤフーのヤフーメッセンジャーに持っていかれた。QQショーはある意味、リアルタイム通信クライアントの性質、機能と利益獲得モデルを作り替えたのであり、これはテンセントとICQとの華麗なる決別であった。

テンセントの歴史、さらには中国のインターネット史上において、QQショーは革命的な有料プロダクトと言えるだろう。世界インターネット産業の「東洋型応用イノベーション」と見なしてよい。テンセントはそのイノベーションを何もない所から始めた者ではないが、そのイノベーションによって真の商業的成功を手に入れた。そしてQQショーによってテンセントと同社の億単位のユーザーとの間に心情的な帰属関係が生じたことは、商業利益よりもさらに価値のあることだった。

馬化騰はQQショーの最も早い時期のユーザーだ。QQモールでロングヘア、サングラス、スリムジーンズを購入して、若いカウボーイのイメージを演出した。ちなみに現実の生活では、髪を伸ばしたりサングラスをかけたりしたことは一度もなく、ジーンズもめったにはかない。これは極めて寓意《ぐうい》に富む現象だ。人が仮想世界の自分を設定する際は、現実生活の倒影《とうえい》になるのかもしれない。

西側諸国のインターネット研究者の多くは、中国のネットユーザーが有料バーチャルアイテムを購入してまで自分を作り上げるのは理解不能だと感じている。この点は、東洋と西洋の社会における役割知覚上の大きな違いが透けて見える。

　中国社会は昔から圧迫感に満ちた等級社会だった。等級性は一族の内部だけでなく公共社会にも現れる。人々は現実の生活において自制的に振る舞い、精神生活は活気や面白みが少ない。そこにバーチャルコミュニティが登場したのは、新たな世界が突如出現したようなものだった。長い間自身の心を抑えつけていた人々は、仮面をつけたまま自制せずにはしゃげるようになった。中国人の現実世界での感情抑制と仮想世界でのやりたい放題は、非常に鮮明で皮肉なコントラストをなしている。

　QQの初期利用者は、大部分が15歳から25歳の若者だった。この層は現実生活の中では社会的ステータスを持っていないが、承認されたいと焦る者たちだ。彼らは家では厳しく統制され、社会では軽視されて隅に追いやられている。ホルモンの作用により、承認されること、自我を確認すること、自身が属する集団を探しだすことを強く望んでいる。現実世界ではかなわないこうした望みは、仮想世界の中でなら簡単に実現できる。

　QQショーの誕生によって、こうしたニーズを形にして示すチャンスが得られた。まさに世論に詳しいアメリカのウォルター・リップマンが述べた「人間の特徴自体は、常に曖昧模糊《あいまいもこ》として、揺れ動いて定まらないものだ。それらをしっかりと記憶させたいのなら、何か有形のシンボルの助けを借りなければならない。画像は、一貫して最も頼りになる観念の伝達方法だ」である。人々がQQモールでバーチャルなファッションを購入するプロセスは、本質的に自身の性格と地位を確認するプロセスだ。我々が馬化騰の若いカウボーイのアバターを目にすれば、馬の心には「束縛されないカウボーイ」がいることがほぼ確認できる。あるいは彼自身すら初めてそれに気づいたのかもしれない。これは一種の非常にすばらしくて不思議な人生体験であり、他の機会、他の方法では得られないものだ。

ある記者の取材を受けた際、呉宵光はこうしたニーズの存在にすでに気づいていた。呉によると、テンセントが売ったのは実は「ファッション」ではなく、「心の支え」であり、「他人から見た自分のイメージを体現するものだ。友達が私のQQ上のイメージを見たら、私がどんな人間か知ってもらえる」。

以下はテンセントの本当の秘密の一つである。

OICQ、のちのQQが誕生したその日から、中国社会には新たな層が現れた。彼らの大半は1985年以降の生まれで、ずばり「QQ人」と命名してよいだろう。この名称の背後には四つの共通する特徴がある。

第一に、彼らは少年の頃、つまり身分証を持つ年齢（訳注　満16歳）になる前にQQナンバーを申請済みである。それが一つの独立した記号となって、彼らが世界と単独で対話するための入り口となっている。

第二に、QQによって現実世界から相対的に離れた仮想世界が提供され、インターネットによって人間の生活は地理的な境界を越えた。「QQ人」はもはや従来の意味での「本土の中国人」ではなく、これまでに一度も現れたことがない、地方性が消え去った世代だ。「QQ人」が交友関係を築く半径は前世代と完全に異なっており、その拡大する倍数とQQの交際の広さは正比例関係にある。

第三に、QQはこの世代が姿勢や感情を示す方法を変えた。QQとQQショーは、手紙、電話、ひいては電子メールよりもさらに直接的、スピーディーで手短だ。これがリアルタイム、ファストフード型の時代を作りだした。同時に、QQ方式に慣れている人はリアルな生活においてある種の能力を失った恐れがある。筆者は以前「女性との接し方講座」のリサーチをしたことがあるのだが、そこの講師によると、受講する青年の多くはQQ上では非常にアクティブである一方、リアルな生活では人と向き合って言葉を交わすことができない、とのことだった。「『QQの顔画像』がないので、おしゃべりができないのです」

第四に、「QQ人」の世界は断片化されて深みのない世界である。誰もが皆情報伝達の主体であり、伝達のスピードと広さは、大半が伝え方のドラマチックさで決まり、「知識の深さ」とは無関係である。「QQ人」は自身の姿勢を表明する度胸がある一方で、感情や偏見に左右されやすい。

QQショーは見事なイノベーションだった。これによってシンプルで温かみのない通信ツールだったQQは、バーチャルな人格、自身の価値観、集団的な規範を持つ仮想世界へと変貌した。

我々はその後何年かの間に、ほぼすべての大手インターネット企業が自社のリアルタイム通信ツールをリリースし、QQ包囲戦を仕掛けるのを目撃したが、テンセントは実にやすやすと勝利を収めた。商業競争上の戦略もあるが、最大の勝因はまさに、競合はいずれも技術的側面から攻めただけであり、ユーザーを感情的に魅了しようとした企業が1社もなかったことにある。人々がある世界（リアルであれバーチャルであれ）の中でアイデンティティを確立した後に、そこから「移行」させるのは非常に難しいミッションだ。

「QQ人」に提供された各種サービスは、テンセントビジネスモデルの本質だった。

テンセントは、「QQ人」にサービスを購入してもらうための方法を探し続けてきた。「グッドナンバー」はその一つの試みだったが、乱暴であからさますぎた。QQショーはそれよりもだいぶソフト路線になった。アイテムが0・5元か1元なら安いので、あまり悩むことなく誰にでも買える。それでいて購入者が得られる心情的な満足感はほかのものには代えがたい。QQショーは、アイデンティティに最も敏感でありながらそれが最も確立されていない若者に対して、購買意欲をそそられる低価格商品のカウンターを設置したのだった。

テンセントにとっても、QQショーは「変身ショー」だった。それ以降、このリアルタイム通信サービス業者は、人間味を掘り起こし、エンターテインメント体験を提供する会社となった。テンセントは「現実版の仮想世界」を構築した。その世界では、あらゆる役割、地位、秩序および決済方法が、すべて現世のもの、物質主義的なものである。しかもより手軽で安価だったので、より現実的なものとなった。これを「QQ現実主義」と称してよいだろう。馬化騰はこの仮想世界の創造者だ。その世界ができあがると、直ちに驚くべき自己増殖と変身の能力が形成された。のちにテンセントに巨額の商業利益をもたらすQゾーンやQQゲームは、すべてこのロジックの延長線上にある。

2003年——戦略レベルの三つの進化

テンセントは、QQショーによって「モンターネット」事業以外にもインターネット付加価値サービス事業の利益獲得モデルを見いだせた。この利益獲得は完全にQQユーザーに由来するものなので、テンセントが包括的に主導することが可能だった。2003年前後のQQショーからの収入はまだ移動QQサービスとは比べものにならず、その8分の1程度にすぎなかったが、もたらされる可能性と想像力ははるかに大きかった。それ以降はQQ、QQ会員、QQショーおよびQコインが、独立してクローズに運営されるQQ世界を形成し、テンセントの組織体制内でも一連の戦略レベルの進化が誘発された。

一つ目の進化は、エンジニアカルチャーと融合したプロダクトマネージャー制だ。

創業したその日から、テンセントはエンジニアカルチャーが支配する企業だった。馬化騰、張志東たちは技術が持つ駆動力をひたすら信じて、精力のほぼすべてを研究開発とイテレーションに注いできた。だが「アバター計画」が二つの変化をもたらした。まず、このプロジェクトは技術部門ではなくマーケティング部門が初めて提起したものであったこと、もう一つは、ユーザー体験の定義が物的レベルから心情レベルへと上昇したことである。プロジェクト実行においては、QQショーはRラインとMラインを分けるのではなく、プロジェクトを主体とするプロダクトマネージャー制という新たなスタイルを採用した。

それ以降は社内にプロダクトマネージャー制が確立した。「提起した者が実行する」「いったん大きく育ったら、独立した軍とする」が社内の不文律となった。この新たなスタイルは、気づかぬうちに「競馬方式」を生み出していた。我々はのちに、Qゾーン、QQゲーム、さらにはウィーチャット（微信《ウエイシン》）といった多くの「意外な」イノベーションがテンセントにもたらされるのを目の当たりにすることになる。これらはいずれも社内のトップが企画した結果ではなく、ボトムの事業ユニットの単独作業から生じている。エンジニアカルチャーとプロダクトマネージャー制は、社内の駆動力としては先天的に対立性が存在するが、テンセントの場合はシームレスな融合が実現した。

二つ目の進化は、Qコインを流通主体とする決済システムだ。グッドナンバーを販売していた時期、Qコインの価値は非常に限られていた。しかしQQショーの誕生後は、硬直的需要が喚起された。2003年2月に曽李青がファーウェイ（華為）のワイヤレス事業部門から劉成敏《リウチョンミン》を引き抜いて業務マネージャーとしたのだが、その劉が先頭に立ってQコイン販売体系の構築を進めていった。劉は、4月には早くも杭州電信傘下のサービスセンターとQコイン販売代行の契約を締結し、杭州電信は16885 85音声サービスを開設した。この番号に電話するとQコインが購入でき、料金は杭州電信が徴収を代行する。レベニューシェアはテンセントとサービスセンターで半々とした。

この方式は、全国300以上の都市サービスセンターに急速に広がった。また、劉成敏は1万軒以上のネットカフェにもQコイン販売代行を依頼した。テンセントが自社で保有するオンライン決済システムを合わせると、テンセントは1年余りの間に3種類の決済ルートを確保することになった。市場開拓の功績により、劉成敏はのちにワイヤレス付加価値事業部門の統括者に抜てきされた。

テンセントにとって、自身が保有する決済システムを構築したことは戦略的成功であり、これは中国とアメリカのコミュニティ型サイトが利益獲得モデルに関しては別々の道を進んだことを象徴する出来事でもあった。その後の進化を見ると、アメリカのニュースポータルまたはソーシャルウェブサイトの収益はほとんど広告頼みであるのに対し、中国の同業者たちは選択肢がだいぶ多い。

三つ目の進化は、特権および等級制を特徴とする会員サービス体系だ。決済システムと同様に革新的意義があった点がある。QQショーが、料金徴収およびサービスモデルにおいても独自の探求を進めて、新たな会員運営の理念を形成していったことだ。当時の中国インターネット事業者は、ネットワークコミュニティあるいはソーシャルネットワークという概念を提起しなかったけれども、実はQQは誕生した日からコミュニティとソーシャルの産物であった。ただ、それがリアルタイム通信クライアントの形で現れただけにすぎなかった。そしてまさにそれゆえに、広告の受け入れと表示の面で先天的に至らない点があり、新たなユーザーインタラクションと収益獲得の道を探す必要に迫られたのだった。

顧思斌《グースービン》はQQショーグループの初期メンバーで、呉宵光と許良の下にいた。北京《ペキン》郵電大学卒だが、在学中のインターン期間にテンセントに入社した。真の意味で「正規の教育を受けた兵士」である。顧は「QQショープロジェクトが始動してから、テンセントのサービス内容はだいぶ多彩になり、機動性が大幅に増した。我々は、QQショーとQQ会員は本質的にはどちらもプロダクトであり、体系の構築とプロセス化された運営が必要だと気づいた。インターネットプロダクトの収入拡大の決め手は、ユーザーの心情的ニーズを掘り起こしてサービスプロセス全体を掌握することだった」と振り返る。

テンセントが会員制度を設ける際に重視したのは、「特権」の設定と等級の差異の二つだった。会員は、支払い額に応じて異なる特権的サービスが受けられる。また、サービス内容の違いは等級の違いでもある。こうしたホテル経営を参照した発想は、インターネット付加価値サービスにおいても有効であった。

2003年末、QQショーは単品販売のモデルを廃止して「レッドダイヤモンド貴族」をスタートさせた。当初は「レッドダイヤモンド会員」という名称だったが、QQ会員と紛らわしいため「レッドダイヤモンド貴族」に変更した。これは、のちにテンセントに大きな収益をもたらす「ダイヤモンド制度」の先駆けとなった。

「レッドダイヤモンド」は一種の月額料金プランで、ユーザーは月に10元支払えば複数の「特権」が得られる。たとえば、レッドダイヤモンドマークを1個獲得し、「レッドダイヤモンドギフト」を毎日1個受け取れる、毎日「花」5本を無料で進呈、毎日の自動着せ替えを設定可能、友達へのQQショープレゼントは料金不要、QQモールでの割引拡大などだ。これらの「特権」には、「レッドダイヤモンド」の表示があるQQショーユーザーは仮想世界の中で特別扱いされる「貴族」である、という含みがある。

QQショーの成長史上において、「レッドダイヤモンド」サービスのリリースは一つの起爆点だった。それまでのバーチャルアイテム月間収入はだいたい300万元から500万元の間だったが、「レッドダイヤモンド」開始後は月額制による収入が1000万元をすぐに突破した。

オンラインゲームへの進出——凱旋できなかった「凱旋」

2003年は、馬化騰にとって創業以来最も実り豊かな1年だった。テンセントは「モンターネット」最大の協力業者となり、移動QQサービスが1000万人のショートメッセージユーザーと予想外の巨額の収益をもたらした。またQQショーの誕生により、他社にはない収益獲得の場が確保された。こうしてパワーみなぎる状態となった馬化騰は、新たな2分野への進出を決断する。オンラインゲームとニュースポータルだ。その決断には社内から小さくない抵抗が生じた。それでもあえて始めてみると、やはりこれらの分野を開拓する際にさまざまな困難にぶつかった。

2003年3月、ちょうどQQショーを正式リリースした月に王遠と李海翔《リーハイシアン》が上海《シャンハイ》に派遣され、ゲーム運営事業部を創設した。オフィス所在地は浦《ほ》東《とう》新区陸家嘴《ルージアズイ》の電信大厦だ。王遠は400平方メートル余りの物件を借り、30数名の従業員を採用した。

オンラインゲームへの進出については、早くも2002年の春夏頃から社内で議論を始めたが、創業者5人の意見は分かれた。張志東は馬化騰の意見に対して明確に反対の意を示した。QQの土台がまだ不安定な状態で新分野の開拓に入るのはよくない、というのが張の見解だった。馬化騰に対して「我々は誰もオンラインゲームをやらず、その分野には完全に素人だ」と主張した。許晨曄《シューチエンイエ》と陳一丹《チエンイーダン》は賛否の表明を保留、曽李青も非常に迷っている様子だった。

しかし馬化騰にとって、オンラインゲームは逃してはならない好機だった。2001年の中国オンラインゲームの市場規模はわずか3・1億元だったが、2002年には10億元に拡大した。オンラインゲームユーザー数も800万を突破し、1カ月に1ユーザーがオンラインゲームに使う金額は18・8元となった。こうした数字から、中国はオンラインゲームによって世界主要産業で他国をリードするチャンスを手に入れた、という楽観的な見通しすら出ていた。

マーケットには確かに機先を制した者がいた。2001年、陳天橋《チエンティエンチアオ》が設立したシャンダ（盛大）は30万ドルで韓国企業アクトズ（Actoz）傘下のオンラインゲーム「伝奇（The Legend of Mir 2）」の中国での独占代理権を取得し、わずか1年で60万人同時接続という驚異的な記録を達成した。シャンダの1日当たり収入は100万人民元に上った。それとほぼ同じ時期にネットイースの丁磊もオンラインゲームに参入した。「天下」の研究開発チームを買収し、2001年12月に自社で開発した「大話西游《ダーホワシーヨウ》 Online」をリリースした。続いて翌年6月にもより完成度が高い「大話西游2」をリリースし、これがネットイースにとってショートメッセージ事業に続くもう一つのプロフィット・プールとなった。

仲間として丁磊にずっと共感を覚えていた馬化騰は、同年齢である丁の直感に敬服した。馬としても、QQの若いユーザー層はオンラインゲームと「先天的な符合性」が高く、この一目見れば人気が出るとわかる新たなマーケットをテンセントが逃すわけにはいかないと思っていた。

初期のテンセントには、どんな新事業も創業者5人のうち1人でも反対したら実行してはならないという不文律があった。2002年5月、馬化騰は張志東と曽李青を年1回ロサンゼルスで開催される「E3」(エレクトロニック・エンターテイメント・エキスポ)に連れて行こうとした。二人に展示を見せることで「見聞を広め、考えを変えてもらおうと思った」。張志東は多忙を理由に断ったが、やはり忙しかった曽李青のほうは馬化騰に逆らえず仕方なく同行に応じた。曽李青はそのときの面白いエピソードを披露した。「アメリカ領事館にビザの手続きに行ったところ、馬化騰はなぜかビザ発給を断られてしまった。私の番が来た際に、発給担当者にテンセントの壮大な未来像について一説ぶち上げたところ、担当者は心を動かされたようだった。ほかに誰が行くのかと聞いてきたので、断られたばかりの馬化騰を指さしながら、あの男だ、私のボスだ、と答えた。担当者は馬化騰に戻るよう声をかけ、スタンプを押してくれた」

曽李青はロサンゼルスへ行ってみて、オンラインゲームに対する考えが大きく変わった。帰国後に曽が張志東を説き伏せて、技術部門の李海翔、マーケティング部門の王遠もオンラインゲーム分野参入に向けた取り組みに加わることになった。

だが遠い上海へと派遣されたこのオンラインゲームチームは、試行錯誤の犠牲者となってしまう。

速やかに市場参入するため、ゲーム部は代理店方式を選択した。「韓国通ナンバーワン」と呼ばれている王遠が、Imazic社の開発した「凱旋」を対象商品に決めた。「凱旋」は、当時最先端だった3Dロールプレーイングゲームで、2Dの「伝奇」よりも1グレード上だ。李海翔はのちにこう振り返った。「当時は、導入するなら最もいいものを、と思っていた。『凱旋』を開発した韓国のチームは、アジア全体でトップレベルのプロ集団だった。ゲームには3Dエンジンのうち最強のUnreal Ⅱエンジンを採用して開発が進められた。我々が初めてゲームの画面を見たとき、あまりの華麗さに誰も言葉が出なかった。2005年まで、あのレベルを超える3Dゲームはほとんどなかったと言っていいだろう」

とはいえ、最もいいものがふさわしいものとは限らない。

「凱旋」には当初から不吉な雰囲気が漂っていた。テンセントは早くも2003年4月に5月20日のクローズドベータテスト実施を一般向けに発表済みで、プレーヤー20万人が申し込みをしていた。しかしプログラムの中国語化が予想よりも複雑な作業となったため、5月16日の夜にゲーム部門が「クローズドベータテスト延期」を発表せざるを得なくなり、本格的参戦の前から士気がくじかれる格好となった。さらに8月1日夜7時、「凱旋」のオープンベータテスト版が配布されたが、12時間もたたないうちに脆弱なサーバーがダウンしてしまい、張志東が急きょスタッフを手配して復旧対応をせざるを得なくなった。

「凱旋」が採用している3D技術は、高いコンピュータースペックと速いブロードバンド回線が必要だが、当時の中国のネット環境では実現が極めて難しかった。このため、テンセントの技術チームがカーネルプログラムとサーバーの最適化を何度も行ったが、やはりゲームのスムーズな動きが確保できず、画面のギザギザやモザイクのような画面のくずれも直らなかった。こうして「凱旋」は、評価は高かったものの売れ行きは伸びず、期待した役目を果たさないプロダクトになってしまった。シャンダの広報担当は、揶揄する口調でメディアにこう語った。

「当社はテンセントのオンラインゲーム分野参入に畏敬の念を表する。ただ、テンセントもオンラインゲームというものに対して畏敬《いけい》の念を持つべきだ」

テンセントの初めてのオンラインゲーム進出の試みは、悲しい結果に終わった。馬化騰はゲーム部門に大なたを振るい、王遠と李海翔は担当を外された。ゲーム運営事業部は深圳《しんせん》に戻された。馬は「新たな指揮官を探そうと思った。その人物は、少なくともゲームが大好きでなければならない」とのちに語っている。

QQ.com——「若者のニュースポータル」

2003年、馬化騰はニュースポータル開設にも着手した。曽李青の回想によると「馬はずっと以前からポータルを作りたかったのだが、何度も否決された。やっと皆が同意したのでやってみることにした」

テンセントはかつて、コミュニティ型のサイト www.tencent.com を運営していた。主にQQユーザー向けヘルプの提供と、やりとりした情報を発表するためのものだった。1日当たりのページビュー（PV）は70～100万で、もはや大きなポータルだった。今回開設予定のニュースサイトは、そのサイトをベースに構築する。

ちょうどその頃、馬化騰がずっと手に入れたいと願ってきたドメイン名、www.QQ.com が天から「降って」きた。

法務担当の郭凱天《グオカイティエン》がそのドラマチックないきさつを語ってくれた。当社のニュースポータル開設が決定したので法務部が検索したところ、www.QQ.com というドメイン名は、動画ビジネスを手がけるアメリカ人によって何年も前に登録済みであることが判明した。そのアメリカ人は、ドメイン名の取引市場で人民元換算2000万元という価格をつけて売りに出していた。テンセントはもちろんそこまでの金額を出す気はなかった。MIH出資の功労者で、当時すでにテンセントの海外業務副総裁を務めていた網大為《ワンダーウエイ》が、先方の意向を探るつもりで個人として手紙を送ってみると、意外にもすぐに返事が来た。当時、アメリカのインターネット業界はまだバブル崩壊から立ち直っていなかった。ドメイン名の価値も大幅に下がっており、最終的に網大為は6万ドル、当時のレートで約50万元相当で www.QQ.com を購入することができたのだった。

２００３年７月、40数名からなるウェブサイト部が創設された。かつてネットイースとTOM在線《ザイシエン》でコンテンツディレクターを務めていた孫忠懐《スンジョンホワイ》がテンセントの誘いを受けて入社し、孫と翟紅新《ジャイホンシン》がウェブサイト部の編集長とゼネラルマネージャーにそれぞれ任命された。編集センターは「ニュースソースに最も近い」北京に置かれた。わずか３カ月余りでウェブサイトのクローズドベータテストを実施し、12月１日に正式オープンした。

馬化騰は公の場で新たに誕生した騰訊網《トンシュンワン》への大きな期待を表明した。テンセントはこのニュースポータルができたことにより、「十字形」のビジネスモデルを形成するチャンス、すなわちリアルタイム通信ツールに加えて、ポータルをもう一つの入り口としてあらゆるインターネットサービスを取り込むチャンスを得た、と述べた。

後になって振り返ると、２００３年のこの騰訊網は特に大きな特徴のないサイトだった。分類的にはほぼ完全に他のニュースポータルの模倣であり、「よそにあるものはあり、ないものはない」サイトだった。ウォルター・リップマンはかつて、メディアの機能をこう正確に定義した。一定基準に達したメディアは、まず何が起こったかをできるだけ早く読者に伝えなければならない。また、今起こっている出来事にどんな意味があるのかも読者に伝えなければならず、それが「我々の仕事だ」と述べている。すなわちメディアが追求するべき自身のコアコンピタンスは、スピードとスタンスの二つしかない。前者があれば、読者と商業的価値を獲得できる。そして後者があれば、頭一つ抜け出せる。２００３年の騰訊網は、この二つにまだまだ遠いのは確かだった。

２００４年８月のアテネオリンピック期間中、テンセントは初めてＱＱのトラフィックをwww.QQ.com に誘導した。深圳の大梅沙《ダーメイシャー》で開催した営業会議において、呉宵光は孫忠懐に絶妙なアイデアを提案した。ウェブサイト部が「ミニトップページ」を作成してオリンピックメダルの最新状況をＱＱクライアントでユーザーへプッシュ送信し、クリックすると騰訊網のメインページに入れる、というものだ。

「ミニトップページ」のアイデアは、ＱＱクライアントとニュースポータルを初めてシームレスに接続させるもので、それが実装されると、騰訊網のページビューが等比級数的に増えた。あるメディアは、こんな鋭い論評を掲載した。「ポータル大戦」に強力な新人が現れた。重大事件やニュース速報があると、テンセントは自社が持つ中国最大のリアルタイム通信ソフトですばやく情報をポップアップ表示する。読み手が新浪網《シンランワン》にログインしてニュースにアクセスするよりも時差が小さく、より「突発」的だ。alexa.com のデータによると、オリンピック終了後、騰訊網の１日当たりページビューは国内ポータルサイト総合ランキング第４位に急上昇したという。

騰訊網は10月に全面リニューアルし、「若者のニュースポータル」という新たなポジションを打ち出した。馬化騰は、３年でポータルサイトのトップ３入りすることを宣言した。その時点の三強はどこだと予想するか、という記者の質問に対し、「１社は新浪、１社はテンセントで、残り1社はわからない」と答えた。

テンセントは「自社にしかない武器」でトラフィック上の勝利をつかんだ。しかしトラフィックは影響力や広告価値とはイコールでないことが、その後数年の事実で証明されることになる。

テンセントが擁する億単位のQQユーザーは、ほとんどが25歳以下の若者であり、決して世論を広める主力ではない。そして広告主（当時ポータルサイトに広告出稿していた業種のトップ5は自動車、金融、不動産、ITデジタル製品、インターネット企業）から見てこのユーザー層は「金の含有量が少ない集団」であった。そしてテンセントが自身の「メディアとしてのスタンス」をずっと見いだせないままだったことは、より致命的だった。

かなり長い期間、騰訊網の媒体価値はそのトラフィックとマッチしない状態が続いた。サイトの社会的影響力は新浪にはとても及ばず、広告収入も新浪、捜狐やネットイースに届かなかった。

第6章
上場
―― 挟み撃ちの中での「成人式」

「枝葉末節を無視してより広い視野を持たないかぎり、科学においてはいかなる偉大な発見もあり得ない」
―― **アルベルト・アインシュタイン**（物理学者）

「上場には一里塚としての大きな意義があり、肩の荷が下りた感じがある。我々は一貫して強い危機感を持ってきた。公開会社となってから、テンセントはより穏健、より長期的に歩んでいく」

―― **陳一丹《チエンイーダン》**

ゴールドマン・サックスを選んだ理由

劉熾平《ラウチーピン》が初めて馬化騰《マーホワトン》（ポニー・マー）に会ったのは香港《ホンコン》コンラッドホテルのロビーにあるカフェバーだった。時期は2003年秋の雨の午後で、もう1人の創業者陳一丹も一緒だった。劉熾平の当時の役職はゴールドマン・サックスアジア投資銀行部の執行役員で、電気通信・マスメディア・テクノロジー業界向け投資プロジェクトの責任者だった。両者を引き合わせたのはMIHで、協議するのはテンセント上場についてだった。「馬化騰はあまりお愛想を言うことはなく、話し方がとてもロジカルだった。また、簡単には手の内を見せない人」というのが劉熾平の馬化騰に対する第一印象だった。

MIHはテンセントに出資してから、保有株式を増やそうと努めてきた。また、上場に向けた取り組みを始めていた。2002年6月に香港の弁護士事務所の手配により、MIHが転換社債投入などを実施したことで、テンセントの登録資本金はいっそう余裕をもって支えられる形となった一方、テンセント創業者5人の株式保有比率はそれに伴って低下した。上場前の一時期、テンセントの保有比率は、創業チームが46・5%、MIH46・3%、IDG7・2%だった。2003年8月にテンセントがIDGの残りの株式とMIHの株式少数を買い戻したことにより、MIHとテンセントチームの保有率はそれぞれ50%となった。

ちょうどこの時期、中国のインターネット業界がバブル崩壊後に際立つ実績を上げたため、国際資本市場は中国企業に強い関心を持ち始めた。こうしてまた新たな「チャイナ・コンセプト・ストック」の小さめのブームが到来した。２００３年12月から２００４年12月までの間に、インターネット企業11社が海外上場の機会を得た。ワイヤレス事業を展開するＴＯＭ在線《ザイシエン》、空中網《コンジョンワン》、掌上霊通《ジャンシャンリントン》、さらにオンライン求人サイトの51job、旅行予約サイトの芸竜網《イーロンワン》、経済系ポータルの「金融界《ジンロンジエ》」、オンラインゲーム会社の九城《ジウチョン》とシャンダ（盛大）などがその中に含まれる。テンセントも、リアルタイム通信分野の独占的地位とモバイル付加価値サービス事業による収益によって、この上場ブームの波に乗る一員となった。

劉熾平はインターネット事業を熟知しており、中国市場についても詳しい。劉は香港育ちで１９９１年にアメリカに留学、ミシガン大学、スタンフォード大学、ノースウェスタン大学ケロッグ経営大学院で学んだ。当時よく一緒に球技をしていた友人の一人、謝家華（トニー・シエイ）はのちにオンラインシューズショップ「ザッポス」を設立し、そのショップはアマゾンに８・５億ドルで買収された。劉は大学院修了後まずマッキンゼーに就職し、１９９８年にゴールドマン・サックスアジアに入社した。ゴールドマン・サックス時代は広東粤海《カントンユエハイ》集団の再編プロジェクトに加わった。債権銀行１００行余りと企業４００社余りに関わる案件だった。劉熾平はその２年余りの間にほぼ毎日深夜２時か３時まで働いた。自ら20数社に足を運び、「自分の中国企業に対する認識は、粤海再編プロジェクトで培われた。プロジェクトの完了後は、基本的にどんなプロジェクトも楽だと思えるようになった」

劉熾平は早くも2000年前後からテンセントのことを耳にしていた。ゴールドマン・サックスはテンセントの資金調達提案書を受領したことがあったが、「当時の調達は規模が小さく、皆も同社の将来性がはっきりしなかったので放置してしまった」。今回MIHがテンセントをゴールドマン・サックスに紹介してきた際は、シャンダの件も同時に社内に飛び込んできた。ゴールドマン・サックスのハイテク部門は2グループに分かれ、「背中合わせ」で両案件の成約を目指した。うち劉熾平はテンセントとの交渉を担当した。作業を開始するに当たり、劉が本件に関わる同僚たちに最初に命じたのは、QQナンバーの申請だった。

テンセント側のほうはと言えば、馬化騰たちは上場の意義について明確にわかっているわけではなく、「企業とはだいたいは上場するものなのだ」くらいにしか考えていなかった。また、馬化騰は株式引受会社の選択についても特にポリシーはなかった。それ以前にも、モルガン・スタンレー、メリルリンチ、スイス銀行、ドイツ銀行など多数の投資銀行と面会したが、もらった提案は大同小異だった。

劉熾平と会ったときの馬化騰の第一印象は「自分が今まで会った香港人の中では最も標準中国語がうまい人の一人」だった。また、劉熾平の名刺には思いがけずQQナンバーがあったので、馬化騰は親しみを感じた。さらにその後の交渉で劉熾平が出してきた二つの提案は、馬にとってインパクトの強いものだった。

劉熾平はまず、テンセントの現在の収入は「モンターネット」事業に過度に依存している、と率直に述べた。「これは一種の居候《いそうろう》的なビジネスモデルだ。投資家はテンセントに伸びしろがないと感じ、将来への確信と想像力が持てなくなる。だから株式公募をする際は、ネットワークの効果をしっかりとアピールし、リアルタイム通信ツールのポテンシャリティを発掘するべきだ」。劉熾平のこの考察を聞いて、馬化騰は直ちに親友を得たような喜びを覚えた。ちょうどこの時期に馬が皆の反対を押し切り、リスクを覚悟でオンラインゲームとニュースポータルに参入したのも、まさにこの隠れた危険への不安があったからだった。

もう一つ劉が提案したのは、会社の評価額は控えめにしたほうがいい、だった。時価総額を短期間で一気に膨らませるよりは、企業の価値をゆっくりと生み出しながら、テンセント株を購入した個人投資家たちに成長による福利を実感させてあげるほうがいい、とのことだった。馬化騰は「彼のこの考えも、我々の方向性に近かった。それ以前に面会した投資銀行はどこも強気の評価額を提案してきたので、うちがうまいこと丸め込まれているような感じがした」と振り返る。

劉熾平の実直な言動によって、馬化騰は上場の実務をゴールドマン・サックスに任せようと最終的に決断した。また、他の者とはひと味違うこの投資銀行マネージャーに強い仲間意識を抱いた。

ナスダックか香港か

上場までの計画を作成する過程で比較的大きな争点となったのは、アメリカと香港のどちらに上場するかだった。

当時の中国インターネット企業は、大多数がナスダック上場を選択した。ナスダックは「世界のインターネットのゆりかご」と見なされており、かつて「三巨頭」だった新浪《シンラン》、捜狐《ソーフー》、ネットイース（網易《ワンイー》）はいずれもアメリカの資本市場に乗り込んだ。しかし劉熾平は、香港連合取引所での上場を提案してきた。劉の理由は以下の三つだ。

第一に、テンセントのビジネスモデルは、北米にはベンチマークとなる類似企業が存在しないこと。アメリカには、ＩＣＱ、ヤフーメッセンジャー、さらにＭＳＮを含めて、リアルタイム通信ツールの単独企業がなく、またそれらのツールは収益モデルが見つかっていない。アメリカ人は、あらゆるインターネットのイノベーションはまずシリコンバレーかボストンのルート１２８で起こるものであり、他の場所で生じたものは、それが世界のどこであっても、アメリカ式イノベーションに対する一種の応答だと考える。これはまさにブローデルの言う「世界時間」である。[3]

テンセントは今、アメリカ人がこれまで聞いたこともない物語を紡いでいるのであり、彼らは中国人の物語にお金を出そうとは思わないかもしれない。これはナスダックの悲哀だ。

第二に、香港はテンセント自身の本土市場により近く、香港のアナリストや個人投資家は明らかにアメリカ人よりもテンセントを理解していること。理論的に、一般ユーザー向けサービスに立脚する企業は、上場地点がその本土市場に近いほど企業価値もその実態に即した動きを見せる。香港連合取引所のインターネット企業に対する評価額がナスダックほど高くないのは確実だが、株価が大きく揺れ動く事態もナスダックよりは少ない。持続的成長を追求するテンセントにとっては、これはよいことだろう。

第三に、香港での上場により、レッドチップとして中国本土の資本市場に将来的に戻れる可能性も生じること。テンセントを最も理解しているのは、結局のところ自社の億単位のユーザーである。ただ残念ながら当時は、中国の証券監督当局がインターネット企業をまるでないもののように扱って申請の窓口を閉ざしていた。劉熾平に言わせると、これはナスダックと対をなす一種の偏見であった。

マーケットに関わる上記の三つの理由のほかに、馬化騰が最終的に香港を上場先に決めた理由がもう一つあった。従業員のストックオプションだ。テンセントは設立してまもない頃に、

3 「世界時間」は、フランス・アナール学派の歴史学者フェルナン・ブローデルが提示した概念。人類文明は決して地球の各地に均衡的に発生したものではなく、それぞれの時代に、その時代を代表する最高水準の人類文明が2、3の少数地域に存在する。それぞれの民族は慎重に自身の位置を確認し、自分はいったい「世界時間」と同時に進んでいるのか、それともはるか及ばない、うち捨てられた後方にいるのかを見極めるべき、というもの

中心的な従業員にストックオプションを約束していた。馬化騰は比較的低価格で上場前に購入を済ませたいと考えていたが、それはアメリカの資本市場では「会社の利益を縮小させる不適切な行為」と見なされる。だが香港ではこの手法は広く認められており、馬化騰は香港ルールのほうが従業員に対するメリットが大きいと考えた。

劉熾平の記憶によると、上場場所をめぐってテンセント上層部内で激しい論争となったが、最終的に馬化騰が断を下す形でゴールドマン・サックスの提案を受け入れたのだった。

後光の陰での上場

2004年に相次いで上場した企業群の中で、テンセントは明らかに最も地味な1社であり、アピールをしても、もっと派手な宣伝材料を持つ他社の陰に隠れてしまっていた。

春節後まもない3月11日（ニューヨーク時間3月10日）、TOM互聯網《フーリエンワン》集団はアメリカと香港の2カ所で正式に上場し、一挙に二つの新記録を達成した。まず同社は初めて香港で上場した中国本土のインターネット企業となり、ナスダックと香港の創業板で初めて同時に上場した中国インターネット企業ともなった。今回の上場により、TOMは純額で約1億7000万ドルを調達した。TOMは香港のナンバーワン長者李嘉誠《リーカーシン》の一族が支配している。総裁は若い王《ワン》雷雷《レイレイ》で、その祖父王諍《ワンジョン》は中華人民共和国の初代中央軍事委員会電信総局局長にして、郵電部内の初代党グループ（党組）書記でもあった。まさにそれゆえに、ＴＯＭのショートメッセージ収入はテンセント、ネットイース、新浪などをそれぞれ追い越してモンターネット事業中の「サービスプロバイダー・キング」となったのだった。

5月13日、中国最大のオンラインゲーム会社であるシャンダがナスダックに上場した。海外投資家に高く評価される中、わずか30分で１５０万株以上も約定し、株価は11・3ドルの高値で寄り付いて12・38ドルまで上昇した。その後の半年でシャンダの株価は一時44・3ドルに達し、時価総額が最も高い中国インターネット企業となった。31歳の陳天橋《チエンテイエンチアオ》は保有資産が１５０億元を超え、丁磊《デインレイ》に代わる新たな中国ナンバーワン長者に躍り出た。

ＴＯＭとシャンダという二大スター企業の陰で、「後光《ごこう》のご加護」がないテンセントは非常に地味で目立たない存在だった。

あるとき、香港の長江センターで開催した上場戦略討論会において、ゴールドマン・サックスとテンセントが資金調達規模と株価収益率（ＰＥＲ）を巡って意見が分かれた。ゴールドマン・サックスは、テンセントが出した案について「最低でも5分の1は減らすべき」との見解だった。しかし馬化騰は、香港人は中国本土市場をほとんどわかっていない、テンセントの価値があまりにも低く評価されすぎていると主張して、膠着《こうちゃく》状態になった。劉熾平は場の雰囲気を感じ取って、すぐに馬化騰を67階の会議室から連れだした。一緒にエレベーターで降り、ビルの外でタバコを吸った。劉は馬に投資家の意識について辛抱強く説明した。２本吸い終えると、馬化騰もようやく気持ちが落ち着いた。

気が張る仕事の中で、劉熾平は徐々にテンセントの創業者たちに好感を持つようになった。劉はこう振り返る。「彼らはものすごく誠実で純粋な人たちだった。世間ずれしていない学者のようなところもある。それまで自分が接してきた企業家や職業経営者とは違っていた。目論見書を書くときも、たとえば業界の現状やトレンド分析など、ひな型に従って書けばいい箇所もあるのだが、馬化騰や他の創業者たちは一字一句自分たちで考え、ときには激しく論争していたこともあった。今後の見通しについては、達成が難しそうな数字を書くのを嫌がった」

6月2日、テンセントはゴールドマン・サックス証券と合同で第1回投資者向けプレゼンテーションを香港で開催した。上場は香港連合取引所の聴聞を経て承認済みであり、まもなく株式を上場するとその場で発表した。目論見書には、テンセントの2003年営業収入は7億3500万人民元、利益は3億2200万人民元だったこと、テンセントが発行する新株4億2000万株は株式の25%に相当すること、1株当たりの株価は2・77〜3・7香港ドルで、これは2004年の予想株価収益率の11・1〜14・9倍であること、募集資金総額は11・6〜15・5億香港ドルとなることを明記した。

その後の2週間は、テンセント上層部は軍の野外訓練のように過酷な国際ロードショーの旅に出た。数組に分かれて80数回の投資家説明会に出向いた。曽李青《ゾンリーチン》は南アフリカまでロードショーに行った。「発音が難しい英単語を何とか覚えていったけれども、一番印象的だったのは、実はそもそも南アフリカ人の大半は深圳《しんせん》という都市をまったく知らないことだった」。劉熾平は馬化騰につき添ってアメリカ市場を重点的に回った。「1日にあちこちのアメリカの都市を回るので、時差ボケが何よりもつらかった。目的地に着くと早い時間で朝食を予約しておく。ホテルのスタッフがドアをノックしたら、起床せざるを得ないからだ」

飛行機で移動中のことだった。疲れ切った劉熾平はシートをリクライニングして目を閉じていた。隣に座っていた陳一丹が突然劉をトントンとたたいて起こし、こう声をかけた。「なあ、テンセントに入社しないか？」。上場に向けた準備を進めるうち、劉熾平の頭のよさ、毅然《きぜん》としたところやのみ込みの速さはテンセント創業者全員が認めるところとなり、「世慣れぬ者と国際派」のコラボで生じる化学反応に期待するようになっていた。

6月16日、銘柄コード00700.hkのテンセントが正式に上場を果たした。上場価格は募集時の上限3・7香港ドルだった。寄り付き価格はまずまずで、いったんは最高4・625香港ドルまで上昇した。だが午後に入ると大規模な売り圧力が生じ、大引けは発行価格を割ってしまった。その日の出来高は4億4000万株で、株式発行数4億2000万株で計算すると、売買回転率は104％という高水準だった。つまり、テンセント株式を購入した大部分の個人投資家は、取引初日に投げ売りを選択したのだ。だいぶ後になって、彼らはこれを大いに悔やんだことだろう。

上場によってテンセントは計14億3800万香港ドルの資金を調達した。同時に、億単位の富豪5人と、千万単位の富豪が7人誕生した。株式保有比率に応じて、株式の14・43％を保有する馬化騰の額面資産は8億9800万香港ドル、張志東は6・43％で同4億香港ドル、曽李青、許晨曄《シューチエンイエ》、陳一丹は合わせて9・87％保有しているので3人の合計資産は約6億1400万香港ドルとなった。テンセントの他の上級管理職者7名も6・77％保有しており、合計で4億2200万香港ドルとなった。

業界粛正の嵐に巻き込まれた「手負いのペンギン」

今になって2004年6月前後の中国ビジネス系メディアの報道を確認すると、テンセントが歴史を創造中だと述べている解説員は1人もいない。逆に報道の多くはテンセントにあまりプラスにならない内容だった。これも、上場当日の売買回転率が上昇して株価が発行価格を下回った外的要因の一つだった。

ちょうど上場前日の6月15日に、北京の情報産業部がある「通知」を発表した。その通知はまるで水面に投げられた爆弾のように、すぐさま大きな波紋を起こした。

この「モバイルショートメッセージサービスの自主調査是正活動の実施に関する通知」は、各地のショートメッセージ事業の市場参入、業務宣伝、カスタマイズ申請、サービス提供、購読停止の簡易性、料金徴収の透明化、苦情処理、規定違反の処罰といったさまざまな部分に対して、各社が厳格な自主調査と是正を行うよう求めている。是正してもまだ問題が存在する場合、プロバイダーは営業資格を取り消される。情報産業部は、4月19日に「ショートメッセージサービス関連問題の秩序整備に関する通知」を発表済みであり、混乱するショートメッセージサービス市場を取り締まって正すよう厳命していた。6月の「通知」はまさに業界粛正の幕開けであった。

それまでの3年余り、各付加価値コンテンツプロバイダーは収入増のためなら手段を選ばなかった。最もあくどい手は次の二つだ。まず、ユーザーの同意なしに勝手に料金を徴収した。モバイル事業者のデータベースからユーザーリストを取得して直接料金を差し引くプロバイダーもいた。当時は「暗扣《アンコウ》」(訳注「ひそかに差し引く」の意)と呼ばれ、実質的に窃盗と同じだった。もう一つは、アダルトやバイオレンス系の情報を大量に送信してユーザーに購読を促すものだ。チャイナモバイルはこれを放置する姿勢を取り、地方支社の中には積極的に協力するところすらあった。業績拡大のため、あるいはワイロやリベートをもらうためだった。モバイル事業者が年間に受ける苦情のうち、ショートメッセージ事業に対する苦情は全体の7割を占めていたが、その収入はモバイル事業者の年間収入全体の3%にすぎなかった。

避けて通れない事実として、業者が玉石混淆《ぎょくせきこんこう》で暴利をむさぼっていた時期、テンセントのサービスプロバイダー事業においてもユーザーの衝動的購読申し込みを誘発する事態はしばしば生じていた。テンセントを含む大型サービスプロバイダー十数社は、いずれも政府の情報産業部門から公開警告を受けていた。ただ、大多数のサービスプロバイダーと異なり、馬化騰、張志東らはそれを受けて警戒心を大きく高めていた。2週間に一度の総弁会でも、しょっちゅうこの件で激論となった。馬化騰はサービスプロバイダー事業の収入を赤、黄色、緑の三つに色分けした。赤は警戒線上の収入、黄色はグレーゾーンの収入、緑は正当な収入だ。多くの上層部メンバーによると、馬は何度も曽李青らに「緑の収入」を増やすよう求め、「赤と黄色の収入が減ったりなくなったりしても構わないから、道徳および法律上のリスクだけは冒してはならない」と言っていたという。

馬の締めつけにより、テンセントはモンターネットの収入ランキング第1位の座を明け渡し、一時は4位か5位にまで後退した。

サービスプロバイダーに対する怒りは、2004年の中国中央テレビ「3月15日消費者権利デー」という夜の生放送番組で大爆発した。番組では三大通信キャリアに非難の矛先が向けられた。アンケート結果では、電気通信会社のみだりな料金徴収は最も忌まわしい商業行為の一つに挙げられ、得票数は高騰中だった住宅に次ぐ2位だった。世論の大きな圧力のもと、情報産業部は厳しい業界粛正行動を開始した。

ショートメッセージ事業に対する取り締まり強化により、快進撃を続けてきた「モンターネット」は曲がり角を迎えた。かつては中国インターネット産業を救ったこの革新的なプロジェクトは、恥ずかしい「パンツ姿」をさらすことになった。6月末、ネットイースが他社に先駆けて収入の事前警報を出し、ショートメッセージによる収入は1～3月期に比べて37～41％の大幅減となる見通しを発表した。このニュースにより、ナスダックに上場している中国テクノロジー企業12社の株価は総崩れした。

テンセントは香港に上場していたため、幸い株価の大暴落は免れたが、受けた打撃はやはり小さくなかった。テンセントの収入全体のうち、電気通信付加価値サービスの収入は全体の56％を占めるが、インターネット付加価値サービス事業に分類される他の収入も、その半分は電気通信付加価値サービスと関係がある。このため、厳密に計算した場合、上場したばかりの頃のテンセントは、「モンターネット」の「人質にされた」寄生型企業も同然であった。6月に始まった業界粛正によって、テンセントはその先1年間収入拡大力の不足という窮状に陥った。

QQへの集団的包囲

収入拡大力がないことよりも、さらに肝をつぶす事態があった。ほぼ同時期にインターネット分野でQQを包囲する動きが起こったのだ。ほとんどすべてのポータルサイトが自身のリアルタイム通信ツールをリリースし、「神々の戦い」が始まろうとしていた。

テンセント上場の2週間後、ある大物2人が相次いで北京国際倶楽部飯店（訳注　現在のセントレジスホテル）に姿を見せ、それぞれがテンセントとの戦いに挑むと表明した。彼らはいずれも、名声と財力では馬化騰を上回っている。その2人とは、ネットイースの丁磊とマイクロソフトのビル・ゲイツだった。

2004年6月29日、それまでほとんどメディアの前に登場したことがなかった丁磊が首都北京へ出向いて大規模な記者会見を開き、網易泡泡《ワンイーパオパオ》を高らかにアピールした。丁と馬化騰は同年同月生まれで、ともに中国インターネット界で最も優秀なプロダクトマネージャーである。その2人が初めて、同じ戦場においてかなりの近距離で対峙することになった。

ネットイースは2002年11月に網易泡泡をリリースし、QQに対して「差別化しない追随戦略」を実施していた。テンセントが初めて生み出したグループチャット、表情画像の送信、スクリーンショットなどのあらゆる機能が泡泡に移植された。さらには音声エンジンまでテンセントと同じグローバル・IP・サウンド社の技術を採用した。丁磊は1年後に泡泡を戦略的プロダクトに昇格させ、プロジェクトマネージャーを自身の直属とした。2003年末には網易泡泡の「泡泡でショートメッセージを送ろう」という大型販促キャンペーンを実施した。泡泡を1日利用するとショートメッセージ120通が無料で送れるようになるため、泡泡ユーザーが急増した。その後1年で登録ユーザー1500万人、最高同時接続数50万人に達し、網易泡泡はQQに次ぐシェア第2位の国産リアルタイム通信ツールとなった。

2004年6月の記者会見では、丁磊はもう一つの爆発性兵器を用意していた。ネットイースがスカイプに似たリアルタイム音声コミュニケーションツールの開発に成功したと発表したのだ。「我々の真のブレークスルーポイントは、どんな環境でも通信が可能であることだ。音声の品質はGSMの質に達した。当社の音声通信品質は、次のバージョンで電話の通信品質を追い越すだろう。ネットイースは実験用ネットでは完全にテストに合格しており、従来の電話との相互通信は技術的にはまったく問題ない。しかも現在のバージョンの泡泡にはすでにそうした機能が搭載されており、ソフトウエアもインストール済みだ。政策の許可さえ下りればすぐにリリースできる」。これは記録しておくべき事実だろう。中国のインターネット企業は早くも2004年にリアルタイム音声通信上のブレークスルーを実現していたことがこの発言からわかる。国有通信キャリアの横暴な妨害さえなければ、2011年のウィーチャット（微《ウェイ》信《シン》）的なプロダクトを7年早く誕生させるチャンスを丁磊のネットイースがつかんでいたはずだった。

丁磊の発表会の3日後、第1回「中国国際サービス業大会および展示会」に出席したビル・ゲイツが同じホテルに現れた。これが9回目の訪中だった。ビル・ゲイツは、マイクロソフトが中国での研究開発とプロモーションを強化すると宣言した。記者からマイクロソフト傘下のリアルタイム通信ツールMSNの中国での見通しについて質問が出た際、「当社の歩みはいくらか速まるかもしれない」とほのめかした。その2カ月と少し後に、マイクロソフトは北京と上海《シャンハイ》にMSN中国のマーケティングおよび研究開発センターをひそかに開設した。

2004年前後にリアルタイム通信分野に飛び込んで、テンセントと雌雄《しゆう》を決する戦いに臨もうとしたのは、ネットイースとマイクロソフトの2社にとどまらなかった。

ヤフー中国は6月7日にヤフーメッセンジャー6・0中国語版を正式にリリースした。「巧嘴娃娃《ズイワーワ》（訳注　巧みに話すキャラクター）」という名の音が出る動画機能を追加したほか、チャットウィンドウ内にヤフー検索、オンラインアルバムと複数のミニ・インタラクティブ・ゲームを統合した。この当時ヤフー中国の総裁を務めていたのは、先般「西湖論剣」フォーラムで馬化騰をからかった周鴻禕《ジョウホンイー》だった。「３７２１網絡実名《ワンルオシーミン》」は２００３年11月に1億２０００万ドルでヤフーに買収され、周鴻禕はヤフー中国を再興させる責任を負っていた。市場の細分化に伴い、ＱＱの一人勝ちという枠組みは持続不可能であると周は予測していた。『21世紀経済報道』記者の取材を受けた際、馬化騰の多角化戦略についてもこんな疑義を呈した。「テンセントの多角化展開は弱みになるかもしれない。ポータルもメールもゲームもやるのでは、推進力が分散してしまうだろう。ＱＱが成功したのはそれに特化してきたからだ。多角化展開を始めたら、リアルタイム通信に注入できる力があとどれほど残っているのか。これは間違いなく、自分で自分に突きつけた挑戦だ」

7月7日、新浪は３６００万ドルで朗瑪《ランマー》公司を買収したと発表した。朗瑪ＵＣは新しいもの好きの都市の若者に大変人気がある。登録ユーザーは８０００万に達し、最高同時接続者数は31万、シェアはＱＱ、ＭＳＮ、網易泡泡に次いで大きい。新浪はこれを「新浪ＵＣ」という名称に変更して、不振が続いていた「聊聊吧《リアオリアオバー》」に代わるサービスとした。

10月25日、上場まもないＴＯＭ在線《ザイシエン》はスカイプと戦略提携合意書に調印したと発表した。「現在世界のトップにあるインターネット音声コミュニケーションツールとリアルタイム通信サービスを広範な中国インターネットユーザーに提供する」。さらには通信キャリアまでもがこの分野に参入してきた。中国電信は11月にキャリアクラスのインターネットリアルタイム通信ソフトウエア、Vnet Messenger（略称ＶＩＭ）をリリースした。ユーザーはＶＩＭナンバーを一つ持てば、固定電話、ＰＨＳ、さらには携帯電話に接続して通話、ファイル送信、電話会議などの機能が使えるようになる。

このほか、捜狐《ソーフー》は「捜Ｑ」を、２６３は「Ｅ話通《ホワトン》」を、網通は「天天即時通《ティエンティエンジーシートン》」をそれぞれリリースした。ｅコマースに従事するアリババも自社の「貿易通《マオイートン》」を持つに至った。当時『証券時報』に掲載された記事によると、全国に２００種類以上の類似プロダクトが登場し、テンセントが包囲される状況が突如生じたのだった。

テンセントをいっそう受け身にしたのは、当時の業界内外に生じていた「相互接続」を求める声だった。周鴻禕はヤフーの役職に就くとすぐにヤフーメッセンジャーとＭＳＮの「相互接続」推進に尽力し、テンセントの独占を打ち崩そうとした。『通信世界報』のある長文の論評にはこう記されている。「リアルタイム通信ソフトウエアの相互接続が実現しないと、業界全体が大変な目に遭うことになる。発展の見地から考えると、アライアンスが恐らく最善の活路だろう。『制限なきコミュニケーション』は、人間が情報をやりとりする際の理想形だからである」

こうした声はテンセントにとって、間違いなく非常に不利だった。

少年期との決別

馬化騰は、2004年の夏から秋にかけて業界で起こった一連の出来事によって、上場の喜びをじっくり味わう暇がほとんどなくなった。

テンセントは株式を上場した日に、青臭い少年期に別れを告げて「成人式」を済ませた青年のように、より危険で果てしない人生に向き合うことになった。青年は体の機能も変化して、あらゆる競争相手から成熟した敵と見なされる。イチャック・アディゼスは著書『Managing Corporate Lifecycle』にこう書いた。「企業は、そのライフサイクルの中の青春期に生まれ変わることができる。これは苦痛に満ちたプロセスであり、しかも長い時間がかかり、衝突と振る舞いは連続性を欠いている。創業者は、自身が職権の付与、リーダーシップスタイルの転換、企業目標の変更という三つの課題に直面していることに気づく」。アディゼスのこのくだりは、まさに当時のテンセントだった。

7月、テンセントは良運をもたらした賽格《サイゴー》テクノロジーインキュベーションパークを出て南《ナン》山《シャン》区の飛亜達《フエイヤーダー》ビルに入居した。従業員は760名余りに増えていた。馬化騰は毎日いろんな会議や決裁に追われていた。ある従業員の回想によると「部屋の入り口にはしょっちゅう長い列ができていた。マネージャーたちが書類、報告書、伝票を手に持って、馬のサインをもらうために待っていた」。10月の誕生日、董事会は馬に特別なプレゼントを贈ることを決めた。プロ仕様で高倍率の天体望遠鏡だ。創業仲間たちは皆、ポニーがサインに明け暮れつつも、より先の未来をはっきり見通してほしいと期待していた。

もちろん、馬化騰にも喜ばしい出来事はあった。深圳のベニスホテルでさほど盛大でない結婚式を挙げ、ゆったりとした独身生活にピリオドを打った。創業仲間は、ボスの幸せを喜んだのはもちろんだが、ひそかに自分自身のためにもうれしく思っていた。それまでの数年間、馬化騰はほぼ毎日夜10時過ぎまで働く日々だったが、結婚してからは定時に退勤するようになり、皆もこれで「解放」されたからだ。ところが、程なくして新たな「苦しめ方」が登場した。深夜0時過ぎに仕事のメールがしょっちゅう来るようになったのだ。

12月、上場の功労者となった劉熾平はテンセントへの入社を正式に決定し、馬化騰に対して最高戦略投資責任者（ＣＳＯ）というポジションを設けてほしいと依頼した。

当時社内の全人事を担当し、飛行機の中で劉に入社の誘いを掛けた陳一丹は、テンセントが出せる給料はゴールドマン・サックスの3分の1だと、非常に申し訳ない様子で劉に伝えた。数字にとりわけ敏感な劉熾平は「恐らくいつか、テンセントの株価は１００倍になるだろう？」と笑顔で言った。

第2部

出撃

2005～2009年

第7章
調整
――ワンストップ型オンラインライフ

「戦略的意思決定の最終産物は、虚偽でありシンプルである。企業はマーケットとプロダクトを結びつけ、新たな要素の組み合わせによって古い物を捨て去るとともに、既存のポジションを拡大して新たな目標を達成する」

―― **イゴール・アンゾフ**（アメリカの経営学者）

「今後数年間、馬化騰《マーホワトン》は中国ネットユーザーのネットライフの包括的な取り込みをもくろむだろう」
―― **雑誌『互聯網週刊』2006年1月**

ていた。

「バーチャル通信事業者」というまぼろし

かなり長い間、馬化騰（ポニー・マー）はテンセントの戦略計画を「想像」に基づいて立てていた。

QQユーザー数の増加に伴い、オープンな「ゴールデンプラットフォーム」を構築しようとした時期があった。2001年1月にQQ登録ユーザーが4000万を超えた際、馬化騰は『中国計算機報』の記者にこう語った。「テンセントの戦略は、当社が構築したプラットフォームに、ゲーム、情報、eコマース、ISP、IP電話といった垂直産業各種を迎え入れて、あらゆるものがそろった応用環境を構成するというものだ。そうなれば、QQはリアルタイム通信ツールであると同時に、ユーザーにより多くの実用的なビジネス情報も提供できるようになる。こうしてQQは『ゴールデンプラットフォーム』となる」

この戦略がまだ実施には至っていなかった時点で、中国電気通信産業の情勢変化がテンセントのために別の扉を開いてくれた。「モンターネット」事業で大きな収益を得たテンセントに対して、まもなく電気通信分野に参入して「バーチャル通信事業者」戦略を実施するのではないか、という憶測が外部から出てきた。

早くも2000年9月、中国情報産業部は固定電話と携帯電話の業務分離を推進するため、

「電気通信管理条例」を公布した。電子メール、ボイスメール、オンライン情報ストレージおよび検索、電子データ交換、オンラインデータ処理および取引処理、付加価値ファクシミリ、インターネットアクセスおよび情報サービス、テレビ電話会議サービスなどが電気通信付加価値サービスの内容に分類され、電気通信事業のリセールが基本電気通信事業の一つのカテゴリーとされた。この新条例は、電気通信規制緩和のシグナルだと認識された。北京《ペキン》郵電大学の呂《リュー》 廷杰《イエンジエ》教授は当時こうコメントしている。「新条例はネットワーク構成要素のレンタル化を進めるものだ。これにより、バーチャル事業者の登場が避けられない流れになったということであり、中国電気通信産業の操作性の競争が促進される可能性がある」

　程なくして「何一つない」状態となったチャイナモバイルは、尋常でないほどオープンな姿勢で「モンターネット」事業を開始し、ショートメッセージ付加価値サービスの正門を爆破して開けた。２００３年頃にモンターネットプロジェクトによって電気通信分野に大挙して参入した民間企業には、新たな可能性がはっきりと見えた。ネットイース（網易《ワンイー》）とテンセントは、「バーチャル通信事業者」になるという戦略目標を相次いで打ち出した。

　２００３年９月、テンセントは上海《シャンハイ》電信との提携により「電話ＱＱ」事業を開始した。ユーザーは９６０６９に電話するか、「電話ＱＱ」のウェブページでログインしてからＱＱアカウントを取得すると、音声指示に従って一般の電話と通話できるようになる。公告にはこうある。「このサービスの対象となるのは、上海電信に属するあらゆるカテゴリーの電話、およびチャイナモバイルとチャイナユニコムの携帯電話ユーザー、中国鉄通および中国網通の固定電話ユーザーです。電話QQ事業は開設費用と情報料が無料です。固定電話またはカード利用電話を使用する場合の料金は、それぞれ現行の一般電話、カード利用電話の料金基準と同様です」。つまりテンセントは、上海電信と提携することで最も中核的な音声通話事業分野に参入したのだ。QQから一般電話への直接通話実現まで、あと一歩に迫った。

2004年、丁磊《ディンレイ》は網易泡泡《ワンイーパオパオ》の新バージョンにIP電話の技術を搭載した。メディアは「政策の許可さえ出れば、ネットイースではポイントカードか泡泡『ゴールドコイン』による通話料金決済が可能となる。そうなればポイントカードは電話のリチャージカードに変身し、ネットイースは真の意味でのバーチャル通信事業者となるチャンスを得る」と書いた。

テンセントやネットイースのこうした動きに、事業を独占する国有の電気通信会社各社はいずれも警戒した。2005年7月、情報産業部は通達を出して明確にこう定めた。「チャイナテレコムおよび中国網通が一部地域でパソコンから電話（PC to Phone）する方式のIP電話商用試験を実施できるのを除き、いかなる業者も個人もこの事業に従事してはならない」

こうして民間インターネット企業の「バーチャル事業者」の夢はついえたのだった。「モンターネット」によって段階的戦略目標を達成したチャイナモバイルも「ネット事業引き締め」を開始した。2004年下半期に開始したコンテンツサービス業者の整理粛正は結局のところ業者一掃であり、チャイナモバイルがそれ以降外部提携の門戸を閉ざしたことは、のちの事実で明らかになる。国有の通信事業者による政策的規制という手段は、ネットイースとテンセントを門の外に閉め出したと同時に、自身のイノベーションや進取の原動力も「自ら去勢」してしまった。その後の数年間、彼らは政策の庇護《ひご》を受けながら大きな収益を上げることになる。その状態は、2012年末にテンセントがウィーチャット（微信《ウェイシン》）により、彼らの電気通信事業独占に対して再び意外な角度から挑戦状を突きつけるまで続いた。

チャイナモバイルに「駆逐」された日

2004年下半期以降、テンセントのワイヤレス付加価値事業は深刻な打撃を受けた。馬化騰はのちに「ワイヤレス付加価値事業はテンセントの事業収入の高い比率を占めており、当社は通信事業者との業務関係も緊密だった。ユーザーを整理するプロセスは、当社にとって最大の重圧だったかもしれない」と語っている。

「非アクティブユーザー」の整理が続く中で、ショートメッセージユーザー数は激減した。劉成敏《リウチョンミン》は、当時の状況を振り返ると今でも恐怖感がよみがえる。こんなエピソードを明かした。「2004年10月にチャイナモバイルデータ部から突然会社に電話が来て、直ちに北京で打ち合わせをしたいと言われた。北京に出向くと、新しい契約書を目の前に差し出された。チャイナモバイルは、『161モバイルチャット』のレベニューシェア比率を見直したい、さもないとこの案件の提携は中止する、と言ってきた。『161モバイルチャット』はワイヤレス付加価値事業のスター的なアイテムで、事業総収入の3割前後を占めていた。チャネルのリソースはすべて先方の所にあるため、我々に価格交渉の余地はほとんどなかった」

チャイナモバイルは12月、テンセントとの提携で実施中の「161モバイルチャット」事業について、契約満了に伴いレベニューシェアを再協議したと発表した。新たなルールに基づくと、テンセントの月間純利益の減少額は約400万元、年間で4800万元も減ることになる。チャイナモバイルはさらに、ショートメッセージのレベニューシェアについても、これまでの15対85から5対5に変更するようテンセントに迫ってきたので、テンセントの利益獲得の余地はますます狭まった。

こうした不利な情報が災いして、香港《ホンコン》連合取引所のテンセント株価は低迷し、投資家は悲観的になった。2005年4月、テンセント董事会は明るい見通しを表明するため、発行済み株式の10%分を買い戻す旨を発表せざるを得なくなった。当時の株価で計算すると、約9・74億香港ドルが必要だった。11月にはさらに、最高3000万ドルまでの自社株買い計画も発表した。

2006年になるとチャイナモバイルが再び「得意技」を駆使し、移動QQサービスに直接手を下した。

テンセントが「モンターネット」プロジェクトで最大にして最も安定した収益を得られたの

は、多大なQQユーザーを抱えていたことがカギだった。それゆえに通信事業者への依存度は他のコンテンツサービス業者よりかなり低かった。なかでも移動QQサービスは最も中核的な商品であり、700万のユーザーを擁してテンセントの全ショートメッセージユーザーの7割前後を占めていた。それまでの数年間、チャイナモバイルはリアルタイム通信ツールを喉から手が出るほど欲しがっていた。もしチャイナモバイル自身に帰属するQQの類似プロダクトを確保できれば、通信事業者とコンテンツプロバイダーの一体化を円滑に進められる。それにより、他業者と利益を分け合う必要がまったくないクローズ型のビジネスモデルを形成する、というのが同社のもくろみだった。

2006年初め、両社はついに最終決戦のときを迎えた。チャイナモバイルは自身が外注して「飛信《フエイシン》」という名のリアルタイム通信ツールを開発済みだった。その上でテンセントに二つの強制的な要求を突きつけた。第一の要求は、移動QQサービスは飛信と「事業合併」を実施すること。しない場合は、移動QQサービスをモンターネット事業から締め出す。第二の要求は、QQの体系全体を飛信と「相互接続」させることだった。

ユーザー体験悪化の懸念に加えて、コストの分担も難しいため、テンセントは条件が整わないことを理由に、チャイナモバイルの要求を断った。

6月、飛信のベータ版がリリースされた。チャイナモバイルは「飛信は単なるプロダクトではない。未来戦略の重要な一歩であり、チャイナモバイルは飛信プラットフォームによってたとえばオンラインゲーム、オンラインショッピング、バーチャルコミュニティ、携帯電話決済といった多くの付加価値サービスを開始できる」とアナウンスした。また「『モンターネット』チャット系事業の規範化に関する通知」も発表した。通知には、現存するチャットコミュニティ系モンターネット事業については、同類事業者とは今後どんな形であれマーケティング提携を実施しないこと、移動QQサービス、網易泡泡は２００６年末までは営業が認められ、関連するサービスプロバイダーの提携契約は、その時点をもって終了することが盛り込まれていた。

２００６年12月29日、提携の終了日にテンセントは香港で公告を出した。移動QQサービスは飛信と6カ月以内に「合併」し、事業を徐々に飛信のプラットフォームに移行すること、移行期間のプロダクト名は「飛信QQ」となることを発表した。

2年半にわたる駆逐の動きの中、テンセントが収入源として頼みにしていたワイヤレス付加価値事業は、かつてない打撃を受けた。

２００５年度全体で、テンセントの総収入は前期比24・7％増の14億２６４０万元、純利益は10％増の4億８５４０万元に達した。うちインターネット付加価値サービスの収入は前期比79・2％増、総収入に占める割合は38・4％から55・1％に拡大した。だがワイヤレス付加価値サービスの収入は前期比19・3％減となり、総収入に占める割合は前年の55・6％から36・3％に低下して、初めてインターネット付加価値サービス事業に追い抜かれた。

２００６年3月、テンセントは3度目の自社株買いを実施し、買い戻し金額は最高で３００

0万ドルになることを発表した。さらに収入拡大のため、ワイヤレス付加価値サービスのプロバイダー・ジョイマン（卓意麦斯）科技有限公司の株式も100％取得した。年末になるとワイヤレス付加価値事業の収入は5・17億元から7億元に増えた。うちジョイマンの貢献分は1億元だった。年次報告書でも「収入増は主に、ジョイマンが提供した、コンテンツベースのショートメッセージサービス収入の増加によるもの」と認めている。また、ワイヤレス付加価値事業が会社の全収入に占める割合は低下が続いて25・0％となった一方で、インターネット付加価値サービス事業の割合は65・2％に上昇した。

携帯電話向け「自社ポータル設置」

チャイナモバイルによるかつてのビジネスパートナーの「一掃」は、情報産業における「ポータル」の不動の地位を改めて証明した。「ポータル」を持つ者が発言権とリソース分配権を持つ。馬化騰がのちにポータル級プロダクトを持つ企業を非常に警戒したのも、この件からの教訓と実感からに違いない。

モンターネットに「寄生」していたコンテンツサービス業者は、政策的な締め出しを食らって総崩れする事態となった。各社は慌てふためき、蜘蛛《くも》の子を散らすように退散した。うち最も思い切りがよかったのは丁磊だ。ネットイースは、いち早く撤退してオンラインゲームという「避難港」に逃げ込んだ。最も惨めだったのは「キング・オブ・サービスプロバイダー」として香港で上場してまもなかったTOMだった。同社は、ショートメッセージ収入が大幅に減少した時期に「奇策を弄《ろう》する」道を選び、グレーな事業を開始した。調査報道記者である趙《ジヤオ》何娟《ホージユエン》の著書『天下有賊』によると「TOMの最も有名な件は、北京郊外に家を借りて女性100名ほどを雇い、番号1259*に電話をかけてきた者と会話させるというものだ。会話はすべていかがわしい内容だった」。このいかがわしい会話には、インタラクティブ音声応答(IVR)事業という上品で業界らしい響きの名称がつけられていた。TOMは数年後に再起不能に陥った。また、空中網《コンジヨンワン》、掌上霊通《ジヤンシヤンリントン》といった他のコンテンツサービス業者も相次いで脱落した。

ネットイースやTOMに比べると、テンセントはまだマシだったが、危機が迫る状態ではあった。

それまでの数年間、テンセントの経営陣はサービスプロバイダー事業には自制的な姿勢を貫いてきた。馬化騰にも内心の恐れがあり、それが「周りの反対を押し切って」ゲーム、ポータル等の事業にあいついで参入した一因だった。しかしワイヤレス事業部門の業績はどうしても改善しないといけないレベルとなり、大きな重圧のもとでマーケティング部門がある折衷案を出してきた。「グレーな収入がテンセントの名に傷をつけるのが心配なら、系列の外で企業買収するか、あるいは新会社を設立してはどうか。そうすれば、もし問題が起きても火の粉が飛んでこないのでは？」。この提案は総弁会で激しい論争となった。馬化騰は2005年末にこの計画を中止する決断を下し、それが直接の原因で部門責任者の唐欣《タンシン》が退職する結果となった。「あのときは本当に苦しくて、選べる道がほとんどないように見えた。ショートメッセージはうちの当時の主要な料金徴収の手段だった」。馬化騰は後日そう振り返った。馬は再三考えた結果「テンセントのコアコンピタンスに回帰する」と決め、QQのリソースを活用してモバイル市場の展開をやり直すことにした。

2006年初め、唐欣に代わってマーケティング事業の責任者となった劉成敏は、馬化騰に同行してチャイナユニコム総裁とひそかに会見した。戦略提携の新たな相手になってもらうのが狙いだった。馬化騰はユニコム上層部に対し、新規開発に成功したプッシュ・トゥ・トーク（PTT Push-to-Talk）機能を実演してみせた。これは新たなモバイル技術で、アメリカのクアルコムが提供するBrewというモバイルプラットフォーム上で動く。すばやく「1対1」または「1対複数」で通話することができ、インターホンのように使える。これは2012年ウィーチャットの「対講（インターカム）」機能の原型だった。馬化騰は、ユニコムと提携してユニコムの携帯電話にQQを内蔵し、ユーザーにプッシュ・トゥ・トークサービスを提供することでチャイナモバイルとの差別化競争を実施したいと考えていた。だがユニコムはテンセントの申し出を断った。同社の当時の戦略的重点はCDMA事業であり、ユニコム版のリアルタイム通信ツール「超信《チャオシン》」も配布間近だったため、QQの利用価値は同社にとってそれほど大きくなかったようだ。

提携が実現しなかったことから、馬化騰は速やかに自社ポータル設置の方針を決定した。2006年、テンセントはスーパーQQ（超級QQ）、モバイルQQ（手機QQ）という二大プロダクトを相次いでリリースした。

スーパーQQは「移動QQサービス」の進化版だ。ショートメッセージの定額制をユーザー向けに実施し、月額は10元。テンセントは、スーパーQQとパソコンのQQナンバーのシームレスな接続を実現し、アラカルト方式でサービスを提供する。ユーザーは携帯電話上でQQのオンライン時間長を累積したり、ショートメッセージでQQデータを設定したりできる。各種情報、天気、ジョークなども見られる。テンセントはその後、QQ会員の特権機能も追加し、QQ特権、ゲーム特権、レジャー特権、生活特権という4グループ100項目余りのVIP特権サービスを開始した。劉成敏はこれを「ショートメッセージポータル」と称した。

モバイルQQは携帯電話にインストールするQQアプリで、操作画面はパソコン版QQに似ている。テンセントはノキア、モトローラなどの携帯電話製造業者と提携し、携帯電話にアプリをプレインストールした。開始直後はモバイルQQは月5元の使用料が必要だったが、その後無料化され、全ユーザーが無料でダウンロードして利用できるようになった。テンセントの収入源は主にシンプルな携帯電話ゲームとショートメッセージの付加価値サービスだった。

2006年にスーパーQQとモバイルQQが登場したことには、かなり重要な戦略的意味があった。

テンセントは、これらによってチャイナモバイルへの「ポータル」依存を脱却し、完全に自身が所有する二つのモバイルポータルを構築できた。2007年末にはようやく「モンターネット」から一掃されたことによる影響を払拭し、モバイル付加価値サービス事業の収入はV字回復を見せて8億元を突破した。会社のクリスマスパーティーで、ワイヤレス事業部門の従業員は「地主のバカ息子が喜児《シーアル》（訳注　中国の革命歌劇『白毛女《はくもうじょ》』のヒロインと同名）を無理やり嫁にしようとしたが、しまいには喜児が家の資産の豊かさにものを言わせ、この不釣り合いな結婚話をはねつけた」という寸劇を演じた。従業員によると「話がクライマックスにさしかかったときに会場の大型スクリーンの映像が切り替わり、寸劇を見ていた劉成敏ワイヤレス事業シニア・エグゼクティブ・バイスプレジデントが楽しそうに大笑いしている顔が映し出された」という。

もう一点、特に意義深かったのは、モバイルQQがテンセントのために、その後やってくるスマートフォン時代に向けて先手を取るチャンスを勝ち取ってくれたことだ。それ以降の数年間で、ワイヤレス事業部門に属する3Gプロダクトセンターがモバイル QQゲーム・ロビー（遊戯大庁）（2006年）、携帯版騰訊網《トンシュンワン》（2006年）、モバイルQQブラウザー（2007年）、「手機安全管家《ショウジーアンチュエングワンジア》」（携帯電話用セキュリティーソフト）（2010年）を相次いで開発し、体系的なモバイル用ポータルのマトリックスが形成された。2013年5月、すでに退職していた劉成敏は自身の北京の住まいで筆者にこう語った。「テンセントのモバイルインターネット関連の展開と注力は、どのインターネット企業よりも早かった。しかも何年も早かった。当時、ジョブズのiPhoneはまだラボの中にあった。スマートフォンの未来を見据えていた者はたくさんいたが、スマートフォンがどんなふうに旋風を起こすのかは誰にもわからなかった。我々は、正しい道に至るよう強いられたのだ」

新戦略「水や電気のように暮らしに溶け込ませる」

たいていの戦略転換は激しい競争の結果であり、必ずしも事前によく練った計画の産物ではない。

チャイナモバイルとのモンターネットプロジェクトでの対立により、馬化騰は「バーチャル通信事業者」という戦略的もくろみを断念し、インターネットに回帰して新たなポジションを探さざるを得なくなった。その際、テンセント社内で戦略の話ができる人材がどうしても必要だった。

劉熾平《ラウチーピン》が正式に飛亜達《フエイヤーダー》ビルに出勤するようになったのは2005年の春節明けだった。広々とした自分のオフィス室にいるのは秘書1人だけで、何かを報告しにくる部下もまったくいない。馬化騰すら「最高戦略投資責任者」がふだん何をしているのかよくわかっていなかった。劉熾平によると「私は、他の誰もやらない仕事を三つやっている。戦略、合併買収、そしてIR（投資家向け広報活動）だ」

劉の役割はすぐに目に見える形となった。テンセントの株価が非常に低迷していた時期、何度も香港へ出向いて機関投資家に自社の先行きを説明した。「投資家と良好な関係を維持できれば、株価にもよい反応が現れるし、企業への支持度も高まる」。劉の提案により、テンセントは2005年に2度の自社株買いを実施して将来への自信を示した。劉は一連の企業買収も後押しした。メールソフト企業のFoxmail、オンラインゲーム会社の網域《ワンユー》、コンテンツ付加価値サービス業者のジョイマン、「網典《ワンディエン》」「英克必成《インコービーチヨン》」などがその対象となった。「我々はキングソフトにも接触した。オンラインゲームとアンチウイルスソフトの能力を高く評価していた」。こうした仕事はいずれも、それまでのテンセントが取り組んだことはなく、また大変不慣れでもあった。

「5カ年事業計画」は、劉熾平が入社後初めて外部に渡した証明書だった。2006年初め、劉はテンセントの「5カ年事業計画」を提示した。そこに社内各事業の将来像を描き、当時としては実現できそうにない目標を設定した。今後5年以内にテンセントの年間収入を100億元とする、としていた。

この目標の参考となるデータを掲げておくと、2005年のテンセントの年間収入は14億元しかなかった。ナスダックに上場していたバイドゥ（百度）は年間収入3億元だった。当時最も成長に勢いがあったのは三大ポータルサイトだが、年間収入は新浪《シンラン》が1億9000万ドル、ネットイース2億1000万ドル、捜狐《ソーフー》1億800万ドルだった。

だがその後の事実として、テンセントは劉熾平の定めた目標を達成した。しかも1年前倒しだ。年次報告書によると、テンセントの2009年全体の収入は124億元を突破した。

劉熾平は馬化騰と「何をするでもなく、空論にふける」ことが多かった。「たいていは私が話して馬が聞いている。当時の馬は戦略概念の多くについて、それほど詳しいわけではなかった。しかし理解力が高いので一を聞いて十を知り、問題の核心をじかに突くことがよくあった」。数え切れないほど話し合いを重ねて2人が至った共通認識は、テンセントの唯一のコアコンピタンスは人脈のネットワークを掌握していることであり、それを起点としてユーザーにさまざまなオンラインライフサービスを提供することが進み得る道であろう、というものだった。

では「オンラインライフ」をどう定義するのか。馬化騰と劉熾平は新しい英単語「ＩＣＥＣ」を考え出した。Ｉは情報（Information）、Ｃは通信（Communication）、Ｅはエンターテインメント（Entertainment）、Ｃはコマース（Commerce）の略だ。「多角化の目的はオンラインライフの提供であり、オンラインライフの背後にはコミュニティがある。上記のサービスはすべてコミュニティを通じて一つにつながる」

２００５年８月、馬化騰は初めてメディアに向けてテンセント新戦略の趣旨を発表した。

「テンセントは、人々のオンラインライフのさまざまなニーズにあらゆる面から応えたいと願っています。私たちのプロダクトとサービスが、水や電気のように暮らしに溶け込むようにしたいのです。テンセントは、オンラインライフ産業モデルに向けたビジネスの布石をひととおり打ち終えました」。『第一財経日報』の取材を受けた際、馬化騰はより具体的にテンセントの目指すところを説明した。「ワイヤレス付加価値には100億元超のマーケットがあり、我々は必ずそこに入っていかなければならない。オンラインゲームには70億元超のマーケットがあり、これも放棄することはできない。広告には30億元超のマーケットがあり、これも放棄できない。当社が放棄できないものはまだある。検索とeコマースだ」

「オンラインライフ」の提起は、それまでにはなかった中国インターネット企業のあり方を人々に示すことになった。だが誰もが馬化騰の新戦略が成功すると思っていたわけではなく、当時のメディアの論評の中には不安視する声もあった。

『互聯網週刊』の「馬化騰が見せ始めた勇猛さ——テンセントが請け負う中国人のネットライフ」というタイトルの記事はこう述べている。「馬化騰の強みは、億単位の比較的忠誠なQQ登録ユーザーを手中に収めていることだ。しかし、あらゆる生活や娯楽のリソースを自身が完全に提供するもくろみは、実現が難しいだろう。このことは、膨大なユーザーを持つ馬化騰が他のインターネット企業とのあらゆる競争に直面する可能性を意味する。しかも多角化経営を拡大する中で、成長の焦点を極めて見失いやすくなる」

インターネット評論家の馬旗戟《マーチージー》は二つの疑問を呈した。「『オンラインライフ』とはいったいどんなコンセプトなのか、というのが第一の疑問だ。それには境界線はあるのか。境界線はどこなのか。テンセントから境界線までの距離はどのくらいか。しかも他の旧ポータルと比較すると、騰訊網には明らかな弱点もある。騰訊網はどのように『オンラインライフ』をより万全にしていくつもりなのか。第二の疑問はやや抽象的である。リアルな生活はそれ自体が大きなプラットフォームであるが、今のところ『生活からマーケティングまで』の包括的な融合と一体化を実現しうる人物や組織は存在しない。となれば、『オンラインライフ』は何を頼りに実現できるのか」

これに対し馬化騰はこう説明した。「一見しただけだと、テンセントは何でもやりたがっていると皆思うだろう。だが実際は、我々が行っているのはすべてリアルタイム通信ツールQQをベースとして築かれたコミュニティとプラットフォームの周辺のことだ」

たとえそのとおりであっても、企業の戦略理論からするとやはり非常に危険である。マイケル・ポーターは、著書『Competitive advantage』（邦訳『競争優位の戦略——いかに高業績を持続させるか』）の中で「戦略的関連性」について警告している。ポーターによると、関連性の中には、一見すばらしく思えても決して競争優位を強めないものがある。また、たとえ明らかな優位性を生み出せる関連性であっても、実践においては一連の克服しがたい組織的障害が関連性の獲得を妨げるという。それらの障害には、組織の構造、文化、マネジメントの構造などが含まれる。

その後の事実でも証明されたが、テンセントは一連の組織およびマネジメントの変革を行うことになる。「オンラインライフ」戦略に対応するためだった。

第二次組織体制変更

新戦略を提起した後、最初に問題となったのは既存の組織構造だった。

2001年の第一次組織体制変更では、事業部門が研究開発ライン（Rライン）とマーケティングライン（Mライン）に分けられた。しかしプロダクトタイプが増えたため、この体制ではすでに対応しきれなくなっていた。前線のプロジェクトが増えていくにつれ、後方の研究開発が立て込むようになった。劉熾平は「当時ざっと数えてみたら、比較的重要なプロダクトラインが全社で60を超えていた。適時に技術がほしいという要望をどこも抱えていたが、Rラインに引き渡した後の手配がほとんどできなくなり、正常な運営に支障が出ていた」と振り返る。QQショープロジェクトでは、RラインとMラインの壁を取りはらってプロダクトマネージャー制を実施した。それ以降のニュースポータル、検索およびオンラインゲームでは、すべて研究開発・コンテンツ・運営の人材を再編した上で取り組んだ。

こうしたことから、テンセントは2005年10月24日に「深騰人字38号」文書を出し、第二次組織体制変更を行うと発表した。社内の組織体制は、5つの事業部門と3つのサービスサポート部門からなる8グループに分けられた。

B0　企業発展系統。国際業務部、eコマース部、戦略発展部、投資買収部を擁し、戦略、投資買収および関連業務を担当。最高戦略投資責任者の劉熾平が責任者を兼務。

B1　ワイヤレス事業系統。無線プロダクト部、モバイル通信部、電気通信事業部および各地の事務組織を擁し、通信事業者と関連する業務を担当。責任者は劉成敏。

B2　インターネット事業系統。インターネットリサーチ部、コミュニティプロダクト部および新たに設置されたデジタルミュージック部を擁し、QQおよび関連業務を担当。責任者は呉宵光《ウーシアオグアン》。

B3　インタラクティブエンターテインメント事業系統。インタラクティブエンターテインメントリサーチ部、インタラクティブエンターテインメント運営部、チャネルマーケティング部を擁し、オンラインゲーム業務を担当。責任者は任宇昕《レンユーシン》。

B4　オンラインメディア事業系統。ウェブサイト部、広告販売部、検索プロダクトセンターを擁し、ポータルサイト業務を担当。最高情報責任者の許晨曄《シューチエンイエ》が責任者を兼務。

Oライン　運営サポート系統。運営サポート部、システムアーキテクチャ部、セキュリティーセンター、エンジニアリング管理部、研究開発管理部とカスタマーサービス部を擁し、サーバー、データベースおよびセキュリティー業務を担当。責任者は李海翔《リーハイシアン》。

Ｒライン　プラットフォーム研究開発系統。リアルタイム通信プロダクト部、深圳研究開発センター、広州研究開発センターを擁し、技術研究開発を担当。最高技術責任者の張志東《ジャンジードン》が責任者を兼務。

Ｓライン　管理系統。総務、人事、財務、法務、ＩＲ、内部監査、広報および董事会事務室を擁し、最高総務責任者の陳一丹《チエンイーダン》が責任者を兼務。

劉成敏、呉宵光、任宇昕、李海翔らは、エグゼクティブ・バイスプレジデントに抜てきされた。

この組織変更は、事業部制度の形成を意味する。各事業部がプロダクト単位で開発に取り組み、分業・運営を実施することにより、テンセントは「一を複数に分け」「兄弟それぞれが努力して山を登る」形となった。各事業部門を収入面から見ると、Ｂ１とＢ２が最も主要な収入部門で、会社の総収入の８割以上を占める。Ｂ４のニュースポータル事業は、この時点ではまだぱっとしなかったが、戦略的な意味で重視されていた。やや特殊なのはＢ３系統だ。テンセントのテーブルゲームユーザーは、２００５年10月前後には聯衆《リエンジョン》を上回っていたが、真に火がつくポイントは見つかっていなかった。オンラインゲームは経営陣としても将来的に期待できるので、これを独立部隊として編成し、それまで１レベル下のユニットだったインタラクティブエンターテインメント事業部全体を格上げした。これが戦略的手配として成功だったことは、のちに証明される。

五つの業務系統以外に関しては、eコマースと検索もテンセントが必ず手がけなければいけない分野だと馬化騰は考えていた。このため2005年半ばにひそかにチームを結成し、それぞれをB0とB4系統の所属とした。事業が成熟してきたら分離させるつもりだった。

この組織編成には、非常に絶妙な点がある。テンセントの事業基盤はすべてトラフィックに由来しているが、組織編成上は「総参謀部」のような部署がトラフィック全体の配分を統括する形とはなっていない。この職権は、実は「総弁」が掌握している。つまりテンセントの組織編成は「大きな権限は一手に握り、小さな権限は分散する」モデルに極めて近い。各事業グループの責任者には事業の開拓発展における最大の権限が与えられているのだが、その要の部分は終始、最も上部の社内方針決定者たちが統制する。

ある社内上級職の会議において、馬化騰は組織編成後のマネジメント理念についてこう述べた。「今後5年のテンセント最大の課題は実行力だ。マーケットがどんな状況なのか皆に見えてはいるが、すべてを掌握できるとは限らない。万全の指標体系と組織構造によって統制力が組織全体にきちんと行き渡るようにし、厳格な人事考査および下位者淘汰制度によって優れた人材はとどめおく。これらすべてにより、テンセントを優れた個人ではなく体制的な機動力に依拠する成熟した組織とすることができる」

それほど長くないテンセントの歴史において、2005年はターニングポイントだった。頼みの綱だったワイヤレス付加価値事業が危機的状況となった時期に、馬化騰のチームは急進的な戦略調整を実施した。「オンラインライフ」戦略の提起および第二次組織体制変更は象徴的な意義を持っていた。その戦略調整は、リアルタイム通信ツールで身を起こしたこの企業が創業7年で数億のユーザーと十数億元の現金を携えて、社内の者たちが若き大志を抱きながら、不確実性に満ちた多角化の道を一歩踏み出したことを意味する。それ以降、かつてとは違う野心むき出しのテンセントが静かに人々の前に現れた。当時存在したあらゆるインターネットプロダクト形態を取りそろえ、それぞれの細分化された領域で準備を整えて、始動のチャンスを待っていた。5事業系統は独立した5社と見なしてよく、まるで5本の「タコの足」のように、それぞれの足の力を使ってさまざまな競争相手に向かう。それ以前には、「あらゆるオンラインライフサービスを提供する」という目的地に到達した企業は中国にもアメリカにも存在しなかった。ますます完了できそうにないミッションに思えてくる。テンセントがこれ以降に直面した種々の疑義や攻撃は、すべてこの点と関係している。

「オンラインライフ」戦略実施のため、テンセントは当然の流れとしてインターネットの各分野に進出した。テンセントの各事業系統は、強力で効果的な実行力により事業を大きく前進させた。だがその「めざましい業績」は同業者との避けられない対立を招くことになる。この瞬間のテンセントは、気力あふれる若者のように、インターネットの各分野で生き生きと動いていた。

アリの引っ越し　淘宝《タオバオ》との遭遇戦

「馬化騰はいったい何がしたいのか」。こんな疑問を持つ者が多くいた。

2005年9月10日、馬化騰は杭州《こうしゅう》で開催された第5回「西湖論剣」に出席した。ジャック・マー（馬雲《マーユン》）、丁磊《ディンレイ》、馬化騰、汪延《ワンイエン》、張朝陽《ジャンチャオヤン》が同じセッションに登壇した。モデレーターで経済学者の張維迎《ジャンウエイイン》が陝西省北部地方なまりの標準中国語で登壇者に問いかけた。「自分の企業以外で、誰の企業を最も有望視しているか」。なかなか奥が深い問いだった。少し悩んでからジャック・マーは丁磊を、丁磊は馬化騰を、馬化騰は汪延を、汪延は馬化騰を、張朝陽は丁磊をそれぞれ選んだ。こういうときの答えには当然、ゲームと情実が入り混じっているものだが、2人に選ばれた馬化騰はすでに目標兼「仮想敵」の1人となっていたようだ。

このときの登壇者5名のうち、馬化騰と丁磊、汪延、張朝陽は競争関係にあった。どうやらテンセントと唯一事業で接点がなかったのはジャック・マーのアリババだけだった。ところがそのわずか2日後に情勢が一変する。

9月12日、テンセントは独立ドメインのeコマースプラットフォーム「拍拍網《パイパイワン》（www.pai-pai.com）」を公開し、1カ月後にこのサイト向けのオンライン決済ツール「財付通《ツァイフートン》」の運営を開始した。メディアには馬化騰のジャック・マーへの宣戦と見なされた。拍拍網は開設以降、QQトラフィックの導入効果が非常に顕著だった。6割を超える拍拍ユーザーは、QQの各インターフェースからの誘導だった。テンセントは2006年3月13日、拍拍網はすでにユーザー1700万に達しており、この日に正式に商業運営に入ったと宣言した。同時に、検索サイト搜搜網《ソウソウワン》（www.soso.com）の開設も発表した。このことは、テンセントがeコマースと検索の二大分野ともクローズド戦略を推進することを意味している。

2カ月後、拍拍と淘宝の間に突如遭遇戦が勃発した。

2006年5月10日、eBay（イーベイ）との市場争いに勝利した淘宝網の現金化を急ぐため、ジャック・マーは「招財進宝《ジャオツアイジンバオ》」という代金徴収サービスを打ち出し、有料プロモーションにより受注拡大を希望する淘宝の出店者を対象に、支払う料金が多いほど上位にランキングされるサービスを実施すると発表した。この決定は、「淘宝は3年間無料」というジャック・マーの前年の約束をたがえるものだったため、淘宝出店者の猛反対に遭った。出店者たちは自発的に「反淘宝連盟」を結成し、6月1日の国際児童デーに皆で集団ストライキを実施するよう呼びかけた。

5月15日、拍拍網が「アリの引っ越し、すばらしい前途へ」というプロモーション活動を開始した。出店者は、第三者取引サイトにおける自身の参考信用度を拍拍網で円滑に導入して、20アイテム以上の商品を自身の店に掲載すれば、「ゴールド推薦ポジション」獲得のチャンスが得られるというものだ。また、買い手は拍拍網でどんな商品を購入しても、財付通で決済すれば最高600元ものショッピングクーポンがもらえる。淘宝の「招財進宝」計画に対抗して、拍拍網は「今後3年間は完全無料」とうたった。

拍拍網の斜めからの攻撃は、窮地にあったジャック・マーにとっては「火事場泥棒」にほかならなかった。ジャック・マーは強い怒りを表し、杭州のある記者会見でテンセントとイーベイが今回のストライキを推し進めた黒幕だと断定した。また馬化騰を名指しして「馬化騰のこの手は実に巧みであり、これだから競争は面白い」と発言した。さらに「テンセントは拍拍網開設の際に淘宝からごっそり人材を引き抜いた」と暴露した。ジャック・マーは拍拍網に対する見解を記者から聞かれた際、淘宝網の模倣品だと述べた。「C2C市場において、テンセントの拍拍網はアマチュア選手にすぎない。拍拍網は永遠に戻れない道を進んだので(ひたすら模倣する)、何年か後にそのツケが回ってくるだろうし、馬化騰にもそうした結果がもたらされるだろう」

ジャック・マーの非難に対して、馬化騰は記者から電話取材を受けた際に自身に罪はないと表明した。「我々は個人としてはよき友人であり、陰でそのようにたちの悪い競争をすることはありえない」。またテンセントが淘宝網から人材を引き抜いて淘宝網の屋台骨をぐらつかせた件については、「第一に、このような人材の動きは普通にあることだ。第二に淘宝網から移ってきた者は計2~3人にすぎず、屋台骨をぐらつかせたとは言えない」と反論した。両者が遠隔で交戦し始めたのと同時に、ネットでも「なんと、淘宝を罵倒する声はこうして出てきた！」などの書き込みがあちこちで大量に貼られるようになり、「テンセントは広報会社に依頼して淘宝網を攻撃した」と名指しで書かれた。テンセントは「名誉権の侵害」を理由に、一連の匿名記事を掲載した千橡《チエンシアン》公司に対する訴えを起こし、謝罪および影響の解消を要求するとともに、５００万元の賠償を請求した。

淘宝出店者と拍拍網の二重の圧力のもと、ジャック・マーは妥協を選択した。「国際児童デーストライキ」予定日の前日だった5月31日夜、淘宝網は「招財進宝」サービスを存続するかどうかを全員の投票で決定すると発表した。投票の結果、反対票が全体の63％にも上り、この有料サービスは廃止されることになった。

このバトルの後、拍拍網の評価は急上昇し、２００７年3月に取引額がイーベイを超えて中国第二のＣ２Ｃサイトとなった。淘宝はその後数年間有料化戦略を是正し、拍拍網に進撃させるチャンスをあまり与えないようにした。とはいえアリババは、上層部も現場もテンセントを自身の最も危険な敵と見なしていた。ジャック・マーはかつてメディアに「ＱＱは確かにちょっと怖い。先方の攻撃は常にひそかに行われる」と語ったこともあった。

「国民の敵」馬化騰

２００6年5月24日、テンセントは同年1〜3月期の財務報告書を公表し、調整過程にある自社が「モンターネットの苦境」を脱しつつあると表明した。この四半期の総収入は6億４５３０万人民元で、前四半期よりも50・3％、前年同期よりも１１４・８％それぞれ拡大した。粗利益は4億６９６０万元で、前四半期比プラス62・4％、前年同期比プラス１３６・５％となった。またリアルタイム通信の登録アカウント総数は5億３１５０万に達し、前四半期より７・９％増えた。

好業績によって株価も同日に26％上昇し、1年前の劣勢を脱した。

しかし業績が急拡大すると同時に、疑義と非難も向けられるようになった。

5月25日、四半期報告書を発表した翌日に『21世紀商業評論』の主筆・呉伯凡《ウーボーファン》は、馬化騰を取材して「ペンギン帝国の半径」という記事を書いた。これは、主流のビジネス系メディアが比較的早い時期に「帝国」という言葉で拡大中のテンセントを形容したケースだ。呉はその中で「マネジメント半径」の問題を提起した。

呉はこう述べた。テンセントの「事業」は「オンラインライフ」と定義づけられている。これは明らかにあらゆる範囲をカバーする事業であり、テンセントが「全戦線で開戦」することも意味する。首都から遠い深圳《しんせん》に位置し、インスタントメッセンジャー事業だけで身を起こした小さな会社が今まさに領土を拡大して仮想世界の中央帝国を築こうとしている。最も好意的な評論家でも、心配になるだろう。まさに歴史上の各帝国の盛衰からわかるように、領土の開拓は比較的容易だ。しかし統治能力の半径が領土の半径に届かない場合、そうした帝国は長く持たない。テンセントにコアコンピタンスはあるだろうか。もしあるのなら、同社のコアコンピタンスの「発射出力」は、「コアから出発した」同社のあらゆる事業まできちんとカバーできるだろうか。事業の「空間的構造」について述べると、これらの事業はすべて関連し合っているか。「多数の星が北極星を中心として動く形」を作れるのか。また事業群の「時系列的構造」については、「種子産業、苗木産業、果樹産業、枯木産業」で形成される事業群は、互いの引き継ぎや順調な成長が可能なのか。果樹産業が枯木産業になるまでの間に、これほど多くの種子産業と苗木産業の重さに耐えられるのか。

明らかに、これらはいずれも標準的な答えが存在しない問いだ。ピーター・ドラッカーは企業経営を「科学」ではなく「芸術」と見なしていた。その言葉の裏には、不確実性に対する警告と尊重という含みがある。呉伯凡は「ペンギン帝国の半径」の中で、経営戦略、コアコンピタンス、管理能力の3点からテンセントへの疑問を提起した。呉の結論は「テンセントには今のところ強敵はいないように見えるが、実はある強敵がその影にぴったりと寄り添っている。仮に自身の事業半径とマネジメント半径をきちんと把握できなかった場合、まさに自分自身が強敵となる」
同社の「全戦線で開戦」する戦略に対し、呉伯凡がテンセントの立場から警告を与えたのだとすると、もう一人の経済ジャーナリスト程苓峰《チョンリンフォン》は業界の視点で、斬新でより扇動的な定義を提示した。2006年6月、自身が編集に携わっている雑誌『中国企業家』上でテンセントを「業界全体の敵」と見なしたのだ。程の記事のタイトルは「『国民の敵』馬化騰」で、この号はすぐにインターネット業界で広く回覧された。

程苓峰は若いインターネットウオッチャーだ。のちにテンセントに入社して騰訊網《トンシユンワン》テクノロジーチャンネルの編集主幹を務めたが、やがてテンセントを退職して「セルフメディア」で発信する文筆家に転身する。程が6月に発表したこの記事は、テンセントのその後の社会的なイメージを「定義」することになった。

程はこう書く。「中国のインターネットには、陳天橋《チエンテイエンチアオ》、ジャック・マー、丁磊、張朝陽、李彦宏《リーイエンホン》（ロビン・リー）の5人と同時に勝負できる者がいる。見た目は上品で、振る舞いも洗練されているが、『国民の敵』と呼ばれている。その人物は、中国で時価総額最高のインターネット企業を取りしきっている」。記事の「リード」でこのように述べた上で、テンセントがほぼ取りこぼしなく進出している各分野を列挙しながら感嘆した。「実は中国のインターネットで複数の事業ラインを手がける企業は少なくない。しかし二つ以上の事業ラインで同時にトップの座にいるインターネット企業は、テンセント以外には存在しない」。さらに、世界のインターネット業界とテンセントを比較考察してもその野心には驚かされるとして、こう述べた。「インターネット『四天王』のグーグル、ヤフー、イーベイ、MSNが扱っている事業は、テンセントもすべて手がけている」

程は記事の中で、テンセント多角化戦略の特徴を鋭く喝破《かっぱ》した。市場の動きをしっかり見つめながら、最もスピーディーなやり方で成功者のモデルを複製し、QQユーザーの強みを生かして先発者を追い越す。また馬化騰の言葉を引用しながらこう書いた。「インターネット市場は新しくてスピードが速いので、どの方向に進んでもさまざまな可能性がある。自身が先頭に立った場合、選択の正しさを証明するすべは恐らくないだろう。数カ月もたてば新しいものがどんどん出てくる中、そのどれが人気になるのか、何を頼りに判断すればよいのか。人は、競争相手がいれば闘志がわくものだ。どの事業がうまくいっていて、どれがうまくいっていないのか、様子を見る。もし誰かが襲撃してきたら、どうするべきか。かたくなに抵抗するのか、それとも他の所への迂回《うかい》作戦を採るのか」

馬化騰はのちに、上記の内容を「後発は最も確実な方法」という一つの戦略にまとめた。

この後発戦略は、二つの状況を必ずもたらす。

第一に、テンセントは「革新者」ではなく「模倣者」だと認定される。程苓峰はこう述べる。「馬化騰は不本意だろうが、自身でこう述べている。自分はむやみなイノベーションはしない、マイクロソフトやグーグルがやっているのは、人がすでにやったことだ。最善のケースを学んでからそれを追い越すのが、間違いなく最も賢い方法だ。私は1番になるつもりはない。無意味だ。新しいプロダクトは、できあがったら安定性を確保しなければならない。作りたいように作ればいいわけではなく、慎重さが必要だ」

第二に、テンセントは皆を敵とすることになり、同時に皆もテンセントを敵とするようになる。「馬化騰が望むか否かを問わず、ほぼすべてのインターネット企業は足元を固め、ゼロから集めたユーザーの蓄積を完了したら、おのずとテンセントに宣戦布告する。インスタントメッセンジャーはユーザーに対して、メール、ゲームといった他のどのサービスもかなわない強い密着性を持ち合わせている。欲しがらない者がいるわけがない」

この二つの状況は、2006年に初めて端緒が現れた。その後の成り行きは、程の記事より何倍も激しいものだった。なお程が掲げそびれた事実が一つある。テンセントは後発進攻の強みを維持するため、ユーザー資源の独占においては必然的に余力を残さない。やがて、「模倣して革新せず」「皆を敵とする」、そして「オープン化を拒む」がテンセントの「三つの罪」とされることになった。

曽李青《ゾンリーチン》の退職

どんな企業も、その成長過程において「鍵となる瞬間」がいくつかある。そうした瞬間は事前の計画にはないのだが、企業が主体的に決定した結果である。それらは、現れた時点では往々にして見慣れないものであり信用しがたい。だからこそドラマ性に満ちている。その「瞬間」の選択には、企業家個人の魅力と特性が現れるものであり、その企業のその後しばらくの運命を決定づける。

筆者が見たところ、テンセント史における最初の「鍵となる瞬間」は1999年2月10日だった。ＯＩＣＱのリリースは、自社が専念する方向を見いだし、激しい死闘が続くインターネット世界で小さな生存の地を探し当てたことを示していた。2番目の「鍵となる瞬間」は、2005年8月と言ってよいはずだ。「オンラインライフ」戦略の提起は、テンセントが総合性を持つ「生態型企業（訳注　市場変化へのすばやい対応と自身のアップデートが可能で、盛んに新陳代謝して旺盛な生命力を維持できる企業）」へと大きく転換することを意味する。同社のその後のあらゆる成果および論争は、ここで形が定まった。仮に最初の「鍵となる瞬間」が馬化騰の専門性と鋭敏性を示していたとすれば、2番目の「鍵となる瞬間」は馬の大胆さと戦略性を示していたと言えよう。

それぞれの「鍵となる瞬間」に、企業組織内のビジネスモジュールにはウエートの変化が生じ、組織のバランス喪失と権力の調整がそれに伴って必然的に生じる。2005年秋以降、新たな企業戦略の制定と第二次組織体制変更によって、ある人事上の激震が不可避的に発生した。テンセントは2006年2月、劉熾平が馬化騰の職務を引き継いで会社の総裁に就任するが、馬化騰は引き続き董事会主席兼CEOを務める、と公告で発表した。劉熾平の仕事は、日常的なマネジメントおよびオペレーションとなった。

この人事は多くのウオッチャーにとって意外だった。それまで長くマーケティングやセールスを担当してきた曽李青が隅に追いやられることを意味するからだ。2006年11月になると、曽李青は董事会に退職を願い出た。テンセントは2007年6月に曽の終身顧問就任を対外的に発表した。会社を去る際、曽李青は広東《カントン》省の有名画家に制作を依頼した「五馬図」を仲間たちに贈った。5頭の駿馬《しゅんめ》がそれぞれに天と地の間を自在に駆け回っている絵で、テンセントの創業者5人を暗示している。馬化騰はその絵を飛亜達ビルの3階会議室に飾っているが、社内にも絵の由来を知る者は少ない。

それまでの8年間、曽李青は馬化騰、張志東《ジャンジードン》とともにテンセントの「鉄のトライアングル」を形づくってきた。3人は個性や持ち味がそれぞれ違っていて、馬化騰はプロダクト、張志東は技術、曽李青はマーケティングにたけている。この三者は、創業に絶対欠かせないコアコンピタンスだったと言えよう。そして陳一丹が会社の後方業務を統括し、許晨曄《シューチエンイエ》がポータルサイトの安定性を維持する。中国の他のインターネット企業において、このように巧みに相互補完がなされる創業者の組み合わせは、ほとんど例がない。

曽李青は電気通信専攻だが、振る舞い方やキャラクターはむしろ製造業やサービス業によくいるタイプに近い。外部の者と接する際は、もの静かでシャイな馬化騰よりも、曽のほうが

「物事を決める人」に見える。以前、曽に付き従ってQコイン事業を開拓した丁珂《ディンコー》は、曽李青に初めて会ったときのことをこう振り返る。ビルの一角から、大柄な男がのしのしと向かってくる。声も大きい。きちんとジャケットを着てネクタイも締めているのだが、下はひざ丈の青いショートパンツだった。エンジニアカルチャーが色濃いインターネット企業において、ワイルドな印象の曽李青は異色の存在だった。

曽李青はテンセントのマーケットと営業体系を一から築いた。果たした役割はレーニン時代の赤軍創建者トロツキーによく似ている。曽が率いたワイヤレス付加価値事業チームによる収入が全体の6割を超えたこともあった。だが曽が退社する時期は、テンセントと通信事業者の関係が氷点まで冷え込んでおり、ワイヤレス付加価値事業が総収入に占める割合も4分の1まで低下していた。転換期にあった馬化騰が、戦略や資本運営に詳しく、国際的な視野を持つアシスタントをより強く必要としていたのは明らかだった。

曽李青のテンセントでの最後の仕事は、深圳網域《ワンユー》公司の推薦だった。創業者の張岩《ジャンイエン》は曽の大学の同級生だ。「張は大学時代から遊んでいたばかりだが、まさか遊びからこれほどの実績を築くとは思わなかった。湖南《こなん》省のネットカフェをリサーチした際、深圳網域のゲーム『華夏《ホワシア》』をやっている人をたくさん見かけた。帰社してすぐに同社の買収を提案した」。テンセントは２９９０万元で深圳網域の株式19・9％を取得し、「華夏」を「ＱＱ華夏」と名称変更した。このチームはのちに「英雄島《インシオンダオ》」などのオンラインゲームプロダクトを開発する。２０１０年に入ると、テンセントは同社の全株式を取得した。

退職後の曽李青は、半年間休養してから徳迅《ドーシユン》投資有限公司を設立した。英語名はDecentで、明らかにTencentを意識した名称だ。聞くところによると曽李青は、テンセント出身者が会社を設立する場合は彼らの事業計画を確認し、チャンスがあれば多少出資するという。2013年5月、曽は深圳市CGD区卓越センター内の徳迅投資オフィスに筆者を招いてくれた。その時点でも馬化騰のことを「大老板《ダーラオバン》（訳注　社長、ボスの意）」という慣れ親しんだ言い方で呼んでいた。背後の本棚には大きなQQペンギンのぬいぐるみが飾ってあった。

第8章
MSNとの戦い
—— 栄誉と運命と

「戦略的見地から私が選択した第一の征服目標は往々にして、一撃で崩れ去る小さな企業ではなく最も手ごわいライバルだった」
—— **ジョン・D・ロックフェラー**（モービル石油創業者）、「息子への手紙」

「イノベーションは永遠に、たまたま遭遇した結果である」
—— **ルイス・ガースナー**（IBM元会長）

MSNがやってきた

2004年8月、マイクロソフト本社に9年勤務していた熊明華《シオンミンホワ》が異動で中国に戻り、MSN中国研究開発センターを開設した。熊が同センターの建設地を上海《シャンハイ》に決定した。それとほぼ同時にマイクロソフトは北京《ペキン》にもMSN中国マーケティングセンターを開設した。責任者は中国エリアの従業員として10年勤務した経歴を持つ羅川《ルオチユワン》だった。このことは、テンセント史上最強クラスの敵の登場を意味した。

MSNの中国進出は、それまでの2年ほど盛んに取り沙汰されていた。大がかりな動きを見せたネットイース（網易《ワンイー》）や新浪《シンラン》などと異なり、マイクロソフトは一貫して専門のMSN中国運営チームを置いていなかったが、ユーザー数はネットイースの3倍だった。調査会社・易観《イーグワン》国際のデータによると、何の宣伝もローカライズサポートもない中、中国リアルタイム通信市場における2005年のMSNのシェアは10・58％だった。QQのシェア77・8％にはほど遠い数字だが、当時の中国ではすでに第二のリアルタイム通信ソフトだった。

より重要な点として、ビジネスユーザー約2000万人については、テンセントのユーザーが約950万人で47％だったの対し、MSNユーザーは約1075万人で53％を占めていた。それまでの2年間におけるMSNの新規ユーザーのうち、95％はテンセントQQから移行したユーザーだった。こうしたデータがマイクロソフト本社に報告された際、アメリカ人は非常に驚いた。羅川ら中国エリアの従業員が全力で主導する中、マイクロソフトMSN事業を独立させて現地化運営に踏み切る決断をした。

1965年生まれの熊明華は、マイクロソフトMSN事業部門で最もキャリアが長い華人プロダクトマネージャーだ。かつては台湾人が設立したソフトウエア会社でウィンドウズ漢字化技術の開発に携わっていた。実戦経験を持つデバイスドライバーの専門家であり、世間一般の言い方をするとウイルスソフト開発のプロだった。アメリカに渡ってからはまずIBMに就職し、1996年にマイクロソフトに入社した。ちょうどビル・ゲイツがネットスケープへの攻撃を発動した時期だった。熊明華はIEブラウザー部門のプロダクトマネージャーとしてIE3・5からIE5・0までの開発に加わった。「マイクロソフトがネットスケープを『絞殺する』までの全過程を目の当たりにした」。1999年にはウィンドウズ部門に移ってウィンドウズ2000とMSNの開発に携わった。「2001年以降に自分のストックオプションの期限が来るので、退職するか中国に帰って起業するかのどちらかを考えていた」。その後は頻繁に帰国してレノボ、方正《ファンジョン》などの企業を訪れて話をしたり、浙江《せっこう》大学の客員教授に就任したりした。また『ソフトウエア開発の科学と芸術』『ソフトウエア開発のプロセスとケース』という2冊の専門書も出版した。熊の講義を聞いた学生たちの中には、任宇昕《レンユーシン》と呉宵光《ウーシアオグアン》もいた。

熊明華が上海に戻ってから2週間後、張志東《ジャンジードン》が友人を通じてコンタクトしてきた。二人はたそがれ時に東平路《トンピン》と衡山路《ホンシャン》の角にあるイタリアンレストラン蔵瓏坊《ツァンロンファン》で会った。張志東は赤ワイン2本を持参した。二人で4～5時間ほど話してみて、張志東は技術に大変詳しい熊明華に感銘を受けた。別れ際、熊明華にずばり聞いた。「テンセントに来ないか?」

これは両軍開戦前の小さなエピソードにすぎなかった。熊明華は張志東の誘いを笑顔で受け流した。「当時、MSNの眼中に仮想敵は存在しなかった。我々はQQを大した存在とは思っていなかった。インターフェースデザインがひどかったし、ソフトウエア開発のレベルも高くなかったからだ」。熊明華は、すぐさま30数名からなる研究開発チームを結成した。

熊明華とともにシアトルから帰国し、のちにテンセントに入社した鄭志昊《ジョンジーハオ》はあるエピソードを明かした。「大学に求人活動に行った際、どの会場でもすごい数の学生に取り囲まれた。黒山の人だかりで、履歴書が山積みになった。学生たちは、神を見るような感じでマイクロソフトの人間を見ていたので、とにかく驚いた」。1年余り後にテンセントに移った鄭志昊が再びキャンパスへ学生募集に行ったところ「トップ10の学生でテンセントに来たがる者はほとんどおらず、最も優秀な人材はとても確保できなかった。この時、テンセントは『二流』ないし『三流』の人材でマイクロソフトと戦っていたのだなあ、とふと気づいた」

張《ジャン》 小竜《シアオロン》を「買収」

21世紀最初の年、ＩＴ業界各企業のマイクロソフトに対する恐怖感は本能的なものと言ってよかった。１９８４年に全米でトップ10となったパソコンソフト企業の中で、マイクロソフトは第2位だった。２００１年には第1位となったが、その一方で前回ランキング入りした残り9社はすべて圏外だった。マイクロソフトは世界の90％のコンピュータインターフェースを支配し、オペレーティングシステムのウィンドウズ、業務用ソフトのオフィス、ブラウザーのＩＥ、そして買収で獲得したホットメール、ＩＰ電話のスカイプが恐るべき巨大プラットフォームを形成した。ビル・ゲイツがバンドル戦略でネットスケープを叩き潰した出来事は、各社にとって眼前の戒めであった。

中国市場において、ゲイツは海賊版を放任する戦略を採った。１９９８年には『フォーチュン』誌で「中国人が海賊版を作るのであれば、マイクロソフトの海賊版にしてほしいと我々は願っている。彼らが海賊版に魅了されたら、その後の10年で何とかして海賊版を回収する」と述べている。その後の事実はまさにそのとおりとなり、マイクロソフトは２００８年にようやく中国市場の海賊版取り締まりに着手したのだった。

マイクロソフトがＭＳＮの現地化戦略を発表した後、資本市場からインターネット業界までの多くの者がテンセントはそのうち終末を迎えるだろうと思っていた。広報や政府との意思疎通を担当する許晨曄《シューチエンイエ》はこう振り返る。あるインターネットフォーラムに許が出席した際、少なくとも2人が近づいてきて小声で確認を求めた。「テンセントがMSNに買収されると聞いたが本当か」。当時のネットには、ビル・ゲイツの口調をまねた馬化騰《マーホワトン》（ポニー・マー）宛ての手紙なるものも出回っており、そこにはこう書かれていた。「QQグループはソーシャルネットワークではない。QQが中国の子どもたちにリアルタイム通信の概念を普及してくれたことに感謝する。子どもたちが大きくなり、働いて収入を得るようになったら、少しずつシームレスにMSNに移行していくだろう」。テンセント社内には次第に張り詰めた重苦しい空気が流れるようになったものの、馬化騰と張志東の見立てでは、MSNがQQの基盤をぐらつかせることは決して容易なことではなかった。まさにトインビーが提示したとおり「レベルの高い文明体は常に、非常に恵まれた環境ではなく非常に困難な中で誕生してきた。挑む相手が大きいほど、受ける刺激が強くなる」であった。

２００４年9月9日、テンセントは２００４年QQ正式版をリリースした。テンセント上場後に初めて公開したQQの大型改訂版だった。このバージョンは、２００２年8月のバージョン以来の代表的なバージョンでもあった。技術的には三つの特徴がある。第一に、ネット送信機能を強化したこと。ファイル送信速度が大きく改善されたほか、レジュームがサポートされた。第二に、「QQネットハードディスク（QQ網絡硬盤）」と「インタラクティブゾーン（互動空間）」をリリースしたこと。第三に、QQグループの組織構造を改善した上でグループチャットを踏まえた「グループイングループ」を搭載したこと。こうした改善は、リアルタイム通信を使う者にとっての「硬直的需要」と言ってよく、大絶賛された。馬化騰にとって特に喜ばしかったのは、ネットディスクと送信速度の上昇はともにツール性の向上であり、ビジネスユーザーにとっての魅力が非常に大きい点だった。

ある上級職の会議で、呉宵光《ウーシアオグアン》は自分が耳にした実話を披露した。マイクロソフトが市場調査員を北京のオフィスに派遣してユーザー調査を実施した。アンケートの「月収」に関する質問に対し、5000元と記入された回答用紙があった。調査員は「すみませんが、あなた様は当社のターゲットユーザーでありません」とすぐにその用紙を抜き取ってしまったという。テンセントの幹部たちは皆、腹を抱えて笑った。

馬化騰は、新バージョンでさまざまな改善を施したにもかかわらず、QQのビジネス市場での評価がさっぱり上がらないことを何よりも心配していた。当時の中心都市のオフィスでは、QQをパソコンの画面に立ち上げていると嘲笑された。また多くの企業が勤務時間中のQQ使用禁止を明文で定めていた。企業にとって、QQは単なるチャットやナンパのツールでしかなく、MSNこそがオフィス情報化の必需品であった。

「この難しい問題を短期間で解決する能力は我々にはないが、攻撃を阻止できるプロダクトがもし何か見つかれば、状況は多少よくなるだろう」。皆でこの思考に沿って進み、討論の末に行き着いたのは、プラットフォーム級プロダクトである電子メールだった。「ビジネスパーソンにとって、リアルタイム通信ツールはメールと最も密接な関連性がある。テンセントのＱＱメールはいまひとつだった。ＱＱユーザー1億人余りのうちＱＱメールの利用者は１％に満たなかった。一方、マイクロソフトのホットメールは強力だったので、我々は自身の弱点を補強しなければならなかった」

補強の最善方法は、ホットメールの中国における最強のライバルを買収することだった。こうしてFoxmailがテンセントの視界に捉えられた。

Foxmailの開発者は、華南地域の伝説のソフトウエアプログラマー、張小竜だ。張小竜は華中科技大学の電気通信学部で学び、１９９４年の大学院修了後に京粤《ジンユエ》電脳に入社した。Foxmailは、１９９６年前後に張が一人で開発した。「Foxmailは何かを模倣したものではなく、アウトルックよりも早くリリースされたメールクライアントだ。私がFoxmailのプログラムを作成していた頃、丁磊《ディンレイ》もWebmailを作成していたと記憶している。両者の違いは、丁磊のメールはウェブベースだが、私のものはクライアントベースである点だ。当時の中国のネット接続速度は大変遅かったが、クライアントなら比較的速く動いた」。Foxmailのリリース後、中国語版の利用者は1年で４００万を超えた。英語版のユーザーは20数カ国に分布しており、「十大国産ソフトウエア」に挙げられた。

このため張小竜は業界で求伯君《チウボージュン》に続く第二世代ソフトウエアプログラマーの代表的人物と

見なされた。張小竜は内向的で、大勢で戯《たわむ》れるのは好きでない。趣味のテニスは結構な腕前だ。ビジネスにあまり関心がなかったため、Foxmailの人気がピークに達したときも会社を設立してビジネスとして運営する考えはなかった。やがて広東《カントン》科学院傘下の霊通《リントン》公司に入社し、1998年にはFoxmailを1200万元で深圳博大《しんせんボーダー》に売却した。その後まもなくインターネットバブルがはじけたので、博大はFoxmailを収益化する方法が見いだせない状態が続いた。張小竜は仕方なくエンジニア十数名を引き連れて企業のメールサーバーの仕事に転じたが、マーケットが小さいため食いつなぐのがやっとだった。

2005年2月、劉熾平《ラウチーピン》はテンセントを代表してFoxmailの買収交渉に訪れた。曽李青《ゾンリーチン》も同行した。テンセントと張小竜が交渉した際、両者の気質が似ておりインターネットに対する理解も同じだったので、当初から意気投合した。交渉は順調に進み、テンセントがFoxmailのソフトウエアおよび関連の知的財産権を買収する契約を正式に締結した旨を3月16日に公表した。テンセント史上初めての買収案件だった。なお正確な買収価格は現在も公表されていない。張小竜は深圳勤務を望まなかったので、馬化騰が譲歩する形で広州《こうしゅう》に研究開発センターを開設し、張小竜がゼネラルマネージャーに就任した。

同じく2005年2月、国際事業案を統括していた網大為《ワンダーウエイ》の努力のもと、テンセントとアメリカのグーグルが業務提携を発表した。テンセントは国内ユーザー向けにグーグルのウェブ検索サービスをすでに開始していた。またテンセントは、検索結果に応じたグーグルの広告サービス AdSense も提供することになった。グーグルのウェブ検索バーがＱＱリアルタイム通信のクライアント、ウェブサイト、ＴＩブラウザー、テンセントＴＭ、騰訊通《トンシュントン》ＲＴＸなどテンセントの各主要インターネットサービスに組み込まれた。

Foxmail の買収とグーグルとの提携は、テンセントがＭＳＮ現地化に向けて実施した二つの外的な防衛策と見なされた。

羅川《ルオチユワン》の三重攻撃

テンセントは十分な準備をしておいたものの、マイクロソフト中国のＭＳＮ上でのさまざまな大胆な行動に対抗するのは、やはりかなり大変だった。

テンセントが Foxmail を買収して20数日後の４月11日、マイクロソフトと聯和《リエンホー》投資有限公司は合弁で上海微創軟件《ウエイチユアンルワンジエン》有限公司を設立したと上海で発表した。マイクロソフト（中国）有限公司の総裁に就任したばかりの唐駿《タンジユン》が合弁企業のＣＥＯとなった。上海市長とマイクロソフト最高技術責任者クレイグ・マンディが調印式に出席した。１カ月後、上海微創軟件有限公司の設立を踏まえて上海美斯恩網絡通訊技術《メイスーエンワンルオトンシユンジーシユー》有限公司が設立された。マイクロソフトが５００万ドル、聯和が３００万ドルをそれぞれ投じ、羅川が総裁に就任した。聯和投資は上海国有資産監督管理委員会が所管する投資会社であり、この合弁の背景についてはさまざまな臆測を呼んだ。

会社設立の日から羅川の目指すところは、速やかな収益化の実現だった。このためＭＳＮは事業開拓において最もオープンな下請け方式を採用した。

アメリカのインターネット企業がエリアマーケットに進出する場合、通常2種類の方式がある。一つはヤフーモデルだ。すなわち完全に現地のパートナーに経営を任せ、本社はブランドと技術サポートを提供しつつ、最終的には利益共有のみを行う。もう一つはグーグルモデルで、大規模なエンジニアとマーケティングの部隊を結成して完全にローカライズされたオペレーション体制を採用する。マイクロソフトは、ＭＳＮの主導権を失いたくなかった。聯和投資との提携において、マイクロソフトの株式比率は相手方より少なかったが、契約書に強気の規定を設けて、マイクロソフト側が会社の全経営権を握った。だがその一方でマイクロソフトは戦略的な戦いをする決意が十分に持てなかったため、上海美斯恩の登録資本金はわずか８００万ドルにとどまり、マイクロソフトの投入額は５００万ドルに届かなかった。このため羅川は新しい方法を採ることに決め、それをチャンネルコンテンツ提携のビジネスモデルと称した。

ＭＳＮ中国はサイト「ＭＳＮ中文網」を立ち上げることにより、ポータル型のプラットフォームを構築した。羅川は各チャンネルについて、運営請負の形で一般入札を実施した。ＭＳＮのネームバリューに引かれて、特定事業を専門とするビジネスパートナーが多数集まった。第1弾の顔ぶれは、淘宝網《タオバオワン》、上海文広《ウエングアン》、賽迪網《サイディーワン》、人来車網《レンライチョーワン》、英語村、猫撲網《マオプーワン》、聯衆世界《リエンジョンシージエ》、指雲時代《ジーユンシーダイ》、北青網《ベイチンワン》の九つの大型ウェブサイトに決まった。羅川が合従連衡式で一夜の間に結成したこの「連合縦隊」を「反ＱＱ連盟」と呼ぶ者もいた。メディアは「ＭＳＮ中国のこの提携モデルは、外資合弁企業がコンテンツや政策上のリスクを回避しつつ、MSN Messenger のトラフィックをウェブサイトに誘導して迅速に収益化することも可能だ」と論評した。

羅川が使った第二の収益化方法は、電気通信付加価値サービス事業への迅速な切り込みだった。中国市場に10年どっぷりつかってきた羅は、携帯電話のショートメッセージで得られる暴利をよく承知していた。ＭＳＮ中国は、電気通信付加価値サービスを手がける深圳の企業、清《チン》華深迅《ホワシエンシュン》を買収し、ＭＳＮユーザー向けに月額固定料金10元のショートメッセージサービスを提供し始めた。この論争や道徳的リスクだらけのグレーゾーンに果敢に参入した国際インターネット企業は、それまで存在しなかった。

２００５年10月13日、羅川は3枚目の攻撃的な好カードを手に入れた。ヤフーとマイクロソフトはこの日、ある「マイルストーン的な合意」に達したと発表した。全世界の両社リアルタイム通信ユーザー間の相互接続を実現するというのだ。世界の二大リアルタイム通信サービスプロバイダー間で実現した業界初の相互接続合意によって、MSN Messenger とヤフーメッセンジャーのユーザー間相互接続が可能となる。これにより世界最大のリアルタイム通信コミュニティが形成される見通しが出てきた。両社を合わせると世界シェアが44%を超えるため、世界の半数近いインスタントメッセンジャーユーザー、人数にして２億７５００万人超の相互接続が初めて実現することになった。

羅川はこの動きに即座に反応した。メディアに対し、セキュリティーさえ確保されれば、MSNはテンセントQQを含むさらに多くのインスタントメッセンジャーとの相互接続を望むと表明した。

ヤフーとマイクロソフトの相互接続合意を受け、テンセントはこの年の秋、世論の渦の中で守勢に回る形となった。ほぼすべてのメディアや識者が相互接続に歓喜の声を上げ、多くの者が「MSNとヤフーメッセンジャーの中国市場における急速な拡大に伴い、特にビジネス層において両者の実力はもはやテンセントにまったく劣らない状態となった。相互接続実施後はさらに実力が高まるだろう。ビジネス層においてQQを急速に弱小インスタントメッセンジャー化させる可能性すらある」という見解を示した。MSN中国の広報部は記者に対し、羅川総裁はいつでもどこでも馬化騰氏と相互接続の件を協議する意向があると馬氏にお伝え願いたい、と述べた。

リアルタイム通信の新たな定義

羅川からの「相互接続の誘い」に、馬化騰は断固として応じなかった。馬は肝心なときには常に、潮汕《ちょうさん》人特有の妥協を許さない強気なところを見せることができる。そういう気質は彼の見かけとは完全にかけ離れているし、あまり周囲から好感を持たれないけれども。

当社はユーザー価値を利用して危険を冒してはいけない、それは無責任だ、というのが馬の理由だった。馬の考えでは、ユーザーのニーズ・セキュリティー・費用の3要素が相互接続をするかどうかの鍵だった。実際、セキュリティーの問題は早晩解決するだろうが「コストと利益はしっかり協議しなければならない。有形価値のない相互接続の場合は、無形価値の相互補完がなければならず、それでこそウィンウィンの可能性が生じるのであり、ウィンウィンが確保できないなら相互接続はしない」。馬はMSNとの交渉を断り、QQを網易泡泡《ワンイーパオパオ》など他の国内リアルタイム通信ツールと相互接続するつもりもなかった。馬にとっては、実施可能で効果的な「相互接続」のモデルは見当たらないままだった。

このようにユーザー価値を理由とし、利益を最終判断の材料とする馬化騰の姿勢は、「世界はフラットだ」と固く信じる原理主義自由派の多くを不快にさせ、初めて「オープン化拒否」の印象を人々に与えることにもなった。しかし、それはむしろビジネス競争の本質であろう。2年後にアメリカで発生した同様の事例がそのことを証明した。2007年10月、マイクロソフトは急速に台頭していたフェイスブックの攻撃をかわすため、ホットメール上でフェイスブックから発信される多数の招待メールをスパム扱いにした。その結果、フェイスブックユーザーの成長がほぼ70%も落ち込んだ。最終的に両社は交渉を実施し、ザッカーバーグがマイクロソフトからの投資要請に応じたため、マイクロソフトは2億4000万ドルで1・6%の株式を取得した。

MSNが「相互接続」の世論を形成して攻勢をかけ、居丈高《いたけだか》に迫ってきたため、馬化騰は多少嫌気がさしていた。2005年10月27日、テンセントは北京で新バージョンQQ2005の発表会を開催した。テンセントはそれまで一度も特定バージョンの発表会を行ったことはなく、これ以降も発表会を開催することはなかった。異例の開催を提案したのは馬化騰自身であり、この場を「言いたいことを一度できちんと伝える」機会として活用することにした。

発表会で馬化騰は最新のデータを公表した。2005年6月30日現在、テンセントQQの登録アカウント数は4億4000万に到達済みで、この数字はアメリカと日本の人口の合計に相当する。月間のアクティブアカウントは1億7000万を突破し、最高同時接続ユーザー数も1600万を突破しているという。さらに「中国のリアルタイム通信は、今や世界をリードする状態にある。リアルタイム通信の次の発展段階も、やはり中国がリードする全面ソーシャル化段階となるだろう」と宣言した。

馬化騰がメディアに向けて自身のリアルタイム通信産業についての見解を体系的に語ったのは、このときが初めてだった。「馬は実は大変緊張していた。原稿は事前に用意して、飛行機の中でずっと練習していた」と許晨曄《シューチエンイエ》が明かす。

馬化騰はこのスピーチでリアルタイム通信の新たな定義をこう提示した。

「テンセントQQを代表とする多くのリアルタイム通信プロダクトは、もはや単なるコミュニケーションツールではない。情報取得、相互交流、エンターテインメントのプラットフォームであり、音声、動画、オンデマンドミュージック、オンラインゲーム、オンライン取引、BBS、ブログ、情報共有など新たな用途がすべてこのプラットフォーム上で可能となり、しかもこれまでにない速さで人々のライフスタイルを変えつつある。中国のネットユーザーはすでにリアルタイム通信の利用においては時代の最先端を行っており、新たなリアルタイム通信時代は中国が先導する。そして中国のリアルタイム通信コミュニティは、短期間で世界最大で単一の文化コミュニティへと成長するだろう」

馬はさらに、リアルタイム通信の三つの発展段階を提示した。「技術の駆動」モデルから「応用の駆動」へ、さらに「サービスとユーザーの駆動」モデルへのターゲット転換である。この転換が進む中、リアルタイム通信産業の成長には、応用のエンターテインメント化、コミュニティ化とインタラクティブ化、個人の情報処理、ワイヤレスインターネットリソースの統合、安全性、ローカライズ利用という六つのトレンドが現れる。

応用のエンターテインメント化。リアルタイム通信チャット以外のエンターテインメントに対するユーザーの需要は絶えず拡大しており、より多彩なエンターテインメントへの応用がすでにリアルタイム通信の今後の重点となっている。次第に盛んになるユーザーのエンターテインメント需要に応えるため、多くのリアルタイム通信サービスプロバイダーがリアルタイム通信プラットフォームベースの多彩な応用法を開発中であり、アバター、「魔法《モーファー》表情《ビアオチン》（訳注 QQで使える通常より個性的な表情スタンプ）」、バーチャルペットといった新たな応用が次々に誕生している。

コミュニティ化とインタラクティブ性。リアルタイム通信サービスは現在、電子メール、検索エンジン、ウェブでの情報閲覧などと同様に、ネットユーザーの日常生活にかなり溶け込んでいる。オンラインライフは、今後2〜3年でインターネット応用法の焦点となるだろう。また、単なる通信ツールに新たな内的要素が付与されつつあり、そこが多彩なパーソナル空間となる。

個人の情報処理。情報送信のターミナルとして、リアルタイム通信のパーソナルな情報処理機能はリアルタイム通信プロダクト自体の生命力を根本から決定づける。これにはテキスト対話、音声通話、ビデオチャットといった情報をやりとりする機能だけでなく、ファイルや画像の送信などの情報共有機能、さらにはチャット内容の効率的な保存、アップロード・ダウンロードした情報の管理機能も含まれる。ユーザー本位の設計が、リアルタイム通信の勝敗を決める要素となるだろう。

ワイヤレスインターネットリソースの統合。携帯電話の応用法が絶えず開発されている中、ワイヤレス接続はネットユーザーに大人気となる。携帯電話によるログインやインターネットからの情報、特にリアルタイム情報やメッセージの受信もユーザーに好評を博す。今後、インターネットとワイヤレスネットワークの融合は必然の帰着点であり、リアルタイム通信とワイヤレスネットワークの相互接続も避けられない道である。3Gの開通に伴い、リアルタイム通信ユーザーのモバイル需要はさらに高まり、リアルタイム通信のモバイル付加価値サービスは大いに取り組みがいがある。

安全性。セキュリティーは、今や将来のリアルタイム通信の基本と応用を確実に実施するための基本的道筋である。業界全体としてのリアルタイム通信のセキュリティー基準がまだ制定されていないため、現在人気のリアルタイム通信ソフトの多くは暗号化されない状態でストレージや送信を行っており、パスワード入力の暗号化も単純だ。これに対してテンセントは、広範な同業者と提携して、リアルタイム通信のセキュリティー基準を共同で制定し、リアルタイム通信のリスク耐性とアンチウイルス力を高めたいと強く望んでいる。

ローカライズ応用。リアルタイム通信プロダクトのパーソナル属性が強化され、応用範囲が拡大していることから、ローカライズ応用との融合がリアルタイム通信プロダクトの今後の大きな流れとなるだろう。こうした融合の流れは、まずリアルタイム通信サービス業者の現地ユーザーリソースの管理や分析において体現されることになる。現地文化への理解、現地ユーザーの需要を踏まえた上で、プロダクト応用を最適化し続ける。

今にしてみれば、これは「将来を見据えた」スピーチであった。馬化騰は、中国インターネット経済に対するエンターテインメントの大きな財産価値、のちに一世を風靡するコミュニティ化とローカライズの概念をすべて見据え、「インターネット携帯電話」の前途を見越していた。またセキュリティーの重要性も承知していた。5年後、馬はまさにこの分野で最も厳しい挑発を受けることになる。馬化騰が唯一予見していなかったのはオープン性であり、ドラマ性はそこに存在していた。馬のこのときのスピーチは、まさにマイクロソフトとヤフーの相互接続に対するかたくなな反応であった。

50社を超えるメディアがテンセントの発表会に来場した。QQ2005バージョンの大幅な機能改善に関心を持つ者は誰もいなかった。馬化騰の語り口調は大変なめらかではあったが、技巧を欠いていた。スピーチ内容は、各大手ニュースポータルのテクノロジーチャンネルに掲載されたが、そこから議論が起こることはほとんどなかった。記者たちは「テンセントはなぜMSNとの相互接続を望まないのか」にしか関心がなかった。馬のリアルタイム通信の新たな定義は、「戦略的な防衛」と解釈された。『北京現代商報』の記者はこう書いた。「最近聞くところによると、中小リアルタイム通信業者の多くもヤフーおよびMSNとの相互接続による『反QQ連盟』の結成を目指しているという。テンセントへの圧力が拡大するのは間違いない。相互接続に関する自身の意向に背きたくないという前提であっても、業界標準の争いを引き起こすことこそが唯一の選択だろう」

ＭＳＮはどこを間違えたのか

テンセントは「戦争回避」戦略により、マイクロソフトに「人の褌《ふんどし》で相撲を取る」機会を与えなかった。その後は、ＭＳＮ中国チームがどこまで進めるか次第だった。

２００５年5月にＭＳＮ中文網が開設されると、ビジネスパートナー9社が一定の収入をもたらしてくれるようになった。広告収入のレベニューシェアポリシーから推算すると、年末までのＭＳＮプラットフォームの広告営業収入はだいたい７０００万元前後で、これは当時のテンセントのネット広告収入にほぼ匹敵する。ビジネスパートナーの数も次第に増えて20数社となった。だが羅川と熊明華はまもなく、多国籍企業の「大企業病」によって一歩の前進すら難しくさせられ、サポートも得られない状況に陥る。上位ブランドを保有するＭＳＮは、一種の市場競争戦略としてテンセントと同じことをすれば、大半のシェアを奪うことが可能だ。それはテンセントがのちに試して毎回成功した戦法でもあったが、残念ながら羅川と熊明華にはその機会すらなかった。

第一の問題は、社内指揮系統の混乱だ。

ある信じがたい事実が存在する。マイクロソフトのマネジメント系統において、羅川のマーケティング部門と熊明華の研究開発センターはそれぞれ別の広域上部組織に属しており、羅と態には上司と部下の関係は存在しない。すなわち、MSNには中国市場全体を統括する責任者が1人もいないということだ。熊明華のチームはさまざまな研究開発のミッションを担っていたが、中国版MSN向けの技術開発は業務の5分の1にすぎなかった。北京のマイクロソフト中国は華々しくMSNを開設したが、シアトル本社がそれに同調していたわけではなかった。この時期のビル・ゲイツとスティーブ・バルマーは、グーグルおよびアメリカ・オンラインとの戦争に全力を傾けていた。中国エリアの事業はマイクロソフトのグローバル事業の2％しか占めておらず、しかもMSNはサブプロジェクトだったため、シアトル本社が上海美斯恩《メイスーエン》を注視することはほぼなかった。またエリアマーケティングのセクションゼネラルマネージャーである羅川の権限は非常に限られていた。上海美斯恩の社内報告によると、たとえゼネラルマネージャーであっても、その大多数の仕事はマイクロソフトのグローバル体制の中で上部のさまざまなレベルから承認を得なければならなかった。自身で決裁できるのは「支払総額が50万ドル以下」の契約に限られていた。

もしテンセントがMSNとの競争を本格的な戦争と見なしていたとするなら、マイクロソフトのほうは軍事行動とすら言いがたく、せいぜい痛くもかゆくもない局所的な戦闘としか考えてないなかった。

第二に、マイクロソフトのグローバル開発モデルは、エリアマーケットの競争への適応が難しいものだった。

ＭＳＮの技術研究開発は、マイクロソフト本社が方向性を決める。世界全体が舞台であり、中国市場を対象としたローカライズはあまり考慮されない。ＭＳＮの各機能の開発についても、必ずアメリカ本社での検証を行う。だが環境は国によって大きく異なる。アジアエリアマーケットの一つにすぎない中国エリアが出す要望は、終始開発候補に入らないままだった。これは間違いなく、エリアマーケットにおける典型的な多国籍企業の苦境である。

オフラインメッセージ機能はその一例だ。中国研究開発センターのエンジニアたちは２００５年初めにはこの要望を出していたのだが、方針決定会議の議題にすらならなかった。数え切れないほど要請した結果、２００８年になってようやくマイクロソフト本社から開発許可が下りた頃には、戦闘はとうに終わっていた。

もう一つの例は、ＱＱショーに似たバーチャルアイテム機能だ。ＭＳＮの韓国バージョンにはすでに完全に同じ機能があったが、韓国のＭＳＮはある現地企業との合弁で運営されており、著作権交渉がやたらと長引いてしまい、中国エリアには導入できない状態が続いていた。こうした開発体制上の遅滞や縛りにより、ＭＳＮはユーザー体験や付加価値サービスの収益化において終始一歩出遅れていた。

ＱＱとの比較でＭＳＮが最も厳しく非難されたのは、大容量ファイルの送信機能が劣ることだった。ほぼすべてのＢＢＳで若いソフトウエアプログラマーたちがＭＳＮをあざ笑っていた。また多数のビジネスパーソンがＭＳＮを使わなくなったのも、この硬直的需要に応えられないことが主な理由だった。これに対して熊明華は手の打ちようがないようだった。

「マイクロソフトのエンジニアには、この機能を実現する能力は間違いなくある。問題はMSNではすべてのユーザーデータがアメリカのサーバーに置かれていることで、これに対して中国政府は大きな不満を持っている。我々が各地のデータセンターと交渉する際、それが直接影響してうまくいかない。一部の都市、特に上海や北京などの中心都市の政府電気通信部門は、我々との提携を嫌がったりいろいろな規制条件を出してきたりする。また、外資系企業が中国に単独で自社用のデータセンターを設置することは認められていない。こうした結果、MSNのデータは各地のサーバーで中継される際、効率がかなり落ちてしまう」

MSNには、かつてユーザーに人気だった機能が二つあった。一つはアメリカでインキュベートされたMSN Spacesだ。中国でも導入後に好評を博した。ソーシャル的な部分と当時最もはやったブログの形態を併せ持っていた。熊明華は、鄭志昊をこのプロダクトの責任者に指定した。もう一つは「MSNロボット」で、マンマシン対話が可能となった。しかしオフラインメッセージやファイル送信といった基本的な通信機能では後れを取っており、さらに統括戦略に節度がないことも加わって、MSNがQQの基盤を真に脅かしたことは一度もなかった。

第三に、羅川が考案した下請け方式に運営上の混乱が生じた。

MSNプラットフォームに加わったビジネスパートナーは、業界も要望もさまざまだった一方で、いずれも収益化を急いだため、中文網はチャンネルごとにスタイルがバラバラで、価格差も大きくなった。さらには、互いに足を引っ張り合ったり価格を抑制したりする事態まで生じた。上海美斯恩にはその中で調整する能力などまったくなく、やがて広告の価値も大幅に低下した。羅川の言う「ホワイトカラー向けポータルの構築」というビジョンは、もろくも崩れ去った。当時聯衆《リエンジョン》の董事長だった鮑岳橋《バオユエンチアオ》は、こんなデータを明かしたことがある。聯衆は600万元を出資してMSN唯一のゲームプラットフォームビジネスパートナーとなったが、運営1カ月でMSNが聯衆にもたらしたゲームユーザーはたったの20人だった。聯衆は四半期でこの提携を打ち切ったという。

また電気通信付加価値サービス事業からのおこぼれに預かろうとしたMSNの手法も、タイミングが非常に悪かった。チャイナモバイルはすでに「モンターネット」中のグレーな付加価値サービスの一掃を大々的に開始していた。清華深訊《チンホワシエンシユン》がユーザーの同意なしに有料ショートメッセージを利用する設定にしたなどの行為についてユーザーから苦情が出たため、チャイナモバイルは警告を与えた。MSN中国はショートメッセージ定額料金サービスをあまり推進できなくなり、そこからの収入はなきに等しいものだった。

第四に、マイクロソフトとヤフーの相互接続は当初期待された「マイルストーン的な」効果を得られなかった。

まさに馬化騰が当初から予想していたとおり、MSNとヤフーメッセンジャーが相互接続できたのは、両社のオンライン状況と基本的なメッセージだけだった。音声、動画やMSN

Spacesなどは相互接続が困難だった。接続がきちんと実現しなければ、ユーザーは別々のネットワークだとしか思えないだろう。一見将来性がありそうだったこの方式は、次第に皆の関心が薄れていった。

上記の事態がいずれも体制や制度上で受け身的に生じたものだとするなら、マイクロソフト自身も2006年初めに見事な戦略的な過ちを二つ犯した。

2005年12月13日、マイクロソフトはライブ戦略を発表した。翌年よりマイクロソフトの一連のサービスをすべてウィンドウズライブという新たなプラットフォームに統合し、「これらの改善により、Live Messengerはいっそう連続的情報の管理ツールおよびコミュニティネットワークのセンターらしくなる」と宣言した。

MSN中国エリアのエンジニアたちからすれば、ライブ戦略は災難にほかならなかった。熊明華は気落ちした様子でこう語った。「新たなバージョンではMSNが消えていた。一見するとと機能がより豊富で、より強大になったシステムの中にすっぽりとのみ込まれてしまった。MSNはもはや単独のリアルタイム通信クライアントではなかった。プラットフォーム級のプロダクトだったのに、いきなり一つのプラグインに降格してしまった」。当時MSN Spacesの運営責任者だった鄭志昊がのちに語ったところによると、マイクロソフトは本質的に終始ソフトウエア技術の会社であり、インターネット企業ではなかったという。インターネットプロダクトを運営した経験はなかった。

「Live Messengerを見たとき、戦争はまもなく終わるとわかった」と張志東は語る。

２００６年6月、マイクロソフト中国はまたもやテンセント全社を大喜びさせる決定を出す。ヤフー中国との検索上の提携を終了し、マイクロソフトは自社の「ライブ検索」を始動すると発表したのだ。これは、1年前に鳴り物入りで結成した相互接続連盟を自ら解体するという意味だった。

心身とも疲弊しきった熊明華と羅川は、相次いでマイクロソフトを去った。

熊明華は、しばらくしてテンセント社に移った。それまでの1年余り、多国籍企業が中国で生き残る難しさを嫌と言うほど味わい、種々の無力感から環境を変えたいと思うようになった。その期間、週末や祝日のたびに張志東が深圳から送ってくる挨拶のショートメッセージが届いた。「入社の件に触れることはなかったが、彼の誠意が感じられた」。テンセントに入社した熊明華はテンセントの共同ＣＴＯに任命され、張志東とともにテンセントの技術部門を統括することになった。テンセントの経営陣で2人目のグローバル企業出身者だった。ＭＳＮで熊明華の部下だった鄭志昊と殷宇《インユー》も一緒にテンセントに入社し、のちにそれぞれソーシャルプラットフォームとリアルタイム通信部門の副総裁に就任した。ハイレベルな技術者たちを迎えられたことは、テンセントのこの戦いでの意外な収穫だった。

これ以降、テンセントの分厚い「敵」リストからＭＳＮが削除された。易観《イーグワン》国際のデータによると、２００８年４～６月期のＱＱのシェアは80・2％に上昇した。ＭＳＮは４・１％に低下して移動飛信《イードンフェイシン》に追い越された。ＭＳＮの敗退に伴い、シェアがさらに低い他社は次々にリアルタイム通信プロダクトから遠ざかっていった。こうして「反ＱＱ連盟」は瓦解し、テンセントは自身の主戦場での苦しい防衛戦で勝利をつかんだ。

２０１０年10月、マイクロソフトがMSN Spacesのブログサービス終了を発表し、世界のユーザー３０００万人余りはブログの移転を余儀なくされた。だがマイクロソフトが提供したブログサービス業者は中国ユーザー向けの漢字版には未対応で、百万単位のユーザーを見捨てたも同然だった。鄭志昊が統括するＱゾーン部門はすぐさまブログ引っ越しツールを開発し、「Ｑゾーンにお帰りなさい」という広告を打った。３割を超えるＭＳＮ中国ユーザーがブログをテンセントに移した。２０１２年12月、マイクロソフトはＭＳＮのサービス停止を発表し、スカイプの推進に転じた。

２００５年　中国人による中国インターネットの統治

２００２年のインターネットバブル後に中国企業がアメリカの同業者とは完全に異なるビジネス運営の道を進んだと言うなら、３年後の２００５年前後には彼らの努力が本土市場で検証を受けた時期といえよう。中国企業は、Ｃ２Ｃ（Customer to Consumer）、Ｂ２Ｃ（Business to Customer）、オンライン書店、検索、メール、ゲーム、ニュースポータルといったほぼすべての分野でアメリカの競合に完勝した。リアルタイム通信分野の戦いでテンセントがMSNに勝ったのは、その中の一例でしかなかった。

〈イーベイ対淘宝《タオバオ》〉

2003年3月、北米で独り勝ちしていたイーベイは、当時中国最大だったオンライン取引コミュニティ易趣《イーチユーワン》網を1億5000万ドルで買収してC2C市場に参入した。ほぼ同時期にジャック・マー（馬雲《マーユン》）が淘宝網を開設し、両者の敵対的競争が発生した。だがイーベイはすぐに内部闘争に陥り、創業者2名が相次いで退職した。一方の淘宝網は無料戦略を断固貫くとともに、強引なポップウィンドウ技術を駆使して、イーベイから荒っぽく顧客を奪い取っていった。2005年末には淘宝のシェアが57％に達し、それ以降イーベイに再起のチャンスを与えなかった。

〈アマゾン対当当《ダンダン》〉

驚くほど似た事態がB2C分野でも生じた。2004年前後は当当網と卓越《ジユオユエワン》網が中国のオンライン書籍販売市場では互角だったが、8月にアマゾンが7500万ドルで卓越網を買収した。卓越アマゾンは高級書籍とオーディオビジュアル製品のみを扱うそれまでの経営戦略を改め、アマゾンの「大規模で何でもそろう」販売モデルを移植しようとした。その結果、経営コストが大幅に拡大し、創業チームと卓越の従業員80%が次々に退職した。その後数年で当当の書籍分野のシェアは卓越アマゾンの3倍となった。また卓越アマゾンの得意分野だった情報家電（3C商品）もまったく業績が振るわず、ほぼすべての市場を京東商城《ジンドン》に奪われてしまった。

〈グーグル対バイドゥ〉

１９７３年生まれのセルゲイ・ブリンとラリー・ペイジは、李彦宏《リーイエンホン》（ロビン・リー）より５歳下だが、グーグルの設立はバイドゥより16カ月早かった。グーグルの営業収入はネット広告によるもので、うちキーワード広告、すなわち受け手の閲覧や検索履歴に基づいて特定の人向けに広告を表示させるのがコアテクノロジーだった。しかしこのモデルは、中国では伸びなかった。２００１年9月、支払う料金が多いほど検索エンジンで上位にランキングされるというビジネスモデルをバイドゥが開始した。企業が自身のサイトのランキングを有償で購入するものだ。料金はクリック数に応じて確定する。李彦宏はこのための巨大なエリア代理ネットワークを構築した。20万人超が直接または間接的にバイドゥのために働いた。バイドゥのこうしたやり方は検索の公平性を妨害する疑いがあるため、かなりの異議が出たが商業的には大成功した。グーグル検索は２００５年８月に正式に中国に参入したものの、２０１０年に撤退を強いられるまで一度もバイドゥを追い越したことはなかった。

〈ホットメール対網易《ワンイー》メール〉

マイクロソフトのホットメールは、かつては電子メール事業を営む全中国企業の模範だったが、真に大きなシェアを獲得したことは一度もなかった。丁磊の網易メールが技術の最適化と無料バージョンアップ戦略を長く堅持したことにより、ホットメールは収益化の機会を見いだせないままだった。

あらゆるアメリカ企業のうち最も悲惨な状況だったのはヤフーだろう。創業者が米国籍華人だった関係で、ヤフーは早くも1998年5月に中国語版ヤフーを開設した。「何でも見つかる、誰とでも話せる」という宣伝コピーを掲げ、一時はランキングトップの中国語ポータルサイトとなり、ニュースポータルのほとんどがヤフーに学べ、を目標としていた。しかしまもなく、ヤフーはニュースへの対応の遅さや明確なポジショニングをしなかったことによってユーザーに見放された。ポータル、メール、検索、リアルタイム通信ツールのすべてに手を出したが、どれ一つとしてトップ3入りしたものはなかった。ジェリー・ヤンの中国での最大の収穫は、変わった顔立ちのジャック・マーに孫正義と共同で出資したことだった。2005年8月、アリババはヤフー中国の全資産買収を発表した。

これらの事例は、一つに連なって「全体的な出来事」を構成している。また、インターネット経済が馬化騰の言う「サービスおよびユーザー駆動」の段階に入った後は、その地域の文化、消費および政策的特徴が企業競争上最優先で考えるべき指標であることがはっきりと示された。この点で、箸で白飯を食べ、郷土の空気を吸って育った黄色い肌の地元人は、当然ながら遠路はるばるやってきた欧米人よりも大きな強みを持っている。安踏《アンター》ブランドのスポーツシューズ生産者の丁志忠《ディンジージョン》は、以前こんな比喩で中国企業とアメリカ企業の中国消費市場に対する理解の違いを説明した。「ナイキやアディダスのバスケットシューズは主にプラスチック系の床用に作られていて、弾力性が重要なポイントだ。しかし安踏の購入者のうち、プラスチック系の床でプレーする者は1%しかおらず、残りは皆コンクリート系の床だ。安踏は、どうすればコンクリート系の床でプレーする子どもたちが足をくじかずに済むかという点をより重視している」。丁志忠のこの話は、インターネット産業に対しても非常に「よくフィット」する。

だいぶ長い間、中国のインターネット人はひれ伏してアメリカモデルを拝み、何もかも同調してきた。しかし2005年以降、年に何百回も開催されるインターネットフォーラムの場で中国市場のあら探しをするアメリカ人をほとんど見かけなくなった。彼らがトレンドや技術を語る際はまだいいとして、中国市場に対する見方を披露すると、皆が忍び笑いをするようになった。

第9章
Qゾーン
――フェイスブックとは異なるソーシャルモデル

「中国の成功（一部はテンセントの成功といえる）は、『仮想商品』が巨大な商機を意味する可能性が高いことを示している」
―― **メアリー・ミーカー**（モルガン・スタンレー社の女性アナリスト）

「Qゾーンは予想外のものだった。我々はたまたまソーシャルネットワークの時代に突入して、自身のスタイルを築いた」

―― **劉熾平**《ラウチーピン》

「大きいサイズのQQショー」

香港《ホンコン》人の湯道生《トンドウサーン》は2005年9月末にテンセントに入社した。入社当時は標準中国語をまったく話せなかった。アメリカから香港に戻ったばかりの頃は、毎日バスで3時間かけて往復していた。それまでの生活とは大きく変わった。湯道生はミシガン大学電子工学科を卒業し、その後はスタンフォード大学の大学院で学んだ。オラクル社で働きながらデータベースと企業経営への応用を専攻した。通信ネットワークやメールシステム技術にも詳しい。

湯は劉熾平に誘われてテンセントに入り、アーキテクチャ部に配属された。「最初の2カ月はQQの技術アーキテクチャにしっかり慣れるとともに、ピンインIMEで標準中国語を勉強していた」

年末のあるとき、インターネット付加価値サービス事業を統括していたシニア・エグゼクティブ・バイスプレジデントの呉宵光《ウーシアオグアン》が突然湯の部屋に飛び込んできた。「ドーソン、インターネット事業部のあるプロジェクトで、今大きなトラブルが起こっている。手を貸してほしい」

トラブルが起きていたのはQゾーンだった。アーキテクチャ部からすでに2回にわたり複数の応援スタッフを出したが、解決できないまま戻ってきたのだった。湯道生はそれ以降インターネット事業部に異動してQゾーンの技術ディレクターに就任した。

Qゾーンは呉宵光の部門が新たな変化に対応するための試みだった。部門級のプロダクトにすぎなかったが、これがのちにテンセントのピンチを切り抜ける道になるとは誰も予想していなかった。

2005年のテンセントは、MSNとリアルタイム通信クライアントをめぐって戦いに明け暮れていたが、インターネットの世界ではこの時期にもう一つの劇的な転換が生じていた。ソーシャルネットワークと呼ばれるモンスターが誕生して底辺から頂点に向かって攻めていき、巨人たちに支配される世界を撃破したのだ。

ソーシャル的な性質を持つプロダクトのうち、中国で最も早くネットユーザーに受け入れられたのはブログだった。2003年6月、「木子美《ムーズーメイ》」と名乗る女性ネットユーザーがブログサイト「中国博客網《ボーコーワン》」で性愛日記を書き始めたため、「ブログ現象」についての全社会的な議論が沸き起こった。これ以降、ネットユーザー一人ひとりがコンテンツの創造者となり、インターネットは一般人がお祭り騒ぎする時代に入った。

2003年末から2004年初めにかけて、アメリカではマイスペースとフェイスブックが相次いで誕生した。前者が急速にブームに火をつけ、後者が2007年以降に前者に取って代わった。アジア地域では韓国のサイワールド（CYworld）が早くも2001年に「ミニホムピィ」という個人用のミニホームページ機能を設けた。2年余り後には、ブログと友達作りのトレンド化に伴い、サイワールドは韓国最大のオンラインコミュニティとなった。

　２００４年12月、戦略発展部の主導でインターネット付加価値部門がプロジェクトを立ち上げた。チームがすぐに結成されて許良《シューリアン》が総責任者となった。当時ＱＱプロダクトマネージャーだった林松濤《リンソンタオ》がこのチームに異動となりプロダクト開発を先導した。しかし新プロダクトの方向を検討する際に皆がある選択を迫られた。

　許良の記憶によると「当時討論で取り上げたモデルはブログとサイワールドの二つだった。我々はフェイスブックには関心を向けていなかった」。ブログには強力な媒体化属性があったが、議論に加わっていた者はブログの経験がほとんどなかった。逆にサイワールドのモデルは決して見ず知らずのものではなかった。

「要は大きいサイズのＱＱショーを作ればいいんだろう？」。ある技術者が大きな声で言った。

　その意見に皆が同調した。しかし林松濤とプロダクトチームは、プランを立てる過程で強化版のＱＱショーではるかに及ばないことに少しずつ気がついた。まず、ユーザーが皆に自分を見せる際は、ソーシャルベースでなければならない。ＱＱショーはそもそもＱＱプラットフォームで成長したものであるが、Ｑゾーンは自身のコミュニティの雰囲気づくりとインタラクティブな方法が必要だ。また、ショーのやり方も時代とともに進化させる必要があり、画像を選択するだけの単純なものであってはならず、ユーザーの参加が強まり、コンテンツに貢献してくれるようでなければならない。さらに、こうしたデコラティブな付加価値サービスに対してユーザーに課金してもらうには、ユーザーの帰属感を醸成してここが自分の家だと心から思ってもらえるようにする必要がある。したがってチームはQゾーンの位置づけを「自分を見せ、他者と交流するプラットフォーム」と決定し、ブログ、サイワールドのいずれとも異なる道を進んでいった。

Qゾーンの実績は開始直後から予想外に好調だった。ユーザーは急速に増え、アクティブ度は高く、収入も予想を上回った。しかし問題もすぐに見えてきた。

開発された初期のQゾーンプロダクトは、多機能な個人サイトシステムに近いものだった。スキン変更、日記、アルバム、掲示板、ミュージックボックス、対話、プロフィールなど十数個の機能が搭載され、技術的には比較的大型のウェブページ系プロジェクトと言えた。しかしクライアントプロダクトの開発経験しかない許良チームにとっては、運営の複雑さは想定外だった。ユーザーが増えて60万人同時接続となった頃、システムが動かなくなってしまった。Qゾーンは一見すると単なるウェブページの集合と思える。しかし、ユーザーの使用習慣がそれぞれ異なるため、ユーザー生成コンテンツ（UGC）が大量に生じたとき、特に写真のアップロード量が等比級数的に増えたときは、当初のシステム下層部分の設計上においてそうした圧力を考えていなかったため、速度が非常に遅くなってしまう。

湯道生はプロジェクトチームに入ってから、まず技術的難題の解決プロセスを変更した。

「それまでのやり方は、頭が痛ければ頭を、足が痛ければ足を診てもらう対症療法のようなものだった。だが私がアメリカで働いていた頃に職場で採用していたのはデータマネジメント方式というものだった。問題をシステマチックに考え、あらゆるディテールをすべてリストアップする。それから順序づけをして精細に解決していく。そうしないと『見えていない問題』は発見できない」

湯道生の主導により、Qゾーンは急速なイテレーションの段階に入った。2006年4月、Qゾーンのバージョン3・0が配布され、アーキテクチャ、性能の包括的な最適化が完了した。6月のバージョン4・0はフルスクリーンモードが搭載された。7月には日記用テキストエディタの新バージョンが配布され、動画やオーディオなどマルチメディアコンテンツをサポートした。9月には、情報センターと「好友圏《ハオヨウチユエン》」をリリースした。当時の業界ではSNSプロダクトの定義はまだあまり明確ではなかったが、Qゾーンにはすでに友達とやりとりできる機能が多数備わっていた。たとえばQQクライアントの友達リストでは、友達が日記を更新したり写真をアップしたりすると、その友達のアイコン横の黄色い星がキラキラしているので、すぐ閲覧やコメントしに行ける。実は、これはまさにのちのSNSプロダクトに必ず搭載されている「友達の動態」のひな型であり、フェイスブックのニュースフィード機能よりも開始時期が早かった。

さらに9月には、マイクロソフト中国でMSN Spaces業務を担当していた鄭志昊《ジョンジーハオ》も呉宵光に声をかけられてテンセントに入社し、湯道生が推進していたSNS事業の拡大と展開に協力することになった。Qゾーンの登録ユーザー数は7～9月期に5000万を突破し、月間アクティブユーザー数は約2200万に到達、1日の訪問者数は1300万を超えた。

イエローダイヤモンドと段階型会員体系

Qゾーンの成功は、テンセント社内方針決定者たちも予想していなかった。のちに筆者が取材した際も、馬化騰《マーホワトン》（ポニー・マー）、張志東《ジャンジードン》から劉熾平まで皆がその点に何度も触れた。

2005年にソーシャル化ブームが次第に高まる中、中国の三大ニュースポータルはいずれもブログモデルを選択した。うち新浪《シンラン》が最も積極的で、上げた実績も最大だった。2006年半ばの新浪ブログ月間アクティブユーザー数は2000万を超え、完全にポータル系チャンネルに代わって新たなユーザーポータルとなった。しかしビジネスモデル上の先天的欠陥により、ユーザーの蓄積価値はまったく現金化が不可能だった。このため、三大ポータルはソーシャル化転換を図る際に正しい道を進めず、これが直接ポータル時代の終結をもたらした。

グーグルがヤフーを追い越したのは、単にユーザー数で上回ったからではなく、主にキーワード広告モデルを応用したことが原因だった。テンセントもそれと同様で、Qゾーンに依拠して突如台頭したが、本質的には収益モデルのイノベーションが決定打であった。湯道生はのちに「2006年のバージョン4・0配布以降も、QゾーンはまだQQのブログコーナーと定義されていた。しかし形態上はすでにＳＮＳコミュニティの基本が備わっていた」と総括した。

Ｑゾーンが徐々に戦略級プロダクトとなっていった後、呉宵光と湯道生はまた別の問題を考え始めた。「どうやってＱゾーンの収益化を実現すべきか」

彼らは何度も熟考して、広告モデルと会員制モデルから選択することにした。

２００６年5月、Ｑゾーンは「イエローダイヤモンド貴族」サービスを開始した。ＱＱショーの「レッドダイヤモンド」に続く、第二の「ダイヤモンド」体系だ。イエローダイヤモンドの月額料金も10元で、加入するとゾーンのスキンのカスタマイズ、成長値を示す花の蔓の成長加速、写真加工、パーソナルドメイン名、動画日記、ダイナミックアルバムなど十数項目の特権を得られる。その運営ロジックは「レッドダイヤモンド」とそっくりそのままだ。

２００７年のテンセントは、ワイヤレス付加価値事業のどん底を脱してはいたが、低成長を維持するのが精いっぱいだった。オンラインゲーム事業はまだ苦難の模索状態にあり、「基盤構築の年」（２００７年テンセント財務報告書の記載）だった。こうした情勢のもと、Ｑゾーンが突如力を発揮したことは、全社にとって大いにエキサイティングな出来事だったのは間違いない。

２００７年度の財務報告書にはこう書かれている。「当グループが２００７年に上げた主な実績は、Ｑゾーンを非常に重要なソーシャルネットワークプラットフォームに成長させたことであり、年末のアクティブユーザーは1億５００万人となった。（略）ＱＱ会員はバンドル戦略（会員になったユーザーは機能が追加されて特権も得られるため、顧客ロイヤリティーが高まる）が奏功して、力強い自然増を見せた」。この年、テンセントのインターネット付加価値サービス事業収入は、前年同期比37・7％増の25億１４００万元に達した。

呉宵光が率いるインターネット付加価値サービス事業は、ＱＱ会員、イエローダイヤモンド、レッドダイヤモンド、グリーンダイヤモンドという四つの定額料金事業を擁している。その後数年間は急速に拡大して収入も伸びていき、テンセント最大の収入源だった時期もあった。定額料金事業の４チームはそれぞれ異なるプロダクト部門の中にある。各チームはプロダクトの機能や運営に関して自身で進化を追求しており、各自が業績も収入も最高の定額料金事業を目指している。また、いい雰囲気で学び合い、成功体験を取り入れ合っている。

同年９月、テンセントはＱＱ会員サービスの全面的なグレードアップを実施し、「ＱＱ会員成長体系」を立ち上げた。「ＱＱ会員成長値」というコンセプトを打ち出し、会員ユーザーがますます継続的に料金を支払いたくなり、最も質が高く忠実なユーザーが会員体系にとどまるようにした。こうしてＱＱ会員はＱＱユーザー体系の中で最も価値が高いユーザー群となった。彼らは、テンセント各事業が最も獲得したいターゲットユーザー群でもあった。

やがてイエローダイヤモンド、レッドダイヤモンド、グリーンダイヤモンドも相次いで同様の成長体系を構築し、定額料金事業の経営理念と運営体系を共同で模索することになった。テンセントのこうしたイノベーションは、世界のインターネットが広く認めるところとなった。

グローバルなインターネット界の視点で考察すると、Qゾーンの収益化モデル上のイノベーションは、どの企業にもない極めて独特なものだったことがわかる。モルガン・スタンレーのインターネット研究報告書によると、アジアインターネット企業の仮想商品における探求は、長年にわたり欧米の同業者に先んじているという。2005年までは日本と韓国の企業がイノベーションを牽引し、その後はテンセントを代表とする中国企業が台頭して両国に取って代わった。ビジネス規模が拡大しただけでなく、サービス体系も多彩になった。

2006年の中国のゲームを除く仮想商品販売額は2億5200万ドルだったが、2007年は3億9900万ドル、2008年は6億2300万ドルとなり、2年で倍以上に増えた。その主な要因はQQ会員とQゾーンの成長だ。

「インターネットの女王」と称されるモルガン・スタンレー社の女性アナリスト、メアリー・ミーカーは研究報告（2009年）の中で、独立したテーマとしてテンセントの収益モデルを取り上げている。ミーカーによれば、仮想商品（単なる小さな玩具ではない）で発生する小額決済が巨額の収入を形成しうるという。この点について「中国は仮想商品マネタイズの世界的な代表にしてトップランナーであり、中国の成功（一部はテンセントの成功といえる）は、『仮想商品』が巨大な商機を意味する可能性が高いことを示している」と述べている。

iTunesとは異なるグリーンダイヤモンド

ソーシャルネットワークにおいて、会員制による収益化はテンセント成功の秘密の一つだ。次に音楽配信の例を挙げよう。

テンセントの音楽サービスは2005年2月に始まり、10月には専門のデジタルミュージック部が創設された。インターネット事業系統（B2）下の部署で、インターネットリサーチ部、コミュニティプロダクト部と同列だ。呉宵光は部門マネージャーの朱達欣《ジューダーシン》に「君は音楽業界で中国のジョブズになれるかもしれない」と言った。

西側の音楽業界では、ジョブズは「悪魔で天使」のような存在だった。2001年11月10日、アップルはデジタルミュージックプレーヤーiPodを発表し、音楽の聞き方を変えようとした。2年後にはミュージックストアiTunesを正式にオープンし、ジョブズがレコード会社を口説き落としてiTunesでの楽曲販売を実現した。2005年末には「iPodとiTunes」のセットで生じたアップル社の収入が60億ドル弱となり、同社総収入のほぼ半分を占めた。iPodはアメリカの音楽プレーヤーで70％以上のシェアを獲得し、iTunesはウォルマートを超えて、世界最大で最も成功したオンラインミュージックストアとなった。

呉宵光のデジタルミュージック部への期待は、iTunesモデルへの期待であった。

長年、中国のインターネットは海賊版音楽の天国だった。無数の楽曲をネットにアップロードする「愛好家」が山ほどいて、各大手ウェブサイトも無料プラットフォーム提供によりユーザーをつなぎとめていた。消費者は音楽を聞くために金を払おうと考えたことがまったくなく、テンセントはここで新たな天地を切り開けるかもしれなかった。

しかし朱達欣がEMI、ソニー、ユニバーサル、ワーナーの四大レコード会社と個別に交渉したところ、反応はいずれも冷ややかだった。どのレコード会社もネットの海賊版に対しては恨み骨髄に徹していたが、その一方でQQ音楽の努力が実るとも思っていなかった。いずれの会社も朱達欣にこう尋ねてきた。「バイドゥMP3に行って無料で音楽が聞けるとしたら、ネットユーザーはどういう理由があればテンセントに金を払おうと考えるのか？」

朱達欣がレコード会社を説得しようがないのは明らかだった。よってQQ音楽はリリース初日から苦戦を強いられた。レコード会社がテンセントに与えたサービス権限は、30秒までの楽曲無料試聴だけだった。月10元の定額料金サービスだけでは、楽曲の購入はできなかった。こうしたサービス内容では、海賊版が横行する市場で生き残れる可能性はほとんどない。このためQQ音楽は2年にもわたって気息奄々《きそくえんえん》となり、利用率が低すぎるため、呉宵光がQQクライアントから機能を外すところまでいった。

転機は2007年に訪れた。Qゾーンの流行に伴い、QQ音楽は以前とは違う道を歩むことになったのだ。

「我々はある問題を考え始めた。ネットユーザーは、どういうシーンや条件ならお金を払って正規版の楽曲を買うのか。我々の答えは、買うのは楽曲そのものではなくサービスである、だった」。では音楽サービスとはどんなものであり、かつどんなサービスなら金額にかかわらずネットユーザーに必要となるのか。朱達欣たちは、ウェブページBGMという新たな需要点を見いだした。

「Qゾーンはユーザーが仮想世界で独り楽しむプライベートな空間だ。自宅の応接間のように、誰かが訪ねてきたら音楽でもてなすのは、礼儀としてごく普通のことである。つまり、人々が音楽を購入するのは特定の人に自分の気持ちを示すため、という可能性が存在する」

こうした推理はやや回り道ではあるが、真実を突いているし「東洋的」である。

朱達欣は四大レコード会社との新たな交渉を開始した。「当社はレコード会社に対する姿勢をがらりと変えた。私は彼らに対し、当初の提携モデル継続は完全に無理なので、決め直しがどうしても必要だ、と伝えた」。新たな提携の取り決めに基づき、QQ音楽は全作品を無料で聞けるようにし、オンライン聴取については広告収入でレベニューシェアを実施することにした。また有料部分については、最低額保証型のレベニューシェアを行う。朱達欣のチームは「グリーンダイヤモンド貴族」というサービス体系を構築した。

2007年6月、新しく配布したQQ2007ベータ3バージョンにおいて、QQ音楽の定額料金サービス「音楽VIP」が正式に「QQ音楽グリーンダイヤモンド貴族」にグレードアップされた。料金は月10元で、このサービスを購入したユーザーは十数項目のサービス権限を得られる。権限には、音楽の無料使用、ＱＱ無料楽曲リクエスト、ゲーム音楽の特権、コンサートチケットの割引、歌手のサイン入り写真ゲット、好きな楽曲をＱゾーンのＢＧＭとして設定できる、などが含まれる。

のちに朱達欣に続いてＱＱ音楽の責任者に就任した廖玨《リアオジュエ》は「半分以上のユーザーは、Ｑゾーンウェブページのバックグラウンド（ＢＧＭ）を設定したくて『グリーンダイヤモンド』メンバーとなった」と明かす。２００８年７月、ＱＱ音楽はさらに高品質ダウンロードができるサービスをスタートさせた。

２０１３年末の時点では、中国のインターネットは海賊版音楽がまだあふれかえっており、状況は根本的には改善されていなかった。ジョブズの iTunes 的なモデルも登場しないままだった。しかしテンセントは、自身のやり方によって正規版の音楽で収入を得る唯一のインターネット企業となった。テンセントが具体的な収入データの公表を拒んでいるため、調査会社易《イー》観《グワン》国際のデータを参照すると、２０１２年1～3月期の国内ワイヤレスミュージック市場80億元のうち、三大通信事業者が96％のシェアを占める。残り４％は主にテンセントが確保している。易観国際は「わずか４％ほどではあるが、テンセントは類似の業者がリソース（カラーリングバックトーン）を独占していない状況でも多数の有料ユーザーを得られた。そのマーケットプランニング力には敬服せざるを得ない」とコメントしている。

QQ音楽はその後、全速でデジタルミュージックの正規版化を推進するとともに、会員が音楽を使用可能なシーンと特権を増やした。現在のグリーンダイヤモンド会員は、さまざまなシーンを対象とした特権を39項目得られる。またQQ音楽の著作権戦略提携企業は計200社余りに達し、1500万曲を超える正規版楽曲をストックしており、有料会員数は1000万を超えた。さらに、QQ音楽はデジタルミュージックアルバム配信とオンラインコンサート開催の新たなエコシステム構築にも取り組んだ。2014年末には周杰倫(ジェイ・チョウ)がQQ音楽独占配信の形で初のデジタルアルバムを発売し、1週間弱で販売数15万枚を突破した。周杰倫に続き、鹿晗(ルハン)、李宇春(クリス・リー)、竇靖童(リア・ドウ)、林俊杰(リン・ジュンジエ)、韓国のグループBIGBANG、世界的人気歌手のアデルなど40以上のミュージシャンおよびグループがQQ音楽でデジタルミュージックアルバムを配信し、累積販売数は2000万枚を突破した。野放しだった中国のデジタルミュージック配信の制度が整備されていく過程において、QQ音楽が初めて実施した正規版化戦略および有料化エコシステム構築に向けたさまざまな行動は、次第に業界全体に受け入れられて広がりを見せていった。

アメリカの大学と中国のネットカフェ

以上、Qゾーンの運営モデルについて体系的に述べてきたが、続いては競争に関わる話を書きたい。Qゾーンの敵は2006年末に登場した。鄭志昊《ジョンジーハオ》は、深圳《しんせん》の「街なかの村（城中村）」にあるネットカフェでこの恐ろしい事実に気づいたという。

湯道生《トンドウサーン》と同じく、鄭志昊もテンセント入社前はアメリカに十数年滞在していた。毎日スーツにネクタイ姿でさっそうと仕事をこなし、インターネットの将来についてスターバックスで皆と議論するのが好きだった。テンセントに入社すると「ネットカフェを見にいったほうがいい」とある同僚に勧められた。中国のインターネットについての正しい認識は、そのときに始まったと鄭はいう。そしてまさにその陰気な店の片隅で、Qゾーンの最も凶悪な敵を発見したのだった。

その夜、鄭志昊は1人で深圳の街なかの村のネットカフェに入った。事前に同僚から言われたとおり、スーツを脱ぎ、ネクタイを外してスポーツシューズを履いた。「万一襲われてもすばやく逃げられる」からだ。

深圳は急速に拡大した移民都市である。都市化されたエリアが拡大する一方で、立ち退きが間に合わなかった農民と彼らの村は都市の中に取り残されて、中国独特の「街なかの村」が形成された。「街なかの村」は道幅が狭く、違法のトタン小屋があちこちに建っている。居住者は、元からの住民よりも貧しい出稼ぎ労働者や定職に就いていない者が多く、泥棒も住み着いている。治安が非常に悪いため、ほとんどのビルの窓に鉄格子がついている。

鄭が行ったのはまったく目立たないネットカフェだった。薄暗い明かりの中で、壁紙のカビ、安物のタバコと足のにおいが混ざったような異臭が鼻をつく。数十台のパソコンが鬼火のごとく青い光を放っている。来店者は皆静かで、まるで欲望によってそこに監禁された少年の幽霊たちのようだ。アメリカ西部で長年暮らしていた鄭は、ハリウッド映画で見たロンドンの地下に潜り込んだ感じがした。今まで見たこともない、闇の世界だった。

　鄭が入った店と似たようなネットカフェは中国各地にあり、２００６年末の時点で総数約14万４０００店、パソコンの台数で６５７万台だった。しかも当時はまだ年々急成長していた。ピークの２００９年はネットカフェ総数16万８０００店、パソコン台数１２６０万台で、年に約１億５０００万人がネットカフェでネットにアクセスしていた。こうしたネットユーザーの特徴は低年齢、低学歴、低収入の「三低」だ。平均年齢は18〜20歳で、大半が収入のない学生やアルバイトの者だった。ネットカフェの多くは、都市と郊外の境界地域や大学の近くにある。平均的なパソコン台数は１００台前後だが、超大型の店もあった。２００６年末には山東《さんとう》省済《さい》南《なん》市に世界最大をうたう「巨竜ネットカフェ」がオープンした。保有するパソコンは１７７７台、営業面積は５６８８平方メートルで、スーパー、飲食店、ビリヤードなどの多様なサービスもそろっていた。

　こうしたさまざまな規模のネットカフェ十数万店は、まさに中国インターネットの基盤だった。「ネットカフェを制する者は天下を制す」は、かなり長い間公の場で議論されたことがない中国の秘密だ。

これは、シリコンバレーやシアトルで誕生したアメリカ企業には、理解しがたいことだろう。アメリカのインターネット史を見渡すと、大学はあらゆる技術、消費属性と文化をインキュベートしてきた場だ。アメリカ全土に2700を超える四年制大学があり、どんなインターネットプロダクトでも、そこで3分の1を占めるか、あるいはトップ100位までの大学で「火がつけば」、その企業は資金が殺到する大企業になり得る。しかし中国では、プロダクトがネットカフェ十数万店のデスクトップで立ち上げられる状態にならないと、永遠に自己満足のプロダクトのままである。

アメリカの高学歴大学生と中国の「三低」ネットカフェ利用者は、大海を隔てて両国のインターネット世界を向き合わせている。

鄭志昊が深圳の街なかの村にあるネットカフェに入った頃、創業まもないある企業がそこでひそかにテンセントへの攻撃を発動していた。鄭志昊の記憶では、過去の長い歳月においてテンセントの基礎ユーザーに打撃を与えたのは、この51.comという若い企業1社だけだった。

「向こうとうちでネットカフェ各店の奪い合いをしていた」

業界の上方ばかり見ていたテンセントにとって、51は視界に入らない敵だった。その後何年もたってから、ケビン・ケリーが馬化騰に「テンセントの将来のライバルは今のあなたのリストには載っていない」と言ったが、馬はそのときにまず2006年の51を思い出したのだった。

2005年前後にSNSのコンセプトがひそかにアメリカではやりだした時期、中国のインターネット企業大手は赤字の泥沼を皆で脱して祝杯を挙げていた。ニュースポータルの広告が激増し、オンラインゲームがブームとなったため、大手は収益獲得を急いだ。先見性のあるウオッチャーたちはウェブ2・0時代の到来を予見していたが、皆はブログモデルに山をかけて資金をつぎ込んだ。新浪網が2005年4月にサービスを開始した新浪ブログでは、有名人効果と手慣れた媒体化オペレーションにより、皆の注目を集めた。こうして、フラッシュを浴びることはない無名の者たちにもチャンスが与えられることになった。

アメリカのデラウェア大学の博士課程を中退して帰国した王興《ワンシン》は、2005年12月にフェイスブックをモデルとした「校内網《シアオネイワン》」(xiaonei.com)というサイトを開設した。中国で初めてのキャンパス用SNSコミュニティだった。2006年10月にはアメリカのマサチューセッツ工科大学を卒業した陳一舟《チエンイージョウ》がこれを買収し、フェイスブックの完全コピーという中国式の道を進むことになった。

アメリカ留学を経験した王興や陳一舟とは違い、1977年に浙江《せっこう》省東陽《とうよう》市内の小さな山村地域に生まれ、ジャック・マー(馬雲《マーユン》)の中国黄頁《ホアンイエ》公司で営業担当だったこともある龐升東《パンションドン》は、彼らとは異なる草の根の道を切り開いた。

龐升東は以前、インターネット史研究者の林軍《リンジュン》に対し、初めてSNSという名詞を耳にしたときのことをこう語っている。２００５年5月、不動産投資でまとまった資金を初めて手にした龐は、インターネット業界に戻ってリスク覚悟で事業を始めることにした。まず張剣福《ジャンジエンフー》が設立した個人データベース企業「１０７７０」を１００万元で買収した。6月のある日、龐は上海市黄浦江《こうほこう》沿いのカフェバーで開催されたインターネット創業者の集いに参加した。サイト「客斉集」（Kijiji）の創業者王建碩《ワンジエンシユオ》がふと「ＳＮＳ」という言葉を口にした。「ノートを取り出してメモしようとしたが、書き方がわからなかったので、後で検索しやすいように、ノートを王に直接手渡してその言葉を書いてもらった」。ＳＮＳがどんなものなのか少しずつ理解を深めた龐は、１０７７０を会員交流が可能なソーシャル型の51.com にリニューアルすることに決めた。

ネットのやりとりでは、テキストよりも画像のほうがはるかに引きつける力があることを龐は非常に鋭く察知していた。このため51の技術開発では画像アップロード機能の最適化に重点を置いた上、アダルト的性質の画像送信を放任した。サイト始動から3カ月余りで、51の登録ユーザーは５００万人に達した。２００６年1月にはセコイア・キャピタルが51に６００万ドルを出資した。

かつてジャック・マーのために日夜県城の郷鎮企業を奔走して中国黄頁の製品を売っていた龐は、キャンパスや大都市の中で「波乱を起こした」だけの留学経験者たちとは中国市場への理解がまったく異なっていた。龐は、当初からターゲットを自分と同じ辺境の町の青年たちに定めていた。「51が学ぶべきはフェイスブックではなく、サプリメントを売っていた史玉柱《シーユージュー》であり、カウンターを占領することが何よりも重要だ」と言っている。インターネット世界の場合、「カウンター」とは街や村の隅に散在するネットカフェ十数万店を指す。龐は小さな市の販売を拡大するためのプロモーションマネージャーチームを結成し、各地のネットカフェに51マウスパッド、51オリジナルTシャツを大量に進呈し、ポスターを貼り、さらには非常に安い価格でネットカフェの看板の所に51のステッカーも貼った。

龐にとって51の仮想敵は、テンセントただ1社だった。

51のインターフェース設計と機能開発において、龐はQゾーンを完全コピーするやり方を選び、51ショー、51モール、51グループ、51問問《ウエンウエン》を搭載した。さらにQコインと同じネットカフェ決済システムを構築した。「テンセントが何か新しいことを始めたら、51も1カ月以内に必ず実現する」

さらにすごいのは、テンセントからユーザーを取り込むために龐が思いついたある方法だ。ユーザーが51の管理センターページでログインすると、システムが「あなたが記憶しやすいように、ご自身のトップページのURLをQQのデータに追加してください。そうすれば、あなたのページへのアクセスも増えます」というメッセージを表示するのだ。これで51の個人ページが間接的にQQのプラットフォーム上でウイルス式に拡散されるようになる。もう一つ、テンセントに頭の痛い思いをさせたのは、51が大量にテンセントの人材を引き抜いたことだった。

十数名がこぞって51に移り、その中にはゲーム部門の中核的人材も何名か含まれていた。

以上が、深圳の街なかの村のネットカフェに鄭志昊が潜入した頃の事態だ。２００６年の大半の月は51のユーザー増加数がQゾーンの増加数を上回り、テンセントはかなり神経をとがらせた。「向こうとうちでネットカフェ各店の奪い合いをしていた」と鄭は語った。

51との三つの戦い

「もし51の威圧的な襲撃がなかったら、Qゾーンもこれほど急速に成長しなかったかもしれない」。多くの者が当時を振り返ってこう口をそろえる。その後2年余り、湯道生と鄭志昊が防衛戦の指揮に当たった。

戦いは三つの場で行われた。技術の戦い、ネットカフェの戦いと悪意の外部プログラム「彩虹《ツアイホン》QQ」阻止の戦いだ。

Qゾーンは、アーキテクチャと底層設計についてはリファクタリングを実施済みだったが、ユーザー生成コンテンツの増え方が急速だったため、応答速度が追いつかなかった。技術者にとって、1週間のうち最もシステムが崩壊しそうになるのは土曜の夜6時だった。全国のネットカフェ十数万店が超満員になり、ネット利用もピークとなる時間帯である。パソコンのログインは息が止まったかのような遅さだ。さらに問題なのは、深圳や北京《ペキン》のオフィスにいても、ネットの実情が把握できないことだった。中国のネットワークは、構成が非常に複雑なため各エリアで接続速度が異なり、これが技術上の難しさをいろいろと生んでいる。鄭志昊によると「入社したばかりの頃は、Qゾーンが開けない、写真のダウンロードが遅いなど、苦情の声しか耳にしなかった。測定したところ、一つのスペースを開くのに通常5秒もかかっていた」

そこで鄭は、全国地図を作成するよう技術者に指示した。開くまでに5秒を超える地域は赤、3秒未満は黄色、3秒から5秒までは緑色に塗っていく。すべて塗り終わった地図を壁に貼ったところ、皆が目にしたのは「山も川も真っ赤な祖国」だった。中でも西北、西南、東北地域は最も濃い赤だった。続いてのミッションは、技術チームが1地域ずつ地道に改善に取り組むことだった。地図に緑と黄色が少しずつ増えていき、ほぼ1年後の2007年末には、一面黄色の中国地図ができあがった。

ここで速度の最適化という関門を突破したことにより、のちにQゾーントラフィックが倍々的に増えていったときも、しっかり対応できた。

そしてネットカフェの争奪戦はより激しいものとなった。

51もテンセントも各ネットカフェに宣伝広告を貼りに行くスタッフを雇っていたが、そのスタッフ間で頻繁に対立が起きた。「一方が広告を貼ると、もう一方がそれを剥がすか、自社の広告を上から貼って相手の広告を隠してしまう。その後また、剥がしたり上から貼ったりする。時には殴り合いになることもあった」。その後、鄭はある販促キャンペーンを思いついた。まずQゾーンでキャンペーン通知を出し、毎日深夜0時にネットカフェ宛てに「イエローダイヤモンド」を進呈するので、ユーザーはその時間帯にネットカフェに行けば受付でキャンペーンコードをもらえる、とアナウンスする。「すると、毎日0時にはあちこちのネットカフェの受付に長蛇の列ができる。皆、Qゾーンが『イエローダイヤモンド』をプレゼント中だと承知している。51にはそういう販促品がないので、やきもきしつつも何もできない」

２００７年が終わる頃、勝負は引き分けに終わったかと思われた。両社とも、登録ユーザーが1億の大台に乗ったと発表した。易観のある報告書によると、上位10位までのソーシャルサイトのうち、Qゾーンはトラフィックとアクセスユーザーの2項目で第1位、インタラクティブ性で第5位だった。51はトラフィックが第2位、アクセスユーザー数はQゾーン、新浪ブログ、バイドゥ空間よりも下だったが、インタラクティブ性では1位に躍進した。ポータルリソースをまったく持たない51としては、非常に輝かしい戦績と言えた。

しかしその後、51は突然一連の残念な戦略的過ちを犯してしまう。

まず、創業者間で内紛が起きた。それまでずっとプロダクト開発チームを率いてきた張剣福が病気を理由に会社を去り、プロダクト部門とマーケティング部門の対立が顕在化し、さまざまなデマが流れて社員の士気が低下し始めた。

次に、ベンチャーキャピタルに促された51は安易に「脱ローエンド化の実験」を推進してしまった。セコイア・キャピタルに続いて、インテル・キャピタル、SIGアジアおよびレッドポイント・ベンチャーズが相次いで51に出資した。2008年7月には史玉柱が5100万ドルで25％の株式を取得し、1年半後に51のナスダック上場を実現すると宣言した。龐升東はそれまでのネットカフェ戦略を放棄し、普及の重点をキャンパスと大・中規模都市に変更した。

そして最後に、51は収益化を急ぐあまり、アプリケーション・プログラミング・インタフェース（API）を慌てて公開し、100種を超えるオンラインゲームを導入した。審査が甘かったため、ゲームの質は玉石混淆《ぎょくせきこんこう》だった。また短期間でユーザーを増やせたものの、まもなくその環境が破壊されてユーザーを大量に失った。

51の動きが変わった頃、テンセントも悪意の外部プログラムの件で同社に致命的な一撃を与えた。

2008年2月、虹連網絡科技有限公司《ホンリエンワンルオコージー》という企業が上海に設立され、「彩虹QQ」というサードパーティーのプラグインをリリースした。IPアドレスの検出、オンライン状態を隠している友達を表示するなど、テンセントQQに「価値を付加する」機能を持つというこのプラグインは、瞬く間にネットで人気となった。しかしその後、まさに51が虹連の出資者であり、そうすることで51がテンセントのユーザーデータに簡単にアクセスして自身のために利用できる、ということが判明した。

2008年11月7日、テンセントは集団で51に転職した元従業員15名に対する訴えを深圳の福田《フーティエン》法院に起こした。競業禁止の義務に違反したことが提訴の理由だった。また同月25日、テンセントは彩虹ＱＱが違法で悪意の外部プログラムプラグインであると発表し、大規模な強制アンインストールを開始した。彩虹ＱＱをインストールしてある全ユーザーに「違法で悪意のＱＱ外部プログラムが発見されました」という警告が表示される。こうした悪意の外部プログラムはユーザーの個人情報を漏洩《ろうえい》しやすいと言明し、直ちにアンインストールするよう勧めた。ユーザーがアンインストールしない場合は、ＱＱを即退会させられ、正常に使えなくなる。

龐升東はテンセントの処置に対して公開の場で反応を見せ、「彩虹ＱＱは完全にユーザーの体験ニーズに基づいてリリースしたプロダクトであり、商業的利益をむさぼる目的はまったくない」との見解を貫いた。だが12月には、彩虹ＱＱの名称をあっさりと「51彩虹」に変更した。

２００９年、テンセントは湖北《こほく》省武漢《ぶかん》市江岸区人民法院に訴訟を起こした。訴訟の相手方は上海虹連網絡科技有限公司と龐升東が董事長を務める上海我要網絡発展《ウオヤオワンルオファージャン》有限公司で、コンピュータソフトの著作権侵害および不正競争の疑いがあるとして、51彩虹のダウンロードサービスの中止と、賠償金50万元を要求した。２０１１年7月、人民法院はテンセント勝訴の判決を言い渡した。この時期、内憂外患の51はすでに中国のソーシャルサイト争奪戦から脱落し、１日の最高同時接続ユーザー数は70万人前後まで落ち込んでいた。

馬化騰とザッカーバーグ

テンセントがネットカフェ十数万店で51を全力で阻撃していた頃、北米のソーシャルネットワーク分野ではまたもやフェイスブックがマイスペースを追い越そうとする戦争が起こっていた。ザッカーバーグが使った技はオープン化だった。『The Facebook Effect』（邦訳『フェイスブック 若き天才の野望』）の作者デビッド・カークパトリックはこう書いている。「フェイスブックは最善のアプリがずっと設計できないままだったが、ザッカーバーグはプラットフォーム化することによって自身の負担を減らし、今後自身で何でもそろえる必要がなくなった」

２００７年5月24日、フェイスブックはサンフランシスコで「F８開発者会議」を開催した。23歳の誕生日を迎えたばかりのザッカーバーグは、Ｔシャツと足の指が見えるゴムサンダルといういでたちで来場者７５０名に向かってこう叫んだ。「ともに手を携え、皆でムーブメントを起こそう」。フェイスブックは、あらゆる開発者にＡＰＩを公開すると宣言した。

これは一つの革命的な動きだった。その後の6カ月間に開発者25万名がフェイスブック上で多種多様なアプリケーションプログラムをリリースした。翌年、フェイスブックはオープン化審査のルールを改訂して採点システムを導入した。これによりオープンな生態の秩序がいっそう整備され、ついに本格的な流行が始まった。２００８年5月、フェイスブックのグローバルページビューが初めてマイスペースを超えた。２００９年9月、ユーザーは3億人に急増し、１８０カ国の１００万人を超える登録開発者がフェイスブックを自身の創業用プラットフォームとして活用した。

フェイスブックのすさまじい成長ぶりに、当然中国の模倣者たちも追随した。２００８年5月30日、陳一舟の校内網はＡＰＩオープンプラットフォームのベータ版リリースを発表し、中国で最初にオープンプラットフォームを試行した本土ＳＮＳウェブサイトとなった。その後51も自身のゲームプラットフォームを公開した。

オープン化は、２０１１年以降にようやく巧みな変更を行うまでは、テンセント社内においてずっとタブー視されてきたトピックだった。「この件を考えてこなかったわけではないが、テンセントはフェイスブックと違うし、中国もアメリカとは違う」と馬化騰はのちに語っている。

テンセントとフェイスブックの違いは、以下の5点に現れている。

第一に、オープン化戦略を実施したときのフェイスブックは、下から上に攻めていく後進者であった。そうしてルールを破壊し、秩序を再構築した。マルクスの名言をまねれば、ザッカーバーグはオープン化によって「失うのは鎖、得るのは全世界」だった。一方、テンセントは２００６年以降にユーザー数最大、時価総額トップのリーダー的企業となった。既存秩序の最大の受益者であり、馬化騰にとっては、オープン化はテンセントに決定的な成長をもたらし得ない。

第二に、テンセントとフェイスブックは、リレーション・チェーンの底層設計に先天的な差異がある。フェイスブックは当初からソーシャル型コミュニティであり、友達の関係は公開される。しかしQQはリアルタイム通信ツールから発展してきたため、リレーション・チェーンが相対的にクローズであり「友達の友達は決して私の友達ではない」。全面的なオープン化はそのロジックに背くことを意味する。実名制のフェイスブックと比べて、同じくSNSコミュニティであるQゾーンは実名を強制していないが、空間の中はほとんど知り合いとの関係であるため、プライベートなやりとりが生じる。この点は、媒体的性質を持つブログとは本質的に違う。フェイスブックよりも先進的なのは、QゾーンがQQと先天的に一体化していることにより、いっそう豊富で多様なコミュニケーション方法と収益モデルが生まれたことだ。なおフェイスブックは、2008年まで自社のインスタントメッセンジャーを持っていなかった。

第三に、フェイスブックがプラットフォーム以外何も持っていないのに対し、テンセントは「プラットフォーム+プロダクト」型である。テンセント自身が中国で最も優秀なプロダクト開発者なので、全面的にオープン化したら必然的に「左手と右手が格闘する」「審判と選手が同じ場で競い合う」というやっかいな事態となる。この事態はテンセントとしては耐えがたく、継続できないと言えよう。

第四に、収益モデルに関してフェイスブックが真に関心を持っているのは、アプリケーションソフトが各プラットフォーム中で生み出す情報量である。そこから広告を通じて収益を獲得しており、広告が収入に占める割合は8割にも上る。サードパーティーのアプリケーションから得るレベニューシェアの収入は、補完的な特別手当程度でしかない。一方、テンセントの収入源は仮想付加価値サービスとオンラインゲームであり、コミュニティの広告は以前から大した額ではなかった。しかも中国のユーザーに歓迎されるとはかぎらない。

第五に、イデオロギーの影響もあるのだろうが、フェイスブックのグローバル化モデルと比べて中国は「孤島型のマーケット」である。海外の者は自由に入れないし、中国インターネット企業が海外に進出するのも容易ではない。したがってテンセントは、たとえあらゆる困難を乗り越えて世界に出ていったとしても、第二のフェイスブックとなるのは絶対に不可能だ。

恐らくこのほかにも多くの相違点を列挙できるだろう。しかし馬化騰がフェイスブックの道を危険視するには以上の5点があれば十分だった。テンセント上層のある幹部によると、馬化騰は２０１１年の夏まで、総弁会（２週間に１回開催するテンセントの最高行政会議）でオープン化について皆に真剣に討議させていた。最終的にオープン化に踏み出さなかったのは、当時の中国の開発者が置かれていた環境は玉石混淆の状態であり、十分に準備しないままオープン化を進めればユーザーの情報セキュリティーに影響しかねない、というのが理由だったという。馬化騰とザッカーバーグの最大の違いは慎重さかもしれない。「馬はザッカーバーグを高く評価していたが、Ｔシャツと足指が見えるゴムサンダルで公の場に出ることは絶対にない」

事業展開においては、呉宵光と湯道生が引き続き防御的な行動を取った。２００８年12月、テンセントは実名登録制のＱＱ校友網《シアオヨウワン》を開設した。アーキテクチャとソーシャルシーンはほぼ完全にフェイスブックの模倣だ。２０１１年７月に入り、ＱＱ校友網は「朋友網《ポンヨウワン》」に名称変更された。このソーシャルプラットフォームは、一時期全国ソーシャルサイトの第６位となった。国内ソーシャルネットワーク市場の大戦において、テンセントはＱゾーンと朋友網という二つのソーシャルプラットフォームを同時運営する戦略により、ＱＱユーザーに異なる形態のソーシャルネットワークサービスを提供するとともに、二つのソーシャルプラットフォームを差別化して拡大する形を取った。

フェイスブックブームの中にあってもテンセントがあえて同調しなかった姿勢は恐らく正しく、少なくとも商業的には適切だったことは、のちの事実で証明された。中国で最も忠実にフェイスブックを模した校内網は、フェイスブックがアメリカで収めた大きな成功を複製することはできず、陳一舟は２００９年８月にサイト名を「人人網《レンレンワン》」に変更した。また２０１１年５月４日にはニューヨーク証券取引所に上場したが、人人網は２年目に深刻な赤字に陥り、理想の収益モデルを見いだすことはなかった。同サイトのアクティブユーザー数とＱゾーンとの差は次第に拡大した。

アメリカの戦略思想家ジョン・ガルブレイスはかつて「我々がアメリカで得た経験をもってインドや中国を見ても、半分は理解できないし、残り半分は誤っている」と述べた。そうした事実が再びソーシャルネットワークブームの中で生き生きと姿を現した。２００９年５月以降の１年余り、Ｑゾーンはまったくの予想外で、かつアメリカ人にはほとんど理解不能なある形で爆発的な成長を遂げることになる。

そのテーマは「野菜栽培と野菜泥棒」だった。

「開心農場《カイシンノンチャン》」の爆発的効果

２００９年に入って、51との戦争がようやく一段落したが、湯道生は精神的には毎日落ち着かなかった。出勤すると、まずはフェイスブックや中国の各ソーシャルサイトを開く。

その頃はちょうどソーシャルネットワークが支配権を形成しつつある重大な時期だった。ニールセン社は２００９年３月、世界のインターネットユーザーがソーシャルネットワークに費やす時間が初めてメール利用の時間を超えたと発表した。この新しいタイプのコミュニケーション方法は、すでに主流となっていた。またフェイスブックのオープン化の効果も醸成されつつあり、目新しいアプリケーションソフトが次々に登場した。それらのソフトはあっという間に国内のソーシャルサイト上で複製された。うち最もすばやく模倣して成功したのは、以前新浪の従業員だった程炳皓《チョンビンハオ》が設立した開心網《カイシンワン》だった。2008年3月に創業したこの企業は、当初からスピーディーなコピーを戦略としており、他社に先駆けてフェイスブックで最も人気だった「Friends For Sale」と「Parking Wars」という二つのゲーム系アプリを中国に導入し、一時は都市のホワイトカラー層がサイトに殺到した。

2009年春節の前後、湯道生は校内網で中国人が開発したゲーム「開心農場（Happy Farm）」が突然爆発的人気となったことに気づいた。プレー方法は単純だが面白い。ユーザーはある農場のオーナーとなり、自分の農場を開墾していろんな野菜や果物を栽培する。また他人の作物を盗むこともできる。

このゲームは上海《シャンハイ》の「五分鐘《ウーフエンジョン》」という大学生のベンチャー企業が開発したもので、2008年11月に校内網でリリースされた。するとわずか1週間で校内網プラグインランキングのトップ10に入った。クリスマス前後には、1日のアクティブユーザー数が10万を突破し、さらに2カ月余りで100万を超えた。2009年2月には開心網も「開心花園《カイシンホワユエン》」をリリースし、「作物を盗み栽培する」がますますヒートアップした。

「Qゾーンはフェイスブックや校内網と異なり、オープンプラットフォームではないが、『五分鐘』と提携してこのゲームをQゾーンに導入することは可能だ。しかしテンセントにはゲーム部門がある。我々がゲームに手を出したら、業務分担上混乱するのではないか。そこが最も悩ましかった」。湯道生にとってこれが当時最大の不安だった。

4月のある日、湯は同じくいらだちと不安を抱える鄭志昊と、オフィスで困り切って顔を見合わせていた。それまでの2カ月間、農場ゲームの人気に伴って開心網と校内網のユーザーアクティブ度が急上昇し、Qゾーンは明らかに皆の眼中にない状態となりつつあった。

鄭は湯に言った。「我々もやってみよう」

湯も流暢でない標準中国語で答えた。「では、やってみよう」

翌日、テンセントの交渉代表者が「五分鐘」公司の郜韶飛《ガオシヤオフエイ》CEOのオフィスを訪ねた。その後数日かけて、両社で「開心農場」のQゾーンへの導入について詳細を詰めた。

テンセントは、(一)代理権の一括購入、(二)全収入について一定比率でレベニューシェア実施、(三)テンセントが収入の最低額保証を約束し、一定の規模に達したら上限を設ける、という三つの提携方法を提示した。郜は3番目の方法を選択したが、結果的には郜の人生最大のミスだった。「あれほどの盛り上がりになるとはまったく予想できなかった」とこの若い創業者は語った。

これから起こる事態が読み切れなかったがために、郜はゲームサーバーを自社でメンテナンスするという主張を貫いた。

「開心農場」は２００９年5月22日にQゾーンでリリースされた。その後起こったことは、ほとんど誰も想定していなかった。

リリース初日、天文学的な量のユーザートラフィックにより、サーバーがすぐにダウンしてしまった。それまでのテンセントでは一度も起きたことのない事態だった。「五分鐘」はサーバーの管理権限をテンセントに譲渡せざるを得なくなった。郜のチームが当初に書いたソフトではこれほど大量のトラフィックにはまったく耐えられないため、呉宵光が最も優秀なプログラマーを緊急招集してソフトの書き直しを命じた。

6月1日、1日の農場アクティブユーザーが５００万人に達し、「開心農場」プロジェクトに割り当てた全サーバーの負荷が１００パーセントとなった。技術チームは最適化を続けたが、再びサーバーパンクの恐れがあるのは明らかだった。鄭志昊はその夜、張志東にメールで「サーバー増設と容量拡大に重点的な支援をお願いしたい」と訴え、「開心農場」がQゾーンのアクティブ性と事業収入の大きな牽引役となっている旨も報告した。鄭の計算によると、今後2カ月で最低でもサーバー数百台の増設が必要だった。

張からは10分後に返事が来た。「我々のSNSゲームにビジネスモデルの兆しが見えており、しかもかなり大きな効果が出ていることは大変喜ばしい」。張は１０００台近いサーバーの増設を一回で承認した。

2009年8月、「開心農場」は「QQ農場」に名称変更され、新バージョンは農作物の種類を増やした。またQQ会員のイエローダイヤモンドサービス体系が「種子」、「農薬」などのバーチャルアイテム購入と全面的に紐づけされた。その後農場のプレーヤーは毎日100万人ずつ増え、オンライン時間およびゲームを立ち上げている時間の長さも、あらゆる経験値を超えた。

数年後にQゾーンチームのメンバーが当時の光景を振り返った際、その時点でも皆が窒息しそうな表情を浮かべていた。

テンセントは「QQ農場」のトラフィックデータを一度も公開したことがない。「あれは理解不能な数字で、おそらく長い間破られることがないだろう」と、湯道生は意味深長に語った。

バックグラウンドシステム全体を統括する盧山《ルーシャン》がこんな話を明かした。2009年下半期、テンセントは「QQ農場」用に何回かに分けて4000台以上のサーバーを増設した。「かつて起こったことがない事態だった」。また、テンセントの2009年7~9月期の業績報告にはこう書かれている。Qゾーンのアクティブアカウントは四半期ごとに33・7％ずつ増え、7~9月期末には3億530万に達した。増加は主に、新たにリリースしたソーシャルネットワークアプリ（特にソーシャルネットワークベースのカジュアルゲーム）がユーザーに好評だったことによる。

ここから推算すると、Qゾーンは1四半期で7000万人余りもアクティブユーザーが増えたことになる。これはもちろん、「QQ農場」の促進効果だ。

「QQ農場」がテンセントにもたらした収入も、明かされないままの秘密である。山東省の夕刊紙『斉魯晩報』は、王浩《ワンハオ》というプレーヤーの支出についてこう書いた。「ドッグフードが1日0・4Qコイン。肥料はグレードがいろいろあり、中グレードの高速肥料は1袋1Qコインで、1日に2袋使えば2Qコイン。ただしイエローダイヤモンドなら全部2割引になる」。王浩は最終的に、1日の出費1・92元、会員費、イエローダイヤモンド特権費を合わせると、1カ月に「QQ農場」に80元前後をつぎ込んでいるという計算になる。

これが「中レベルのプレーヤー」の1カ月の出費だ。全国に「王浩」が100万人いたとすると、「QQ農場」の1カ月の収入は1億元前後となる。しかもこれは「皆が野菜を盗んでいた」2009年から2010年の時期の話なので、間違いなく非常に控えめな推算だ。

Qゾーンの歴史において、「QQ農場」は衛星を既定の軌道に乗せる最強ブースターのようなものだった。ユーザー数を3億人クラス（フェイスブックもオープン化戦略により、2009年7〜9月期にこのユーザー数に達した）に押し上げたこと以外にも、より重大な変化が二つ生じた。

第一に、テンセントは「QQ農場」によってソーシャルネットワーク分野でフェイスブックとは異なる収益モデルを見いだした。「QQ農場」の収益は、ユーザーのバーチャルアイテム購買意欲から発生する。これはまさに、テンセントがＱＱショーを考案して以来最も手慣れた収益獲得法だ。２００９年以降、Ｑゾーンの収入は大幅に増加し、オンラインゲームに続く第二の収入貢献部門となった。イエローダイヤモンド収入は２０１０年にピークを迎えた。２０１１年、テンセントのコミュニティ付加価値サービスにおける営業収入は72億２１００万元で、その大部分は各種会員サービスとバーチャルなゲームアイテムの収入である。

第二に、「野菜盗み運動」が最も流行した1年余りにおいて、Ｑゾーンは「農場」をトラフィックのポータルとした上で、テンセント全プロダクトラインの38のアプリケーションプロダクトに対するサポート役を果たした。その中にはＱＱブラウザー、ＱＱ管家《グワンジア》、通話料チャージ、カジュアル競技ゲームなどが含まれ、「通話料チャージで肥料プレゼント」というキャンペーンも非常に印象的だった。Ｑゾーンは、これにより２００９年度のテンセント提携文化賞を受賞した。また、それ以降テンセントＰＣクライアントの最も重要なポータル級プロダクトとなった。結成時には20人しかいなかったこの小さなチームは、フェイスブックとはまったく異なる形で、ソーシャルネットワークブームの中、テンセントのために手柄を立てた。

「ＱＱ農場」を成功させたＱゾーンチームは、いっそうの自信を持ってより多くのソーシャルアプリケーションを導入できるようになった。Ｑゾーンはやがて、戦略目標がより明確なテンセントのオープンプラットフォームに発展した。林松濤《リンソンタオ》が再び新モデル開拓という重要なミッションを担った。林はテンセントのオープンプラットフォームの旗を掲げ、中国市場に即したオープン化とレベニューシェアのルールを確立した。これによりテンセントは、サービス業界の生態構築への大きな一歩を踏み出した。テンセントのオープンプラットフォームは、のちに複数のプラットフォームプロダクトのトラフィック統合をさらに進めた。テンセントは、こうしてブラウザーゲーム市場で最大のシェアを獲得した。

第10章
金鉱
――「キング・オブ・ゲーム」の誕生

「不可能なミッションに挑むのは、喜びが尽きない」
―― **ウォルト・ディズニー**（ウォルト・ディズニー・カンパニー創業者）

「事前に設計したモデルに当てはまらない事実に対しては、特に留意しなければならない」
―― **アーノルド・トインビー**（イギリスの歴史学者）、『歴史の研究』

補助部隊から任宇昕《レンユーシン》への加勢願い

テンセントでプログラマーとして3年半働いてきた任宇昕は、ついに馬化騰《マーホワトン》（ポニー・マー）の口から再び「ゲーム」という言葉を聞いた。2004年4月のある日、馬化騰は付加価値開発部マネージャーの任宇昕を自分の部屋に呼び、こう尋ねた。「今、ビジネスモジュールが二つある。付加価値サービス事業とゲーム事業だが、君はどちらを選ぶ？」

任宇昕は、ずっと張志東《ジャンジードン》が統括する技術開発部門にいた。QQショーやQQ会員などの開発を完了したのに伴い、2002年に付加価値開発部マネージャーに任命され、クライアント技術開発の責任者である呉宵光《ウーシアオグアン》とともに張志東の有能な補佐役となった。

ゲーム「凱旋」で痛い目に遭ったテンセントは、ゲームに注力する決意が揺らいだ時期があった。当初は成功を見込んでいた曽李青《ゾンリーチン》でさえも「ゲーム事業はQQの中核リレーション・チェーンからはやや遠い」と思うようになった。しかし馬化騰はやはり再挑戦を決断した。今回は、単独のアクショングループを結成する意向だった。

「当時の社内組織体制だと、技術開発とプロダクト運営は別々の部門だった。つまり、いわゆるRラインとMラインだ。テンセントはプロダクトライン当たりのアイテムが多くなるにつれて、研究開発とマーケティングの連動がうまくいかなくなっていった。インターネットの特徴は変化がめまぐるしいことだが、情報が複数の部門間で伝達されると効率はおのずと落ちる。新たに設けたゲーム部では、関連する者を一つのチームに集めて事業部制を試そうと思った」。そこで馬化騰は、総合マーケティング部と付加価値開発部を再編成して新たにインターネット事業部とゲーム事業部を設置することにした。この二つの部門の責任者は鄒小旻《ゾウシアオミン》と任宇昕に命じることだけ決めて2人を別々に呼び出し、どちらの部がいいか本人たちに希望を聞いた。任宇昕は迷うことなくゲームを選んだ。

人事担当のシニア・エグゼクティブ・バイスプレジデント奚丹《シーダン》の記憶によると、これはテンセントが初めてビジネスモジュール別に結成したチームだという。奚は鄒小旻と任宇昕を飛《フェイ》亜達《ヤーダー》ビル横のカフェに連れていき、スタッフリストを広げて2人に自分で部下を選ぶように言った。最初の1時間余りは誰も言葉を発しないまま、ただ座っていた。やがて、ストレートなタイプの鄒小旻が耐えかねたように任宇昕に切り出した。「君から選んでくれ。先に必要な人材を選ぶんだ」。任宇昕は顔をほころばせた。

新たに結成したゲーム部のスタッフは3つの部署から集めた。ゲーム「凱旋」のグループ、付加価値開発部のテーブルゲームグループと、総合マーケティング部の一部運営担当者だ。「丁磊《ディンレイ》はネットイースのゲーム部門をインタラクティブエンターテインメント部と称しており、実に適切だと思ったので、私もその名前にした」

任宇昕がインタラクティブエンターテインメント事業部の組織づくりを命じられた時期は、

北京《ペキン》の聯衆《リエンジョン》がテーブルゲームのシェアを半分握り、上海《シャンハイ》のシャンダ（盛大）の「伝奇」も課金ユーザーが未曽有の6000万人に達して鼻息が荒かった。この数字は中規模国の人口に相当する。2004年5月、陳天橋《チエンティエンチアオ》は自社のナスダック上場を果たした。同社は上場当日に時価総額世界一のオンラインゲーム専門企業となった。若い陳天橋は一挙に新たな「中国ナンバーワン長者」の座についた。広州《こうしゅう》では、モンターネットの事業から身を引いた丁磊が迅速に「大話西游《ダーホワシーヨウ》」の開発に転じた。第九城市《ディージウチョンシー》は、北米で最もヒットしていた「ワールド・オブ・ウォークラフト」の代理権を獲得し、サプリメント業界からオンラインゲームに転戦した史玉柱《シーユージュー》も「征途」を開発した。中国のオンラインゲーム市場は一時、硝煙があちこちで立ち上る状態だった。

「ゲーム事業を統括するまでは素人のゲーム愛好家でしかなく、ゲームの運営についてはまったく知識がなかった。チーム自体も寄せ集めで、居場所こそ飛亜達ビルの6階に落ち着いたが、先のことは白紙だった」。チームのメンバーが初めてミーティングで顔を合わせた際は、互いに好感を持てなかった。メンバーには、大型ゲームの開発経験があり、その世界では指折りと自認していた者もいれば、簡単なテーブルゲームしかわからない者や、ゲームのことはさっぱりだが中国東北地域のネットカフェの若者はどんなゲームが好きかは知っている者などがいた。

任宇昕は、戦闘部隊のリーダーとして二つのことを決めていった。

まずはインタラクティブエンターテインメント部内の体制だ。「当時はシャンダのモデルとネットイース（網易《ワンイー》）のモデルが争っていた。シャンダは開発と運営を完全に分けて、一つのチームが開発、もう一つのチームが運営にそれぞれ専念している。ネットイースは一つの組織が両方兼ねる形で、プロジェクト制を実施していた。後者のモデルは、立ち上げ当初は大変だ。チームリーダーは往々にして技術畑出身なので、運営についてはまるでわかっていない。しかし長期的には運営のこともわかる技術統括者にならざるを得なくなる。私はネットイースモデルを選択した」。このモデルは社内に定着していき、テンセントはやがてゲーム別に専用の作業ユニットを設置するようになった。そのゲームが成功すれば報酬が上がり、失敗すれば解散して組織を再編成するという、社内競馬方式ができあがった。

その次は主戦場の選択だ。「『凱旋』の失敗を振り返り、当時の状況ではテンセントには大型オンラインゲーム運営の経験が備わっていないと考えた。したがって最も確実な戦術は、やりやすい所から着手し、訓練しながら実戦に臨むことだ。私はテーブルゲームと小型カジュアルゲームを主に攻めることにした。当面の敵は聯衆だった」

任宇昕は、テンセントはテーブルゲーム分野で3年かけて聯衆を追い越す、と対外的に宣言した。しかし実際には1年の時間すら必要なかった。

聯衆への進撃——事前予告された死闘

聯衆の設立は、テンセントより半年以上も早かった。鮑岳橋《バオユエチアオ》の経営やプランニングのもと、2003年末には聯衆の登録ユーザーが2億を超え、月間アクティブユーザー数は1500万に上り、一時はテーブルゲーム市場で約80％のシェアを確保していた。中国南部で辺鋒《ビエンフォン》などのサイトに嫌がらせをされたが、覇者としてのポジションが揺らいだことは一度もなかった。

テンセントが2003年8月13日に初めてゲームのオープンベータ版を配布した際、鮑岳橋はスタッフにプレーと評価を命じた。そのスタッフの報告書にはこうあった。軍棋《ジユンチー》（将棋の一種）、升級《ションジー》（トランプゲームの一種）、象棋《シアンチー》（中国将棋）、闘地主《ドウディージユー》（トランプゲームの一種）、ファイブスタッドポーカーの5ゲームしかなく、聯衆と比べて改良点や目新しいところはほとんどない。「すべて当社の模倣品なので、恐れることはない」。確かに任宇昕がインタラクティブエンターテインメント部を創設するまでは、テンセントのゲームグループには開発者と運営者が4名しかおらず、虫の息のような状態だった。

新たな部門ができてから、事態はひそかに変わっていった。

任宇昕はまずゲーム・ロビーの書き直しと、ゲームの種類追加を命じ、ゲームの操作体験を格段に向上させた。また、QQの集合的な強みの発揮を開始し、QQ新バージョンにQQゲームの機能を搭載した。ユーザーは、登録手続きをしなくてもQQ番号で直接ログインできるようになった。任宇昕はQQショーの「アバターモデル」をゲームにも取り入れたので、Qコインはプレーヤーがサービスを購入する際の最も手軽なツールとなった。

聯衆のある従業員は、当時彼らを心底絶望させた機能についてこう振り返った。「テンセントはQQ上にウィンドウ表示を一つ増やし、友達がプレー中のゲームを通知するようになった。クリックすると、直接そのゲーム室の中に入れる。QQは登録アカウントが2億以上なので、それで生じるプレーヤーは驚くべき数になる」

テーブルゲームユーザー数の増え方は、テンセント自身の予想も超えていた。テーブルゲームグループのスタッフは当初、ユーザーが1万人増えるごとに会食しようと決めていた。その結果1カ月に13回も会食するはめになり、やがて誰も会食のことは言い出さなくなった。

鮑岳橋は、テンセントは「完全模倣」という卑劣な手法で聯衆のユーザーを取り込んだ、と何年もたってから断定した。鮑は当時の状況を振り返りながらこう述べた。「大型オンラインゲームと違ってテーブルゲーム系のゲームはルールが固定していて技術的なハードルはない。プレーヤーもQQユーザーとかなり重なり、テンセントは非常に模倣しやすい」。あるウオッチャーも同様の印象を持つ。「聯衆のユーザーがQQゲーム・ロビーに連れていかれても、なじめない感じはまったくない。ゲームのルールからインターフェース、機能の分布、さらにリマインダーに至るまで、QQゲーム・ロビーが聯衆にそっくりだからだ。不慣れなユーザーであれば、聯衆ゲームとQQゲームの区別もつかない」

しかしテンセント側の理解はやや異なる。初期にテーブルゲームグループのグループ長を務めた孫宏宇《スンホンユー》は、1カ月かけて単独でゲーム・ロビーを書き換えた。孫によると「我々が自社と聯衆のユーザーデータをモニタリングして比較したところ、テンセントのユーザーが急成長していた時期に聯衆ユーザーは決して大幅に減少していないことがわかった。つまりテンセントゲームのプレーヤーの大部分は我々に誘導されたQQユーザーであり、聯衆からテンセントに寝返った者ではない」

鮑岳橋とともに聯衆を創業した簡晶《ジエンジン》はこう語る。「聯衆のシェアは最終的にテンセントに奪われた。実は我々にはある措置があったのだが、テンセント対策ではなく自社の今後の成長に対してのものだった。聯衆は永久に初期のプロダクト形態にとどまっているわけにはいかず、それを乗り越えなければならなかったからだ」。簡晶の考えでは、聯衆は技術的ハードルが最も低いテーブルゲーム市場を死守していないで他の所へ突撃するべきであり、自社開発、導入もしくは共同運営の形で大型オンラインゲーム市場に参入するか、もしくは新たなゲーム形態を創出するべきだったという。聯衆には、危険を覚悟でそうした行動に出る時間が少なくとも2年はあった。「突撃すれば死ぬかもしれないが、少なくとも活路は一つある。だがテーブルゲームを守っているだけでは必ず死ぬ」

これは明らかに、ビジネススクールの格好の教材だ。ある意味、聯衆は模倣されて死んだのではなく、対応策を採らなかったこと、危険を覚悟でイノベーションを継続しなかったことによって死んだのだ。

２００4年8月24日、正式運営開始から1年後にQQテーブルゲームの同時接続者数が62万人に達した。12月末には１００万を突破して聯衆と同数になった。その後、両社のユーザー数増減を比較すると、明暗はより鮮明になった。２００6年末、鮑岳橋は聯衆董事長の職を辞めざるを得なくなった。

テンセントの聯衆への進撃は、白昼に起きた動物界の殺し合いに近いと捉えた者が多かった。双方が爪や歯をむき出しにして、単純な動きと力に頼って相手を倒そうとする。

他のインターネット創業者にしてみれば、テンセントとMSNの戦いとほぼ同時期に行われたテンセントと聯衆の戦いは、後者は生きるか死ぬかの戦いではあるが、あくまで「リアルタイム通信分野」限定の戦争なので、自分たちは高みの見物を決め込んでいればよかった。ひいては人の不幸を喜び、そこから利をかすめ取りたいという思いすらあった。

だがテンセントの聯衆への攻撃は完全に違う。テンセントの強大な戦闘力、そして任宇昕チームのトラフィックとユーザー資源の使い方の天才的なうまさにより、インターネット業界全体が肝をつぶし、ほぼ全員がある恐ろしい問題について考えるようになった。

いつかテンセントが同様の戦術で自分の領域に入ってきたら、抵抗できるだろうか。

「泡泡堂《バオバオタン》」と「QQ堂《タン》」の戦い

この恐ろしい問題はすぐにむごい事実としてあちこちに広がった。テーブルゲームで聯衆を追い越したのと同時に、テンセントが2005年1月にゲーム「QQ堂」をリリースすると、当時ゲームの盟主だったシャンダとの間に、戦いと法的なもめ事が引き起こされた。「QQ堂」が模倣対象としたのはシャンダの「泡泡堂」だった。

このゲームの原型は韓国のゲーム「BnB」で、「BnB」は家庭用テレビゲーム機の定番ゲーム「ボンバーマン」を模して制作された。低年齢向けの知育系ファミリーカジュアルオンラインゲームで、開発業者は韓国のネクソン社だ。「BnB」は2001年に運営を開始し、2002年にシャンダが中国での代理権を取得して、翌年に「泡泡堂」(訳注 日本語名は「クレイジーアーケード」)という名称で運営を開始した。2004年末には「泡泡堂」の最高同時接続者数が70万を突破し、当時アクティブユーザー数世界最多のオンラインゲームの一つとなった。

「泡泡堂」ゲームの低年齢向けという特徴は、当時のQQユーザーに非常に合っていた。任宇昕は2004年6月に同類ゲームの開発を決定し、インタラクティブエンターテインメント部のあらゆる事業力をつぎ込んだ。このときのスタッフは、のちにほぼ全員がテンセント各ゲーム部門の主要責任者となった。「QQ堂」は2004年9月にクローズドベータテスト、12月に正式なオープンベータテストを実施した。

任宇昕は、「QQ堂」の「泡泡堂」追随戦略を否定しない。そして「イノベーションの思い違い」についてのあるエピソードを披露した。「当時、私やチームはかなり時間をかけて『QQ堂』と『泡泡堂』のプロダクト上の違いを比較していた。ディテールをすべて列挙して、1項目ずつ比べる。向こうはこうやっているが我々はどうするか、改善や刷新が可能かを検討した。たとえば、『泡泡堂』のマップのデザインは単調だと思ったので、もっとあか抜けたものを開発した。また『泡泡堂』のキャラクターがマップ上で動く際に手と足しか動かないので、我々は頭も動かせるようにした。そのほうがかわいらしく見えた。ところがゲームをリリースしてみると、いずれも非常にまずい変更だったと気づかされた。マップが派手なのでユーザーはプレー中に目がチカチカする。また頭が揺れ動くと、ユーザーはゲームの動きがスムーズでない感じがして、パソコンの調子が悪いと錯覚する」

多数の刷新を行ったはずの「QQ堂」の最初のバージョンは、リリース後不振が続いた。同時接続者数は長い間1万人に達しないままだった。任宇昕はスタッフに改版を続けさせるしかなかった。それから半年間、インタラクティブエンターテインメント部のスタッフは全員がほぼ毎日夜10時過ぎまで残業していた。

7月には「QQ堂」の「酷比一夏《クービーイーシア》」という新バージョンをリリースした。ゲームインターフェースが全面リニューアルされ、「酷比」というキャラが追加されて、ゲームが大幅に面白くなった。その後「QQ堂」の最高同時接続ユーザー数はすぐに1万人を突破し、3カ月で10万人クラスとなった。その後の1年余り、「QQ堂」は月1回という改版ペースを維持した。ユーザーの意見を踏まえて最適化を続け、ついに人気に火がついた。

「QQ堂」の登場で、シャンダは挟み撃ちされる形となった。シャンダの2006年4〜6月期財務報告書によると「当社のカジュアルゲーム『泡泡堂』は、3年間の運営を経て『老化』問題に直面し、カジュアルゲーム事業収入は前四半期から17・8%減少した」

感情を表に出さないタイプの陳天橋は、テンセントへの攻撃を直接発動することはなく、BnBの著作権を持つネクソン社を説き伏せて、戦場に向かわせた。

ネクソンは2006年9月、テンセントに著作権侵害および不正競争の疑いがあることを理由に、北京市第一中級人民法院に訴状を提出した。訴状において、ネクソンは裁判所に盗用が疑われる「QQ堂」の37画面を提出し、こう主張した。「ゲームの画面、操作方法、アイテムデザイン、背景色、背景のレイアウト詳細のいずれからしても、『QQ堂』は『泡泡堂』と同じもしくは実質的に相似している。かつ、テンセントはゲームに『堂』と名づけ、明らかに『泡泡堂』の中国市場における影響力を利用している。さらにはゲームに同じアイテムもしくは実質的に相似する名称とグラフィックを採用しており、これはゲームプレーヤーを誤った方向に導き、プレーヤーに両ゲームに関連性が存在すると誤解させるものである」

これに基づきネクソンは、テンセントの行為は著作権侵害を構成し、「不正競争防止法」第二条に定める信義誠実の原則と商業倫理に反しているとして、テンセントに対し「ＱＱ堂」の運営停止、公の場での謝罪、賠償金50万元の支払いを要求した。

テンセントを相手取ったネクソンの訴訟は、中国オンラインゲーム産業初の国際著作権侵害をめぐる件だったため、社会的に極めて大きな注目を集めた。その中で触れている権利侵害の詳細がほぼ産業全体の開発に広がっているものだったことから、それに対する認定結果は、オンラインゲーム開発の方向と知的財産権の定義づけに関わってくる。

テンセントは訴訟で、自身の行為についてこう答弁した。「ＱＱ堂」は完全にテンセントが自社で企画し、プログラムを書き、開発したオンラインカジュアルゲームであり、著作権侵害の問題は存在しない。韓国側の「盗用」という非難にはまったく根拠がない。またテンセントには、いかなる不正競争行為も存在しない。

この裁判は6カ月かかった。法務を統括する副総裁の郭《グオ》凱《カイ》天《ティエン》は「裁判が始まった頃は、我々も大丈夫だとは確信できず、どんな判決が出るかわからなかった。しかし何回か弁明するうちに、法律の境界線がだんだんと明確になってきた。つまり、それ以降当社は次第に知的財産権と特許の保護を重んじるようになったということだ」と語った。

２００７年3月、北京市第一中級人民法院の判決が出た。判決書の焦点は以下の2点だった。一つ目は、著作権侵害行為が存在するかどうかについてだ。裁判所は比較対照を行い、ネクソンが提出した37画面については「汎用的な表現形式に属し、原告にはそれについて著作権を主張する権利がない」もの、「全体的に見ていずれも相似していない」もの、「思想の範疇に属する」ものがそれぞれあるため、被告テンセントは盗用を構成しない、と判断した。二つ目は、不正競争行為が存在するかどうかについてである。裁判では、「堂」の字は中国語固有の語であり、原告がそれをオンラインゲーム分野に用いて名称として使用することには確かに一定の独創性があるが、それによって「堂」という字を独占使用する権利は得られず、不正競争事項であると訴えることには事実的根拠および法的根拠がない、と判断された。

これにより、裁判所はネクソンの請求をすべて棄却した。

聯衆および「泡泡堂」との二つの戦いにおいて、テンセントは新プロダクト開発上の基本的特徴をいくつか示した。市場で新たに火がついた所をしっかり見据えること、急速に追随して最適化すること、自身のトラフィック上の強みを生かして相手の座を完全に自分のものとすることだ。

2006年6月、馬化騰は雑誌『中国企業家』の取材を受けた際、この点について説明している。「私はむやみにイノベーションはしない。マイクロソフト、グーグルがしていることは、すべて別の誰かがやったことだ。最も賢い方法は間違いなく、最善のケースを学んでからそれを追い越すことだ」

なお、ここで記しておくべき事実がある。のちの何年か、さらには本著の執筆期間も含めて、テンセントは多くの人から「パクリ王」と称されてきた。しかし法的な側面から言えば、ゲームの盗用を理由にテンセントに著作権訴訟を起こしたのはネクソン社だけである。

QQペット――母性愛の発露

「QQ堂」リリースから5カ月後の2005年6月、テンセントは「QQペット(QQ寵物)」の運営を開始した。これも軽騎兵式の追随と超越だった。

デジタルペットは日本人の発明だ。1996年、日本の玩具メーカー、バンダイが世界で初めてのデジタルペット商品「たまごっち」を発売した。卵の形をした商品にはボタンが三ついていて、ペットに餌を与えたり、一緒にゲームをしたり、すみかを掃除したりできる。「たまごっち」には年齢、体重、空腹感、感情があり、その進化と生存期間は、すべて持ち主の世話の仕方で決まる。

「たまごっち」が大流行した時期、日本の子どもはほぼ1人1台持っていた。バンダイに続いて、任天堂も携帯型ゲーム「ポケットモンスター」を発売し、日本の携帯型ゲームの定番商品となった。中国では第九城市とシャンダがそれぞれ2000年に類似のデジタルペットをリリースしたが、一世を風靡《ふうび》するところまではいかなかった。

QQペットはインターネット事業系統(B2)が開発したもので、プロダクトマネージャーは汪海兵《ワンハイビン》（2007年にテンセントを退職して淘米網《タオミーワン》を創設）だった。1年後にはインタラクティブエンターテインメント業務系統（B3）に運営を移管した。汪は「我々がQQペットを出す決定をしたのは、ある非常に本能的な考えに基づいていた。当社のペンギン自体が擬人化されたデジタルペットなのだから、育成や進化が可能な設計にすれば、ユーザー上の先天的な強みがあるだろう、ということだ」と語った。

QQペットはプロダクトコンセプト上に特に目新しい点はないが、各パートの構想と運営の考え方には独自性があった。

長年にわたり、テンセントのペンギンは皆になじみ深い存在となっている。ゲーム設計スタッフが擬人化の仕方をじっくり検討した結果、それまでのデジタルペットよりもユーザー自身の子どもにより近いものとなった。QQペットは、餌やり、勉強、仕事、娯楽、結婚、旅行といった多様なエンターテインメント体験をユーザーに提供した。その後のプロダクト改善においても、よりきめ細かい育成およびユーザーのインタラクティブ体験に関わる改善を続けた。

2006年7月、QQペットは最高同時接続者数100万人突破を記録し、世界最大のバーチャルペットのネットコミュニティとなった。2007年3月、QQペットの累積ユーザーが億単位に達した。インタラクティブエンターテインメント部は、QQショーとQゾーンの経験を参照し、勢いに乗る形で「ピンクダイヤモンド貴族」をスタートした。他の「ダイヤモンド」と同様に、ピンクダイヤモンドも月額料金10元で、貴族であることの表示、物品購入割引、専用の物品購入、無料サービスなどを含む五つの特権が得られる。

その後何年かかけて、ピンクダイヤモンドのサービス内容がさらに充実した。たとえば「QQペットホテル」だ。ピンクダイヤモンドユーザーは「毎日17時から24時にQQペットホテルに行けば、『Qばあや』の所で自分のペットを預かってもらう選択ができる」。また「QQペット病院」も、ピンクダイヤモンドユーザーなら「無料のスピーディーな診察と無料の処方箋作成特権」を利用できる。「冒険島旅行」は、「ピンクダイヤモンド貴族になると、即座にピンクダイヤモンドからミラクルパワーを与えられて、QQペット冒険島のマジカルツアーに無制限で参加できる特権を得られる」。「無料婚活」は、通常のペンギンの婚活は有料だが、ピンクダイヤモンドユーザーなら無料になる。

多くの外部ウオッチャーからすると、QQペットには新しいアイデアが何もなく、テンセントの「パクる」という天性の気質をまたもや証明したものにほかならない。だがこのプロダクト全体のライフサイクルをきめ細かく見ていくと、多数の刷新点を見いだせる。その中のアイデアには、他社には模倣が難しいものすらある。

QQペットはQQショーを文脈的に継承するものであり、コスプレモデルから育成モデルへと少しずつシフトしていった。ただ、一般的な意味でのオンラインゲームと比べると、QQペットはネットで生き残る体験イベントにより近い。ペットを育てているQQユーザーは女性が7割で、行動を駆りたてるのは人間の心の奥にある母性愛だ、と示すデータもある。このゲームには奥深さはなく実にシンプルだが、強い実態性と温かみがある。こうしてプロダクトに人間味を持たせ、かつそこを柔軟にコントロールできることが、テンセント社最大の秘密兵器だ。馬化騰が長年提唱してきた「オンラインライフ」は、ネットでの人同士のコミュニケーション、情報のやりとりやeコマースだけでなく、ネットを介した感情の発露と提示も指しているのだが、ネット上のこうした細かい要望は往々にして軽んじられる。

QQペットのケースには、以下の典型的なテンセント式運営がはっきりと見て取れる。一つの「真の要望点」に狙いを定め、ユーザー体験上で究極を目指す↓膨大なユーザーの中から消費層をつかみ取る↓一定数の基本ユーザーが形成されてから段階的に有償サービスをリリースする↓最適化を続けてライフサイクルをできるだけ延ばす↓また新たな要望点を探す。

この進化のロジックは、テンセントのほぼすべてのプロダクトに体現されている。

主戦場を避ける側面攻撃戦略

2005年に入ってから、テンセントはテーブルゲームと小型カジュアルゲームでは上々の戦績を収めた。しかしゲームチームは長期にわたって明確な戦略的もくろみを持っておらず、実施してきたのは追随、模倣とトラフィック導入を主要戦略とする戦術ばかりであった。

その年度の中国オンラインゲーム産業の規模は、前年比51％増の61億元に達した。主力ゲームモデルは、韓国の「伝奇」、アメリカの「ワールド・オブ・ウォークラフト」、中国で独自開発された「夢幻西游《モンホワンシーヨウ》」のいずれにしても、すべて「敵を倒してレベルアップする」がテーマの大型オンラインゲームだった。シャンダ、ネットイース、九城、光通《グアントン》、キングソフトがこの順でオンラインゲーム企業のトップ5となり、全社とも例外なくこの戦場で敵を絞殺した。この中では自社での研究開発を主とするネットイースの業績が最も好調で、「大話西游2」と「夢幻西游」の開発成功によりシェアは11%から22%に急増した。

大型オンラインゲーム市場の大人気に比べ、テンセントが主に攻めているカジュアルゲーム分野は明らかに盛り上がりに欠けた。サイト「計算機世界網」の推算によると、2004年の国内カジュアルオンラインゲーム規模は5億元、2005年は約9億元で、産業規模の7分の1程度でしかない。テンセントがその大半を占めているとしても、トップ5とは肩を並べようがなかった。

ゲーム「凱旋」での失敗を経て新たに設置されたインタラクティブエンターテインメント部は、リベンジを果たす決意をした。任宇昕は最高の技術力を集中的に投入して、ある大型ロールプレーイング系ゲームの研究開発にひそかに取り組んだ。このゲームは「東游記《ドンヨウジー》」中の「八仙(8人の仙人)」をテーマとしており、シミュレーションの対象はまさしく当時最もヒットしていた「ワールド・オブ・ウォークラフト」であった。2005年3月、「QQ幻想」と命名されたこのゲームはクローズドベータテストに入り、12月8日に正式に商業ベースの運営をスタートした。ゲームでは額面4種のQコインチャージカードが提供された。ユーザーは1時間プレーするごとに0・4元の課金が必要となる。

「我々のスタートは夢まぼろしのようだった」と任宇昕は振り返る。オープンベータテストの開始直後、「ＱＱ幻想」は66万のユーザーを獲得したが、好調は長く続かなかった。「ＱＱ幻想」は、３Ｄ版「凱旋」と正反対のあるミスを犯したのだ。ゲームが簡単すぎて、すぐにオールクリアしたユーザーが続出してしまった。

また、テンセントに不意打ちを食らわせる形で、２００５年12月に陳天橋がシャンダ傘下の大型ゲーム「伝奇2」「夢幻国度」および「伝奇世界」の3作を「永久に無料」とした。「ゲームのプレー自体は無料、付加価値サービスのみ有償」という収入モデルに変更したため、同じカテゴリーの「ＱＱ幻想」は瞬時に集客力を失った。「泡泡堂」の件で泣き寝入りした陳天橋はその後大型オンラインゲーム分野に転じて、馬化騰に一矢を報いたのだった。

「ＱＱ幻想」が先細りして、テンセントが2年ぶりにリリースした大型オンラインゲームプロダクトはまたも暗礁に乗り上げた。この時期インタラクティブエンターテインメント部内では、方向性についての論争が二つ起こっていた。一つ目は、どのように大型オンラインゲーム分野での進撃を続けて失った栄誉を奪還するか、二つ目は、テンセントのゲームは将来的に他社からの導入を主とするか、それとも自社開発を主とするか、だった。

任宇昕は、にっちもさっちもいかない状況に陥った。「このときから、私はテンセントのゲームの活路を考え、自分なりの攻め方が必要と思うようになった」

任はシングルボードコンピュータゲームの歴史と韓国ゲーム市場を真剣にリサーチした上で、考察の結論を新たに下した。

任によれば、ロールプレーイングゲーム（RPG）を特徴とする大型オンラインゲームが大流行しても、それ以外のゲームカテゴリーが市場から姿を消すわけではない。2005年のゲームユーザーのうち、大型オンラインゲームのユーザーは1590万人で、カジュアルゲームのユーザーは1790万人だった。つまり、後者は依然大きなシェアを持っている。またこのカテゴリーには「チャンピオンが全部持っていく」という法則が存在する。すなわち、1位のゲームが大部分のユーザーシェアを獲得する。「韓国のゲームランキングからわかるのは、ある分野では1位だけが重要で、2位以下は何のゲームなのか覚えている人が基本的にいない、という点だ」

こうした考察を踏まえて、任宇昕はインタラクティブエンターテインメント部のある業務討論会で、皆で今もめている二つのトピックについて、一つ目は勝算がはっきり見えていない、二つ目は「偽の命題」であると発言した。

そして非常に急進的な戦略思想を提起した。「敵を倒してレベルアップする」がテーマの大型オンラインゲームの主戦場を回避し、カジュアル競技ゲームにフォーカスして全力で取り組むとともに、カテゴリーのチャンピオンにならなければならない。任はこれを「後発者の側面攻撃戦略」と呼んだ。討論会では、銃撃、サーキット、格闘、フライトシューティング、音楽ダンス、とカテゴリーを板書し、戦地の指揮官のように「これらこそ、テンセントのゲームが征服すべき山である」と述べた。この戦略のもとでは、自社開発か外部導入かは、一つの選択肢でしかない。任宇昕にとっては「同時にやってもかまわない」ことだった。

任宇昕が2006年初めに生み出したこの戦略思想は、テンセントゲーム事業に対して決定的な意味があった。

最初に導入したカジュアル競技ゲームは、韓国のゲーム会社シード9が開発し、ネオウィズ社が配布を代行する「R2beat」だった。速さを競う音楽ゲームで、想定プレーヤーは新鮮でスタイリッシュなものを好む中学生と単純なゲームが好きな若者だった。テンセントは30万ドルにも満たない代価で導入して「QQ音速」と命名した。2006年7月の正式スタート後、最高同時接続者数は7万に達してまずまずと言える実績を収めた。

「クロスファイア」と「アラド戦記」

2007年末、テンセントは「クロスファイア」と「アラド戦記」2作品の中国での代理権をネオウィズ社とネオプル社からそれぞれ取得した。この2作はテンセントのゲームの爆発的成長を実現した。

「クロスファイア」は、二つの国際傭兵組織間での戦いを背景としたオンラインシューティングゲームだ。2007年5月に韓国でサービスが始まったが、「突然攻撃」と「特殊圧力」という大人気の同ジャンルのゲームがすでにあったため、あまり成功しなかった。ネオウィズ社は、「クロスファイア」に500万ドル以上の代理権価格を提示してきた。テンセント上層部は非常に迷った時期もあったが、任宇昕はこのゲームの体験は良好であり、中国市場ではまだシューティングゲームで独占的な成功を収めた作品がまだなかったため、大胆に取り組んでもよいだろうとの見解だった。保険の意味で、任はもう一つのシューティングゲームもセットで同時に導入し、「私は二段階攻撃を準備した。第一波がダメなら、第二波をすぐに出せるようにしていた」

「アラド戦記」はクリア式の格闘ゲームで、開発業者のネオプル社は設計中にアーケードゲームの典型的特徴を大量に取り入れた。「シングルボードコンピュータでのプレー経験がある人なら、非常に簡単にコツをつかめる。体験すればより刺激的でやみつきになる。特に重要な点として、本作は必要なハードウエアスペックが非常に低く、パソコンであれば基本的に問題ない」。このゲームは2005年8月に韓国でサービスを開始してから、ずっとオンラインゲーム売れ筋ランキングのトップ10以内に入っていた。

「クロスファイア」と「アラド戦記」の中国版は2008年初めにオープンベータテストを開始した。韓国側およびテンセントが両作に期待していたのは「最高同時接続ユーザー30万人達成」だったが、サービス開始後は予想外の展開となった。ユーザー数は驚きのペースで拡大し、年末の最高同時接続アカウント数は前者が220万、後者が150万をそれぞれ突破した。ほぼ同じ時期、テンセントが自社で開発したレーシングゲーム「QQ飛車《フエイチヨー》」と音楽ゲーム「QQ炫舞《シユエンウー》」も相次いでリリースされ、これらのユーザー数も百万クラスを突破した。

プロダクト戦略が市場の検証を受けた後、テンセントのユーザー蓄積と運営上の強みが爆発的に発揮されることになった。

インタラクティブエンターテインメント部は、ゲームユーザー向けに「ゲームVIP」制度をスタートさせ、彼らは「スーパープレーヤー」とも呼ばれた。得られる特権は、満室時の優先入室、ネットワーク管理室によるリアルタイムの細やかなサービス、プレーヤーのロケーション探し、終日ポイント2倍、全プレーヤーのロケーション探し、字数制限を超えるニックネームのカスタマイズ、ゲームブラックリストのカスタマイズ、ゲーム友達のカスタマイズ、ロビーモールのアイテム1割引などだ。

一例を挙げると、テンセントは2007年6月に「QQ魔界」という2Dゲームをリリースした。ゲームプラットフォームは直ちに以下のインセンティブを開始した。

QQユーザーが自身のQQナンバーで「QQ魔界」にログインすると、QQブルーダイヤモンド会員資格を獲得するチャンスがある。

通常のQQユーザーが自身のQQナンバーで「QQ魔界」にログインすると、キャラクターレベルが45級に達したときに、無料でＱＱブルーダイヤモンド会員資格を30日間得られる。ＱＱ会員プレーヤーなら、レベルが15級になったらブルーダイヤモンド資格を30日間、30級になったら60日間得られる。45級になると資格を90日間得られる。

これらのインセンティブは、テンセントのダイヤモンドサービスおよび会員サービスと一体となって、ＱＱユーザー取り込みのための非常に手軽で魅力的な動線を提供した。ゲームプロジェクト増加に伴い、テンセントはさらに「パープルダイヤモンド貴族」と「ブラックダイヤモンド貴族」をスタートした。前者は「ＱＱ炫舞」「ＱＱ飛車」「ＱＱ堂」および「ＱＱ音速」の特権サービスだ。後者は「アラド戦記」の特権サービスで、ブラックダイヤモンド貴族になると「カードをめくるチャンス、経験値の付加、疲労度の付加」が受けられる。テンセントは数年鍛えられる中で、ユーザーの熱意喚起に次第に手慣れていき、ユーザーはますます魅惑にあらがえなくなっていった。

テンセント史上、２００８年は「ゲーム元年」だったと言えよう。

「恐怖の王」の誕生

インタラクティブエンターテインメント事業系統のオンラインゲームでの成功は、董事会も想定外だった。

2006年5月に馬化騰が『南方都市報』紙の取材を受けた時点では「インタラクティブエンターテインメント短命論」をまだ堅持していた。「当社の見たところ、インタラクティブエンターテインメントは今後2～4年は成長するが、ユーザーが一定規模に達したら伸びが鈍化するか、あるいは成長が止まるかもしれない。したがって、長期的で安定的な収入モデルとするには、有料検索とeコマースを含めた法人料金および広告収入に頼るべきだ」と述べている。

しかし「クロスファイア」や「アラド戦記」などのゲームのサービス開始に伴い、その後の数年間のオンラインゲームの稼ぎ力およびその企業利益に対する貢献は、馬化騰の予想を大きく上回っていた。

2008年度、シャンダのゲームの年間営業収入は34億2300万元、9～12月期は9億7200万元だった。また、一貫してシャンダよりも下位だったテンセントのゲームは、6位から一挙に2位に躍進した。ゲームの年間営業収入は28億3800万元、9～12月期は8億3000万元でネットイースを追い抜き、シャンダにかなり近いところまで迫った。またテンセントのQQ登録ユーザーも9億弱となった。テンセントはこの年、創業まもないアメリカのオンラインゲーム開発会社ライアットゲームズにも出資し、同社のプロダクト「リーグ・オブ・レジェンド」の中国代理店となった。

テンセントが自身の戦い方を見つけた頃、オンラインゲームの盟主であるシャンダは戦略的に迷走していた。100億元近い現金を手にして怖い物なしだった陳天橋は、「サイバーディズニー」を構築するという新戦略を提起し、文学、音楽、旅行、映画・ドラマ、動画など複数の分野に次々に進出して、オンラインゲームをプラットフォームとする広大なエンターテインメント王国を構築しようとした。シャンダはこの戦略によって複数分野開拓の泥沼にはまり、ほぼすべての分野で強敵に遭遇した。また同社のオンラインゲーム上の先発優位は、精力を分散したがために次第に失われていった。

リアルタイム通信ツールと異なり、オンラインゲームユーザーのプラットフォームに対する忠誠度と依存度は非常に低い。ゲームがつまらなくなると、すぐにきびすを返して去っていく。インターネットの世界では、中核プロダクトとキラー級アプリケーションをなくした企業は、防御施設を失って陥落と略奪を待つばかりの街と同じとなる。

テンセントがシャンダを抜き去ったのは2009年の4～6月期で、オンラインゲーム収入でテンセントが1億8160万ドル、シャンダが1億7200万ドルとなった。また四半期の純利益は、テンセントが1億7590万ドル、シャンダが6250万ドルで、ネットイースの6850万ドルを下回った。年末にはテンセントのシェアが20%を超え、これ以降シャンダに巻き返しの機会を与えなかった。年間ユーザー数トップ10ゲームのうち、テンセントの「アラド戦記」「クロスファイア」「QQ炫舞」が上位3位を占め、「QQ飛車」も7位に入った。

こうして中国オンラインゲーム界の「恐怖の王」が誕生した。任宇昕は「バーチャル軍」を指揮して敵地を奪い、星は落ち、大地は隆起した。

その後の何年かでテンセントのゲームの優位性は拡大していった。２０１０年1～3月期にはゲーム市場のシェアが25・3％となり、初めて4分の1を超えた。テンセント、シャンダ、ネットイースの3社で市場の62％を占めるまでになった。7～9月期に入り、ネットイースは九城から「ワールド・オブ・ウォークラフト」の代理権を奪ったため、営業収入はシャンダを上回った。

２０１1年2月、テンセントは2億３１００万ドルでライアットゲームズの大部分の株式を取得した。同年8月、「クロスファイア」の中国サーバーの最高同時接続者数が３００万を超えて、オンラインゲーム同時接続者数記録を更新した。２０１3年3月には「リーグ・オブ・レジェンド」がまた記録を更新した。最高同時接続者数が５００万を突破して世界最大のオンラインゲームコミュニティとなった。

さらに２０１3年の1～3月期にはテンセントのオンラインゲーム営業収入は12億１７００万ドルにも上った。なお、ランキングでテンセントに次ぐネットイース、シャンダ、暢游《チャンヨウ》、完美世界《ワンメイシージエ》、巨人《ジューレン》の5社を合わせても8億７０００万ドルだ。うちかつての盟主シャンダは4位まで落ち、営業収入は1億７３００万ドルにとどまった。

テンセントの全収入と利益のいずれにおいても、オンラインゲームの貢献度は突出している。テンセントの２０１1年財務報告書によると、オンラインゲーム収入は１５８億２１００万元に達し、企業収入全体に占める割合は5割を超えている。「アラド戦記」「クロスファイア」

「QQ炫舞」「QQ飛車」「リーグ・オブ・レジェンド」の5ゲームが主な収益源として貢献している。2003年初めに馬化騰がテーブルゲーム参入を決定したときのゲーム担当者は4人しかいなかったが、10年後の2013年、筆者が本著のリサーチをしていた時点では、インタラクティブエンターテインメント部門にゲーム開発者が2000名以上いた。さらに周辺企業も合わせると開発者は計5000人弱で、世界最大のオンラインゲーム開発グループである。

まさにこうした事実により、テンセントはますます何の会社なのか定義しづらくなっていった。

第11章
広告
――ソーシャルプラットフォームの逆襲

「競争優位を判定するには、ある特定産業での競争のために企業のバリューチェーンを定義する必要がある」
―― **マイケル・ポーター**（ハーバード・ビジネス・スクール教授）、『競争優位の戦略』

「毎回、失敗する者が必ずいる一方で、うまく解決方法を見いだす者もいる」
―― **劉勝義《ラウシンイー》**

トラフィック上の勝利

「騰訊網《トンシュンワン》の広告が新浪《シンラン》を超えられると思うかい?」。馬化騰《マーホワトン》(ポニー・マー)は広東《カントン》料理を食べながら劉勝義に尋ねた。

このとき、2人は初めて会った。2005年の真夏だった。その年の騰訊網の広告収入は人民元約1億元、新浪網は8500万ドルだった。あらゆるニュース系ポータルのうち騰訊網のトラフィックは新浪、捜狐《ソーフー》、ネットイース(網易《ワンイー》)、TOMに次ぐ第5位だった。

劉勝義のこの当時のポストは陽獅(Publicis Groupe)中国の業務執行社員だった。1966年生まれの劉は、「四十にして惑わず」を目前にして新たな人生をスタートしたいと切望していた。マレーシア国籍の劉勝義は、アジア広告業界のレジェンドだと言ってよいだろう。大学を卒業してすぐマッキャンエリクソンに入社し、P&Gとネスレの広告業務を担当した。出色の業績を上げたので1994年に香港勤務を命じられ、31歳で中国エリアのゼネラルマネージャーとなった。しかし広告業界に十数年身を置いた劉は、違う業界に移ろうと考えていた。

当時ヘッドハンティング会社が劉勝義に選択肢として提示したのは、グーグル、イーベイとテンセントだった。劉は好奇心に駆られて中国南部の深圳《しんせん》へ出向き、テンセント上層部と面会した。

「深圳に行ったのはこのときが初めてだった。飛行機を降りると、街の青空とあちこちに架けられている足場に目が行った。その日は、テンセントのトップ層が全員来た。皆カジュアルジャケット姿で、ビジネススーツを着ていたのは自分だけだった。面会後に皆で近くの広東料理店で会食したが、テーブルでは皆が好き好きに言いたいことを言いながら私を試験するような状態となった」。会食の最中、劉勝義は料理にほとんど手をつけず、いったんホテルに戻ってから1人で出直して牛肉麵を食べた。劉勝義の第一印象では、馬化騰と劉熾平《ラウチーピン》は騰訊網の将来に不安だらけだった。2人が案じていたのはトラフィックが他社より少ないことではなく、サイトの影響力と広告収入のことだった。

劉熾平は劉勝義が後日社内を見学した際は立ち会わなかったが、頻繁に電話でやりとりを続けた。劉勝義は、その「試験」の会食を終えた後、自分よりも10歳近く若い者たちの仕事に対する誠実さとひたむきさに心から感動したことだけは今も覚えている。それまでテンセントについてはよく知らなかったが、この深圳訪問で入社を決意した。

劉勝義を説き伏せてテンセントに入社させようと劉熾平が考えていたのと同じ頃、騰訊網はトラフィックでの他社追い抜きとイメージチェンジに努めていた。

2005年8月、騰訊網は再びリニューアルして「若者のニュースポータル」から「最善の総合ポータル」への転換を決意したと発表した。これは、エンターテインメント系ニュースと若者に特化していたこのサイトが今後は社会の主流に目を向けることを意味する。それからの

1年間、テンセントは三大ニュースポータルと従来型の紙媒体から大規模な「人材引き抜き」を実施して、400人余りの編集チームをすぐに結成した。

10月12日、中国で有人宇宙船の神舟《しんしゅう》6号が打ち上げられた。中国で初めて「複数名で複数日飛行」という使命を帯びた有人宇宙船だったため、全国民が熱い関心を寄せていた。各大型ニュースポータルもかつてないニュース合戦を繰り広げた。新浪網は得意の報道特集で存在が際立っていた。中国中央テレビとの提携権を唯一獲得した上、費俊竜《フェイジュンロン》、聶海勝《ニエハイション》の両宇宙飛行士家族への独占電話取材を実施した。テンセントは「ポータル＋インスタントメッセンジャー」のモデルで強みをいかんなく発揮した。QQの「ミニトップページ」では即座に神舟6号のニュースをポップアップで表示し、ユーザーをテンセントのウェブサイトに誘導した。2015年10月18日の統計によると、ネットユーザーの「神舟6号打ち上げ」に関するコメント数は、新浪網が10万9610件でトップ、テンセントは10万1587件で第2位となり、ネットイースと捜狐を上回った。テンセントが重大ニュースで初めて得た小さな勝利だった。孫忠懐《スンジョンホワイ》は「我々は、QQターミナルを活用してニュースの即時性とインタラクティブ性を実現したが、他のポータルはただそれを眺めて焦りを感じるしかなかった」と語る。

12月31日、騰訊網はブランドロゴを一新した。おなじみのQQペンギンのデザインから、グリーン・黄色・赤、三つの勾玉が小さなペンギンを囲むロゴとなり、その横に外観が少し変更された中国語ロゴ「騰訊網」と英語ロゴ「QQ.com」が併記されている。アニメキャラクター的な特徴はほぼなくなった。

どんな企業にとっても、新ロゴの採用は大きな出来事だ。しかしテンセントは意外なことに記者会見はまったく行わず、馬化騰が新ロゴを表示したサイトに短い挨拶文を掲載しただけだった。その中でこう述べている。「テンセントは今や、リアルタイム通信、ニュースポータル、オンラインゲーム、インタラクティブエンターテインメントが一体化した総合インターネット企業となった。これまでの騰訊網のロゴでは、もはや騰訊網の現在の事業展開のあり方と経営モデルを表現しきれない」

騰訊網は2006年から強力なトラフィック攻勢をかけ、4月16日から5月6日までの3週間でトラフィックが初めて新浪網を超えた。

6月9日から7月10日までサッカーの第18回ワールドカップがドイツで開催され、またもネットユーザーの「お祭り月間」となった。2006年3月31日の時点でQQ登録ユーザーは5億3000万を突破し、月間アクティブユーザー数は2億2000万に達した。若いネットユーザーは間違いなく最大のサッカーファンなので、騰訊網のワールドカップサイトのユーザーも4560万人に達して新浪網と互角だったが、トラフィックに関しては騰訊網が決定的な差をつけて上回った。

8月18日、この年度に最もヒットしていたテレビのオーディション番組『超級女声《チャオジーニューション》』の全国決勝大会が始まった。騰訊網は湖南衛星テレビと提携してネット番組『超級女声チャンネル』を配信し、億単位のファンが「超級女声」のすべての戦いの模様をＱＱ直播《ジーボー》によりオンデマンド視聴した。チャットのプラットフォームでオーディションの感想を述べ合うこともできる。多くのファンが自分のライブ配信室やＱＱグループを立ち上げ、ＱＱの先天的なコミュニティ機能が余すところなく発揮された。

ワールドカップと「超級女声」という話題性のある二つの出来事を経て、騰訊網は自身が中国で首位、世界で第5位のポータルサイトに躍り出たことを高らかに発表した。だが、それはあくまでトラフィック上の勝利であり、媒体としての影響力、ひいては広告収入とは必ずしもマッチしていないことを、会社の内外を問わず誰もが心の中で承知していた。

「ディオールを買えるＱＱユーザーはどのくらいいる？」

劉勝義は２００６年初めにテンセントに入社し、ネットマーケティングサービスと企業ブランドを担当するエグゼクティブ・バイスプレジデントに就任した。７月には、時事政治系雑誌『南風窓』の編集長を務めたことがある陳菊紅《チエンジユーホン》が騰訊網編集長就任を命じられた。彼らの使命は「騰訊網を『三低（低年齢、低学歴、低収入）』のイメージから脱却させ、真の主流媒体にすると同時に、広告価値を発掘すること」だった。

劉勝義はインターネット媒体で働いた経験はまったくなかったが、騰訊網の広告価値はあまりにも低く評価されすぎていると直感的に思った。騰訊網は2006年ワールドカップ開催期間のトラフィックが新浪網を上回ったが、得られた広告収入は新浪網の4分の1にすぎなかった。通年についても、騰訊網の広告営業収入は新浪を下回っただけでなく、捜狐のわずか37%しかなかった。

2007年4月、北京《ペキン》、上海《シャンハイ》など大都市の空港に騰訊網の大型電飾広告が登場した。多数の小さい図案が動いて大きなクジラ、タカ、ライオンの輪郭を形づくる。広告のテーマは「大きな影響、大きな反響」だ。テンセント史上初めて出した屋外イメージ広告であり、劉勝義が入社後に初めて手がけた仕事だった。劉は、騰訊網の低年齢イメージを転換させるとともに、政府や企業関係者の比率が最も高い空港でブランド影響力を拡大しようとしたのだった。騰訊網は、ボアオ・アジアフォーラム、世界経済フォーラムのニュー・チャンピオン年次総会でもそれぞれインターネット提携パートナーを務め、さらに女子サッカーワールドカップのオフィシャルサポーターにも就任した。劉勝義はこうした行動により、最も手っ取り早くテンセントをより主流的地位にある大人向けの存在に転じようとした。

しかし「脱低年齢化」戦略は一時期、社内全体がそれにほとんど順応できなかった上、効果としてもギリギリ合格点に終わった。現実は、劉勝義の想像よりもだいぶ複雑だった。

テンセントに入社してまもない頃、劉勝義はフランスの化粧品会社ディオールの元へ自ら出向いて広告出稿計画について交渉した。それまでの十数年、劉のプロとしての広告提案は一貫してブランド企業の信頼を得てきた。しかしこのときは、劉には答えようがない疑問を李達康《リーダーカン》ディオール中国エリア総裁がぶつけてきた。「ディオールの商品を買えるＱＱユーザーはどのくらいいる？」

ディオールの主な広告の受け手は25歳以上、良好な教育を受けて収入も高い都市のホワイトカラー女性だ。これは、「低年齢＋ローエンド」というＱＱユーザーの一般的な印象とは大きく異なる。ディオールは、試験的な目的と劉勝義への敬意から２００７年６月にＱゾーンに「ディオール空間」を開設し、探求的な意味で広告を出稿することに同意した。「バレンタインデー」シーズンの２００８年３月15日、テンセントはディオールと合同で「寄り添って・好きになる」と題するキャンペーンを実施した。キャンペーンに参加するＱＱユーザーは、自分のＱゾーンに恋人との写真をアップするだけでディオールのバーチャルなストラップをもらえる。あるいは、ディオールの香水を割引価格で購入できる。テンセントはキャンペーン用に、Ｑゾーン、ミニトップページとポータルサイト上に立体的に広告を掲示する場所を設けた。

１カ月後にモニタリング会社から提出されたデータは、理想的な内容ではなかった。初の提携による取り組みの結果は、テンセントにもディオールにも満足のいくものではなかった。このことは、どんな広告生態系ならよりブランド形成に効果的なのかを、２億２０００万のアクティブユーザーを擁するテンセントがじっくり考え始めるきっかけともなった。

２００８年６月、都市のホワイトカラーを購読対象とする雑誌『第一財経週刊』が「ペンギンの過ち」という特集記事を掲載し、テンセントの主流化広告戦略を思い切り皮肉った。「テンセント社が過去に成功させた事業はすべて若いユーザーのニーズに基づいており、まじめなニュースを報道している新浪網とは大きく異なる。ペンギンという動物が南極を離れるのがどれほど危険かを誰もが知っている」と書いた。

記事の筆者には、ローエンドイメージからの脱却を図ろうとしているテンセントが「南極を離れようとしているペンギン」に見えたのだった。

この記事において、取材を受けた者たちは皆テンセントの新戦略に対して冷ややかな姿勢を示した。不動産仲介機関のあるセールスディレクターはこう語っている。「テンセントに不動産広告を掲載する？　ムチャを言わないでくれ。当社は通常、捜房網《ソウファンワン》、焦点房地産《ジアオディエンファンディーチャン》、新浪房産《シンランファンチャン》にお願いしていて、テンセントには頼んだことがない」。ゼネラルモーターズのニューメディアマーケティングの統括者も「テンセントの自動車チャンネルは、テンセントの独自性があるものではない。当社はウェブサイト側が提供するトラフィックだけを見ているわけではなく、ふだんから自社でデータ集めとサイト間の比較を行っている」と述べた。新浪広告部で不動産広告の販売を担当しているある従業員は「当社はそもそもテンセントを競合とは思っていない」とまで発言している。

『第一財経週刊』のこの記事に、テンセント、特に直接取材を受けていない劉勝義は強い不満を抱いた。抗議の結果、同誌は次号に短い謝罪文を掲載せざるを得なくなった。「弊誌は一つ過ちを犯しました。『ペンギンの過ち』において、劉勝義テンセント社エグゼクティブ・バイスプレジデントのコメントとして書いた2カ所は、記者が直接取材して得たものではありませんでした。その結果、記者が本人に直接取材したかのような誤った印象を与えてしまいました」。とはいえ『第一財経週刊』がある基本的な事実を提示したことは確かだった。自動車、不動産、金融および高級化粧品業界はテンセントの商業価値に懐疑的である、という事実だ。テンセントは、自身の価値をよりよく証明できる方法を探さなければならなかった。

MIND——インターネット広告の再定義

李達康にこのやっかいな質問をされた頃、劉勝義自身もすでに答えを考えている最中だった。「テンセントも一連の新たな広告出稿基準が必要かもしれない、という意識はあった。つまり、我々はインターネット広告を再定義する必要があるということだ」。劉は後日、筆者にそう語った。

テンセントのポータル形態は、従来の意味でのニュースポータルとは明らかに異なる。後者の情報は単方向に送られて受け取られるが、騰訊網はインタラクティブな共有と体験がベースである。ユーザー行動はコミュニティ的な特徴を色濃く持っているので、分析して把握することが可能だ。

２００７年以降、ソーシャルネットワークの概念が成熟したのに伴い、消費者行動に基づくデータ分析が可能となり、世界のインターネット業界では皆が新たな広告運営モデルを模索していた。

２００７年11月、フェイスブックが「信用推薦」をテーマとしたセルフサービス広告をスタートした。この「ビーコン（Beacon）」という名の広告サービスは、獲得した消費記録に基づいてユーザーに関連商品情報をプッシュ送信する。この行為はユーザープライバシー侵害の疑いがあるため、ユーザー３６０万人が集団訴訟を起こした。フェイスブックは公の場で謝罪せざるを得なくなり、情報プッシュ送信のロジックと方法も変更した。この試みは失敗に終わったが、皆がソーシャルネットワークとパーソナライズド広告の将来を目の当たりにすることになった。

フェイスブックが「ビーコン」事業を試行していたのとほぼ同じ時期、テンセントのオンラインメディア事業部広告チームは、社内のブレインストーミング会で「テンセントの英知」として「ＭＩＮＤ」を提起し、劉勝義の支持を得た。

〈Measurability〉

測定可能な効果を用いて、オンラインマーケティングの有効性、持続可能性および科学性を体現する。

〈Interactive Experience〉

インタラクティブな体験を用いて、質の高いイノベーティブな体験と面白さに満ちたネットライフを提供する。

〈Navigation〉

精度の高いナビゲーションを用いて、ターゲットユーザーの高精度な選択とオンラインマーケティング体験の効果を確保する。

〈Differentiation〉

差別化されたポジショニングにより、オンラインマーケティングの差異を生み出し、顧客ごとに異なるニーズに応える。

MINDは、効果、インタラクティブ性、ナビゲーション、差別化の4点からインターネット広告の出稿ロジックと評価基準を再定義した。他のポータルサイトと比べて、このモデルは間違いなくテンセントに合わせた「オーダーメード」だった。

劉勝義の考えによると、各種ネットユーザーの足跡にはいずれも法則性があるという。「仮想世界においては、人々がインターネットにアクセスする経路が無数の広告接点を生み出すことができる。デジタル接点の属性に応じて広告を変えることで、ユーザーを立ち止まらせることが可能だ」。テンセントは全方位をカバーする生活プラットフォームであり、ユーザーをカバーしている点は強みだ。１００個余りのプロダクトと事業によって、Ｂ２Ｂ以外のあらゆるインターネット機能を実現できる。したがってテンセントは、広告のさまざまな受け手のネットアクセス習慣を効果的に分析することさえできれば、そうしたユーザーをさまざまな位置で高精度に足止めさせて広告を見てもらえる。

技術部門は、この理念を支えとしてユーザーシステムのアップグレードを実施した。ユーザーデータを整理し直し、それまでは無秩序だった情報を、分類した上でさまざまなタグをつけた「枠」の中に入れて、各種マーケティングツールによる検索と分析に使えるようにした。広告部門は、上記の情報に基づいて精度の高いターゲティングツール（ＴＴＴ　訳注　Tencent MIND Targeting Tools の略）を開発した上で、このツールを各種の広告受け手とセットにしたメニューを作り、多様な広告主に利用を勧めた。テンセントは、受け手を細分化した広告効果指標報告書をいつでも広告主に提供できるようになった。たとえばクリック、露出、ユニーククリックなど、パーソナル広告がサポートする各観点（地理情報、性別、年齢、シーン等）を細分化した統計報告を作成できる。

この一連のシステムは「デジタルメディア接点ソリューション」と称され、郭斯林《グオスーリン》、劉曜《リウヤオ》、翁思雅《ウオンスーヤー》らがその実行者だった。

２００８年4月15日、北京で開催した「テンセントの英知・２００８高効果オンラインマーケティングサミット」において、劉勝義は初めて一般およびメディアに向けてＭＩＮＤモデルを提起した。その少し前にアメリカの市場調査会社ＢＤＡが発表したデータによると、中国にはすでにインターネットユーザーが2億２０００万存在し、アメリカのネットユーザー数2億１７００万を超えて初めて世界一のインターネット大国となった。劉勝義の招きを受け、このサミットに出席するために北京にやってきた統合型マーケティング・コミュニケーション（ＩＭＣ）の父、ドン・シュルツは講演でこう述べた。「インターネットは、統合型マーケティング・コミュニケーションに大きな変化をもたらす。単に外に向けて発信するという伝達のあり方は、インターネットでは二度と存在しなくなるだろう。ネットでの伝達体系は、単に外を向いているのではなく、インタラクティブである。情報は、マーケティング担当者や情報伝達者が統制するのではなく、顧客が統制する。顧客は伝達のターゲットではなく、マーケティング担当者や情報伝達者と同等の地位にある。また、消費者も企業が説得する対象ではなく、企業がその応答に耳を傾ける対象である」

ドン・シュルツのこの考察は、劉勝義が提起したＭＩＮＤモデルとはからずも一致していた。試行錯誤するうち、劉勝義のプランはのちに成果が出てきた。馬化騰は２００８年下半期にあるメディアの取材を受けた際「我々は多数のクライアントの広告出稿計画を改善し、約20％から30％の向上効果を生み出した。低コストのユーザー資源を再編成するだけで、これだけ大きな率のアップが実現した。新モデルの潜在力はやはり大きいと私は確信している」と語っている。

データを見ると、テンセントの広告事業は劉勝義入社後の2年間で大きく前進した。2007年のネット広告収入は前年末と比べて84・9%増えて4億9300万元に達し、グループ総収入の12・9%を占めた。さらに2008年には広告収入が前年比67・5%増の8億2600万元となった。ちなみに新浪の2008年広告収入は対前年比53%増の2億5850万ドルだったが、テンセントとの差は縮小しつつあった。

データよりも重要なのは、テンセントがMINDの提起によって、差別化による超越の道筋を見いだしたことだ。MINDが内包するデータ分析と高精度の広告出稿の理念は、ソーシャルネットワークの新たな精神により強く合致していた。

劉勝義は2009年にMINDバージョン2・0を提起した。広告主はこの体系のもとで、自身の多様なプロモーションニーズに基づいて広告プロダクトとツールを選択し、メディアリソースの統合を行える。その料金計算方法も、広告主のマーケティング費用対効果（ROI）と関係している。2011年、劉はさらに人脈ベースのMINDバージョン3・0を提起した。さまざまなタイプの媒体にワンストップ型の商用化しうるアクセスを提供するもので、広告主の多様な出稿ニーズにサービスインターフェースを提供するとともに、サードパーティーのサービスビジネスパートナーにも技術・アクセスを提供する。こうして、新たな「広告出稿の生態系」が構築された。

劉勝義が推進するMIND方法論は誕生後の9年間で、デジタルマーケティングの方向を探る上で絶えず進化、アップグレードし続け、その間に集客・分類・オープン化・リンクの4段階を通過して、現在はすでにMIND5・0、すなわちモバイルパノラマ時代のデジタルマーケティング方法論に入っている。

デジタルマーケティング分野の最前線に位置するこの方法論は、テンセントネットメディアのポータル時代におけるマーケティングオペレーションと専門性の蓄積を踏襲した上で、モバイル時代に興ったマルチ・オケージョン・マーケティング、ネイティブ広告、知的財産コンテンツ運営、ブランド効果の一体化、プログラム化傾向、テクノロジードリブンといったほぼすべての最先端分野も包括している。こうして、モバイル時代のデジタルマーケティング理論と実践が結合し、新しい世代ならではのソーシャル、エンターテインメントおよび消費についての考え方をしっかり把握し、広告対象者に対して最も深い認知と理解を有する主流方法論が形成された。広告主はMIND5・0の助けを借りて、絶えず衝突・イノベーション・トライアルを続け、適切な主流層のコミュニケーション方法を見いだすことができる。

理論と実践を密に結合させた成果により、テンセントは国内デジタルマーケティングの規格およびルールの発起人兼重要参画者の1人ともなった。2016年8月、テンセントは発起人の1人として、国内初の媒体評価・認証機関である中国媒体評価委員会の創設を積極的に推進し、劉勝義が初代理事会主席に選出された。

現在、テンセントのネット広告事業収入の成長率は2桁を維持しており、テンセントの業績成長の大きな支えの一つだ。特にモバイルの運営業績と商業化への貢献は、絶賛に値する。

2015年6月、劉勝義は第62回カンヌライオンズ国際クリエイティビティ・フェスティバルの表彰台に上った。この栄誉を手にしたのは、華人としては世界初だった。劉に「メディアパーソン・オブ・ザ・イヤー」金獅子賞を手渡したカンヌライオンズのテリー・サベージ会長は、「劉勝義は今のメディアの枠組みの中で大きな影響力がある。彼に率いられて、テンセントオンラインメディア事業グループは世界最大のオンラインメディアプラットフォームの一つとなった」と評価した。

広点通《グァンディエントン》——「効果広告」の逆襲

湯道生《トンドウサーン》は2010年にインターネット付加価値事業部門のトップとなった。この頃の湯は標準中国語がだいぶ上達し、発音しづらくウケない冗談なども言えるようになっていた。技術畑出身の湯にとっても、トラフィックの効果をどう高めるかが課題であり、そこから「広点通」が誕生した。

QQシリーズを主力プロダクトとするソーシャルプラットフォームは、従来の意味でのニュースポータルと比べて、自身に適した広告出稿モデルを見いだせないままだった。このためテンセントは、日々の膨大なトラフィックをむだにしてきた。だがビッグデータマイニングという新技術ツールの出現によって、湯道生に新しい道が開けた。

劉勝義の「出稿の権利を広告主に返す」という理念と同様に、広点通もテンセントの膨大なトラフィック資源を放出し、自由に分配して出稿する権利を広告主に与えるというモデルだ。その理論的な基盤となるのが、当時はまだほとんど知られていなかったビッグデータマイニングだった。湯はこの件のための少数精鋭部隊を結成し、トラフィックの属性と価値に対するシステムの開発を進めた。

インターネット広告は、長期にわたって二つのモデルに支配されていた。

一つは新浪、捜狐などのポータルサイトが推進していた「ポータル広告」だ。広告の受け手から見ると、ポータル広告はテレビや新聞など既存媒体の広告と本質的な違いはなく、主にバナー形式で表示される。アクセス者を細分化しづらいため、媒体の属性と影響力に大きく依存した広告表示がなされ、広告効果は広告露出数によって測定する。

もう一つは検索エンジンサイトが主導する「検索広告」だ。2005年以降、ネット広告は良好な大成長を見せ始めた。グーグル、バイドゥ（百度）やアリババがこの時期の代表で、ユーザーの検索キーワードに基づいて関連する広告内容が表示される。これ以降ネット広告は精密マーケティングの時代に入った。

「ポータル広告」や「検索広告」との違いを示すため、広点通は「効果広告」という過去にないコンセプトを提起した。

広告業者は出稿の際「時間を購入する」形だったが、「効果の購入」にグレードアップした。広告費用が広告で生じる効果に基づいて計算されるのが大きなアピールポイントだ。広点通は、ユーザー属性と友達のグループに応じて広告内容を推奨し、表示する。同じインターフェースにアクセスしても、それぞれのユーザーに応じてオーダーメードのように別々の広告が表示される。広告のパーソナライズ表示とインタラクティブな体験が強化されるだけでなく、ユーザーのソーシャル属性と友達のリレーション・チェーンによって広告の影響力拡大と拡散も進む。ユーザーからすれば興味のある広告だけを見ることになり、広告クライアントからすればむだな広告費を省くことができる。

広点通はまずQゾーンでスタートした。広告主は、1回当たりの有効な閲覧のために支払うコストが低くなる。この非常に細分化され、広告効果に応じて出稿を促すモデルは、すぐに広告主規模の大小を問わず幅広く好評を得た。2011年以降、広点通の対象となるトラフィックは、ウェブスペースからQQクライアント、携帯電話版Qゾーンなど多様なプラットフォームまで広がった。オープンな高品質トラフィックは1日当たりのべ100億人以上に達し、多様な形式とシーンを柔軟に選択できるようになった。この新モデルによってテンセントの広告事業は劇的に促進され、2012年のテンセントの全ネット広告収入は史上初めて新浪網を上回った。

この時期はちょうど、ニューメディアのブームが急速にPCからモバイルへ、ポータルからソーシャルへ、モバイルから「一般人のメディア化」へと移行する時期でもあった。情報形成の方法はタイムラインから関心点へと変化し、ビッグデータとAI技術に基づくコンテンツプラットフォームは新時代のコンテンツ供給の中軸に変わり、リアルタイムで賢くコンテンツを読み手にマッチさせられるようになった。こうした流れの中で、「パーソナライズ」「アルゴリズム・レコメンド」を特徴とする、読者の興味に合わせて情報を配信するプロダクトが急速に登場し、またアグリゲーションプラットフォームというカテゴリーの情報アプリを一歩前進させた。

劉勝義が率いるテンセントのオンラインメディアは一貫して、トレンドを見極めた上でアップグレードを続けてきた。「テンセントニュース」のクライアントは、各種の大型モバイルアプリケーション市場でトップになった。また、トレンドをしっかり踏まえた上でユーザーの興味に合わせてニュースを送信するプロダクト「天天快報《テイエンテイエンクワイバオ》」もリリースした。このプロダクトは、大きな互換性、エンターテインメント化、フラグメント化という位置づけだ。プロダクト「天天快報」は「芒種《マンジョン》計画」とペンギンメディアプラットフォームにより大量のコンテンツをアグリゲートし、「精密なアルゴリズム＋運営」によってコンテンツをプッシュ送信し、読者がそれぞれの興味の範囲に応じて、自分にとって面白いコンテンツを探し出せる。

2016年上半期、長年業界トップの座を守ってきたテンセントニュースに加え、「天天快報」がわずか1年で急成長してマーケットで第3位となった。「テンセントニュース+天天快報」というデュアルエンジン戦略により、テンセントはニュース情報クライアント上位3位のうち二つの座をしっかりと確保し、モバイルインターネットへの移行を見事に実現した。

第3部

巨頭

2010～2016年

第12章
ユーザー
―― ポニーのプロダクト哲学

「小走りは、束縛されない馬の特徴と言ってよい」
―― **レオナルド・ダ・ビンチ**（イタリアの画家）、「絵画メモ」

“Don't make me think!”
―― **馬化騰《マーホワトン》（ポニー・マー）**

「鳥しか見えない子はよい弟子」

インドの神話的叙事詩『マハーバーラタ』（Mahabharata）には、こんな話がある。

師匠のドローナは、矢を命中させる方法を弟子たちに教えるために森へ行き、ある弟子に聞いた。「鳥は見えるか」。「見えます」。さらに、森と私が見えるかと尋ねたところ「すべて見えます」

別の弟子にも鳥、森と人間たちが見えるかと聞くと、その弟子は「鳥しか見えません」と答えた。

ドローナがその弟子に弓を引かせると、矢は鳥に命中した。

ドローナは、鳥しか見えない子はよい弟子だ、と言った。

これは、集中に関する話である。

馬化騰はＱＱのサービスを開始したその日から「鳥しか見えないよい弟子」だった。鳥とはユーザーだ。

馬化騰は、一般的な意味での「戦略」や「マネジメント」をあまり気にとめていないように思える。少なくとも表面的にはそう見える。だがその考察は正確とは言いがたい。テンセントの成長史をかなり長期的に見渡すと、この企業の形態転換およびイテレーションの駆動力は、既定の戦略ではなくプロダクトの持続的イノベーションから生まれている。そしてイノベーションも、ラボラトリーから生じたのではなく絶えず変化するマーケットの需要に由来している。ケビン・ケリーは早くも1998年に著書『New rules for the new economy』（邦訳『ニューエコノミー勝者の条件』）の中でインターネット企業のそうした典型的な特徴を予見し、これを「流動的変化」と呼んだ。すなわち、インターネット経済は単なる変化から流動的変化の状態に入り、流動的変化が既存の事物を覆し、さらなるイノベーションを育む場を提供する。こうした動態は「複合再生」と見なされるものかもしれず、混乱のへりを源としている、という。

2003年、唐沐《タンムー》はキングソフトを退職してテンセントに入社し、2006年にテンセントのユーザーリサーチ・体験デザインセンターのゼネラルマネージャーに就任した。同センターの創設者兼責任者である。唐は、キングソフトとテンセントのプロダクト開発上の違いについてこう説明した。

ソフト開発は通常年単位で行う。年初にプロダクトマネージャーが要件定義書のアウトラインを完成させ、各方面の評価が終わってからプロジェクトが始動する。設計、開発でそれぞれ作業して数カ月後にテストを実施してからゆっくりとイテレーションを行う。1年という時間は長いように思えるが、プロジェクトのデッドラインの頃には皆が時間が足りないと叫んでいる。最後にはプロジェクトマネージャーが無理やり終わらせて、バージョンの記載を仕上げ、ディスクにプレスする。あらゆる心残りは、プレスの瞬間に全部消え去る。こうして、1年かけて開発されたソフトウエアと呼ばれるものは、フィーチャーに至らなかったもの、解決が必要なバグ、調整すべきユーザーインターフェースを混在させながらディスクに焼かれて大量生産され、パッケージを整えて消費者に届く。

一方、インターネット企業の制作はそれとはまるで違う光景だ。2003年にテンセントに入社したばかりの頃、この会社のスピーディーさにかなり驚いた。1カ月に1バージョン出すのだから。私も、インターフェース設計の時間は1~2週間しかもらえない。しかも大半の進行は開発と重なっている。プロダクトマネージャー(もしいれば)がユーザーのフィードバックと競合の状況に応じて要件定義書を作成し、インターフェース設計と開発は同時進行となり、テストの時間は取れるかどうかわからない。こうして1カ月かけて開発されたインターネットソフトウエアと呼ばれるものは、フィーチャーに至らなかったもの、解決が必要なバグ、調整すべきユーザーインターフェースを混在させながらパッケージとしてサーバー上に置かれ、ウェブにリンクを用意してユーザーへのダウンロード提供が始まる。

唐沐が説明した光景が、まさにテンセントの流動的変化への対応戦略である。変化があればやり方を変え、決まりきった方法は永遠にない。

馬化騰はテンセントの漸進的なイノベーションを「小股の疾走、試行錯誤のイテレーション」と説明した。馬の考えでは、毎回のプロダクト更新はいずれも完璧ではないかもしれないが、小さな問題を毎日一つか二つ発見して修正を続ければ、1年もしないうちに作品はほぼ磨き上げられて、プロダクトらしくなったと思えてくるのだ。

「あの人はメール魔」

バーチャルなインターネット世界はリアルな世界と少しも違わない。インターネットの世界はいつも無秩序で混乱したシーンばかりが浮かび上がるが、実は高度にオープンな構造を持ち、創造、驚き、自由、そして潜在力があふれんばかりに詰まっている。まさにバフチンが提示したように、このような世界は「終結不可能性」を持ち、いつまでも変化し続ける。自由な創造を頼みとする一方で、適度な節制にも依存している。こうした生態環境において、トレンドを把握する力とディテールを把握する力は、二つとも同じように重要である。

馬化騰は「話して伝えるのが苦手な人間」を自称しており、ほぼすべてのプロダクト研究開発に自ら加わる。イテレーションによってプロダクトを進化させてから、メールで「指導碁を打つ」。馬は中国随一の「メール魔」と言ってよいだろう。

筆者の取材に応じたテンセントの社員やOBは皆、馬化騰の「メールの神がかったパワー」

に驚きを示し、理解不能なパワーとすら思っている。テンセントは各プロダクトラインのアイテムが非常に多いことで有名だが、馬化騰はあらゆるイテレーションの詳細までほぼ目が届いている。

かつてQゾーンの開発を率いた鄭志昊《ジョンジーハオ》によると、馬化騰が鄭のチームのメンバーとやりとりしたメールは少なくとも2000通を超えていたという。また2007年に張小竜《ジャンシアオロン》がQQメールのリニューアルを担当した際、当時のテンセント体系内では隅に置かれていたプロダクトだったにもかかわらず、馬化騰は1年半の間に張のチームと1300通以上のメールをやりとりしたそうだ。

あるプログラマーは、筆者にこんなエピソードを明かした。あるとき、パワーポイントのファイルを作成し、深夜2時に馬化騰に送信した。本当はシャワーを浴びて寝るつもりだったが、20分とちょっとで馬から返事が来てファイル修正を提案された。また以前にQQ会員事業を統括していた顧思斌《グースーピン》も、馬化騰はウェブページのフォント、バイト、フォントサイズ、色などに非常に敏感だったと振り返る。顧は以前、文字間隔に問題があるように思える、と指摘する馬からのメールを受け取ったこともあった。

テンセント社内に広く伝わっているこんな話がある。ある朝出勤すると、ポニーから明け方4時に発信されたメールが届いていた。総裁はすぐに返信し、副総裁は10時半に返信した。ゼネラルマネージャー数名は正午に討議の結果を返信した。午後3時には技術プランが完成し、夜10時にプロダクトマネージャーがそのプロジェクトの詳しいスケジュールを発信した。ここまでで計18時間しかかかっていない。そのため張志東《ジャンジードン》は、「テンセントのプロダクトイテレーションは、馬化騰のメールに後押しされて進むプロセスだ」と言っている。

これらの事例から、ユーザーのニーズを深く知り抜いていなければ、プロダクトを万全にする対応はこれほどスピーディーには進まないことがわかる。かつてヘンリー・フォードは「成功の秘訣は、自分の足を他人の靴に入れてみて、他人の視点で物事を考えることだ。サービスとはそういう精神であり、お客様の立場に立って世界全体を見ることだ」と言った。顧客の視点でビジネスを考えることは、どうやら公然の秘密のようである。

以前、馬化騰に「あれほど多くのプロダクトを、どうやってきちんと把握しているのか」と尋ねたことがある。

答えは、特に変わったものではなかった。

第一に、一般のユーザーと同様に、毎日交代で一つずつプロダクトを使用すること。「プロダクトに足りない点を発見するための最も簡単な方法は、毎日そのプロダクトを使うことだ。プロダクトマネージャーは、感覚を研ぎ澄ましていないとプロダクトの足りない点に気づけない。問題を見つけられないと言ってくるマネージャーがたまにいるが、私はいつも不思議に思う。プロダクトをリリースしてから、マネージャーが3カ月使い続ければ必ず問題をいくつも発見できると私は確信している。問題は数が限られているので、毎日一つ見つけて解決していけば、徐々に『高評価』のレベルに近づける。仕事の技術性が高いわけではないからそれをしない、というのではいけない。よいプロダクトは皆そういうやり方で完成するのだ。当社のリーダーたちは、単に下の者たちに作業を割り振るだけではなく、絶対に自らも作業をする必要がある。それらは難しいことではなく、取り組み続けることが鍵だ。一つのプロダクトの基本的な形ができあがるまで、『この週末に試さないと、必ず問題が生じる』という気持ちを絶対に持っていなければならない」

第二に、しょっちゅう各プロダクトのユーザーフォーラムに行き、自分からは書き込みせずにひたすらさまざまな声とフィードバックを読むこと。

「どこから問題を探すかというと、フォーラム、ブログ、RSSだ。上級ユーザーはフォーラムで質問したがらないので、プロダクトの作り手である我々のほうから主体的にフォローし、調査したり検索したりする必要がある。その後にこちらからユーザーに接触して問題解決を手助けする。明らかにユーザー側のミスであるケースもあれば、我々自身の問題である場合もある。我々は前向きな気持ちでいなければならず、ユーザーが見つけた問題を我々が解決したいという願いを持っている。問題がどんなに小さいものであっても、解決に至ればそれは大きな出来事だ。中には、何か措置を講じれば効果がすぐに出るものもある。あちこちに目配りして、運営を常に見ている必要がある。たとえば、製品の作動が遅いと感じる場合、ユーザーにとってはIDC（インターネットデータセンター）が悪いのか、それとも他の原因なのかは関係なく、動きが遅いことだけしかわからない」。社内に明文化された指示はないのだが、テンセントのエンジニアたちは2時間ごとに交代でモニタリングし、ネットに寄せられたユーザーの意見に回答するという習慣ができあがっている。

馬化騰の推進により、テンセントには「10／100／1000の法則」が誕生した。プロダクトマネージャーは、毎月必ずユーザー調査を10件実施し、ユーザーブログ100本に目を通し、ユーザー体験1000件を収集してフィードバックしなければならない。

馬本人の言葉を借りると「このやり方は、一見愚かしいが役に立つ」

「超初心者ユーザー」に変身する速さ

張小竜も話して伝えるのが得意ではないタイプだ。2005年3月、Foxmailがテンセントの全額出資で買収された後、馬化騰は張を食事に誘った。そのときが初対面だった。

2012年に取材した際、張はこんな話を披露した。買収協議をしていた時期、テンセントの社員、さらには張自身も含めて、なぜ馬がFoxmailを買収しようとしているのか、あまりよくわかっていなかった。馬と会食した際も、聞くのは何となくはばかられた。だが馬の「Foxmailのユーザー体験はとてもよい。我々も自社で作っているが、どうやってもうまくいかないと気づいた」という言葉は、張には印象的だった。

張はこう話す。「あの頃、ユーザー体験を語る人はほとんどいなかった。ポニーがこの言葉を使ったとき、私がそれに反応することはなかった。なぜFoxmailの体験がよいのか。私自身がソフトウエアを作る者として、そう作るべきだと思っているからだ。だがのちにテンセントに入社して、ソフトを作っている者全員がどう作るべきかを理解しているわけではない、ということが少しずつわかってきた。自分がFoxmailを開発していた頃は、自覚しないままにユーザーの行動をシミュレーションしていた。それがユーザー体験というものだとは知らなかっただけだった」

張は20人弱のチームとともにテンセントに買収され、QQメールの再構築を指示された。「我々がメールを引き継いだとき、QQメールは1日数万人のアクセスしかなかった。社内にはすでにこの事業の責任者がおらず、メールのコードも誰も管理していなかった」。張は自分のチームを率いてシステム全体の再構築を進めたが、開始して2年間はまったく順調にいかなかった。新しくできたQQメールは複雑な上、やたらにサイズの大きい代物だった。のちに張はこう認めている。「テンセントに買収されてからの2年間、自分は管理者に徹して、実務はチームの者たちに任せればいいと思っていた。正直に言えば、私個人はプロダクトの体験にあまり関心を持っておらず、プロダクトの設計に加わることもほとんどなかった。その結果、大きな問題が出てしまった」

2006年10月、張のチームはそれまでの複雑・大型路線を放棄して、軽量のシンプル版に転じることにした。張は、このときから徹底的に自分のスタンスを変えて第一線に復帰した。

「シンプル版を始めてから、私は自分自身のプロダクト体験を真に得られるよう努めた。私の指示どおりにプロダクトを作らせ、どんな要素でも変更する場合は私の同意を必須とした。このプロダクトのあらゆる機能の体験に終始関わったと言える」

シンプル版は極めて速いイテレーションのペースを維持し、2週間おき、長くても3週間おきに新しいバージョンを配布した。

こうした急速なイテレーションに、馬化騰もかなりの熱意を注いだ。メール分野の競合は、何年も前にFidoNetで仲間だった丁磊《ディンレイ》の創業したネットイース（網易《ワンイー》）だ。ネットイースはメールから身を起こし、大きな競争優位を築いた。馬化騰がプロダクトの体験を深めていくやり方は実にシンプルだ。繰り返し使ってみて、改善すべき細かい点を次々に提起する。

「業界でも、当社プロダクトはGmailの模倣だと言われることが多いが、実に底の浅い見方だ。皆、当社のプロダクトを細かく研究せず、インターフェースしか見ていない。確かにGmailは画面が左右に分かれていて、うちのも左右に分かれている。だが体験や細かい仕様では、当社が大きく上回っている」と張小竜は語る。

そして、いくつか例を挙げた。「QQメールで広く評価されたイノベーションは、大容量ファイルの送信機能だ。他社のメールでは通常5メガ程度のファイルしか送れないが、QQメールは容量1ギガまで可能とした。この機能は、多数のオフィスのホワイトカラーに喜ばれた。

Gmailが中国市場を撤退した頃は、まだこの機能はなかった。また『送信ステータスの検索』は、メールを送信後に相手のサーバーに届いたかどうかを確認できる。これはテンセントが初めて搭載し、のちにネットイースも追随した。さらに『セパレート送信』機能は、年賀カードを100人宛てに一斉送信しても、受領者にはその人のアドレスしか表示されない。受け取った側は、自分だけに送ってもらえたと思う」

張小竜に「そうした機能面のアイデアは、ユーザーリサーチを踏まえて誕生したのか」と尋ねると、意外な答えが返ってきた。

「大部分のイノベーションはリサーチではなく、我々が自分で繰り返し体験した結果から生じた」。艾瑞《アイルイ》グループのサードパーティーデータによると、2008年の4~6月期に入ってQQメールのユーザー数はネットイースメールを超えた。2年前にはほとんど想像もつかないことだった。その年、馬化騰は年1回のテンセントイノベーション大賞でQQメールチームに賞を授与した。その後1年余りで、QQメールユーザーは急成長を続けた。2010年6月3日の深夜0時、馬はテンセントマイクロブログ（騰訊微博）に興奮を隠しきれない様子でこう書いた。「QQメールチームはテンセントの誇りと手本だ。みなさんには、どうか大いに提案や要望をお寄せいただきたい。ぜひ今すぐフィードバックを！」

これは、極めて典型的なテンセント式で、かつユーザー体験に頼った戦術的逆襲の成功例であった。

馬化騰と張小竜を取材した際、もう一つこんな質問をした。「ユーザー体験」とはいったいどのような行為なのか。

馬化騰はこう答えた。「インターネット化されたプロダクトは、ディスクに焼いて発売する従来のソフトウエア開発とは異なる。我々は永遠にベータ版であり、すばやくアップグレードしなければならない。2、3日おきに次のバージョンを出すとなれば、変更を絶えず加えながら、フォーラムやユーザーからのフィードバックにも耳を傾けていなければならない。その上で今後の方向を決める。したがってプロダクトマネージャーは、自身が小うるさいユーザーにならないといけない」

張小竜の説明はもっと面白かった。「ユーザー体験とは『超初心者ユーザー』に変身する速さだ」

張は冗談交じりにこう続けた。ジョブズは1秒以内に自分を「超初心者」に変身させることができた。我々はもちろん彼には及ばないが、絶対に「超初心者」に変身しなければならない。

馬化騰による初めてのプロダクトスピーチ

2008年10月、QQメールチームへのテンセントイノベーション大賞授賞式の場で、当時共同CTOを務めていた熊明華《シオンミンホワ》が馬化騰にこう持ちかけた。「スピーチをしてみないか」。難色を示したポニーに、熊は笑顔で「『材料』は私が用意しよう」と言った。

その後数日かけて、馬化騰と広州《こうしゅう》研究開発院がQQメールの開発中に送信した提案メール1000通余りの内容を、熊明華の指示を受けたスタッフがパワーポイントファイルにまとめた。こうして馬は、会社のプロダクト技術サミットでスピーチを「強いられ」ることになったが、結果は「ポニーは大変うまく話していた」。

馬化騰のスピーチ原稿はネットで広く出回った。半ば公の場で体系的に自身のプロダクト観を語ったのは、このときが初めてだった。


〈「コアコンピタンス」について〉


どんなプロダクトにも中核的機能がある。その趣旨はユーザーを手助けすることであり、たとえば時間の節約、問題の解決、効率アップといったユーザーのニーズに応えることだ。コアコンピタンスは究極まで高めなければならない。どのように技術で差別化を実現するかを大いに思考し、他社には不可能、あるいは1年余りかけないと追いつけないようにしなければならない。

多くのユーザーがQQメールについて、使用する唯一の理由はファイル送信の速さとグループがあることだとコメントしている。それがつまり我々の強みだ。我々はその強みを究極まで発揮させないといけない。たとえばオフラインのファイル送信をメールで実現するのは一つのハブである。どんなに大きなファイルでも難しくはない。鍵は取り組むことだ。本当に使用しているユーザーが大勢いるとはかぎらない。しかし、大きなファイルを送りたいのにさんざん探しても送れる所が見つからず、やむなく「しょうもない」QQメールを使った、と言うユーザーがいるかもしれない。それでいいのだ。そこから我々に対する評判が生まれる。

中核的な能力については、まずは技術的な突破口が必要だ。我々は他社に存在するものを作ってはならない。それでは常にナンバー2、ナンバー3だ。それでチャンスもあるだろうが、初めて何かを作り上げたときの喜びは味わえず、ユーザーの共感を失うだろう。このとき、まず注目すべきはプロダクトのハード指標だ。設計と開発の際、外界はそれを競合プロダクトと比較するという点を考慮しないといけない。

大きく育てたいと思うなら、他人が思いついても追いつけないようにする方法をまず考えるべきだ。インターネットデータセンター上にこれほど長く積み上げてきたものを、我々はむだにしてはならない。たとえば高速アップロードとメトロポリタン・エリア・ネットワークのハブは、続いてまた新たな問題が発見されるかもしれない。メールではなくインスタントメッセンジャー上だったら、どのように実現するべきなのか。我々の目的は、ユーザーに超高速、飛ぶように速いと感じてもらい、ユーザー体験をよいものにしていくことだ。それには大量の技術とバックグラウンドの協力が必要である。

プロダクトの更新とアップグレードには、プロダクトマネージャーの協力を要する。しかし当社は、研究開発出身のプロダクトマネージャーは多くない。プロダクトとサービスは、大量の技術的バックグラウンドの支えが必要だ。我々が望むプロダクトマネージャーは経験が豊かな者だ。できれば、フロントエンドとバックエンド技術の研究開発経験を積んでから昇進した者が理想的である。よいプロダクトは技術力と経験のあるスタッフに任せるのが最も望ましく、そうすれば皆がより安心できる。もしプロダクトマネージャーが不適格で、その周りで多くの仲間が働くとなれば、間違った方向に進んでいたとのちに気づくことになるだろう。これは大きなむだであり、チームの士気を損ねてしまう。

〈ユーザーの「評判」について〉

パーソナライズサービスとは、大衆化されたサービスのことではない。ユーザーから好意的な評価を得なければならない。

あるプロダクトが好意的な評価を得ていないときは、プラットフォームを乱用してはならない。当社のプロダクトマネージャーは、精力をうまく配分して50%をプロダクト、50%をマーケティングに充てているようだ。もちろん、基礎の段階でコントロールがきちんとできているなら、それでいい。だが多くの場合、当社は第一点すらうまくやれていない。もし実力と勝算が70%、80%に達していないなら、精力は最も中核的なところに傾けよう。プロダクトが好評価を得て上昇期に入ったら、その時点でまた考えればよい。

プロダクトマネージャーは、最も中核的でユーザーから好評を得られそうな戦略ポイントに着目しなければならない。それを徹底しないと、ユーザーをがっかりさせるだけだ。その後からさらに精力を注いで取り繕おうと思っても、得るものより失うもののほうが大きい。ユーザーが自然に増える（ユーザー自身が友達に当社プロダクトを薦める）ようになったら、そこに口出ししてはいけない。それをやると、こちらの好意が裏目に出る恐れがある。そうした時期には、することや追加するものの一つひとつを慎重に考えよう。プロダクトのよい評判を増やすには、絶対に建設性が必要だ。いったんユーザーの評判を損ねたら、ユーザーを取り戻すのは難しい。

機能の追加に関して、機能の管理統制にはテクニックが必要だ。中核的機能をすべて完成させた後、常用する機能を少しずつ整備していく。プロダクトの部分的、微細な所のイノベーションは永遠に万全にはならないものだ。よい評判を得ているプロダクトの場合、機能を追加する際は毎回しっかり考えないといけない。その機能は、10％のユーザーに好感を持たれる一方で、90％のユーザーが困惑するかもしれない。そういう相反がある場合は賢く対応し、状況に応じて回避しなければならない。どんな機能も、多用されているからよいものとはかぎらない。使った人が皆よいと思うものこそが本当によいものだ。

プロダクト開発の際は、強力な研究開発体制による保証が必要だ。保証があれば、プロダクト開発はよりアジャイルでスピーディーになる。大型プロジェクトであってもすばやさが必要だ。3カ月後に完成したら披露するから待っていてくれ、などと言ってはいけない。その頃には、競合がどのくらい先を行っているかわからない。

開発したプロダクトの良好な評判を得るには、ハイエンドユーザーやオピニオンリーダーが関心を持つ方向を注視しないといけない。以前の当社はボリューム層のユーザーを最重要視し、大半を占める「右も左もわからない」ユーザーのニーズを満たそうと考えていた。だが今になって思えば、ハイエンドユーザーの感じることこそが、よい評判を得る真の決め手である。

〈「体験的イテレーション」について〉

プロダクトマネージャーは、自身が「最も小うるさいユーザー」にならなければならない。我々がプロダクトに傾ける精力には限りがあり、インタラクティブなコンテンツが多いので、最もよく目にする部分を優先しよう。トラフィック、使用量が最大のところを考えて、ユーザーが快適に使えるように整備しなければならない。感覚的、触覚的に磨きをかけて、困惑があるなら考慮して改善しないといけない。たとえば、マウスをあまり移動させずに、すぐクリックする場所までいける、などだ。

開発者は、仕事だから一切私情は挟まないという姿勢ではなく、自分の心でプロダクトのことを考えよう。開発者はユーザーや同業者が自分のプロダクトに注目していることを念頭に置き、責任感を持って主体的に自分の仕事を完遂させなければならない。流れ作業のように、プロダクトが前工程までできあがって自分の前に来るのを待ち、それから自分の仕事をする、というやり方ではいけない。40～50％のプロダクトの最終体験は、開発者が決める。プロダクトのスタッフは、仕事の一部は開発者が設計しているものだからと言ってねたましく思ってはならない。そういう形こそがチームの共同参画なのであり、そうしないとできあがったプロダクトは必ず他社に後れを取ることになる。

〈「細部の美学」について〉

メールの「返信」ボタンを右と左のどちらに設置するかなどの問題は、皆がしっかり考えなければならない。どちらがよいか結論が出たら、配布してテストする。あるユーザーにメールを送信する際、そのユーザーが複数のメールアカウントを持っていたとして、どうすればそれらのうち直近に使用したアカウントをデフォルトにできるのか。そういうニーズは小さいものかもしれない。だが本当に実現できた場合、ユーザーはどこがよいのかを具体的に語らないにしても、よいと言うだろう。

開発するプロダクトは、ユーザーの使用習慣に合っていなければならない。たとえばメールの文章を書く際に、いつもキーボード操作でコピーしている人のほうが多いなら、技術的ハードルが高くても、実現することは可能だ。また、マウスのレスポンスのよさや便利さなどについても同様だ。

設計においては、我々は以下の点を貫くべきである。
・ユーザーに強要しない。
・1％の需要のために99％のユーザーを困らせない。
・あっさりしたアート。寸止めにしておく。
・低年齢化に意図的に迎合しない。
プロダクトの全体的な枠組みおよび運営においては、以下の戦略を採用するとよい。
・インタラクティブ機能　「Don't make me think!」（私に考えさせないでくれ）
・アート表現　「極力シンプルに」
・プロダクト設計　「無形の中に機能を存在させる」
・運営の要件　「不安定さは、それまでの努力を台無しにする！」
・全体的要件　「速い、安定、優れた機能、よい体験！」
・ニーズの発見　こまめにＢＢＳとブログをチェックする。

馬化騰のこのスピーチは、タイトルこそ「ＱＱメールによるユーザー体験」だったが、馬のプロダクト哲学をほぼ網羅していた。この中で触れた「評判の作り方」「スピード」「究極」「細部」「一点突破」などの概念の多くは、のちのインターネットプロダクトに標準装備される文言となった。

かなり長い期間、中国のインターネット企業家たちはトレンド、戦略、時代的責任について幅広く語ってきた。だが「プロダクトマネージャー」の立場で、プロダクト自体についてここまで心血を注いで「破壊的」な説明をした者はいなかった。２００８年の馬化騰は、まだシャイで公衆の面前でスピーチすることはなかったが、このスピーチで一種のスタイリッシュな講演のパターンを確立し、それが数年後にやたらとはやることになる。

ビッグデータ下のフィードバック体制

「メール魔」馬化騰が自ら推し進める中で、「小股の疾走、試行錯誤のイテレーション」「ユーザーに寄り添え、体験第一」というプロダクト哲学がテンセントの魂にしみこんでいった。さらに張志東や熊明華らの力添えもあり、テンセントは制度化されたプラットフォーム型のプロダクト検査測定およびフィードバック体系を構築した。

２００５年以降、馬化騰は各事業ラインの責任者に対し、毎日自分と張志東宛てに業務指標数値の報告メールを送信するよう指示した。盛り込む内容は、定額料金ユーザーの人数、増加または減少数、前週または前月の同日と比較した増減数、何か変わった動きの有無、である。「これらは毎日見ている必要がある。管理者なのに見ていない、あるいはたまにしか見ないとなると、その間にいろいろなものを見逃したり、対応のスピードがだいぶ遅くなったりする」

と馬は語る。

2008年に馬は、数値経営の理念をテンセントポータルサイトの運営管理に導入した。

「これまでの広告はやや大ざっぱで、往々にして四半期末が迫ると業績を慌てて増やしたり、代理店と接触したりしていた。今年から、広告資源や最適な広告位置がどのくらい使われたか、などについて毎日メールで報告することにする。なぜか。それまでは社内にそういう体系がなかったからだ。今年からは、我々が彼らに毎日見るよう指示する。オンラインメディア、広告販売部門のリーダーたちは、メールで数字を見ることになる。数値で運営する感覚を養うことは非常に重要だ。こうすれば、仕事に比して人員過剰だったり、しまいにはいろんな理由にかこつけて断ったりすることがなくなる。何かあれば、早めに把握していろいろ尋ねるべきだ。この考え方に沿って、それぞれの事業が牽引されるよう願っている」

テンセントは、ユーザー体験の究極的な問い「ユーザーはいったい何を必要としているのか」に答えるため、専用の秘密兵器として「Support」というプロダクト交流プラットフォームを設置した。Supportは、マスユーザーとプロダクトマネージャーが直接やりとりをするプラットフォームだ。プロダクトマネージャーは、毎日自分のプロダクト交流ページを閲覧することによってユーザーのニーズと考えを把握する。「私は言いたい」の所からユーザーが意見を伝えられるようになっている。

テンセントはさらに、各プロダクトラインのユーザー体験スタッフを全員集めてユーザー体験リサーチ部という1企業クラスの部門を創設した。当初は十数名しかいなかったが、戦略的な高みから、のちに100人近い規模まで拡大した。プロダクトの正式リリース後に、真に大量のユーザー体験収集が開始される。テンセントでは、どのプロダクトにも専用のオフィシャルブログ、プロダクトフォーラムなどのユーザーフィードバックエリアを設けている。ユーザーのフィードバックをなるべく得るため、テンセントは「フィードバック」ボタンも一番目立つ位置に設置している。他社の場合、プロダクトフォーラムをテンセントのように戦略的に高い位置づけとしているところはほとんどない。

ユーザー最多のインターネット企業となってから、テンセントが掌握するユーザーデータの量は次第に増えていった。これらのデータのマイニングは、テンセントがのちに事業を多角化した際に何度試しても必ずよい結果を出せる重火器となった。「データマイニング」こそが他社参入を難しくするテンセントの最強技術だと述べたアナリストもいる。データマイニングのより深層の部分は、テンセントのインターネットデータセンターにおける蓄積であり、たとえば高速アップロードや大容量メール送信のバックグラウンドおよび基盤技術サポートなどだ。テンセントは2007年にテンセント研究院を設立した。研究院は大きく分けて六つの研究対象があり、データマイニングによるユーザーのフィードバックおよび需要の発見はまさにその一つである。

張志東の説明によると、2014年頃のデータマイニングにはもう一つ「T4スペシャリストグループ」という特殊部隊があった。T4とはスペシャリストエンジニアを指す。テンセントの技術職はT1（エンジニア）からT6（首席サイエンティスト）までの6階級に分かれている。T4はその中の頑丈な支柱のような存在であり、億単位ユーザークラスの仕事をした経験がないと認定されない。プロダクトに重大な問題が何か発生した場合、T4で結成された特別グループが対応に加わり、彼らの億単位ユーザークラスの経験がそこで生かされる。

ユーザーデータのマイニングは、テンセントのオンラインゲームが成長する際に大きな役割を果たした。

テンセントは2003年にオンラインゲームの運営を開始したが、そのときは失敗に終わった。2008年にようやく、複数の細分化市場でそれぞれに適した韓国のゲーム作品を見いだせた。韓国ゲームの代理運営をする中で、テンセントは代理運営しているゲームの研究開発に介入するという方針を打ち出した。たとえば、テンセントは「クロスファイア」ユーザーのマイニングデータに基づいて、韓国側が設計した銃弾発射後のエフェクトは真に迫るものであるが、中国ユーザーには適していない、と表明した。ユーザーは、テンセントが設計した「スカッとしてテンポが速くて鮮明な」弾道デザインのほうにより高揚した。こうして最終的に、テンセントが正しかったと判明した。

第13章
転機
——3Q大戦

「時には、空気から重大な出来事を発見できることもある」
—— **司馬遼太郎**（小説家）

「南極圏ではペンギンしか生存できない」
—— **中国のインターネットで広がった発言**

嵐襲来の気配

2009年頃に中国のインターネット事情を視察に訪れたアメリカ人のほとんどは、最後に飛行機で南下して深圳《しんせん》のテンセント社を視察した。当初は視察スケジュールに含まれていないのだが、訪問する先々で皆がテンセントに言及するので、予定外の最後の行き先として深圳がドラマチックに追加されるのだ。

データと影響力から見て、テンセントは2009年から征服者の役割も演じてきた。まさにこの時期からテンセントは嵐のど真ん中に立つことになったのだが、自身はまだそれに気づいていなかった。

2009年4~6月期、テンセントのゲーム営業収入が初めてシャンダ（盛大）を追い越して、新たな「キング・オブ・ゲーム」となった。テンセントの同年ゲーム営業収入は53億9000万元で、シェアは2007年の6%から20・9%に急増した。業績成長に刺激されて、テンセントの株価は2010年1月に176・5香港ドルを突破（株式分割前の価格）した。時価総額は2500億香港ドルに達して一挙にヤフーを追い越し、グーグル、アマゾンに次ぐ世界第三の大インターネット企業となった。

モルガン・スタンレーが発表した『グローバル・インターネット・トレンド』という年次報

告書では、中国企業の中で唯一テンセントが何度も言及された。イノベーション能力という項目では、テンセントがアップル、グーグル、アマゾンに次ぐ第4位となり、マイクロソフト、ソニー、ペイパルよりも上位に入った。テンセントが選ばれた理由は「バーチャルな物品の販売とマネジメント力上の大きな成功」だった。モルガン・スタンレーの季衛東《ジーウェイドン》中国エリア董事・ゼネラルマネージャーは、テンセントのビジネスモデルを絶賛した。季によると、コミュニティを中心とするテンセントモデルは独り勝ちの最善のケースだという。「我々は皆テンセントの下で働いている」

２０１０年3月5日の夜、テンセントビル1階のロビーは人でごった返していた。19時52分58秒、ＱＱ同時接続ユーザー1億人達成、と大型スクリーンに表示されると、拍手がわき起こった。ＱＱのサービスを開始した１９９９年2月10日から、丸11年ほどの月日が流れていた。２００６年7月にＱＱの同時接続ユーザー数が２０００万を超えたとき、共同ＣＴＯの熊明華《シオンミンホワ》は馬化騰《マーホワトン》（ポニー・マー）に「1億を超えるのはいつ頃だと思う?」と聞いた。馬は「自分の目が黒いうちは無理だろう」と答えた。だが思いがけなく奇跡が起こった。

２０１０年4月22日、テンセントは珠海《じゅかい》市海泉湾で４００人余りが出席する戦略マネジメント会議を開催した。テーマは「プラットフォームの融合、プロフェッショナルなイノベーション」だ。馬化騰は基調講演の中で、自身のインターネットについての見解とテンセントの戦略を説明した。

馬の判断によると、中国のインターネットはすでにポータル時代に別れを告げて新たな競争段階に入った。講演前月の3月にグーグルは中国市場撤退を宣言し、バイドゥ（百度）が最大の受益者となった。またアリババはここ2年余りで戦略的重点の移行に成功し、淘宝網《タオバオワン》がそれまでのB2B事業に代わって新たな成長点となっている。こうして、テンセント、バイドゥとアリババがそれぞれ最も重要な三つの応用的ポータルを確保した。

馬の見立てでは、中国インターネットの第二次「囲い込み」はまもなく終了し、囲い込んだ土地をどう耕すかが次の戦略的重点である。テンセントは必ず、囲った土地で事業を構築し、深層レベルの競争を開始しなければならない。

こうした新たな環境のもと、馬化騰は二つの戦略的要求を提示した。

第一に、「ワンストップ型オンラインライフ」を巡っては、事業分野を猛スピードで開拓し、検索、セキュリティー、モバイルインターネットおよびマイクロブログの取り組みを強化して、乱世の中でのさらなるシェア拡大を目指すこと。

第二に、社内の各事業ユニットが新たな協力体制を築いて機敏に動き、「部門の壁」を打ち破ること。

馬は、講演の中で何度も「大企業病」への憂慮を表明した。馬が見たところ、テンセントはこの時期まさに最も有利な成長の道にいた。したがって最大の危機は外部との競争ではなく、社内の組織間協力だった。今後の1年で管理職全員が「どうすれば、自身の事業を通じてプラットフォーム間の強みを統合しつつ、各自の所在分野における専門性の深さと先見的なイノベーションを達成し、最終的に会社全体の実力成長を沸き起こらせることが可能か」を考えなければならない、と述べた。

馬化騰のスピーチを短くまとめると「外部へ地盤を奪いに行き、内部では組織間協力を重視する」である。実にアグレッシブな戦略配置であり、テンセントは「天下を敵とする」を継続すると表明している。この積極的で楽観的な心持ちはテンセント経営陣全員に浸透し、皆が創世紀のような喜びに浸っていた。嵐襲来の気配を嗅ぎ取った者は誰もいなかった。

確かに、その嵐は気づきづらいものだった。最初は一面に広がる感情として現れたからだ。インターネットジャングルで、次第に強大化してあらゆる分野を手がけるようになったテンセントは巨大な獣に化けつつあった。その存在は、他の生き物にとっては大きな脅威である。２０１０年中間決算報告におけるテンセントの半期利益は37億元だった。バイドゥは約13億元、アリババは約10億元、捜狐《ソーフー》は約６億元、新浪《シンラン》は約３億５０００万元で、テンセントの利益は他のインターネット大手４社の合計を上回る。

テンセントに対するさまざまな不満は、四方に伸びるトゲだらけのイバラのようであり、目に見えない中で危うげに勢力を拡大する嵐のようでもあった。テンセントが引き起こした業界の不安と感情的な敵対は、当初はテンセントに何のダメージも与えなかった。だが、やがて膨れ上がって世間の是も非もない大合唱になると、ある危機がまったく予想していなかった場所で生じた。

ペンギン帝国の「三つの罪」

テンセントに対する不満の声は「ずっと模倣ばかりでまったくイノベーションがなかった」「我が道を進み、他人の進む道を失わせる」「プラットフォームを独占しオープン化を拒む」の三つの罪にまとめられる。

2006年に「国民の敵」と嘲られて以来、テンセントの「パクリ企業」という評価は皆に耳打ちされるようにして世間に広まった。テンセントQQは簡単には去らないユーザーを大勢抱えているので、他社のネットプロダクトと内容や形式が重なってもまったく気にかけないが、逆に他のプロダクト業者はテンセントとかぶる事態を回避し、極力テンセントのプロダクトと一線を画する必要がある、というのが大半の見方だった。

ベンチャーキャピタル業界では、こんな話すら広がっていた。ある創業者が投資家に自社のプロジェクトを説明する際は、テンセントが同じことをやる可能性があるのか、あるいはテンセントが参入してきた場合に自分が倒されない保証はあるのか、という質問に必ず答えなければならない。この二つの質問に答えられないと、投資リスクが大きいということになる。ある投資家は「馬化騰と途中で鉢合わせしないように、彼が次に何をするつもりなのかを多くの者が知りたがっている」と嘆く。

業界のリーダーのうち、最初に公の場で馬化騰を「パクリ王」と呼んだのは「中文之星《ジョンウエンジーシン》」の開発者で新浪網《シンランワン》創業者の王志東《ワンジードン》だった。中国インターネットの草創期、王志東は最も有名なプロダクトマネージャーおよび創業者の1人だった。2001年に業績不振により新浪をやむなく去ることになったが、その後 点撃科技《ディエンジーコージー》を創設し、2006年6月にはリアルタイム通信ツール Lava-Lava を開発してテンセントの直接的な競合となった。

王志東は記者の取材に対してテンセントとマイクロソフトを同列に論じ、馬化騰とビル・ゲイツは中国とアメリカのそれぞれ最も才能あるパクリマンだと述べた。「馬化騰は業界の有名なパクリ王だ。しかもはばかることなく、公然とパクっている」。だが面白いことに王志東は、その後の別の取材で馬化騰の「パクリ精神」を見習うとも表明している。「Lava-Lava の80%は業界主流プロダクトのそれぞれの特徴を取り入れたものだ。テンセントやMSNに限らず、他のインスタントメッセンジャーではないプロダクトのコンセプトも含まれている。（中略）誰かにパクられたら自分も積極的にパクる。適切に、正当にパクる。パクる対象は1社だけでなく、複数からパクるべきだ。パクリは、初期段階の最善のやり方だ」

ビジネスの世界では、パクリはあいまいな言葉だ。倫理的な名詞のときもあれば、法的な名詞のときもあるが、より多いのは競争の代名詞となるときだろう。

王志東の発言以降、ほぼすべての業界リーダーがいろいろな時期や場で、競争目的でテンセントを「パクリ企業」と非難した。ジャック・マー（馬雲《マーユン》）はテンセントの拍拍網《パイパイワン》は淘宝網《タオバオワン》のパクリだとして「現在、テンセント拍拍網の最大の問題はイノベーションがないことであり、あらゆるものはパクリである」と述べた。また李彦宏《リーイエンホン》（ロビン・リー）は、捜捜《ソウソウ》はほとんどがバイドゥの模写だと語った。さらには馬化騰とかつては親しかった丁磊《ディンレイ》も敵に転じ、「馬化騰は何でもパクる」と公然と非難した。

２００８年8月、広州の夕刊紙『羊城晩報』は「テンセントを読み解く　馬化騰の有能なところはどこか」という記事にこう書いた。「外部がテンセントを評価する際、常に『模倣の勝利』という文言が付け加えられる。テンセントは一刻も休むことなく模倣しておいしい部分を持っていくとともに、勢いがどんどん増して止められなくなる」。記事ではさらに、馬化騰が取材を受けたときの発言を引用している。「率直に言って、今の中国のインターネットモデルは基本的に国外からやってきたものだ。オリジナルである、自分が作った、と言えるものがない。結局、ビジネスモデルというのは、もともと数種類しかないのだから、最初から作れと厳しく求めても無理だ。誰がうまくやっているかを見極めることが鍵である」。その後の数年間、馬化騰は一貫して似たような見解を対外的に表明してきた。２０１０年初めの『21世紀経済報道』の取材でもこう述べた。「我々が他人と同じことをやっている、と口先で言うだけで、我々がパクっていることを示す証拠はない。もし本当に盗用だったら、当社は法的にもとっくに敗訴しているはずだ」

もう一つ、テンセントを動きづらくさせた非難は「弱い者いじめ」だった。

雑誌『環球企業家』は「QQ農場《ノンチャン》」に関する記事にこう書いた。「五分鐘《ウーフェンジョン》公司がこの取引を受け入れたのは、言うことを聞かないとテンセントが自社で開発した同類のゲームにやすやすと狙撃されるから、というのが業界の一般的な見方だった。五分鐘公司には、数億のユーザーを対象とした運営の能力もない。そしてテンセントはこのSNSゲームで大もうけしたが、『五分鐘』の主な収益はテンセントが最初に支払った一度きりの金額だけだ」。大学生のベンチャー企業だった五分鐘は、その後それよりもよいプロダクトを開発できないまま解散の瀬戸際に追いやられ、悲痛な気配が明らかに強まっていた。

さらに2010年4月末、メディアで「UC手機《ショウジー》ブラウザー」がテンセント側にリリースを禁じられた疑い」という「横暴な」事態が取り上げられた。一部UCユーザーがネットのフォーラムにこんな書き込みをしたという。UCブラウザーでテンセントの「QQ農場」にログインした際、ユーザーレベルを降格するとシステムから告げられたという。多くのユーザーはテンセントが開発したQQブラウザーでアクセスして「野菜を盗む」しかなくなった。テンセントはこの件について直ちに公式に釈明を行った。ユーザーの降格は、そのユーザーが「QQ農場」で不正プログラムを使用していたのを発見したからだと述べた。

この釈明に、UCブラウザーの開発者で優視科技《ヨウシーコージー》CEOの兪永福《ユーヨンフー》は怒りをあらわにした。メディアに対して、UCは標準的なブラウザーであってFlash増強型プラグインはパソコンに

Adobe Flashプレーヤーをインストールするのと同じであり、サードパーティーの補助ソフトではないこと、UC技術で採用しているクラウドコンピューティングアーキテクチャはテンセントも同様に採用しており、「不正プログラム」とも無関係であることを訴えた。

テンセント社内でも、「ユーザー降格事件」については意見が分かれた。劉成敏《リウチョンミン》が率いるワイヤレス事業部門にとっては、UCブラウザーはQQブラウザーの最大の競合であり、「QQ農場」という他社にない人気プロダクトにより相手に打撃を与えてシェアを拡大するのは、当然ながら自身の職責範囲内だった。だが呉宵光《ウーシアオグアン》が率いるインターネット事業部門にしてみれば、UCは自身のビジネスパートナーだ。優視科技とは提携合意を形成済みであり、Qゾーンイエローダイヤモンドのユーザーは、UCブラウザーで「野菜を盗ん」でもよいと取り決めてあった。しかしワイヤレス事業部門の介入でイエローダイヤモンドユーザーの特権がなくなってしまった。

この部門間の見解の相違は、テンセントの業務提携上の二つの苦境を体現していた。まず、テンセントはプラットフォーム運営業者とプロダクトサプライヤーという二つの役割を持っていることで、これは審判と選手を兼ねるようなものだ。自身のプラットフォームまたはプロダクトで外部の企業と競争的対立が生じた場合、どんな方法を選んでも対処が難しい。これが一つめの苦境だ。また、テンセントは億クラスのプラットフォームを複数抱えて事業を並行しているので、部門間で足並みをそろえるのはもはや難しくなっていた。いったん外部との提携が絡むと、ますます横やりを入れられる。これがもう一つの苦境である。

世論の急襲——「ドッグ・ファッカー」テンセント

長くくすぶっていたテンセントへの不満は、ついに非常に劇的な形で噴出した。

2010年7月24日、各大手サイトは突然触れ文のようなある長い糾弾で埋め尽くされた。「『ドッグ・ファッカー』テンセント」という血なまぐさく口汚いタイトルだった。その2日後に刊行される週刊新聞『計算機世界』の特集記事が事前にネットに流出したものだった。同時に出回った同紙の表紙は、赤いスカーフを巻いたペンギンが血の滴る3本のナイフで刺されているデザインだった。

記者の許磊《シューレイ》はこう書いた。「中国のインターネット発展史において、テンセントはどのインターネットの宴会もほぼ皆勤だった。当初から誰かが動けば自分もそのとおりに動き、その誰かを事細かに模倣してから、その人ときっぱり決別して追い越す。（中略）実際、テンセントはインターネット界で『恥知らずの模倣とパクリ』という悪評を与えられたため、全戦線に敵ができて矢面に立たされることになった。テンセントを常に警戒するインターネット企業が次第に増えていったら、テンセントはもうこれまでのように自在に事を運ぶわけにはいかなくなるだろう」

同記者は記事の中で、業界のテンセントへのさまざまな恐怖心についてこう述べている。

——7月9日、テンセントQQ団購網《トワンゴウワン》（共同購入サイト）がオープンした。3月初めにオープンした美団網《メイトワンワン》CEOの王興《ワンシン》は、雷鳴を聞いた思い、針のむしろに座らされた気持ちだった。3月初めにオープンした美団網は国内初の共同購入サイトで、創設からわずか4カ月で損益トントンを実現した。ちょうどその時期に、鳴りを潜めていたテンセントが攻勢をかけてきたのだ。不意打ちされた王興はまったく対応しようがなく、数百ある草創期共同購入サイトも度肝を抜かれた。

——同様に7月初め、テンセント傘下のミニゲームプラットフォーム3366.comがオープンベータテストを実施した。このサイトは、ゲームの種類とサイト設計がすでに運営中のミニゲームプラットフォーム4399.comと「ほぼそっくり」だった。4399.comの月間営業収入はすでに3000〜5000万元に達しており、国内A株上場に向けて準備を進めていたところだったが、テンセントの参戦によって計画は「永遠に実行不可能」となる可能性がある。

——テーブルゲーム大戦で敗れて再起不能となった鮑岳橋《バオユエチアオ》は、聯衆《リエンジョン》を退職してからエンジェル投資家となった。鮑は記者に、テンセントがやらない、できないプロジェクトのみを手がけるというのが現在の投資原則の一つだと語った。したがってこの3年間は絶対にゲームには手を出さず、テンセントとはまったく無関係の医療機械とデータストレージの案件に出資した。

——各大手動画サイトが著作権を巡って激しいバトルとなり、頻繁に法廷での果たし合いが行われていた頃、業界ではこんな声が広まっていた。今こうやってバトルに精を出していても、マーケットが十分に育ってきたらテンセントが決着をつけに来るだろう。事実はまさにそのとおりで、QQLiveのプラットフォームがとうに完成していた。著作権を得ようとしても、うちはテンセントよりも金があると言える中国企業が存在するだろうか。

「見通しが明るい分野があれば、テンセントは必ず機会をうかがってそこを奪い取る。常に黙々と布石を打って、ひっそりと相手の背後から現れる。また、テンセントはいつも最高のタイミングで事態をかく乱しにやってきて、同業者を不安にさせる。そしていったん機が熟すと、容赦なく自分のパイを持ち去る。時にはターミネーターとなってマーケット全体を占領する」。

許磊はある種絶望的な調子でそのように書いた。さらに、新浪網のチーフエディター陳彤《チエントン》が6月29日にテンセントに対して行った「名指ししない悪態」も記事に引用した。「某サイトは飽くことを知らない欲の深さだ。触手を伸ばさない分野はなく、作りたくないプロダクトもない。そんなことでは、頂点に達しても望まない結果を招き、ネット全体を敵に回し、絶対にろくな死に方をしないだろう」

　許磊は取材内容に基づき、テンセントのコアコンピタンスは「パクリ」であると断定した。「テンセントは、何かの初の挑戦者となったことはなく、常に成熟した市場の居場所を探してテコを横挿しする。だが同社が選んだ道筋には異議が殺到する。道筋とは模倣だ。時には何のはばかりもなく『まるごとコピーする』」。ＩＣＱを模倣して自社初のプロダクトＯＩＣＱ（テンセントＱＱの前身）をリリースして以来、（中略）『コピー商品』しかない。これもテンセントが恨みを買う根本的原因だ」。記者はさらに、ＤＣＣＩインターネットデータセンター胡延《フーイエン》平《ピン》主任のテンセントのイノベーション能力に対する疑問を引用し、テンセントは卓越したイノベーターでないどころか、むしろ中小インターネット企業の「イノベーションの天敵」であると述べている。

『計算機世界』の記事は、雑誌の正式な発行日の2日前に中国のあらゆるポータルサイトにアップされた。記事はまるで異論を認めない「触れ文」のようであり、これでテンセントはかつてない世論の包囲と攻撃を受ける羽目になった。テンセントのある上級職者は、馬化騰が記事を読んだときの反応をこう振り返った。緊急開催された総弁会では、幹部たちに記事のコピーが配られた。15分もの間、誰も発言しなかった。ようやく馬化騰がこうつぶやいた。「よくここまでひどく罵倒できるな」

この会議で効果的な対応策は誰からも出されることはなく、皆が動機の詮索に注意力を傾けていた。「もともと7月26日に発売予定だった週刊紙がなぜ2日前にネットに出回ったのか。誰がやったのか」。テンセントは広報部の手配で7月25日当日の夜10時半に「当社の声明」を発表した。「『計算機世界』は専門紙でありながら、テンセントへの取材をまったく行わないまま、責任ある一企業を下品で汚い言葉で描写し、悪質な表紙のイラストで当社の商標と企業イメージを傷つけた。（中略）こうした行為に対して当社は厳正に非難するとともに、その法的責任を追及する権利を留保する」

これは明らかに空疎で実質性のない声明だった。テンセントが世論危機に対応する準備ができていないことが示された。公式サイトのこの声明にはコメント欄が設けられておらず、これは自分の陣地ではこの声明に対して皆にあれこれ言わせまいとしているのだ、と細かく考察した者もいた。

その後の数日間、広報部がモニターした「民情」を見るかぎり、最も恐れていた事態は発生していないようだった。インターネット業界の有名人やオピニオンリーダーたちが「火に油を注ぐ」ことはなかった。

「『ドッグ・ファッカー』テンセント」の記事で触れていたミニゲームプラットフォーム4399.comの投資家である蔡文勝《ツアイウエンション》は、自身のマイクロブログに「正直に言えば、テンセントがパクリだと非難してもまったく意味がない。企業の多くはパクリからスタートしている。テンセントはパクリ精神を極めただけだ。我々がテンセント神話に勝ち目がないと考えるのであれば、自分で自分を脅かしているだけで、何の助けにもならない」と書いた。

もう一人の有名なエンジェル投資家雷軍《レイジユン》は、マイクロブログでこう述べた。「もしテンセント強大化の代償が産業イノベーションの絞殺と産業エコロジカルチェーンの破壊であるなら、テンセントを待ち受けるのはＩＢＭやマイクロソフトと同じものだろう。独占禁止法と不正競争防止法だ」。インターネットに詳しく、一貫してテンセントのイノベーション能力を疑問視してきた謝文《シエウエン》は「今のテンセントは、2003年当時にアメリカのヤフーが敵地を攻めて奪い、威光を八方に輝かせていたのとよく似ている。だが今日のヤフーを見れば、イノベーション、特に奥深く包括的で、プラットフォーム的なイノベーションがなければ、トップで居続けるのは無理だとわかる」という見解を示した。

馬化騰にしてみれば、こうした見解はいずれも受け入れ可能な範囲だった。「『ドッグ・ファッカー』テンセント」がすでに最高レベルの攻撃だったので、それ以降の仕事は「この記事の『ネガティブな影響』をどう消し去るか」だった。この時の馬は、これよりも精密ですさまじい攻撃に向けた力がすでに陰で蓄えられていて、まさに自分たちを急襲しようとしていたことには、まだ思い至っていなかった。

宿敵の登場――ウイルスを作る者から殺す者へ

「ドッグ・ファッカー」の件以降、テンセントはより深刻な危機が迫っていることを意識していなかったようだ。表面的には、財力にものをいわせて、あちこちの敵を切り倒しているようにすら見えた。

上海で開催された第41回万国博覧会では、テンセントは「唯一のインターネットのシニアスポンサー」としての栄誉を手に入れ、他社には得られないニュースソースを多数得たことが、一部サイトの不満を引き起こした。２０１０年8月に年に一度の中国インターネット会議が北京で開催された際も、主催者の中国インターネット協会がテンセントに「展示に必要なスペースや資材等」を過剰に提供したため、他のインターネット企業が強い不満を抱いた。メディアでは「テンセントは１２０万元で主催者側のさまざまな『特別な』資格と報道リソースを手に入れた。これには、今回の中国インターネット会議のオフィシャルな戦略提携ポータル、オフィシャル指定の独占提携ニュースセンターおよび独占提携マイクロブログなどが含まれる。テンセントは会場内外で大型スクリーン12面を借り切って、会議内容の報道やテンセント関連のコンテンツを放送する際に使用した。テンセントの『横暴ぶり』が面白くない新浪、捜狐は、中国インターネット会議を降りたがっている」と報道された。8月13日の開催当日、新浪、捜狐の二大ニュースポータルは果たして会議の報道を拒否し、曹国偉《ツアオグオウエイ》、張朝陽《ジャンチャオヤン》、ジャック・マーおよび陳天橋《チエンティエンチアオ》などそれまでの常連ゲストも次々に欠席した。

中国の古人は、多様な形容の語句を生み出しては強者の苦境を説明してきた。たとえば「森の中で1本だけ高く伸びた木は、必ず風になぎ倒される（出る杭は打たれる）」「堅すぎると折れやすい。水のような生き方が最も理想的である」などだ。このときのテンセントは確実に「1本だけ高く伸びた」と「折れやすい」の状態にあった。運の上下はこの世で最もよく見られる移り変わりだが、当事者は往々にして中にいて状況がよく見えない。環境的な危機に対して鋭敏さを欠いていたテンセントは、ある致命的な攻撃を受ける運命にあった。唯一案じていたのは、誰が攻撃の発動者でどんな形でどんな角度から攻めてくるのか、という点だけだった。

そんなときに登場したのが、湖北《こほく》省出身で馬化騰より1歳上の周鴻禕《ジョンホンイー》だ。２０１０年の9月から11月にかけて、周が創業した奇虎《チーフー》３６０公司はテンセントとセンセーショナルなユーザー争奪戦を繰り広げた。この戦いは当時「３Q大戦」と呼ばれた。

馬化騰が周鴻禕と初めて顔を合わせたのは、２００２年9月の第3回「西湖論剣」だった。その際に周鴻禕にからかわれたが、ポニーは黙ってやりすごした。このフォーラム以降、周鴻禕は「不運」に出くわしたようだった。まず２００３年に３７２１公司がヤフーに買収され、ツールソフト「３７２１」は「ヤフー助手」という名称に変更された。周鴻禕はヤフー中国エリア総裁に就任したが、人に何と言われようと我が道を進む彼の性分では、何かと束縛が多い国際企業に順応するのは無理だった。２００５年8月にバイドゥがナスダック上場を果たすと、ヤフーの中国検索市場での地位は弱まっていった。ついに耐えかねたジェリー・ヤンは「高貴な娘」であるヤフー中国を、取引のカードとしてアリババに「嫁入りさせた」。周鴻禕は、同じく劇場型キャラのジャック・マーとはまったくそりが合わず、関係はすぐに悪化した。周鴻禕は数カ月後にヤフーから逃げ出し、まず出資パートナーとしてIDGに入社したが、そこも短期間で退職してエンジェル投資家となった。その間に火石《フォシー》、迅雷《シュンレイ》、康盛創想《カンションチュアンシアン》などのインターネット企業に出資した。そして２００６年3月に奇虎の董事長に就任して二度目の「創業」を果たした。

初期の奇虎の主たる事業はQ&Aウェブサイトの制作だった。巨額の投入のわりに、周鴻禕の成果は悲惨なレベルだった。周はその後、奇虎社内では目立たないプロダクトだったセキュリティーソフト「360安全衛士《アンチユエンウエイシー》」に着目し、アンチウイルス分野に特化することにした。当時の中国のインターネットは、「ならず者ソフト（流氓軟件）」に支配される世界と言ってよかった。周鴻禕らが創始したプラグインモデルがものすごい勢いで広がっている最中だった。ユーザーに事情がわからないまま、ひいてはユーザーの意に反する状況で、大量の「ならず者ソフト」が強制的にユーザーのパソコンにインストールされた。その技術レベルの高さは、一時はITの達人でもアンインストールできないほどだった。その時期のユーザーは3カ月ごとにシステムを再インストールしなければならず、その再インストール自体が新たな「ならず者ソフト」が侵入する過程となる恐れがあった。周鴻禕自身は「ならず者ソフト」の「ゴッドファーザー」の一人だったが、まさにこうした市場背景があったので、中国のサードパーティー製アンチウイルスソフト市場においてウイルスを作る者から殺す者に転身したのだった。

奇虎は2007年に360アンチウイルスソフトのベータ版をリリースした。2008年下半期には周鴻禕が突如360アンチウイルスソフトの永久無料を宣言すると同時に、360はひそかにブラウザー市場に参入した。[4]

無料戦略が素晴らしい効果を上げたことは明らかだった。2008年の360ブラウザーのユーザー数は1800万人だったが、1年後には1億6000万人に増えた。周鴻禕は、巨人の目に入らない小さなマーケットで強引に億単位のトラフィック空間を確保した。2010年前後の360は、オープンプラットフォームを通じてブラウザーゲーム、共同購入サイト、ソフトウエア、アプリケーションといった多様なサードパーティービジネスパートナーを誘致して、想定を上回る収入を達成した。うちネットワークサービスの収入は5300万ドルで、純利益850万ドルを実現した。セキュリティー需要からの一点突破で、360は急速にコンピュータークライアントに普及した。

2010年の初めにすでに億単位のユーザーを擁していたものの、へんぴな場所にいて注目されることがなかった周鴻禕は、どうやって「中原《ちゅうげん》」に進撃したらよいかをすでに思案中だった。周は極めて攻撃性が強く、功名と栄誉を渇望していた。最初の標的に選んだのはバイドゥだった。その選択は、かつて3721とヤフー中国が検索市場でバイドゥに完敗した恥辱に端を発していた。周としては、この敗北は自分の戦闘力の低さではなく、腐った国際企業の意思決定および実行上の無能さが原因である、という考えだった。このため公の場でも李彦宏への不服を隠したことはなく、しょっちゅう名指しで嘲ったり批判したりしていた。そしてバイ

4　2008年末、「ロングテール理論」の提唱者であるクリス・アンダーソンは『Free:The Future of a Radical Price』（邦訳『フリー　〈無料〉からお金を生みだす新戦略』）を出版し、「情報技術の顕著な特徴は、インターネット上ではどんな商品、プロダクト、サービスの価格も徐々にゼロに近づく傾向を持つことである」と表明した。同著は2009年9月に中国語版が出版された。

ドゥの弱い所をしっかりと探し当てた。支払う料金が多いほど検索エンジン上位にランキングされるという同社の歯止めのない仕組みだ。特に医療産業では、福建《ふっけん》省莆田《ほでん》市の者たちが開設した多数の劣悪な病院がその仕組みを利用しており、民間に実害を及ぼしていた。周鴻禕は「天に代わって道を正す」つもりで、クチコミ内容に基づく検索ランキングツールを開発した。

この「正義の味方的な行為」の背後には、実は非常に危険なビジネスのロジックが存在していた。３６０がいったんバイドゥの同ランキングの「倫理的選別者」になれば、バイドゥは間違いなく３６０の「格下のプラットフォーム」に成り下がる、という算段だ。２０１０年の春先からしばらくの間、周鴻禕は来訪者にこの考えを語っていた。

だが２０１０年の春節以降、テンセントがセキュリティーソフト市場で活発に動きだしたため、周鴻禕は攻撃の矛先を突如変更した。

正面対決――「電脳管家《ディエンナオグワンジア》」対「隠私保護器《インスーバオフーチー》」

テンセントのプロダクト版図において、セキュリティーソフトは重視されない小さな存在だった。大きな企業組織の中で、守衛室が決して戦略部門と見なされないのとよく似ている。

２００６年12月に誕生したＱＱ医生《イーション》は、当初はＱＱアカウント情報の盗難防止目的でリリースされた。ＱＱ２００６ログインのフレームに埋め込まれてユーザーの急速スキャンを進め、アカウント情報を盗むトロイの木馬がいないことを確定する。これは「QQアカウント情報を盗むトロイの木馬を専門に検出して退治する」ツールだった。QQ医生はその後数年間で数回のイテレーションを実施したが、まったく人目につくことはなく、めざましい動きがあったわけでもなかった。

2009年11月11日にはQQ医生のバージョン3・1がリリースされた。ユーザーフィードバックコーナーが新規に設けられ、インターフェーススキンの変更もサポートされた。そのわずか10日後にバージョン3・2が配布され、ノートンアンチウイルスソフトの半年無料特権が提供された。外部の目で見ると、バージョン3・2のインターフェースと機能は360に酷似しており、テンセントがまたも後発戦略の本領を発揮したかのように見えた。2010年の春節期間には、QQプラットフォームを活用してQQ医生の強力なプロモーションを始動し、シェアが急速に拡大した。

周鴻禕は、これらのすべては脅威であると鋭く認識した。休暇中の一部スタッフが緊急招集された。この瞬間から、周鴻禕にとっての真の災厄はバイドゥからテンセントに代わり、正面戦展開のイメージが次第にはっきりと見えてきたのだった。

テンセントの「小股の疾走、試行錯誤のイテレーション」戦略により、周鴻禕はその後数カ月間でいよいよ対応に苦労するようになった。

2010年5月31日、テンセントはQQ医生を4・0にバージョンアップした上で名称を

「ＱＱ電脳管家」に変更した。このソフトはＱＱ医生と「ＱＱ軟件管理《ルワンジエングワンリー》」を統合したもので、クラウドでのウイルスチェックと除去、プラグイン削除などの機能が追加された。これで３６０安全衛士の主要機能と同じものがすべてそろい、ユーザー体験は３６０とほぼ同じになった。９月22日中秋節、ＱＱ電脳管家は再度バージョンアップしてシステムセキュリティーホールの修復、セキュリティー保護、システムメンテナンスなどの機能をさらに追加した。この時期になると、両社の対立はしだいに丸く収めるのが難しくなっていった。

ウイルス対策市場にテンセントが斜め横から入るやり方は、多くの業界ウオッチャーにとって既視感があった。もし想定どおりであれば、ＱＱ電脳管家はまずＱＱ体系の中で３６０安全管家が占めているポジションを確保するだろう。このことは、３６０のプロダクトが全国最大のソーシャルユーザーネットワークから駆逐されたのち、テンセントのプロダクトが対外的に浸透して一つの独立したセキュリティーソフトとして３６０の生存を直接脅かす可能性がある、ということだ。

「３６０はＱＱ殺害リストの次の犠牲者となるのか」。２０１０年の夏から秋にかけて、多くの者が興味を抱いた問題だった。周鴻禕が見たところ、この時点の自身のポジションは「自衛反撃」だった。競争の観点から分析すると、３６０には先天的な弱みがある。戦闘は相手の領地で行われ、技術上は決定的に巻き返せる可能性がほとんどない。しかも資本、マンパワー、ユーザー関係のいずれにおいても、非対称の戦いとなる。

のちに周鴻禕はこんな話を明かした。9月上旬、馬化騰宛てにショートメッセージである提携プランを送信したという。テンセントが360に出資し、360は「バイドゥを妨げるものを何か作る。バイドゥの医療広告をたたき、バイドゥの収入を30%減らす」という内容だ。周鴻禕はさらに、迅雷《シュンレイ》など他のインターネット企業に対するテンセントの投資に協力したいとも表明した。「他の企業はいずれも貴社のプラットフォームに構築されており、これならイノベーションが実現できる上、テンセントも依然トップの大企業でいられる」。馬化騰は周鴻禕の提案を断った。「これらの企業には価値がない」がその理由だった。

引き分けに持ち込もうとしたが不調に終わった。相手を死地に陥れる凶暴さ以外に、この湖北人にはもはや何の有力な武器もなかった。

続いて生じた事態は、あらゆる観戦者の意表を突くものだった。

中秋節を終えた9月27日、360はあからさまにQQに対抗する「360隠私保護器」の配布を突然開始するとともに、360のサイトに「ユーザーのプライバシーは天よりも大切」という討論専用ページを開設した。ページにはQQに対抗する記事を大量に掲載した。タイトルはいずれも強い非難の口調だった。たとえば「QQは長期的にユーザーのプライバシーをのぞき見」「QQはユーザーのプライバシーを侵害」「QQはユーザーのプライバシーのぞき見を認めた」「QQがプライバシーをのぞき見する目的」「QQを選ぶ際はどうか慎重に」「複数のソフトがQQのプライバシーのぞき見を暴露」などだ。記事は、どれも断定的な口調でQQがユーザーの許可を得ないままユーザー個人のプライベートなファイルとデータを盗み見ていると非難していた。360は同時に「誰があなたのプライベートなファイルを盗み見ているのか。画像を送信してiPhone4をもらおう」という景品つきの画像紹介キャンペーンも開始した。「360隠私保護器の新バージョン配布開始。MSN、テンセントTM、阿里旺旺《アーリーワンワン》のモニタリング機能を追加」という記事の執筆者はこう書いている。「360隠私保護器の配布によって、ついにそのベールが剝ぎ取られた。このソフトの最初のバージョンは、ユーザー数最大だがネットでのクレームも最多のチャットソフトQQを対象にモニタリングを行い、QQのユーザーコンピューター中のプライベートファイルに対する『のぞき見』行為をリアルタイムで記録する」。「現在、数百万のネットユーザーが360隠私保護器をダウンロードして使用したところ、非常にショッキングな結果が出た。フォーラムやマイクロブログなどにみなさんがアップしたスクリーンショットによると、QQは通常立ち上げてから数分でユーザーのハードディスク中の多数のファイルにアクセスすることがわかる。うちチャットサービスとはまったく関係のない項目がややもすれば100項目以上に上り、その中にはユーザー個人の画像、ドキュメント、ネットバンキングのファイルといったプライベートなデータが大量に含まれる」

また「360隠私保護器」開発者グループのブログと表示されている記事にはこのように書かれていた。「360セキュリティーセンターには、ユーザーからの訴えが最近多数届いている。某チャットソフトは、ユーザーの許可を得ない状態でユーザー個人のプライベートなファイルとデータをのぞき見しているとのこと。そのとおり。それは事実だ」。「テンセント社は、現在暴かれているQQの多数の『プライバシーのぞき見』行為のうち、どれが他人のしわざで、どれが自分のしわざであるかを広範なユーザーに知らせることはできるのだろうか。実際のところ、それらはすべてQQ自身がやっていることである」

360公司はQQの「プライバシーのぞき見行為」を暴いて非難した後で、「360隠私保護器」ならリアルタイムでQQの行為をモニタリングして検出できるとうたった。ユーザーは「隠私保護器」をインストールすると、最初の画面の右側に以下のメッセージが表示される。「個人の電話番号、身分証明書番号、ネットアクセスおよびチャット内容など個人的な情報が漏洩する事態の大半は、一部の特定ソフトがコンピュータの情報を盗み見ていることと関係しています。そのため多数のユーザーが煩わしい広告に悩まされ、詐欺の脅威を感じています」「360隠私保護器は、一部特定ソフトによるユーザープライバシー情報へのアクセスが疑われる行為をありのまま記録するとともに、あなたの個人情報を漏洩しうる操作に対して赤く表示して警告します」。そしてユーザーが隠私保護器でQQソフトのモニタリングを実施した後には、「計N個のファイルまたはディレクトリがQQにチェックされました。うちM項目はあなたのプライバシーに触れている可能性があります」と表示される。

360公司の「隠私保護器」とネットでテンセントに汚名を着せる攻撃は、まるで超高性能のスタングレネードを投擲したかのように、瞬時にQQユーザーの不安とパニックを引き起こした。公民社会において、プライバシーは人権保障の基本項目と見なされている。もしテンセントが本当に『1984年』の「ビッグ・ブラザー」のように毎日ユーザーのプライバシーをのぞき見しているとしたら、中国のインターネットは明らかに邪悪な世界であり、テンセントの罪も当然許されるものではない。

世論の攻防――技術的にか倫理的にか

周鴻禕は9月27日を選んで「360隠私保護器」をリリースし、テンセントに汚名を着せる攻撃を開始した。これは熟慮した上でのことだった。周の発言によると、それもテンセントに学んだのだという。「テンセントの大型バージョンアップは、毎回祝日の前を選んで実施している。そうすれば、競合は往々にして対応が間に合わない」。テンセントの上級管理職たちも、10月1日国慶節の休暇を終えて職場に戻ってから、テンセントへの口汚い罵りや非難がネットにあふれかえっているのを発見することになった。

テンセントは創設以来、さまざまな攻撃にさらされたことはあったが、周鴻禕のような相手に出くわしたのは初めてだった。周は世論を掌握してそれを拡大させる天性の能力を備えていたと同時に、プロダクトの技術面から効率的な攻撃を自ら仕掛けることもできた。

周鴻禕はまず、新浪マイクロブログのプラットフォームを巧みに活用した。毎回の攻撃はほとんど周個人のマイクロブログから開始された。人の心を動かす扇情的な言葉を駆使し、テンセントをこれ以上ないほどに嘲る能力をもって発信された内容は、ウイルスが拡散するようなスピードでネットユーザーたちを引きつけていった。こうして360はソーシャル的な手法で世論の主導権を握った。それまでの企業競争ではほとんど例がないケースだった。

また、周はこの戦いの性質を当初に「設定」済みだった。「草の根創業者の独占者に対する反逆」ということにした。マイクロブログにはこう書いた。「3Qの争いは、本質的には360とテンセントの闘争ではなく、インターネットのイノベーションパワーと独占パワーの闘争である。360は独占パワーに圧力をかけられながらも一つの活路を見いだした。これは他のインターネットベンチャー企業が活路を探すためでもある。すなわち、独占パワーとの闘争では絶対にユーザー利益を損ねてはならず、逆にユーザー利益の拡大を目標とすべきなのだ」。

「中国のインターネットは無秩序、ジャングルの法則、弱肉強食である。中国最大のインターネット企業が社会的責任を果たそうとせず、逆にならず者のやり方で競争相手に対処しているからだ。ベンチャー企業であるならば、他人のプロダクトをパクったり、自身のプロダクトの強引なプロモーションを実施したりするのも、はたから見て理解はできる。生き残りが第一だからだ。だがその企業は、年商200億元超、時価総額が3000億元超でありながら、共同購入などというハエの体の肉ほどのもうけすら見逃さずに、ベンチャー企業から奪おうとしている」

こうした書き方は世間一般のテンセントに対する「イメージ」にピタリとはまり、強烈な感情的、倫理的共感を呼んだ。また一部のインターネット企業創業者たちが後日語ったところによると、この時期には皆が周から電話をもらっており、最初のセリフはいつも「自分の業界の敵が誰だかわかっているかい?」だったという。

360側の総帥が自ら出陣して「倫理の砲弾」を山ほど飛ばしてきたのに対し、テンセントの行動はだいぶ相手よりも遅い上、古くさいものに見えた。当時の馬化騰の性格からすると、新浪マイクロブログで周鴻禕と「舌戦」を展開することはありえず、また馬もそれを望まなかった。またテンセントの社内方針決定者たちも、そうした能力と勇気を持つ者は一人もいなかった。テンセント広報部が受けた指示は「何も言ってはならないが、ネガティブなニュースを生じさせるのもいけない」だった。

周鴻禕の度を超えた戦術に対し、テンセントは複数部門からの反撃を開始した。しかし各部門の戦略はやはり通常の範囲を超えないものだった。

技術部門の反撃は「ポップアップ・ウィンドウ対応」だ。テンセントは10月11日、1億以上のオンラインユーザーを擁するQQのポップアップ・ウィンドウで「QQプロダクトチームの厳正な声明」を発表した。その中で「最近出た某ソフトはQQがプライバシーを侵害していると非難していますが、これはQQのセキュリティー機能に対する誤解です。テンセントQQは絶対にユーザープライバシーののぞき見はしていませんし、ユーザープライバシーのいかなる漏洩《ろうえい》にも決して関わらない、とここで強く申し上げます」と表明した。馬化騰は抑制的な姿勢を示すため、この声明では360を名指ししなかった。すると周鴻禕もすぐさまポップアップ・ウィンドウで対抗し、テンセントがポップアップ・ウィンドウで自分に報復していると非難しただけでなく、QQが長期的に「スーパーブラックリスト」によってユーザーのハードディスクをスキャンして巨額の利益を得ている「最新の証拠」をつかんだと宣言した。

法務部門の反撃は「法に基づく提訴」だ。テンセントは10月14日、360の不正競争に対する訴訟を起こし、奇虎およびその関連会社による権利侵害の停止と、謝罪ならびに賠償金の支払いを要求した、と正式に発表した。360はテンセントの提訴に対して、直ちに次のとおり表明した。「各界のテンセントに対する疑義に関して、テンセントは一貫してユーザープライバシーのぞき見の問題から逃げてきた。この時点で360を提訴したのは、攻撃と報復に加えて、視線をそらして各界の疑義を回避するのが目的、という点も否定できない」

提携部門の反撃は「同盟による対応」だった。10月15日に国内二大セキュリティーソフト企業のキングソフトとカスペルスキーが参戦し、360のソフトには重大なセキュリティーホールが存在すると指摘した。10月27日、テンセントはキングソフト、バイドゥ、傲游《アオヨウ》、可牛《コーニウ》とともに5社で「360の不正競争に反対する共同声明」を発表した。その中で「この企業が熱を入れているのはユーザーセキュリティーの保護ではない。『セキュリティー』を掲げつつユーザーに『セキュリティー脅迫』や『セキュリティー詐欺』を行うことで、ユーザーに自社ソフトのインストールと他社ソフトのアンインストールを促し、それにより不正な商業利益を獲得しようとすることである」と述べた。周鴻禕はマイクロブログに「360の無料ウイルス対策は従来の有料対策を覆した。だから全業界のねたみと恨みを買った」と書いた。360としても声明を出し「あらゆるグレーな利益と暗黙のルールに宣戦する。どの企業の怒りを買ってもかまわない。たとえ中国最大および第二のインターネット大手であっても」と表明した。さらに360は劇場型の手も使い、ポップアップ・ウィンドウ方式で「馬化騰が深圳市の中低所得者向け分譲住宅補助金を得た」と暴露したり、一般人の名義で「馬化騰のようにはなるな」というはやり歌を作ったりした。なお、360はこのとき「中低所得者向け分譲住宅補助金」と「ハイレベルスペシャリスト住宅補助金」を混同していた。

「ポップアップ・ウィンドウ対応＋法的提訴＋同盟による対応」は、テンセントにしてみればもはや「最高レベル」のコンビネーション反撃だった。だが落胆すべきこととして、これらの行動はテンセントが自身のリソースと地位を利用して「弱い者いじめ」をしていることを再び「証明」しただけだった。最もまずかったのは、テンセントが終始「プライバシーのぞき見をしていない理由」を技術的観点からユーザーに説明しなかった点だ。テンセント技術部門にしてみれば、「技術的なやり方で一般のパソコンユーザーにプライバシー保護の問題を説明するのは、かなり難しい」。同部門は「航空会社の乗客に対するセキュリティーチェックでは、空港が乗客の荷物をスキャンする。その目的は持ち込み禁止品を確認することであり、決してプライバシーをのぞき見する目的や作為は存在しない。それと同じことだ」という比喩を使う説明しか思いつかなかった。だがこうした比喩では明らかに不十分だった。

両社が剣を交える3Qの争いに、一般市民や媒体から異常なほどの注目が集まった。その一戦のテンセントは明らかに受け身の状態だった。実は周鴻禕はもう一つ致命的な手を用意していたが、馬化騰にはまったく予想できていなかった。

白熱化──「扣扣保鏢《コウコウバオビアオ》」と苦渋の決定

社内の空気があまりにも張り詰めていたため、ほとんどの者は10月29日が馬化騰の39歳の誕生日であることを忘れていた。潮汕《ちょうさん》人の習慣では、誕生日を祝うなら「末尾0歳ではなく9歳」なので、通常であればこの日を盛大に祝っているはずだった。しかし、ちょうどこの日に突然、テンセントを困らせる「豪華なプレゼント」が周鴻禕から届いた。360が「扣扣保鏢」（訳注 「QQガードマン」の意）なる新たなツールのリリースを発表したのだ。

「扣扣保鏢」は「QQユーザーのセキュリティーをトータルに保護できる。個人情報の漏洩防止、トロイの木馬によるQQアカウント情報の盗難防止、およびQQ高速化などの機能が搭載されている」と称していた。このツールは、自動でQQの「健康診断」が可能で、その後に「計40項目をチェックしました。うち31項目に問題があります。すぐに修復するようお勧めします」などと表示される。周鴻禕によると「『扣扣保鏢』のリリースでユーザーに対して価値が創造された。QQというインスタントメッセンジャーが不動の地位にある以上、私にはQQユーザーをより快適にできるようなQQの伴侶的プロダクトを作る理由が十分にある。そうすればユーザーはますます360が好きになり、テンセントも私を追い出すことはできなくなる」

しかしテンセントにしてみれば、周鴻禕のこの手は間違いなくQQのリソースをごっそり奪い取る行為だった。

同日（29日）夜、テンセントビル37階の大会議室は「作戦室」と化し、社内方針決定に加わるレベルの上級管理職はほぼ全員ここに詰めていた。

キングソフト社と張志東《ジャンジードン》の技術チームは、4個の「バックドア」を同時に発見した。ユーザーがソフトに表示された「警告メッセージ」中の「修復」を選択すると、システムの再インストールが行われ、QQセキュリティーセンターが360安全衛士にすげ替えられる。QQユーザーの友達リレーション・チェーンは360にバックアップされる。つまり、あらゆるユーザー関係が360のオペレーションプラットフォームに取り込まれてしまう。張志東らの報告を聞き終えた馬化騰は血の気が引き、呆然としながらつぶやいた。「ここまでやるとは、まったく思いも寄らなかった」

テンセントチームは「扣扣保鏢」を「不正で悪意の外部プログラム」と認定した。「これは世界のインターネットでも数少ない、大規模ユーザーを擁するクライアントソフトに対する乗っ取り事件である」

10月30、31の両日、テンセントは深圳市公安局に事件を届け出た。また工業情報化部にも事態を訴えた。当時期待していたのは、司法および業界を主管する政府部門に要望を伝えることで、360の行動を阻止することだった。法務担当の郭凱天《グオカイティエン》は後日こう振り返った。「深圳公安局はこちらの届け出を大変重く見て、副局長扱いの案件としてくれた。しかし公安局のスタッフは本件の性質をどう確定すべきか、そしてどう処置すべきか考えあぐねていた。工業情報化部もこちらの訴えた内容がさっぱり把握できない状態で、何が起こったのかまったく理解していなかった。」

指の間から砂がこぼれ落ちるように、時がいたずらに過ぎていく。バックグラウンドデータによると、「扣扣保鏢」は10月29日から11月1日の数日間で2000万人ものQQユーザーを自身のものとした。馬化騰はのちに、今思い出しても恐怖にかられるといった様子で「あれがもう1週間続いていたら、QQユーザーはほぼ全員流出していた可能性が高い」と筆者に語っている。

馬化騰は11月3日午前、360のソフトが入っているパソコンではQQが作動しないように設定することを決めた。

この日は丸一日、上級管理職全員が37階の「作戦室」に集まり、「ソフトの併存停止」の公告を起草する者たちを取り囲んでいた。作業するエンジニアたちにとっては、実にやっかいな仕事であった。陳一丹《チエンイーダン》、呉宵光《ウーシアオグアン》らは当時をこう振り返った。皆で数百字の文書に向き合って一句ずつ律儀に検討する。誰かが立ち上がってブツブツ言いながら数文字変更し、いったんトイレに行って戻ってくると、別の者が書き換えていて、それでまた論争になる、というような状態だった。

11月３日の夜６時19分、テンセントはポップアップニュースの形で「ＱＱユーザーの皆様への手紙」を発表した。全文を以下に掲げる。

《親愛なるＱＱユーザー様》

この手紙をご覧いただいているときよりも少し前に、当社は大変つらい決定をいたしました。当社は、３６０公司が悪意の外部プログラムによりＱＱに対して行っている侵害および悪意の誹謗《ひぼう》を停止するまで、３６０のソフトがインストールされたパソコンではＱＱを作動させないことにしました。これによりユーザー様にご不便が生じることは重々承知しており、心よりお詫びを申し上げます。また、この決定を行った理由については以下に記載するとおりです。ご理解とご了承をいただければ幸いです。

一、ユーザー様のＱＱアカウントのセキュリティーを守るためです。

最近３６０は不正で悪意の外部プログラム「扣扣保鏢」の強引な配布を進めるとともに、ユーザー様にインストールするよう脅しをかけました。このソフトは、QQのセキュリティーモジュールを乗っ取ってQQの関連機能を喪失させるものです。360のソフトが作動している環境では、当社はユーザー様のアカウントのセキュリティーを守ることができません。360はQQチャットのポータルをすべて支配しています。ログインアカウント、パスワード、友達、チャット情報を含むQQのあらゆるデータは、360に検査されてからでないとQQユーザーに戻してもらえないのです。これは、頼んでもいない「ガードマン」が自宅のドアの前に待機していて、ユーザーは毎回強制的にそのボディーチェックを受けないと家の中に入れないのと同じことです。よって当社は、このような方法でユーザー様のアカウントを悪意の乗っ取りから守るしかなくなりました。

二、倫理的限度を超えた行為に「ノー」と言うためです。

360はたびたび「QQはユーザーのプライバシーを侵害している」というデマを流し、QQのセキュリティー機能に対する悪意の中傷を行っています。事実として、QQセキュリティーモジュールはユーザーのいかなるプライバシーデータのスキャン、モニタリングも絶対に行っていませんし、ユーザーデータのアップロードも絶対にしていません。当社はすでに、自社の潔白を証明できるようQQセキュリティーモジュールのコードをサードパーティー機構の検査測定用に提出済みです。

さらに悪質な点として、360はインターネットセキュリティー企業でありながら、悪意の外部プログラムをリリースし、公然と「セキュリティー」と対立する位置に立って、他社のソフトを乗っ取って支配しています。これらはいずれも倫理的限度を超えた行為です。

三、違法行為を阻止するためです。

目的が何であれ、いかなる商業行為もすべて国の法令の枠組み内で執り行うべきです。しかし360は、「悪意の外部プログラム」という不正手段を用いてテンセント社の正常な運営を崩壊させました。

360はすでに、ユーザー様のパソコンのデスクトップでQQの乗っ取りと破壊を始動しています。当社は、技術的な対抗手段を選択することも可能でした。しかし熟慮したのち、ユーザー様のパソコンのデスクトップを「戦場」としてはならない、という結論を下しました。そしてソフトを選ぶ権利をユーザー様にお渡しすることにしました。

幸いなことに、QQは12年にわたりユーザー様とともに成長することができました。当社はこれからもユーザー様とともに歩んでまいりたいと願っております。

テンセント社
2010年11月3日

テンセントは公告の発表と同時に、「ソフト併存停止ページ」を設けた。ユーザー全員が

「QQをアンインストールする」と「360をアンインストールする」という選択キーから、必ず「二者択一」をしなければならない。

湯道生《トンドウサーン》はこんなエピソードを披露した。デザインスタッフが出した第一案は、二つの選択キーのフォントサイズが異なっていた。馬化騰は「二つとも、フォントもサイズも同一にして、ユーザーに公平に選択させる」という修正意見を出した。それに反対した上級管理職もいた。彼らは、1年前に360がキングソフトと戦った際に似たようなことをやり、「キングソフトをアンインストールする」のフォントは「360をアンインストールする」よりもだいぶ大きかったという話をした。馬化騰は感情が高ぶったのだろう。胸をバシッとたたいてこう言った。

「同じ大きさで勝負しよう」

テンセントがポップアップ公告を出した1時間後、360がポップアップ・ウィンドウで反撃してきた。360は、テンセントが「ユーザーのハードディスクの強行スキャンを続け、人には言えない目的を達成しようとして、ユーザーを連れ去って乗っ取った」と主張していた。周鴻禕はマイクロブログでも同時に「テンセントのこのような理性を失った行動に備え、360はあらかじめ対策を立てていた。ここでWeb QQクライアントをリリースする」と宣言した。

テンセントも直ちに技術で対抗した。Web.QQ.comをすぐに停止して、公告のページに直接ジャンプするように設定した。Qゾーンは、360ブラウザーでのアクセスをサポートしないと宣言した。9時10分、360は「扣扣保鏢」の配布中止を発表するとともに、ネットユーザーに支援を求める緊急メッセージを発信した。ユーザーがしっかりとひるむことなく「QQの使用を3日間停止する」よう「心よりお願いする」内容だった。11月3日の夜に3時間続いた両者の果たし合いは数ラウンドに及び、中国のインターネットは大いに沸き立った。

劉暢《リウチャン》の涙と「各者が50歩ずつ退く」

360が「扣扣保鏢」を配布してから、テンセント広報部ゼネラルマネージャーの劉暢は北京《ペキン》に駐在してメディア対応に追われていた。「あの時期は本当に大変で、ズタズタになる思いだった。技術部門はユーザーが海水のようにせき止められたのに驚いて大声を出したが、私たちはずっと自分たちの声を上げられないままだった」。2010年11月3日の午後、劉暢は深圳からの電話で「併存停止」の決定を知らされた。「私もたまった思いを吐き出せる。ついに反撃だ」

その日の深夜、北京の媒体の記者たちがテンセント北京本社の入る銀科《インコー》ビル21階の受付を取り囲んだ。工業情報化部からも、双方がいがみ合いをいったん停止するよう求める電話が入った。このとき、劉暢は北京駐在の共同CTO熊明華、ウェブサイト部ゼネラルマネージャーの孫忠懐《スンジョンホワイ》らとともに、夜を徹して重要な媒体に連絡を取り始めていた。それまでの10年ほどの間、テンセントは一度もこうした記者会見を開いたことはなかった。誰がこのやっかいな局面に対応するか、北京と深圳で何度も議論した。このとき、創業者は全員遠い南部にいたため、劉暢が「もめなくていいです。私がやります」と引き受けた。

4日の午前9時、テンセントは北京で記者会見を開催した。メディア20数社が集まる中、劉暢はテンセントを代表して自社の立場を説明した。

このとき、ネットはテンセント糾弾の声でほぼ一色だったため、一部メディアの記者も非常に感情的になっていた。

「今回は、テンセント設立12年で最も胸が痛む措置を執りました。昨晩、当社の従業員1万名余りは皆一睡もしていません」。劉暢はこう切り出したが、その後は言葉が継げず、涙があふれて止まらなくなった。彼女の様子に、集まった記者たちは大変驚いた。劉はテンセントの苦衷について説明した。「今回の決断がどれだけ致し方のないものだったか、どれだけやむを得ないものだったか、お伝えしたいのです。今回は本当に致し方ないながらも、揺るぎない意思による決断でもありました」。続いてテンセントの要求を提示した。「360は直ちに、不正競争、虚偽の宣伝、ならびにテンセント社とそのプロダクト・サービスに対する誹謗を中止し、3カ月連続で公の場で謝罪するとともに、テンセントに400万元を賠償すること」

その日の記事のタイトルは、ほぼすべて「テンセント広報部ゼネラルマネージャーが会見で号泣」だった。劉暢は、馬化騰以外で「最も有名なテンセント上級管理職」となった。

戦いが激化するにつれ、各利益集団もしだいに巻き込まれていった。11月5日午前、キングソフト、捜狗《ソウゴウ》、傲游、可牛、バイドゥの5社は合同で記者会見を開催し、360の一連のソフトとの併存停止を表明するとともに、360の「八つのウソ」を合同で明かした。新浪は360支持に回り、両社で提携合意に達した。あわせて新浪は、MSNとの提携強化を進め、MSNと新浪のマイクロブログおよびブログを相互接続すると発表した。

11月6日午前、馬化騰が声をかける形で深圳の4媒体による独占取材が行われた。創業以降初めてのことだった。その後の1週間で合同取材を3回受け、一般の人にも馬の声が届くようになった。

「自身にとって、今回はテンセント史上最大の災難だったのか」という質問に、馬は「もちろんだ。しかも天災ではなく人災だった」と答えた。取材の際、馬化騰はテンセントの「併存停止決定」を「自己救済」と形容した。「360をインストールしているパソコンの真の台数は1億2000～1億5000万台の間で、当社製品も同時にインストールされているパソコンはだいたいその60％だ。推算すると、影響が出るQQユーザーは約1億人だった。『扣扣保鏢』は先週金曜日の11時過ぎに配布を開始した。翌月曜には2000万台余りに広がり、火曜日にはそれがユーザーに画像作成を促しながら拡散し続けていることを当社で確認した。QQユーザー1人当たりの友達が40人だと仮定すると、2000万のユーザーから8億人に拡散されることになり、すでにかなり危険な状態だった。それに対抗して先にオフラインにする以外に、当社にはもう方法がなかった」

11月15日、周鴻禕は「なあなあで生きるより、奮起して戦うほうがよい」というタイトルの記事をブログに掲載した。3Q大戦の自己総括の一つと言えるものだったが、依然「弱者」の反逆という立場を取っていた。「中国のインターネットの競争環境は非常に劣悪だ。独占勢力は権力を笠に着ていじめを行うだけでなく、自身のマーケットでのポジションを利用してベンチャー企業いじめをする。さらにはユーザーの権益を犠牲にすることすらいとわず、他社ソフトをアンインストールするようユーザーに強要する。こうした独占者の身勝手で横暴なやり方を改めないままでは、インターネットのイノベーターはいつまでも活路がない。新しくてクールなサービスをもっと利用するという、中国ネットユーザーの合法的権益も損なわれるだろう」

戦いが基本的に終わっていた11月20日、工業情報化部は「北京奇虎科技有限公司と深圳市テンセント計算機系統有限公司の批判に関する通達」を出し、両社に次のとおり命じた。「当文書の公布から5営業日以内に、社会に対して謝罪を行い、適切にユーザーへの善後策を講じること。相互の攻撃を停止し、関連ソフトの併存と正常な使用を確保し、意思疎通と協議を強化し、厳格に法律規定に基づいて経営で遭遇した問題を解決すること。今回の件から教訓をくみ取り、国の関連法律規定を真剣に学び、職業倫理の構築を強化し、自身の行為を厳格に正し、類似行為の再発を防止すること」

困った結末——「裁判に勝って世論に負けた」

多くの西側の学者、たとえばルイ・アルチュセールやハンナ・アーレントなどは、人間の真実を現実の真実と理論上の真実に分類している。

インターネットの世界には、どうやら現実の真実と理論上の真実、そして感情的真実という三つの真実が存在するようだ。ソーシャル化したネットの中では、あおられてできたある種の感情がウイルスのような速さで広範囲に伝わる。それが自己生成と複製により、単独で「事実」と「ロジック」そのものに変わる。その感情（「人造的感情」と呼んでもかまわないだろう）が消失すると、それとつながっていた「事実」と「ロジック」も同時に消失する。我々は、その事態が3Q大戦で生じたのを目撃した。「感情」自体が一つの推進体となり、そこに巻き込まれて創造された「真実」が核爆弾のように公共の領域で爆発する。今回は間違いなく、それまで誰も見たことがないインターネットの「盛大な暴力の宴会」だった。

3Q大戦は中国インターネット史上の大きな戦役であり、PC時代の最も血なまぐさい「最後の一戦」だったとも言える。しかし今思えば、この戦いを経てもインターネットの法治および倫理的環境は改善されなかった。むしろ3Q大戦がジャングルの法則の勝利を証明してしまった。この件の真相については、まさに「羅生門」だと言えよう。ウオッチャーが100人いたら、100の事実と100の見解が存在する。

まずは法律上の判決を見てみよう。両社はその後3年余りの間に何度も法廷で対決した。

2010年11月15日、すなわち周鴻禕がブログに「なあなあで生きるより、奮起して戦うほうがよい」を掲載した日にテンセントは「360隠私保護器および360ウェブサイトは、テンセントがユーザーのプライバシーを侵害したという虚構を作り上げ、テンセントに対して悪意の商業的誹謗を行った」ことを理由に、北京市朝陽区人民法院に360の不正競争に関する訴えを正式に起こした。2011年4月に出た一審判決では奇虎360に対し、権利侵害を停止し、30日以内に360ウェブサイトのトップページおよび「法制日報」で声明を発表して影響を消し去るとともに、原告テンセントの経済損失40万元を賠償するよう命じた。奇虎はこれを不服として北京市第二中級人民法院に控訴したが、同人民法院は9月29日に一審判決を維持した。

テンセントはその後すぐ、奇虎360公司が配布した「扣扣保鏢」関連の権利侵害行為に関して、より大規模な訴訟を広東省高級人民法院に起こした。

2013年4月、広東省高級人民法院が出した一審判決は、奇虎360公司の複数の行為が「不正競争行為」を構成していると認定した。その第一の行為は、「扣扣保鏢」がQQソフトおよびそのサービスの安全性、万全性を破壊し、QQソフトの複数の機能を妨害、ブロックして、テンセントの付加価値サービス事業の取引機会および広告収入を喪失させたことである。第二の行為は、360が「扣扣保鏢」ソフトおよびそのサービスを提供する際に、QQソフトには健全性の問題がある、ユーザーのプライバシーを漏洩しているといった虚偽の事実のねつ造・拡散が存在しており、テンセントに商業的誹謗を行ったことである。第三の行為は、「扣扣保鏢」がQQの機能インターフェース改ざんを通じて原告QQソフトの一部機能を代替し、それにより360自身のプロダクトの配布を促進したことである。上記の複数の不当行為は、テンセント社の合法的商業利益を著しく損ねただけでなく、業界内の正常な競争秩序を破壊して、不正競争も構成した。このため同法院は、奇虎360公司に連続15日間のメディアでの謝罪と経済損失500万元の賠償を命じる判決を下した。

奇虎はこのときも最高人民法院に控訴した。2014年2月24日、最高法院は一審判決を維持した。

法的な側面ではテンセントが全勝した。しかしまさに馬化騰らが当時予想したとおり、判決は両社のどちらに対しても実質的な利益への影響は生み出さなかった。中国の法律は、インターネットで生じた多数の悪性競争のいずれに対しても、実質的拘束力と懲戒力を持つ適切な武器としての役割を果たせなかった。これは実に遺憾な事態である。

それに比べて、リスクを冒した側の周鴻禕は空前の商業的成功を収めた。丸腰で相手に飛びかかっていった周は、絞め殺されなければすなわち大勝である。周のインターネット世論に対する並外れた理解と掌握力は、過去に例がないものだった。この大戦後に周の知名度は格段に上がり、破壊的イノベーションのシンボル的存在となった。360のユーザーも減らなかったばかりか逆に増えた。周鴻禕はその勢いに乗ってさらに前進し、迅速に上場計画を始動した。2011年3月30日、奇虎360はニューヨーク証券取引所に上場して2億2560万ドルを調達した。当日の株価収益率は360倍にも達し、一躍時価総額第3位の中国インターネット上場企業となった。

馬化騰にしてみれば、3Q大戦はのみ込めない苦杯にほかならなかった。競争戦略の観点からすると、11月3日の「併存停止」は間違いなく正しい決定だった。馬化騰は皆の非難を覚悟でリスクを取り、360が敵のリソースをごっそり奪おうとする行為を食い止めた。のちに馬は「何とかもう1週間頑張れていたら、360を完全に倒せただろう」と筆者に語った。言葉の端々に悔しさがにじみ出ていた。

3Q大戦はうやむやのまま終わり、反逆者が期待し、皆に約束した「完全にオープンな環境」は実現しなかったばかりか、逆に「独自プラットフォーム論」の奇妙な復活を後押しした。オープン化の呼びかけが独占者に深刻な反省を促し、インターネット経済の深層構造を再認識させた一方で、開放主義の信徒はもはや「オープン化は万能」と闇雲に信じることがなくなった。インターネット資本主義の特徴は、彼らの想定よりもはるかに複雑だったからだ。反逆者たちは、独占者への挑戦によって独占的利益を共有した。

テンセントが今回の件で世論の攻撃にさらされたことにより、馬化騰は事業への意欲が一時低下した。馬の困惑と憂鬱は、取材していてはっきりと感じ取れた。価値観が若干揺らいだ時期すらあった。まさにヘーゲルの言うように、承認されたいという欲求は人間の生存における最も基本的な願望だ。馬化騰は一貫してプロダクトマネージャーとしての自分に誇りを持ち、ユーザー体験や彼らからの承認獲得を常日頃から考えてきた。だが、まさにその点に対して馬は致命的な疑義を突きつけられたのだった。

のちに生じたさまざまな変化が証明することになるが、3Q大戦は間違いなくテンセント史上の一里塚的な出来事だった。ある意味で馬化騰の性格すら変えた。馬はテンセントのプラットフォーム戦略や公共性を再考し始め、外部とのコミュニケーションにおいても柔軟でオープンになっていった。

第14章
オープン化
――新たな挑戦と能力

「これまで、私たちは何が正しいのかを常に考えてきました。しかしこれからは、何が賛同を得られるのかをもっと考えなければなりません」

――**馬化騰**《マーホワトン》（ポニー・マー）、「全社員へのメール」


「業界の成長が速いほど、そのビジネスモデルが限界に達する時期も早く来る。したがって現在の成功放物線は、常に鋭くとがった形をしている」

――**ゲイリー・ハメル**（アメリカの経営戦略家）、『The Future of Management』（邦訳『経営の未来』）

「未来の扉を開く」

イギリスの歴史学者トインビーは、人類の多くの文明の盛衰について述べた後、こんな意味深長な疑問を提示した。ある戦いを挑まれ、その応戦に成功した数少ない創造的な人たちは、どのくらいの時間があれば精神的な再生を経て、その次の挑戦、さらにその次の挑戦に応じられる状態になるのだろうか。

企業とは、思想と欲望を持つ物体だ。歳月が企業に組織および観念上の輪廓を付与し、それを随時変化させる。そうした感覚は非常に奇妙だ。そして不確実性への焦慮と自我を超越する挑戦に向き合うことは、まさに企業家の生涯の一部である。

２００９年10月、雑誌『中国企業家』の記者が馬化騰を取材した際にこう尋ねた。「自身が最も受け入れがたい外部の誤解は？」

馬化騰はしばらく考えてこう答えた。「プロダクトに問題が出ると、作った者をかなり大勢の人が罵倒《ばとう》すること」。明らかにこの時のポニーの自己認識はまだ「プロダクトマネージャー」であり、心の底では最高のプロダクトを作りさえすればユーザーを勝ち取ることができるし、外野がどう騒ごうとほとんど気にかけなくてよい、という考えだった。

しかしそのわずか１年後に３Ｑ大戦の「洗礼」を受け、馬化騰の振る舞い方は実に大きく変わった。2010年11月11日の夜、馬は全社員に社内システムでメールを送信した。「これまで、私たちは何が正しいのかを常に考えてきました。しかしこれからは、何が賛同を得られるのかをもっと考えなければなりません」と述べた。

その日はテンセントの設立12周年の記念日だった。同社は4000人規模の盛大な祝賀会を開催し、馬化騰が即興でスピーチした。会場の雰囲気は大いに盛り上がったが、馬自身は思いを伝え切れなかった感じが残った。祝賀会終了後、馬は皆のように帰宅したりどこかに繰り出したりせず、車でオフィスに戻った。2時間後に「未来の扉を開く」というタイトルのメールを送信した。

「私は話して伝えるのが苦手な人間なので、メールという方法を選んでみなさんに伝えます」。大変率直な書き出しに続けてこう述べた。

当社は創立以来、これほど大きなセキュリティーの危機に遭遇したことはありませんでした。ここしばらく、私たちはともに不眠不休の日々を過ごしました。これまでの日々を振り返って思い出されるのは、仕事の疲れ、つらさ、やるせなさ、骨の髄《ずい》からの倦怠感《けんたいかん》かもしれません。しかし私は、もう12年先には皆でこの日々に脱帽して敬礼しているだろう、と言いたいのです。

当社のリーダーとして、私個人はここで振り返って検証する必要がありました。その検証をみなさんと分かち合いたいと思います。

1　これは最悪のときではない

テンセント社は今、創立以来最も危ない挑戦を行っているところだと考える人もいることでしょう。しかし、本当の危機はこれまで外部から襲来したことはない、と言いたいのです。私たちがユーザー体験を軽んじたときこそ、本当の危機に遭遇します。いつかテンセントがコツコツと誠実にユーザーサービスを行う文化を捨て去ったら、そのときこそが本当の災難です。

2　最高のときもなかった

この12年来、テンセントには枕を高くして寝られた日は1日もなく、一瞬一瞬が常に最も危険なときだったかもしれない、というのが私の最も強い実感です。12年間、毎日が薄氷《はくひょう》を踏む思いでした。何か手抜かりがあれば、いつでも我々に致命的な一撃が及ぶだろうと終始案じ、ユーザーに見捨てられるのではないかと心配し続けていました。

3　怒りを手放そう

今回の件以降、共通の敵に立ち向かおうという感情が社内に醸成されており、多くの人が360公司を敵と認定しています。しかしこれまでの歴史は、怒りの炎に焼かれるのは恐らく自分自身であると、教えてくれています。もし360の蜂起がなかったら、私たちはこれほどまでにつらい思いはしなかったでしょうし、これほど過去を検証することもなかったでしょうから、今日これほど多くの悟りを得ることもありませんでした。もしかしたらこの先、私たちが新たな高みに進んだときに、今日のライバルが私たちを磨き上げてくれたことに感謝する日が来るかもしれません。

4 畏敬《いけい》の念を持っていよう

これまで、私たちは何が正しいのかを常に考えてきました。しかしこれからは、何が賛同を得られるのかをもっと考えなければなりません。私たちはこれまで、ユーザー価値を追求すると同時に、成功に向かうスピードと情熱も享受してきました。しかしこれからは、一般の人たち、業界、未来に対する畏敬の念をもっと企業文化の中に取り入れなければなりません。

5 未来の扉を開こう

今は、この争いを終わらせて未来の扉を開くときです。今のこの瞬間、私たちは次の12年のスタート地点に立っています。この瞬間は私たちが時宜を捉えて脱皮を完了する機会でもあるのです。

馬化騰はメールの最後で「オープン化」を約束した。これは、テンセント社内方針決定者たちが初めて戦略レベルの行動と定義したものだった。

「恐らく本日のところは、どんな変化が起こるのかを私からみなさんにまだ断言できません。しかし私たちは、テンセントの将来的成長の中にもっとオープン化や共有の要素を取り入れる試みを行います。私たちは、もっと積極的にプラットフォームのオープン化を推進し、産業チェーンの調和に着目していきます。なぜならテンセントの夢は、自身を最強で最大の会社ではなく、最もリスペクトされる会社とすることだからです」

「馬八条」と半年間の戦略転換準備期間

劉熾平《ラウチーピン》の記憶によれば、2010年末の馬化騰は「人とのコミュニケーションが急に大好きになった」。話すトピックも以前とは大きく変わり、メディアの専門家を総弁会に呼び、広報やコミュニケーションのスキルについて話してもらったりもした。以前なら想像もつかないことだった。

12月5日、馬化騰は招きに応じて2010（第9回）中国アントレプレナーサミットに出席し、「インターネットの未来に関する8条の論題」というテーマでスピーチを行った。

それまでほとんど公の場でビジネス観を語ったことがなかった馬化騰が、しっかり準備を済ませて筋道も明快なスピーチ原稿を持参しただけでなく、ユーモアや自虐まで見せたので、出席者は仰天した。馬はスピーチ冒頭の1分で「本日午後の私のスピーチのタイトルは『インターネット問題の8条の論題』です。みなさんは、マルティン・ルターが宗教改革のときに提起した『95条の論題』のまねだと思うかもしれませんね。本来は私たちも95条書くつもりでいたのですが、時間が15分しかないとのことだったので、では8条に短縮しようとあっさり決断いたしました」と述べて会場全体の笑いを誘った。

このときのスピーチ内容は、のちにメディアから「馬八条」と呼ばれるようになる。

一、インターネットはまもなく、その歴史における「三峡《さんきょう》時代」を脱する。情熱とパワーがより拡大するだろう。

ある新しいツールが登場すると、どんなものであっても社会が驚き、大きな注目を集め、さらには一世を風靡《ふうび》する。そのプロセスは、まるで長江《ちょうこう》の三峡のように通り抜けるのが難しいが、その段階を過ぎると新鮮味がしだいに失われる。しかし、それが社会構造の再構築を推進し、イノベーションのパワーが山を押しのけ海をひっくり返すようにして到来する。その転換点のバロメーターとなるのは、一般の人が皆インターネットというツールを使いこなせることである。

二、もはやクライアントソフトは重要でなく、産業の川上の価値が再び高まる。

過去を振り返ると、テンセントが数多くの成功を得たのはQQクライアントがあったからだと考える人が多かった。我々は大変手軽にユーザーに接触できるし、多数のユーザーを抱えているので、どんなプロダクトを出しても成功できる。それは確かに一つのチャネルであり、我々はそのチャネルを通じて楽にユーザーに接触することが可能だ。しかし将来的には、このトレンドあるいはこうしたストーリーは存在しなくなると我々は感じている。インターネットでは、チャネル優勢時代はいずれ終わる。簡単に言うと、インターネット産業チェーンにおいては、バリューチェーンは川上にシフトしつつある。つまり今後も自社のクライアントソフトだけに頼っていると、その企業は重大な危機を迎えることになる。

三、「独占」は煩わしい罪名だが、確実に架空の罪名である場合もある。

実際のところ、いわゆる独占企業の多くも、産業が変革し続けているときはやはり大きな危機に直面する。つまり価値の変遷が急速な産業においては、枕を高くして寝られる企業は1社もないということだ。アリババ、バイドゥ（百度）、テンセントへの挑戦は大きな三つの山への挑戦だと言う人もいる。挑戦の効果的な方法は、似たようなプラットフォームを構築して独占を果たすことではなく、流れに乗って良好な産業チェーンを築くことであり、それこそがよい方法である。

四、チャネルを断ち切る者は「刺客」にすぎず、源泉を占拠した者こそが「革命者」である。インターネットはもはや独立した産業としては存在しなくなる。既存の産業に溶け込み、インターネットの役割のもとで、産業チェーンの川上がしだいに重要になるだろう。つまり、自社がどんなチャネルを持っているかではなく、どんなプロダクトとサービスを持っているかが最も重要である。外界からはずっと、テンセントのコアバリューはQQというチャネルがあることだと誤解されてきた。しかし我々は、それでは持続不可能だと早くから気づいていた。そのため、産業チェーンの価値の源泉を全力で構築し始めた。すなわち、優れたプロダクトとサービス、そしてアプリケーションを擁していなければならない、ということだ。

五、広告モデルは「プロダクト経済（産品経済）［訳注 「商品経済」（Commodity Economy）とは別の概念。］」の産物、知的財産権モデルは「体験経済」の寵児《ちょうじ》である。

過去のプロダクト経済時代は、プロダクトと注目力は別々のものだった。つまりプロダクトを販売する際、知名度と評判を上げるには、媒体から注目力を購入せざるを得ず、それが広告の本質だった。しかし今の我々は、プロダクト経済が徐々に体験経済へと変化していくのを目にしている。他ではできない体験こそがあらゆる産業の価値の源泉となるだろうし、産業の価値を高めるための無限の空間も切り開く。プロダクト経済の時代は、メディアコンテンツが一つの独立した産業だった。つまり、広告を載せる器を提供していた。一方、体験経済時代はメディアコンテンツが他の産業に全方位的に溶け込んで価値の源泉となる。

六、「無料」に脅されてはいけない。「希少性」があれば、無料の呪いを解く武器となる。

希少性を作り出す方法は三つある。一つ目は、長期的な巨額のブランド投資をすることだ。二つ目は、たとえばアップルのiPhoneのような他ではできない体験を創出することであり、多数の技術を統合することで大変よいユニークな体験を生み出す。その中の技術の一つひとつは、他の業者から見てそれほど高度なものでなくても、それらを統合して一つの体験とすることが鍵であり、それが希少性だ。三つ目はスターを誕生させることだ。

七、プロダクト経済は人を束縛し、インターネット経済は人を解放する。インターネットの使命の一つは、従来のモノ中心経済を改め、人を組織の束縛から救い出すことである。すなわち将来のインターネット世界では、独特の魅力を擁する自立した人が最終的な源泉となり、最終的な勝者となる。より多くの個人の価値を集合させ、より多くの人の自己実現のためにプラットフォームを提供し、個性の魅力とイノベーションの潜在力を結集して巨大な商業価値とすることは、未来のインターネットが本領を発揮するところであり、テンセント社のビジョンの一つでもある。人間の価値を発揮させないかぎり、産業の高度化は生じることがなく、安定的な社会構造が出現することもない。これは、中国のインターネットがなしえる貢献であるはずだ。

八、「クラウド組織」時代は「偉大な企業」が「大企業」とは限らない。

「クラウド組織」は将来の社会の形態であり、社会資源の一種の集合形式である。つまり、平素は水の分子の形態で存在しているが、統合が必要な時、条件がいったんそろえば「クラウド（雲）」を形成し、ミッションが完了するとまたちりぢりになる。こうした組織形態は、将来のインターネットの常態であろう。テンセントが描くオープン化とシェアは、簡単に言うと人の価値発揮を着眼点とし、個人の資源を立脚点として、クラウド組織で結集し、クラウドイノベーションで推進するものである。

スピーチの最後に、馬化騰はこう宣言した。「本日12月5日から、テンセント社は半年間の戦略転換準備期間に入ります。転換の方向は今述べた8条の論題です。転換の方法は社会各界の提言、忠告と批判を広く聞き取ること、転換の原則は今述べたオープン化とシェアです」

「テンセント診断」——10回のフリートーク会

2011年の春節後、テンセントは広報部の主導で北京《ペキン》、三亜《さんあ》、杭州《こうしゅう》などの都市で10回にわたる専門家との懇談会を実施した。テーマは「テンセント診断」で、インターネットの専門家計72名が参加した。馬化騰は、テンセントの上級管理職に対して必ずそのうちの1回に参加するよう指示した。この会は一つのオープン化の形であると同時に、それまで聞いたことがない声をぜひ聞きたいという願いもあって開催した。

のちに、このときの声をまとめた書籍『X線で見るテンセント』が出版され、馬化騰は序言にこう書いている。「我々の目の前には、常に無数の森の小道がある。我々がすでに手にしているものは、いずれも新たな戦略の中で検証される。どれが成長継続の基盤で、どれが倍速で道を進む際の妨げになるのか、実は判別が大変難しい」

「テンセントがこうした行動に出るとは、予想もつかなかった。私が思うに、仮にマイクロソフトが似たような事態にぶつかった場合の典型的な反応としては、自己弁護し、あらゆる力を結集し、千個の口を開いて自身の正しさを証明しようとするはずだ」。中国科学院情報化研究センターの姜奇平《ジアンチーピン》秘書長はそう振り返った。「テンセント診断の現場は、1万門の大砲がいっせいに鳴り響くという形容がぴったりだった。言いたいことを言って一種の快感を味わっていた人をたくさん見かけた。まるで高い所から見下ろす裁判官が口答えや弁護をしない被告に接したかのようだった」

この72名の専門家の中には、テンセントと長期または短期的に提携した、あるいは接触した者のほか、非常に鋭く批判する者もいた。北京の診断会では、長期的にメディアでテンセントを痛烈に批判してきたウオッチャーも駆けつけた。席に着くなり発言し始め、半時間ほどまくし立てたのち、すぐさま会場を出ていった。こうした光景はたびたび見られたが、フェース・トゥー・フェースのコミュニケーションにおけるテンセントの誠意を皆が感じ取っていた。

診断会に参加したテンセント元社員の程苓峰《チョンリンフォン》は当時の様子をこう語る。張志東《ジャンジードン》は複数の来賓の後に発言したが、冒頭で「ずっとメモしていたら、紙3枚びっしりになって、手が痛くなってしまった」と言いながら、ペンを持っていた手を振っていた。『フォーブス』中国語版元副編集主幹の尹生《インション》は、わざわざ顔を近づけてこう言ってきた。「本当にお宅の社長は実直だね」

診断会のテーマは、公的な責任と好感度、業界の開放と独占、イノベーションとパクリの三つで、いずれも難題だった。当時の中国の大物インターネットウオッチャーたちのほぼ全員がこの「フリートーク会」に参加したと言ってよいだろう。また議題は尖鋭的で実例が新鮮だったため、皆が自由に発言して議論が深まったように見えた。会場では、中国のインターネットの苦境と難題が一つの例外もなく取り上げられた。

テンセントはもはや最大のインターネット企業なのだから、負うべき責任もより大きくなった、というのが大きな共通認識だった。「問題は、中核の社内方針決定者たちによる産業トレンドの判断が不十分で、業界やマーケット全体に対する一種の錯覚が存在することだ」

ＤＣＩインターネットデータセンター創業者の胡延平《フーイエンピン》は、現在インターネット全体が変化しつつあり、インターネットの体系が急速にクローズからオープンに向かっている、と指摘した。また大企業の競争は、プロダクトやサービスの競争からプラットフォームレベルの競争にシフトしている。最も大きくて優れた企業は、必ずしも自身がプロダクトやサービスを数多く創出した企業ではなく、インターネット全体をつないで、自身のオープンプラットフォームによりインターネット全体の構築と組織化を果たす企業である。テンセントにはその条件がすべてそろっている上、恐らく他社より優位に立っている。しかしこの面でのテンセントの歩みは非常に遅い。

ずっと発言に慎重だった劉熾平テンセント総裁は、運営戦略の観点から診断会の場でより広い判断基準に基づく自己批判を行った。テンセントには「仕事上の強迫神経症」的なところがあった、と述べた。テンセントは長年の成長過程で接客担当者の役割を演じ続け、ユーザーのご機嫌を取ろうとしてきた。何でもかんでも自分で引き受けて、ユーザーにさまざまなサービスを提供したいと願ってきた。「始めた頃はうまくいっていたかもしれないが、ユーザーのニーズがどんどん多様化、パーソナライズ化するにつれて、自社だけであらゆるサービスにきちんと目配りするのが難しくなってしまった」

『21世紀商業評論』の編集主幹呉伯凡《ウーボーファン》は劉熾平の見解に対して、テンセントの思考パターンには「帝国の思考」が存在すると鋭く指摘した。「モンゴル帝国と同様に、テリトリーは実に広大だがマネジメントの半径はそこまで大きくない。急速に膨張したからだろう。だがマネジメント半径の非対称性によって、短期間で深刻な危機に遭遇するだろう。場合によってはある一面で徹底的につぶされることもあろう」

外部の専門家と社内の上級管理職が同一の判断と憂慮を示したため、社内方針決定者たちが観念上の衝撃を受けたのは間違いなかった。馬化騰はのちに「すべてをつなぐ」という新たな戦略主張を提起したが、これは一連の診断会における意見の噴出と大きな関連性がある。

診断会で激しい議論となったもう一つのテーマはイノベーションに関わるもので、「テンセントはパクリ企業なのか」だった。

外部の人間からすると、テンセントのイノベーションモデルはインスタントメッセンジャーを中核として大量のユーザーを確保してから、多数の応用的マーケットに参入するものだ。テンセントのプロダクトのアイデアは、ほぼすべて他社の先発テストに由来する。テンセントはその上でユーザー体験を究極まで高める。苗得雨《ミアオドーユー》はテンセントの一部プロダクトマネージャーのPPT課程と教程を例に挙げ、どうやって他者のプロダクトの成功点を把握して二次マイクロイノベーションを実現するかを、テンセントの多くのプロダクトマネージャーたちが指導していると指摘した。「こうした行為は実質的に徹頭徹尾模倣しようというパクリ精神である上、それがテンセント社内ではよいこととして推進されている」

こうした後発追随戦略への異議はそれまでもずっと存在していた。これまでの十数年間、その戦略はあらゆる中国インターネット企業にとって成功への手本的道筋でもあったと言ってよい。診断会での専門家による討論は、こうしたモデルの倫理的批判に陥ることはなく、逆に反論の対象がインターネット成長の最前線まで拡大していった。このときに次の三つの命題が出されたことは、何年もたってから振り返るとやはり意義深いことであった。

一つ目は、専門家たちが中国とアメリカのインターネットの相違性を議論したことにより、消費モデルや体験方法上のイノベーションの可能性が提起されたこと。

二つ目は、過度にユーザーに迎合する時代はすでに終わり、「何が将来の主流となるのかは誰にもわからず、あるいは主流自体が存在しないかもしれない」のだから、インターネット企業は戦略において需要の創出に力を入れるべきだという見解を、彼らが示したこと。

三つ目は、中国のインターネット企業を真に導いてイノベーション王者へと成長させられるのは価値観であって、さまざまな応用のスキルではないこと。「中国のインターネット企業は皆、特に価値観が欠如している。だが現在の世界では、ネットの民衆にはそういう強い需要がある。グーグル規範の第一条は『邪悪になるな』であり、世界を変えるとは言っていない。だが実はこれは革命性に満ちたものであり、インターネットの本質でもある」

「テンセント診断」での討論は3Q大戦とテンセントの発展戦略から始まり、中国のインターネット成長のあらゆる重大な命題にまで及んだ。明確な答えが出たものもあれば、非常にあいまいなものもあり、さらにはそれ自体が不確実性の産物だったものもあった。決して長くはない中国のインターネット史において、この10回にわたる診断会には非常に際立った思想的な価値があった。

オープン化の能力――資本とトラフィック

成熟したビジネス従事者なら、揺るぎなく鮮明で、相矛盾する二つの信条を持っているべきだ。まず、既存の秩序と倫理的ルールを破壊しなければならない。その一方で、秩序とルールの再構築にも尽力しなければならない。その従事者は、破壊した結果の引き受け手であり「遺産相続者」だ。相互に矛盾する願望を心の底から感じ取らなければならないが、落ち着いた心持ちで仕事を続けなければならない。それがビジネスの技法である。

２０１１年の馬化騰はそうした能力を身につけ始めた。診断会ではこんな発言をした。「オープン化とシェアは宣伝文句ではなく、単なるコンセプトでもない。オープン化は一つの姿勢であると見られることが非常に多いが、私は一つの能力だと理解している。シェアはビジョンではなく、どうやって実行可能な制度を打ち立ててシェアや共有を実施するかが大事だ」

ではテンセントの「オープン化の能力」は何か。社内方針決定者たちの理解はそれぞれ違っていた。馬化騰はある総弁会において、上級管理職者16人に自身の考える「テンセントのコアコンピタンス」について紙に書いてもらい、回答が計21件集まった。何度も議論した結果、「コンピタンス」は以下の二つに絞られ、そこから迅速に行動を取っていった。

第一のコンピタンスは資本だ。劉熾平がこの主張の提起者だった。以前ゴールドマン・サックスに勤務していた劉の考えでは、テンセントがあらゆるインターネットプロダクト、特にコンテンツ分野を手がけるのは不可能なのだから、資本参加こそが唯一の実行可能な道である。出資によってアライアンス関係を築けば、オープン化という目的だけでなく、テンセントの巨大なトラフィック資源の資本的な意味での放出も同時に実現できる。

過去10年余りにおいて、テンセントもM＆Aの経験はあったが、それらはほぼすべて株式支配や完全子会社化だった。対象企業はいずれもテンセントの現存事業と強い関連性があり、大部分はオンラインゲーム分野だった。この業界におけるテンセントの行動は情け容赦ないものだったため、依然として閉鎖的または内部成長のモデルであった。今後の資本運用は参加型となり、所有ではなく共生のみを求めていく。

劉熾平のこの資本オープン化戦略は、その後数年間のテンセントに決定的な戦略的意義があった。劉は、資本の面からテンセントの新たな戦場を切り開いた。テンセントは2011年1月24日、テンセント産業ウィンウィンファンドを設立すること、投資規模は人民元50億元の見込みで、インターネットおよび関連業界の優秀なイノベーション企業に資本サポートを提供することを発表した。QQショーのアイデアを出した許良《シューリアン》など、テンセントのベテラン社員がファンド事業の管理者を務めることになった。ウィンウィンファンド投資の最初の重要プロダクトは、オンライン旅行事業を扱う芸竜網《イーロンワン》だった。テンセントは5月16日に8400万ドルを出資して芸竜網の株式16％を取得し、同社第二の大株主となった。6月初めには、創新工《チュアンシンゴン》場《チャン》（Sinovation Ventures）発展ファンドの人民元ファンドへの投資に参加し、創新工場がインキュベートしている企業、あるいは他のアーリーステージ・ミドルステージの優良インターネットテクノロジー企業を支援すると発表した。同ファンドの総額は7億元で、テンセント産業ウィンウィンファンドの一部分である。

第二のコンピタンスはトラフィックだ。5億人超の月間アクティブユーザーを擁するQゾーンが最善の試験場として選ばれた。

「実は、オープンプラットフォームを作る必要があるかどうかについて議論し出したのは20

08年だった。だがずっともめていて、真に決断したのは3Q大戦の後だった」。インターネット付加価値サービス事業を統括する湯道生《トンドウサーン》は取材の際、社内の論争についてそう語った。「SNS分野では、オープン化戦略をどう実施するかが国際的な課題の一つだ。我々は少なくとも3点でもめていた。第一に、オープン化はアプリケーションとコンテンツのどちらを主体とするか。第二に、ソーシャルネットワークは広告資源のオープン化が必要かどうか。我々は、ブランド広告部門と検索部門からの圧力を受けた。第三に、オープン化はプラットフォームと川上・川下産業チェーンのどちらを対象とするか、だ」

実際、大型のプラットフォーム級インターネット企業のほぼすべてが、オープン化が不十分だと鋭く批判された経験がある。マイクロソフトからフェイスブックまで、ひいてはアップルのようなハードウエア企業さえも、アプリケーションプラットフォーム提供を開始した当初は直ちに「オープン化の敵」と見なされた。

オープン化というのは以前からある意味で相対的な概念であり、国の境界と同じようなものだ。人に対する開放には認証が、他国に対する開放には互恵が必要であり、貿易の開放には法規が必要だ。原理主義的な開放は人類の文明史上一度も発生したことがない。この点に関して、ジョブズは最も徹底した閉鎖主義者だった。ウォルター・アイザックソンは著書『スティーブ・ジョブズ』に「デジタル世界の最も基本的な意見対立はオープン性とクローズ性である。システムの統一性を本能的に強く好んだジョブズは、クローズの立場を断固として変えなかった」と書いている。

昔のテンセントも、その後のテンセントも、事業のオープン化措置においてはずっとビクビクしていた。やや保守的であったとさえ言える。

馬化騰が「半年間の戦略転換準備期間」を宣言してから6カ月後の２０１１年6月15日、テンセントは北京で千人クラスのビジネスパートナー会議を初めて開催した。芒果網《マングォワン》、蝦米網《シアミーワン》、ユニコム、金蝶《ジンディエ》、58同城《トンチョン》などの提携企業がステージに勢ぞろいし、馬化騰は「みなさんにテンセントの戦略転換を見届けていただきたい」と発言した。

テンセントは、それまではクローズだった社内のリソースを外部の提携サードパーティーには無償で開放すると発表した。その中にはＡＰＩオープン化、ソーシャル構築、マーケティングツールおよびＱＱログインなどが含まれていた。公表されたデータを見ると、２万弱のビジネスパートナーがテンセントのオープンプラットフォームにアクセス済みまたはアクセス待ちという状況だ。２０１０年のテンセント社全体の収入は２００億元だったが、チャネル費用を除外して、サードパーティーのビジネスパートナーに分配される金額は40億元にも上る。うち単一のアプリケーション、すなわちあるオンラインゲームプロダクトが得た単月の最高レベニューシェアは、１０００万元を突破していた。

テンセントがこのビジネスパートナー会議を開催したのとほぼ同時期の6月29日、ラリー・ペイジはグーグルがソーシャルネットワークサービス「グーグル＋」を開始し、グーグルの多様な基礎的機能をユーザーに開放すると発表した。湯道生は「グーグルのやり方は我々にとって新たな励みとなった。テンセント社内でもすぐに似たような決定を出した」と語る。

7月16日、テンセントはQQクライアントのオープン化を発表するとともに、アップルのアプリケーションストア式のQ+オープンプラットフォームを始動させた。QQクライアントのアプリケーションボタンを押すとQ+が立ち上がり、そこからQ+デスクトップクライアント、ウェブ版Q+、Q+壁紙などの各種拡張機能をインストールできる。

2011年上半期にテンセントが見せた積極的なオープン化の姿勢や実際に起こした行動は、人々にインターネット企業の新たな成長モデルを示すものだった。さらには世界のインターネット業界においても一定のメルクマール的な意義があった。

もちろん、テンセントのオープン化の行動はずっと慎重だったのだが、それは商業的な考慮による部分がより大きかった。ちょうど2011年9月のあるニュースがその考え方を証明した。藍港《ランガン》というオンラインゲーム会社が開発した3Dオンラインゲーム「傭兵天下」のオープンベータテスト当日、テンセントはこのゲームはテンセントの競合プロダクトだと表明し、そのため藍港の広告出稿を凍結したのだった。

マイクロブログ——モバイル時代の新たなライバル

２０１１年初めの馬化騰は、自身のビジネスキャリアにおいて最も焦りが強まった危機的な状況にあった。

３Ｑ大戦により精も根も尽き果て、自身の「プロダクト信仰」にすら懐疑的になり始めた。だがのちに振り返ると、これは意外にもＰＣ時代最後の一戦だった。別の言い方をすれば、引き継ぐ者がいない旧時代の争いだ。以前よりもさらに広がったインターネット世界において、予測不可能な新しい時代が急速に幕を開け、より強大なライバルがすでにもう一つの地平線上に出現していた。

２０１０年1月27日に天才ジョブズがシリコンバレーで世界最初のiPadを発表し、6月には背面に５００万画素のカメラを搭載したiPhone4も発表されて、モバイルインターネットの時代が突然やってきた。その後1年の間に、タブレットコンピュータとスマートフォンが爆発的に売れ出し、当年度の中国地域の出荷台数は２３００万台に達して、ユーザーが急速にシフトしていった。

当時の戦局を振り返ると、中国市場においてテンセントを体半分ほどリードしていた企業が2社あった。

1社目はもちろん通信事業者である。特にチャイナモバイルは、最も早くオープンプラットフォームのモバイルサービスプロバイダーとなる可能性が最も高かった。当時の多くのウオッチャーが「通信事業者は独占的地位にあるので、将来的に通信事業者はモバイルリアルタイム通信市場を支配することになるだろう」と言っていた。

チャイナモバイルには、かつて大人気を誇った「モンターネット」というプロダクトがあった。しかしそのプロダクトは非スマートフォン時代には料金のための手段でしかなく、人とアプリケーションの交流を真に支配していたわけではなかった。しかも2G環境では、インタラクティブ性はショートメッセージの通知という形にしかなり得なかった。ショートメッセージは、スマートフォンが突如誕生してすぐに時代遅れとなった。さらにまずいことに、チャイナモバイルは過去の何年かで事業の枠組みが完成したと思い込み、計画的にサードパーティーを駆逐し始めた。あるメディアはこんな手厳しい論評を書いた。「ある地主が大変肥よくな土地を囲い込み、まずは小作農たちを募集した。小作農は土地を耕す牛と農具を持ち込んで開拓を進めた。土地の耕うんが終わると、実った物を独り占めしたい地主はあの手この手で小作農を追い出し、自分で大量の牛と農具を買い込み、自分の収穫物を得た。やがてある変化が起こった。突然トラクターが出現したのだ。追い出された小作農たちは新しい機械と道具でより多くの土地を開拓し、より多くの果実を実らせた」

もう1社は新浪《シンラン》（と同社が運営する新浪微博《ウエイボー》）だ。2006年以降、テンセント、アリババ、バイドゥなどが台頭してニュースポータルモデルは非主流と化し、かつて三強だった新浪、捜狐《ソーフー》、ネットイース（網易《ワンイー》）は相次いで成長の低迷期に入った。ネットイースの丁磊《ディンレイ》は戦略上正面戦場を放棄してオンラインゲーム事業に特化した。捜狐の張朝陽《ジャンチャオヤン》は多角化展開を進め、ＩＭＥ、オンラインゲームから動画にまで出撃したが、最終的に勝負できる事業は見つからないままだった。

かつてポータルランキングで1位を取った新浪は、明らかに最も苦しい状態であり、自身の存在価値を証明できるような偉大なプロダクトがどうしても必要だった。

２００９年９月、新浪微博がひそかにスタートした。その模倣対象は、ジャック・ドーシーが２００６年3月に創業したツイッターだった。ツイッターはその手軽な１４０字という仕様で、3年の間にまるで軽騎兵のようにフェイスブックにとっての最大の脅威となった。

新浪をつかさどる曹国偉《ツアオグオウエイ》と陳彤《チエントン》は、彼らが得意とするメディア運営の手法を駆使して有名人効果を創出した。これにより、新浪微博は驚くべきスピードでネットユーザーの注目を集めた。２０１０年前後にはスマートフォンの普及に伴い、先天的にモバイル属性を持つ新浪微博は空前のブーム期に入り、国民現象レベルのプロダクトとなった。

ちょうど馬化騰と周鴻禕《ジョウホンイー》が取っ組み合いをしていたのと同時期の２０１０年11月5日、新浪微博のグループ機能プロダクトである新浪微群《ウエイチユン》がクローズドベータテストを開始した。新浪微群は通信とメディア配信の二つの機能を備えており、ウェブページ版の「ＱＱグループ」

と見なされた。

11月16日、新浪が初の微博開発者会議を開催した。曹国偉は、新浪微博はユーザーが1億人に達したこと、1日当たりの投稿数は2500万件を超え、うち38%がモバイル端末から投稿されたものであること、すでに国内で最大の影響力があり、最も注目されているマイクロブログ運営業者となったことを発表した。元グーグル上級管理職で台湾出身のインターネット業界人・李開復《リーカイフー》は、マイクロブログにおいて一夜で知名度を上げたことから、自身のアカウント開設以降のヒストリーをまとめた『マイクロブログがすべてを変える』という著書を出版した。

李によると「マイクロブログができたから、ネット伝達のソーシャル化時代が到来した。マイマイクロブログができたから、一人ひとりがニューメディアの創設者になれる可能性が生じたのであり、皆がそれに参加するべきである」

ソーシャルネットワークには「勝者が一人勝ちする」と「環境が一人勝ちする」という特徴がある。新浪微博の人気が意外にも急上昇したことで、テンセントはユーザー基盤における未曽有の戦いを挑まれることになった。周鴻禕と比べて曹国偉や陳彤のほうが明らかに手ごわくて強大な相手だった。馬化騰は、慌てふためきながらマイクロブログ大戦に加わった。

テンセントマイクロブログは2010年5月にスタートした。新浪微博に遅れることちょうど8カ月で、戦略的プロダクトとして相手に追いつくのは時間的にほぼ不可能だった。

テンセントは、各界の有名人やオピニオンリーダーたちにテンセントマイクロブログに移ってもらうため、アップルのスマホ贈呈から高額の「創作料」支払いに至るまで、会社全体でありとあらゆる技を駆使した。馬化騰自身がいやいやながら知り合いに声をかけてテンセントマイクロブログのユーザーになってほしいと頼んだこともあった。内向的な馬にとっては、大変な苦痛を伴う行動だった。こうしてテンセントは早くも2011年2月にテンセントマイクロブログのユーザー数1億人達成を宣言することができた。劉翔《リウシアン》など有名アスリートのフォロワー数は1000万を超えるまでになったが、これがQQからのトラフィック誘導とお金で買った偽フォロワーによるものだということは、誰もが承知だった。

白熱化するマイクロブログ戦争において、テンセントが新浪に勝つ見通しはほとんど立たない、と大半のウオッチャーが考えていた。「マイクロブログに勝てるのは、絶対に別のマイクロブログではない」。マイケル・ポーターは「挑戦者が成功を手にするには、先行者とは異なる新たな競争方法を探し出さなければならない」と指摘した。まさにそのように、もし新たな戦略級プロダクトの誕生がなければ、モバイルインターネット時代におけるテンセントの将来は、間違いなく暗いだろう。

この先行き不透明で業界の決定的な転換期において、既存の優位性は日なたの氷のようにいつのまにか溶けていた。どの競争者も、新たな戦略的高みと攻撃ポイントを不安にかられながら探していた。そんなとき、ある天才が現れてダイヤモンドのようにキラリと光る仕事をすることになる。

第15章
ウィーチャット
——モバイルインタラクティブ時代の入場券

「乗り越えを実現する組織は、技術および技術がもたらした変革に向き合う時、凡庸な企業とは大きく異なる観点を持っている」

—— **ジェームズ・C・コリンズ**（アメリカの経営学者）、『Good to Great and the Social Sectors』（邦訳『ビジョナリー・カンパニー【特別編】』）

「私の言うことは全部間違っている」

—— **張小竜**《ジャンシアオロン》

張小竜と雷軍《レイジュン》の競走

2005年にテンセントに買収されてからの張小竜は、あまり思いどおりにはいかない日々を過ごしていた。

中国のインターネット世界にはこの手の人物が非常に多い。天才的な若者として一夜のうちに名を知られても、やがてだだっ広い市井《しせい》で姿を消すタイプだ。それまでの数年間に張小竜が率いていたメール事業は、何度も紆余曲折を経ながら、やっとのことでネットイース（網易《ワンイー》）に追いついた。それにより社内の年度イノベーション大賞をもらえたのは、せめてもの救いであった。しかしメールの収益モデルははっきり見えてこないままであり、営業収入の多い者がヒーローとなるテンセントの体系において、広州《こうしゅう》を拠点とする張小竜のチームは辺境にぽつんと置かれた存在だった。かつて若いヒーローだった張小竜はまるでサビだらけの宝剣のようであり、まもなく凡人たちの中に埋没してしまいそうに見えた。張は相変わらず社内では一匹狼のように振る舞い、2週間に1回の総弁会のために車で来社するが、会議が終わればとんぼ返りで、深圳《しんせん》に泊まることはほとんどなかった。テンセント社内で張小竜がよく知られていたのは、社内のテニス大会で優勝した経験があることと、広州で最も大量にケントを吸う者の一人ということの二つくらいだった。

2010年11月19日、つまり馬化騰《マーホワトン》(ポニー・マー)が戦略転換の意義を持つメール「未来の扉を開く」を記してから1週間後のことだ。張小竜はケントを指に挟んだまま、ゆらゆら立ち上るたばこの煙のような「心情」をテンセントマイクロブログに書き込んだ。自分がiPhone5に唯一期待するのは、iPad(3G)のように電話機能を搭載しないことだ。そうすれば電話料金が減る。それでもKikでショートメッセージは送ってもらえるし、Google Voiceで通話もできるし、FaceTimeでテレビ電話だってできる。

Kikはわずか1カ月前に公開されたばかりで、携帯電話の通信記録をベースとしたソーシャルソフトだ。ローカルの通信履歴上で直接連絡先とつながり、それをベースに無料でチャットが行える。Kikは機能的にはシンプルを極め、複数のプラットフォームで動作するリアルタイム通信ソフトであり、画像やファイルは送信できない。2010年10月19日にKikがアップル(App Store)とアンドロイド(Android Market)で提供開始されると、わずか15日間で利用者が100万人に達した。

筆者が取材した際、張小竜はQQメールの「閲読空間《ユエドウーコンジエン》」で初めてKikという新しいプロダクトのことを知ったと明かした。「『閲読空間』はグーグルリーダーと似たものだ。そこへアクセスして、皆の関心事やインターネット分野で新しく誕生したものなどをチェックするのが日課となっていた」。ある日の深夜、張は馬化騰に対し、自分の広州チームにKikのようなプロダクトを開発させてほしいとメールを送ったところ、すぐに同意する返信が来た。

張小竜とほぼ同時にKikに注目したのは、中国インターネット界のもう一人のレジェンド、雷軍だった。

２０１０年12月10日、迅速に反応したシャオミは開発期間わずか1カ月で中国初のKikの模倣プロダクト「米聊《ミーリアオ》」を公開した。アンドロイド版を先行させ、その後にiPhone版をリリースした。雷軍は米聊のイニシャルバージョンが公開された後の会食で、テンセントについてこう語った。「テンセントがこの分野に介入してきたら、米聊が成功する可能性は大きく下がる。介入が早いほど、当社の成功は難しくなる。内部情報によると、テンセントは当社に3カ月の時間を与えてくれた」

雷軍が得た情報はテンセントの深圳大本営からのもので、広州の小さなチームはノーマークだった。

張小竜のKik風プロダクトのプロジェクト立ち上げは11月20日で、雷軍よりも1カ月近く遅かった。張は10人に満たない小さなチームを率いた。チームのメンバーは「QQ手中郵《ショウジョンヨウ》」を開発した数名と、大学を卒業して入社したばかりのスタッフが2名だった。彼らは70日弱で第一世代の開発を完了した。「春節間近の時期だった。シンビアン版はデバッグでしょっちゅうバグが出ており、開発者たちは必死で作業を進めた。休暇の前日でようやく問題を探し出せた」

プロダクトは２０１１年1月21日に公開され、名称は「ウィーチャット（微信《ウエイシン》）」とした。

米聊と違っていたのは、張小竜は先にiPhone版を出し、アンドロイド版とシンビアン版をその後としたことだった。

ウィーチャットの起動画面は張小竜自身が決めた。「ユーザーインターフェースはいくつか案が出された。その一つが月面の画像で、広大な宇宙の感じがよく出ていたが、私は地球に変更するよう提案した。地球に立つ人間の数は一人、二人、大勢のどれがいいかしばらく議論したが、最終的に一人に決定した」。

これがのちに誰にとってもなじみ深いものとなるウィーチャットの起動画面だ。ひとりぼっちの人影が地平線に立ち、青い星を見上げている。宇宙の同類からの呼び声を待ち望んでいるかのようだ。

張小竜の記憶によると、ウィーチャットの最初のユーザー層はインターネット業界の者たちだった。「テンセントが何かプロダクトを作ったら試してみよう、と皆が思っていた」。ウィーチャットのバージョン1・0は、マーケットの反響はほぼゼロだった。欧米と異なり、中国の通信事業者は多様なセットプランを提供している。通常のユーザーなら、毎月定額料金を支払っていればショートメッセージを多用しても定額の範囲で収まる。ショートメッセージ料金の節約を売りにしているKik系のプロダクトは、中国ではまったく活路がないのだ。

ウィーチャットのバージョン1・2は、すぐ画像の共有に方向転換した。

張小竜の考えによると、モバイルインターネット時代は絶対に画像がメインとなる時代である。サイズが小さい情報搭載ツールでは、誰もテキストをじっくり読む辛抱強さを持てない。一方で画像の消費量は過去にないレベルに達するだろう。とはいえ、まだユーザーの大きな反響はなかった。スマホによる画像共有は、やはり基本的ニーズとはなり得なかった。

雷軍の米聊も急ピッチでイテレーションの道を進んでいた。2011年4月、米聊は香港《ホンコン》のTalkBoxという同類プロダクトを参照してインターホン機能を追加したところ、ユーザーが急にアクティブになった。5月、張小竜のウィーチャット新バージョンにも音声チャット機能が追加されると、ユーザーが爆発的に増え出した。1日当たりのユーザー増加数が1～2万から5～6万となった。

張小竜は引き続きチームを率いて猛烈な勢いで突っ走った。「シェイク」と「メッセージボトル」の機能も相次いでリリースし、持続的なイテレーションが立て続けにユーザーにサプライズをもたらした一方で、論争も引き起こした。

張小竜はあるバージョンにおいて、起動ページに「私が間違っているとあなたが言うなら、あなたは自分が正しいと証明しなければならない」という文言をスタッフに追加させた。

雷軍のチームは、ウィーチャットとの競走で極めて強い戦闘力を見せたが、基礎能力の弱さがやはり大型ソーシャルの戦いで露呈してしまった。ユーザー数の激増により、米聊のサーバーは1日に5回もダウンしていたのだ。このほか、複数の地域や運営業者にまたがっていることなどの影響からネット品質の格差が大きく、特定地域の米聊ユーザーがいっせいに接続を切断される事態がしょっちゅう発生していた。

ウィーチャットは7月に入って「近くにいる人」の機能を搭載した。張小竜の言葉を借りれば「この機能が戦局を大きく転換させた」。それまでの半年間、ウィーチャットのユーザー数はまだ100万を突破していなかった。テンセント社内では、公開半年後のユーザー数が100万を超えないプロダクトは、ほぼ取るに足りないものと見なされる。しかし7月以降のウィーチャットは、1日当たりのユーザー増加数が一気に10万人以上という驚きのレベルに達した。しかもこれは、何のQQリソースも使わないという前提で実現したものだった。

11月に筆者が深圳のベニスホテルで馬化騰と初めて会ったとき、ウィーチャットをダウンロードして「シェイク」機能で「相互フォロー」するやり方を馬が教えてくれた。その際、現在ウィーチャットは1日当たりユーザー増加数の最高値が20万に達したと語った。馬は酒席の最中に、まもなく出稿する予定だった北京《ペキン》・上海《シャンハイ》両都市の2000万元の広告を一時見合わせるよう部下に指示を出した。そのあと、非常に軽やかな声で「マイクロブログの戦いはもう終わった」と筆者に言った。

なぜ張小竜だったのか

企業哲学的には張小竜は「ウィーチャットの父」であるが、ウィーチャットの成功はやはり馬化騰式の勝利だった。ＱＱショー、Ｑゾーンやオンラインゲームと同様に、ウィーチャットはテンセントの中核戦闘チームのプロダクトではなかった。

２０１１年の下半期、馬化騰は尋常でない情熱をもってウィーチャットの毎回のイテレーションとユーザー数の変化を見守っていた。本社からやや離れた広州のメールチームは、まさに馬の意思決定の下で、「ホワイト・ナイト」を演じたのだった。取材陣が押し寄せるので、最初からしばらくの間はメディア対応が大嫌いな馬化騰が自ら取材に応じざるを得なかった。

「小竜がプロダクトづくりに専念できるよう、やはり私が対応しよう」

筆者が深圳のＭＩＧモバイルインターネット事業グループへ取材に出向いていた頃、部署内ではウィーチャットへの複雑な思いが常に感じ取れた。少なくとも二つのチームがKik風プロダクトの研究開発を進めていた。しかしその機能がＱＱとあまりにも似ていたためおじけづいてしまい、終始大胆に取り組む決断ができず、結局はウィーチャットという別部門のプロダクトが勢力を拡大していくのを黙って見ているしかなかった。２０１３年1月、テンセントのシニア・エグゼクティブ・バイスプレジデント兼ＭＩＧ総裁を務め、ＰＣ時代にマーケティングで戦功をあげた劉成敏《リウチョンミン》が依願退職した。北京の住まいで取材に応じた劉は「あの件は私が責任を取らなければならなかった」と率直に認めた。

張小竜の個人的気質については、彼が愛してやまないブレンドシガレットと同じく、「ミックスアンドマッチ」というユニークなところがある。パラノイアに近いレベルでプロダクトの構築と細部のブラッシュアップを好み、しかも馬化騰と同じくミニマリストかつ直観主義者である。だが一方で、マイケル・ジャクソンの崇拝者でもあり、従来の意味でのＩＴ技術者とは大きく異なる芸術家気質がしょっちゅう現れる。「プロダクトマネージャーは、理性的な青年でなく、永遠にアート・カルチャー好きの青年であるべきだ」とまで言う。筆者の取材の際も、ＩＴ系「アート・カルチャー好きの青年」の部分がたびたび垣間見えた。

呉暁波　私の知るところでは、あなた方がウィーチャットを開発していた時期、ワイヤレス事業部門でも複数のチームが同様の作業をしていた。業務分担の点からすると、このプロダクトの研究開発権限は自身が率いていたメール部門にはなかったはずだが、なぜ最終的に開発のチャンスが得られたのか。

張小竜　確かにやや唐突であり、他部門とぶつかる所もあったが、これはポニーたちの一存だった。ポニーたちは、こういうぶつかり合いなら受け入れられると考えてＯＫを出した。新しいプロダクトというのは、社内リソースがどれくらい使われるかよりも、会社として将来的にチャンスをつかめることのほうが重要なのだ。テンセントの企業文化では、社内のチームに競馬のように競わせる仕組みが以前からあり、ある種の競争にさらされる緊張感を会社が維持してきた。

呉暁波　テンセントは巨大なトラフィックを持つ企業だが、ウィーチャットに火がつくまでに会社はどんな役割を果たしてきたのか。仮にテンセントではない会社のプロダクトだったら、ウィーチャットの成功確率はどのくらいだったと思うか。

張小竜　外部の人が考えているのとは違って、我々自身を含めてテンセントはトラフィックの利用にずっと慎重だった。ウィーチャットを公開したばかりの頃、5月バージョンの配布までは自分のQQメールにも広告を出していなかった。我々は当時、プロダクト自体が成長力を発揮しないなら、プロモーションをかけても成果は少ないと思っていた。ユーザーが100万人に達しても100万人止まりで、ウイルス式の拡大はしない。プロダクトの流行は、ユーザーのクチコミ次第だ。クチコミが自発的に拡大する境界線まで行くかどうかだ。その境界線に達しなければ、プロモーションは無意味になる。テンセントのエネルギーは、戦略的な転換点が現れたときに発揮される。7月以降にワイヤレス部門がウィーチャットの強力なプロモーションを実施した。モバイルQQなどのプロダクトが巨大なトラフィックの導入源となった。

呉暁波　馬化騰を取材した際、「中国のインターネットの多くは、技術ではなくアプリケーションで駆動されたものだ」という見解を示したと記憶している。ウィーチャットの機能はどれ一つとして自社で開発したものはないのだから、プロダクトの成功は『積み木式』、つまり他社による機能研究開発の上に築かれたものだ、と言う人もいる。この意見についてどう思うか。

張小竜　ウィーチャットは、かつてのQQの成功と共通する点が大変多い。一種の「テンセントのDNA」と言ってもいいだろう。なぜQQは成功してICQは死んだのか、なぜウィーチャットは好調でKikは今も無名のままなのかを（我々は）考える必要がある。アプリケーション系ソーシャルツールの中核的価値は、ユーザー体験だ。ご覧のとおり、ウィーチャットの大半の機能は他のソフトにも搭載されている。たとえば「シェイク」を最初に搭載したのはBumpだった。このソフトは二人でスマホをコツンとぶつけると名刺交換ができる。中国では誰も知らないこのソフトを我々がウィーチャットに移植したところ、初月の使用回数が1億を超えた。また音声通話機能は２００４年前後にはすでに完成していたが、ウィーチャットに搭載するまで火がつかなかった。したがってインターネットプロダクトの成功の可否を決める鍵は、あるシーンにおけるユーザー体験なのであり、それ以外のものではない。

呉暁波　ウィーチャットは機能設計的に眼を見張る点が大変多い上、非常にシンプルですっきりしていて、年齢を問わず誰でも最初から問題なく使える。こうした設計理念はどのように形成されたのか。

張小竜　ミニマリズムはインターネットで最高の美意識だと私は思っている。以前「なぜアップルのスマホはボタンが一つだけなのか」について考えたことがある。ジョブズはややパラノイア的なところがあり、シンプルさの極みを追求した感じがする。たぶん彼の理念とも関係しているだろう。一つのボタンで用が済むなら、ジョブズは絶対にボタンを二つつけない。「シェイク」機能を公開した後、ポニーからメールが来た。もしかしたら競合が模倣し、何か違うものを追加して自分がイノベーションをやったと言いだすかもしれないから、我々はしっかりと考えるべきではないか、という内容だった。私はこう返信した。今の我々の機能は極限まで簡素化してある。競合は我々を超えられない。我々が何もないところまでやり遂げたからだ。競合は、我々を超えようとして必ず何かを付け足すだろうが、付け足した時点で我々を超えるのは不可能になる。

２０１２年7月24日の午後2時半から夜11時半まで、張小竜はテンセント社内で8時間を超える長いプレゼンを行った。テーマは「ウィーチャットの背後にあるプロダクト観」だ。テンセントはこのために17の会場を設けて同時中継した。このマラソン式のプレゼンにより、張小竜は新世代プロダクトマネージャーの憧れの存在となった。張小竜は１８０ページを超えるパワーポイントのスライドを使い、プロダクトマネージャーの資質について、彼のカラーがかなり強く現れた解説をした。

――潮目の変化を鋭敏に感じ取る。モバイルインターネットのプロダクトは、相対的に不十分な時代から相対的に充足した時代に入る。ユーザーが選択できるプロダクトは時の流れとともに増えていく。プロダクトマネージャーが新鮮なものの中で溺れて目新しさばかりを追っていたら、本当の時代の流れを見逃してしまいかねない。人々の真のニーズがつかめなくなる。

――ユーザーのニーズを感じ取る。モバイルインターネットの最大の特徴は変化が極めて速いことだ。ユーザーを分析し、市場をリサーチしてプロダクトの3カ年計画を立てるという従来のやり方は、もはや新たな時代にはそぐわない。人間のコミュニティ自体も変化しつつある。プロダクトマネージャーは、グラフや分析ではなく直観と感性に頼ってユーザーニーズをつかむべきだ。

——山ほどの実践。モバイルインターネットが盛んになってきたが、この分野の専門家を自称できる者はまだどこにもいない。ただしこれは、天才の降臨に期待を寄せてよい、という意味ではない。『Outliers: The Story of Success』（邦訳『天才！ 成功する人々の法則』）で提起された1万時間の法則は、プロダクトマネージャーにも当てはまる。プロダクトマネージャーは、千回を超えるプロダクトの実践を経なければ、プロダクト設計をよく理解していて問題解決力があるとは言えない。

——広く浅くの積み重ね。美術、音楽、読書、カメラ、旅行などの文化的な行為は生産力に直結しないように見えるが、幅広い知識を蓄えていてこそ適格のプロダクトマネージャーである。そうでないと、多数の一般の人たちを理解、認識し、時代の美意識を理解することは不可能であり、自分の考えや感覚を普通のユーザーの思考パターンに合わせることもできない。それができないと、設計したプロダクトは人々から遠く離れたものとなってしまう。

——責任を取る姿勢。適切な方法論と適切な資質を持っているだけでなく、自身のプロダクトに責任を取る姿勢があってこそ成功するプロダクトマネージャーである。そのようなプロダクトマネージャーでなければ、十分なこだわりを持ち、自分がいったい何をしたいのか明確に理解し、上司や人事考査の圧力をはねのけ、自分の意志を曲げず妥協せずにプロダクトを企画することは不可能だ。

モーメンツ、パブリックアカウントとラッキーマネー

2012年3月29日未明4時、馬化騰はテンセントマイクロブログに「ついに1億突破!」と書き込んだ。

この時点で、ウィーチャット公開から433日しかたっていなかった。ウィーチャットは現時点で、インターネット史上最も急速に利用者が拡大したオンライン通信ツールだ。QQの同時接続ユーザー数が1億を突破するまでには10年近くかかった。フェイスブックは5年半、ツイッターは丸4年を要した。

ウィーチャットは4月19日に新機能「モーメンツ」をリリースした。写真をウィーチャット内のモーメンツでシェアできる。アルバムからモーメンツでシェアされた写真は、ウィーチャット通信履歴中の友達が見ることができ、他の友達はユーザーがシェアした写真にコメントを投稿できる。さらにウィーチャットの情報は友達に同報送信でき、現在の所在地を友達に知らせることもできる。これは、のちのeコマースサービスに一つのポータルを提供することにな

った。ウィーチャットはさらに、サードパーティーのアプリケーションからウィーチャット通信履歴の友達に音楽、ニュース、グルメ、写真・動画などの情報コンテンツを共有できるようにするためのオープン化実施を発表した。

「モーメンツ」の登場は、ウィーチャットにとって明らかな転換の道しるべだった。この通信ツールが円滑にソーシャルプラットフォームにグレードアップしたことを意味する。これにより、スマホに構築された知り合いのソーシャルサークルが本格的に誕生した。その後まもなく配布されたウィーチャット4・2には、さらに動画通話機能も搭載された。

1年余りにわたる数度のイテレーションを経て、ウィーチャットが提供するのはもはや単なる通信サービスではなく、モバイルインターネット時代のライフスタイルだった。あるウオッチャーは「競わせたいプロダクトがより便利で流行しそうなスタイルを提供できないかぎり、競合関係となることは不可能だ」とコメントした。

モーメンツ公開の4カ月後、もう一つ大きな影響力を持つ戦略級プロダクトが誕生した。8月23日に公開されたウィーチャットパブリックプラットフォーム（微信公衆平台）だ。

パブリックアカウント（公衆号）の創出は、張小竜チームの「発明」だった。メディアとeコマースという二重の属性を持ったことにより、中国のインターネットおよびメディア産業の既存の生態系を革命的に変化させた。

ブログとマイクロブログは、パブリックアカウントが誕生する前から中国の世論伝達形態に大きな打撃をすでに与えていた。一般人が世論の発表権と選択権を掌握し、ピラミッド型のよりすぐられた者が伝達するモデルは崩壊した。しかしその状態ではあっても、ブログとマイクロブログには草の根、フラグメント化という特徴があるため、主流世論の勢力は実際には徹底的に瓦解することはなかった。パブリックアカウントができてから、持続的な創作力を持つ優れた書き手は、このモデルのほうが没入型の執筆に適していることを鋭く察知した。書き手の情報発信は知り合いばかりのモーメンツを通じて行われ、しかも通信およびソーシャル環境の中でそれが実現するので、拡散の仕方はより強力で効率的だ。また定期購読を通じて生じるファン（読者）はより強いロイヤリティーを持っており、管理や相互交流がしやすい。

まもなく、パブリックアカウントを開設する書き手がどんどん増えていった。それらは「セルフメディア（自媒体）」と呼ばれるようになった。これは中国人が単独で創出した新たな概念だ。従来型メディアの伝達の壁が革命的に打ち破られ、専門性をベースとした「魅力ある送り手」が巨大なエネルギーを放出し始めて、この流れはもはや止められない状態となった。その後数年の間に、新聞、雑誌などの媒体は雪崩に襲われたようにつぶれ、過去とはまったく違う世論の生態系がウィーチャットプラットフォーム上に突如出現した。

企業にとっても、パブリックアカウントは初めて目にする新たなビジネスの場を切り開いた。売り手は最低限のコストで最速の情報発信をして、自身にピタリと合うユーザーを獲得した。サービスのインタラクティブ性、商品販売のいずれにしても、新たな可能性が備わった。パブリックアカウントはソーシャル環境内に存在するものなので、トラフィック誘導とプレゼンスのコストは従来のアプリケーションを大幅に下回る。このためパブリックアカウントがアプリケーションに取って代わる効果が生じ、中国企業のほぼ全社が真剣に「当社はウィーチャットとどんな関係を持つか」を考えざるを得なくなった。

パブリックアカウントが公開されてから15カ月後、ウィーチャットプラットフォーム上のパブリックアカウント数は驚異の200万個に達した。その後も1日当たり8000個増という記録を維持し、2015年10月にはパブリックアカウント数が1000万を突破した。この成功によりテンセントには、ウィーチャットが新たなデスクトップシステムとなる可能性がある、そうなればそこに内生するクローズドループ型のソーシャルおよびビジネス生態系チェーンを構築できる、という壮大な志が生まれた。

2014年の春節、ウィーチャットはある意外な成功を得て、まるでドラマのような形で決済という難題を解決することになる。

まず2013年8月、テンセントの決済ツール「財付通《ツァイフートン》」とウィーチャットが接続して「ウィーチャットペイ（微信支付）」がリリースされた。ソーシャルツールを得意としてきたテンセントは、eコマース分野ではかなり長い期間アリババと対等に戦えないままだった。だがウィーチャット、特にパブリックアカウントが盛んになったことで、馬化騰にも新たな希望が見えてきた。

そして2014年の春節前後、張志東《ジャンジードン》がウィーチャット事業を担当していたスタッフをあるグループに入れ、テンセントが毎年春節期間に実施している従業員への「紅包《ホンバオ》（訳注　お年玉、金一封、の意）」配布に関して、その電子的な処理方法を提案させたことにより、「ラッキーマネー」の機能が誕生した。1月24日、ラッキーマネーベータ版はかなり急速に広まり、開発チームはラッキーマネーシステムの増強に追われた。本社に申請し、当初設計台数の10倍のサーバーを調達した上で、ラッキーマネーシステムの最終的な細部の修正を急いだ。

ラッキーマネーがまだクローズドベータテストの段階だった時期にネットに流出したスクリーンショットによると、やはり馬化騰はこのプロダクトを最初に体験した者たちの一人だった。馬は、一部企業の経営者に「ラッキーマネーゲット」機能のテスト参加を呼びかけていた。そのスクリーンショットでは、金額がランダムに表示されるラッキーマネーへのリンクを馬化騰が送信しており、ラッキーマネーは50個、1人当たりの平均額は20元だった。

データによると、旧暦の大みそかから1月8日までの9日で、800万人を超える中国人が計4000万個ほどのラッキーマネーを受け取り、ラッキーマネー1個の金額は平均10元だった。ここから推算すると、総額4億元を超えるラッキーマネーがスマホでひっきりなしにやりとりされていたことになる。

「ラッキーマネーゲット」により、いったいどれくらいのユーザーが新たな決済方法に紐付けられたのか、テンセントはずっと公開してこなかった。しかし、テンセントがこの何のコストも発生しないアイデアで、ほぼ一夜のうちに最も重要なオンライン決済のサービス業者となったことは間違いない。一般の人々がはしゃいでいる間に、eコマースに立ちはだかっていた最後の壁をウィーチャットが打ち砕いたのだった。

ウィーチャットの「創世記」

2011年1月21日のウィーチャット公開から2014年1月24日の「ラッキーマネーゲット」ブレークまでの3年間は、ウィーチャットの「創世記」だった。そのきらめきが、インターネット分野のその他のイノベーションをすべて覆い隠す格好となった。

少しも誇張せずに言っても、ウィーチャットはもう一つのテンセントを創出した。少なくともユーザー数と時価総額の2点は、この見解の支えとなっている。2015年6月になると、国内のウィーチャットと海外版 WeChat を合わせた月間アクティブアカウント数は6億に達し、スマートフォンの9割をカバーするようになった。まるで最大かつ最もアクティブなモバイルソーシャルプラットフォームとなったかのように見えた。また WeChat と名づけられた海外版は世界200カ国余りの1億を超えるユーザーを抱え、ベトナム、インドネシアなど東南アジア諸国で上位3位に入るソーシャルアプリケーションソフトとなった。

ウィーチャット効果で、テンセントの株式総額は過去5年間で5倍弱に拡大し、400億ドル余りから2000億ドルに急増した。2016年9月、テンセントの時価総額は2兆香港ドルを突破して世界のトップ10入りし、アジアで時価総額最高の企業に登りつめた。

ユーザー数や時価総額よりも重要な点が二つある。

第一に、QQの主力消費者層は十数年来、中高生・大学生および都市の低年齢、低収入層であり、その主な事業収入はオンラインゲームだったが、ウィーチャットのユーザーは社会の主流層である。ハイクラスのホワイトカラー、企業家、インテリから公務員まで、ほぼすべての社会階層が含まれている。これによりテンセントは、真の意味で公器型のスーパー企業となった。

第二にテンセントは、完全にスマホから生まれたウィーチャットにより、モバイルインターネット時代において他に替えの利かないポータルをつかみ取った。かつて馬化騰を嫌というほど苦しめてきた周鴻禕《ジョウホンイー》は、最も早くこの点に気づいていた人物の一人かもしれない。周鴻禕は2012年のあるサミットで「今日の中国のこれほど数多いインターネット企業のうち、偉大なテンセント社、尊敬する馬CEOだけが『乗船券』を手に入れた。他の者たちはまだ方法を思案中だ」と発言した。馬化騰は周の言葉を少しだけ訂正し、テンセントが手に入れたのは駅の入場券であり、「我々は中に入ったが、競争は始まったばかりで、乗車する資格はまだない」と述べた。

この3年間、馬化騰と張小竜はごく弱い抵抗に遭っただけだった。

雷軍は早々にウィーチャットとの競争をやめて、シャオミのスマートフォンへの特化に転じた。ジョブズの模倣に心を砕き、ハードウエア市場で飛ぶ鳥を落とす勢いの風雲児となった。

2013年8月、馬化騰の古い知り合いであるネットイースの丁磊《ディンレイ》は、チャイナテレコムと組んでウィーチャットを完全コピーしたプロダクト「易信《イーシン》」をリリースした。チャイナテレコムは、ショートメッセージ無料、新規登録でデータ通信無料枠プレゼントという二つのキャンペーンを実施した。丁磊は「易信の音声通話はウィーチャットの4倍高品質だ」とすらうたった。しかし易信はマーケットに乗り込むタイミングが遅すぎ、その発言を証明する機会をユーザーから与えてもらえなかった。

チャイナモバイルは2011年9月に「飛聊《フエイリアオ》」を開始した。「飛信《フエイシン》」をベースに、複数のプラットフォーム間でショートメッセージを無料送信できる機能と音声ショートメッセージ機能を追加した。しかし飛聊の登録ユーザー数は2年間で300万の最低ラインを維持するにとどまり、チャイナモバイルは2013年7月にこの事業を停止した。

気が気でないもう一人のボスはジャック・マー（馬雲《マーユン》）だ。2013年と2014年にアリババ系列はテンセント系列と接続を遮断し合い、それぞれ同盟を結成して複雑でわかりづらい攻め合いを展開した。

2013年4月、戦略上ウィーチャットに対抗するため、アリババは新浪微博《シンランウエイボー》に資本参加し、5億8600万ドルで株式の18％を取得した。1年後の4月、アリババと雲鋒《ユンフオン》基金は動画サイト優酷土豆《ヨウクートウードウ》に12億2000万ドルの戦略的出資を行い、アリババが16・5％の株を保有したと発表した。アリババはこれにより、ソーシャルと動画それぞれの重量級ポータルを確保した。[5]

2013年10月、ジャック・マーはアリババ体系内でモバイル通信ツール「来往《ライワン》」の普及を強力に主導した。社内メールでは「愚公《ぐこう》の精神で『×信』に挑め」と呼びかけ、さらには自身で「くだらないやり方」と称しながらも「アリババ人は全員、11月末までに社外の『来往』ユーザー100人を必ず獲得すること。さもないと、年末に会社が支給する紅包をあきらめたものと見なす」というノルマも直接下達した。

11月20日、スマホ版淘宝《タオバオ》は「セキュリティーを考慮した結果」を理由にウィーチャットから淘宝の商品および店舗への遷移を中止し、これによりウィーチャットの普及に歯止めを掛けた。

そしてついに2014年11月、アリババが資本参加した新浪微博がウィーチャットパブリックアカウントのあらゆるプロモーション行為を禁止した。

アリババの出撃に対し、テンセントも同様に激しい攻防を繰り広げた。

2013年、ウィーチャットも同じくセキュリティーを理由として新浪微博および「来往」とのリンクを相次いで中止するとともに、アプリストアでの支付宝《ジーフーバオ》の取り扱いを停止した。

5　アリババは2015年10月、すでに保有していた優酷土豆の株式に加え、同社の全浮動株を現金45億ドルで取得した。優酷土豆（のちに合一集団と名称変更）はアリババの完全子会社となった。

これにより、中国のモバイルインターネットの相互接続性は完全に捨て去られた。ただテンセントにしてみれば、それまでの控えめな姿勢を改めたのは戦略的意義がより大きいことだった。ウィーチャットという代替不可能なポータルの優位性を獲得し、資本市場でも買収を猛然と進めた。

２０１３年9月18日、捜狗《ソウゴウ》に4億４８００万ドルを戦略的に出資し、自社傘下の検索とＱＱ輸入法（ＩＭＥ）を捜狗の既存事業に合併させた。テンセントは新捜狗株式の36・5％を取得した。

２０１４年2月には4億ドルで大衆点評網《ダージョンディエンピンワン》の20％の株式を取得した。先般の共同購入大戦の際にテンセントは高朋《ガオポン》に出資したが、満足のいく業績を達成できず、Ｑゾーンゼネラルマネージャーの鄭志昊《ジョンジーハオ》らが派遣されて上級管理職に就任した。２０１５年10月、大衆点評は美《メイ》団網《トワンワン》との合併を発表し、評価額約１００億ドルの新会社となった。

そのわずか1カ月後の3月11日、テンセントは重大な投資情報をまた発表した。現金2億１４００万ドルおよびその他資産の対価で京東《ジンドン》の15％の株式を取得し、テンセント傘下のｅコマース資産「ＱＱ網購《ワンゴウ》」、拍拍網《パイパイワン》の現物ｅコマース部門、そして配送チームを京東の体系に統合する、という内容だった。

6月27日、テンセントは7億３６００万ドルで58同城《トンチョン》の19・9％の株式を取得したと発表し、同社の最大株主になった。

劉熾平《ラウチーピン》がこれら大型投資の仕掛け人だ。京東に出資する時期、馬化騰は腰の発作が出ていたが、何とか最後の交渉に参加した。早くも2005年に馬化騰が「自社のプロダクトとサービスを水や電気のように暮らしに溶け込ませたい」と提起した頃から、テンセントは複数プロダクトの展開を開始していたが、長年にわたり自社開発路線を堅持していた。しかし2013年からは大々的に他社に出資するようになった。2年前に立てた「資本でオープン化を推進する」戦略が具体化したことの現れであった。テンセントはさらにきっぱりと決断して、長年振るわなかった検索、O2Oやeコマースなどの事業を本体から分離し、その分野の有力企業とアライアンスを結成する形に転じた。それらの企業がテンセントの資本に対して扉を開き、しかも市場が認識するよりもはるかに低い価格での出資を受け入れるのは、ほぼ全社がウィーチャットのポータルとしての価値を見込んでいるからだった。

この意味で、実のところテンセントは、資本市場でウィーチャットの価値の裁定取引を行ったのだと言える。京東の場合、同社はテンセントの出資を受け入れた2カ月余り後にナスダックに上場を果たした。時価総額は約260億ドルだった。ざっと計算すると、テンセントのこの投資による含み益は37億ドルに達し、投資収益率は18倍を超えた。リターンとして、ウィーチャットの「ショッピング」から直接京東のサイトに行けるようになった。

テンセントとアリババの間で展開されたこの合併大戦は、現代企業史上で最大の力が注がれたモデルケースでもあった。このたびの締め出しの応酬と合従連衡を経て、中国のインターネット産業は群雄がひしめく春秋時代から少数統治の戦国時代に入った。テンセントとアリババを盟主とするG2時代に入ったと言ってもよいだろう。

第16章
若さ
——モバイルQQの自己変革

「アクティブな惰性は広く見られる一種のシンドロームだ。変化しない成功の方程式は存在せず、惰性は企業成長の最大の敵である」

—— **ドナルド・サル**（アメリカの経営学者）、『Revival of the Fittest』

「若い！　若い！　若い！」

—— **湯道生**《トンドウサーン》

「補完するものではなく、転覆するものかもしれない」

モバイル化のうねりのもと、テンセントは外部の競争相手からの圧力にさらされただけでなく、自身の脱皮にも取り組まなければならなかった。あらゆる変革の中で、自己革命は最も苦難に満ちたものだ。

２０１３年5月8日にモバイルＱＱバージョン4・0が公開されると、ユーザーからの猛烈な不満の声が殺到した。クレームはリリースからわずか4日で3万件余りに上った。不満はすべて、新バージョンがオンライン・オフライン状態の表示を廃止した点に集中していた。実際には、新バージョンでは友達がオンラインかどうかわかるポータルを今までよりも奥に置いただけなのだが、その変更は大多数のユーザーにとって受け入れがたいものだった。

世論の圧力を受け、モバイルＱＱのプロダクトディレクターが知乎《ジーフー》のコミュニティで次のとおり回答した。１日のＱＱメッセージのうち65％はスマホから送信されている。また、アイコンが暗いのはオフライン状態であると認識されているので、それがメッセージ送信を控える動機となる。したがって今回の変更は、ＱＱもショートメッセージと同様に信頼性が非常に高く、発信前に相手先がスマホの電源を切っていないかどうか気にせずに済むツールであり、いつでもやりとりが可能だということを知っていただきたい、と当初考えて実施したものだった。

その直後、QQプロダクトチームは2週間以内で改善版をリリースすると約束した。5月17日、アンドロイド用の改善版を公開し、iOS改善版も同時に確認審査に回された。改善版では、オフラインかオンラインかがわかる印がつけられた。約束の日より7日早かった。

「QQの今回の変更版にかなりの不満が出たのは、オンライン状態の表示を目立たなくするテンポがやや速すぎたのが主な問題だった。適切なテンポに戻す必要がある。これは価値のある『トライアンドエラー』だった」。テンセント副総裁の殷宇《インユー》は専門組織のメディアカンファレンスで、モバイル化自己変革に挑む決意を対外的に率直に表明した。

実は、多くの人にあまり知られていないことがある。問題になったバージョンは、モバイルQQ部門とPCQQ部門が合併してソーシャルネットワーク事業グループになってから初めて出したメジャーバージョンだった。このバージョンでは100近いファンクションポイントの最適化を実施した。殷宇はその後、100近い最適化のうち不満が出たのは1点だけだったのは大半の最適化が成功したということだ、と感慨を覚えた。

QQにはウィーチャットからの圧力だけでなく、ユーザーからの圧力も押し寄せた。当時のテンセント社内のモニタリングデータによると、75%のネットユーザーはモバイルインターネット経由でQQを使用しており、1日当たり150万人がPC利用から携帯端末利用に移行していた。毎年の夏休みと春節は移行が急増するシーズンだ。当時の1日のC2Cメッセージのうち60%が携帯端末から発信されていたが、2013年の春節には70%となった。

湯道生はソーシャルネットワーク事業グループの責任者として、QQはすでに一つの重要なときを迎えており、モバイルインターネットを全面的に抱え込まなければいけない、と当時も語っていた。「QQはまもなく15年目に入る。アクティブユーザー8億5000万を擁しているが、インターネットはすでに競争の後半戦に入っている。モバイルインターネットはPCを補完するものではなく転覆するものかもしれない。QQが自己変革により『いつでもどこでも』の特性に適応しない場合、ユーザーに見捨てられるだろう」

「6割近くのQQユーザーが1990年代生まれ」

モバイルインターネットの中で誕生したウィーチャット（微信《ウエイシン》）と、PCの苦境からモバイルインターネットへの転身が必要だったQQを並行展開できるチャンスはあるのか。この命題は過去数年間、宙ぶらりんになったままだった。

ベテランIT評論家の洪波《ホンボー》は、実はモバイルQQとウィーチャットには違いがあるので、すみ分けでそれぞれを成長させることが可能、と分析した。QQは多様なプラットフォームと端末に対応しており、ややエンターテインメント化している。一方ウィーチャットはモバイル端末利用に特化して作られたもので、テンセントがかつて試してみたが成功しなかったものを数多く搭載している。たとえば共同購入などのO2Oプロダクトだ。両プロダクトは完全に別の道を進むことができる。

モバイルQQバージョン4・0の出来事は、殷宇のQQモバイル化展開の全体像に影響を与えることはなかった。QQは「小股の疾走、試行錯誤のイテレーション」の戦略を採用してモバイル体験を最適化するとともに、モバイル利用を踏まえた「QQ手游《ショウヨウ》（スマホゲーム）」「QQ閲読《ユエドウー》（電子書籍）」「興趣部落《シンチユーブールオ》（テーマ別コミュニティ）」「QQウォレット」「QQ紅包《ホンバオ》」などの新機能を続々とリリースした。

2014年4月11日の夜9時11分、テンセント傘下のQQは同時接続アカウント数2億を突破した。うちモバイルQQ、QQ for Padなどモバイル経由でログインしているアカウントが7割を超えた。

数字自体よりも喜ばしかったのは、QQがモバイルインターネット時代の差別化路線と若者の攻略法を見いだしたことだった。

2004年に撮影されたある動画には、30歳を少し過ぎた馬化騰が1949年生まれの張瑞敏《ジャンルイミン》（訳注 ハイアールCEO）にQQを売り込んだものの断られた様子が記録されている。そのとき馬化騰は、QQユーザーの90％は30歳以下の若者だと説明していた。

この動画で思い出されるのは、QQは当初若者の間で伸びてきたことだ。そして後期にはMSNとの戦いで勝ち、QQは少しずつ昔日のライバルのユーザーを吸収して、全年齢層のユーザーを擁するプロダクトとなった。ウィーチャットの登場と発展により、QQのユーザーグループ構成にも新たな変化が生じた。テンセント社の2016年4～6月期財務報告書では、QQの月間アクティブアカウント数が8億9900万に、スマート端末の月間アクティブアカウント数は6億6700万に達したと述べている。それと同時に、QQの最高同時接続アカウント数も2億4700万になった。またあらゆるQQユーザーのうち6割弱が1990年代生まれで、QQ会員については1990年代生まれが8割近くを占める。

Qゾーンも若者が集まる場となった。入学、卒業、仲間の集まり、結婚、出産……。若い世代の記録に値するそれぞれの瞬間がどれもソーシャルネットワーク上で写真を通じて共有され、保存されていく。アルバムも一貫してQゾーンで最も人気が高い機能の一つだ。2016年10月現在、Qゾーンアルバムの1日当たりアップロード回数のピーク値は6億6000万回を、写真総数は2兆枚をそれぞれ超えている。

Qゾーンは「うちの子アルバム」というサービスをスタートし、「リトルユーザー」の小さな地盤となった。中にはこんな父親も現れた。娘が生まれてから8歳になるまで7万枚以上の写真を撮り、すべてQゾーンのうちの子アルバムにアップロードした。収蔵しやすい上、遠方の祖父母、おじ、おばたちに見せて皆で子供の成長を見守るのにも便利だった。こうして毎日を過ごすうち、このITパパは娘を撮ることで写真が趣味となり、やがて勤めを辞めて自分で子供写真館を開くまでになった。

ウィーチャットがインターネットユーザー全体を区分けしたことで、QQユーザーの特徴が改めて顕在化した。若さである。

これほど多数の若いユーザーを目の当たりにしているものの、QQが彼らを確保するのは決して容易ではなかった。中国のインターネットサークルにおいて、若者が何を考えているのかわからないので不安を覚えていると表明したのは、大ボスの馬化騰だけではない。

湯道生はQQが属するBG（Business Groups、事業グループ）の筆頭責任者として、若者を理解し、学ぶ行動を先導した。人気ドラマ『花千骨《ホワチエングー》』が配信される時間に、湯道生は何話も続けて見ていた。どんなに多忙でも視聴した。視聴をギブアップしたスタッフには画面上に視聴者が入力したツッコミの字幕を見るだけでもいい、と指示した。「ストーリーの特定部分に対する若い人のツッコミを見るほうが面白いと感じるだろう」

若さをベースとして、QQは開設時の感覚を取り戻したかのように思えた。2015年、QQのパーソナライズチームは「アポロ計画」を始動した。チャットフレームの下側に小さなキャラクターが現れる機能で、キャラクターはカスタマイズ可能だ。スタイリングも自由に設定できる。さらにそのキャラクターの動きで友達とやりとりもでき、「センチメートルショー（厘米秀）」と名づけられた。かつて「アバター計画」が誕生したQQショーと同様に、センチメートルショーも若い人がさまざまに楽しめる上、万全のビジネスモデルを備えていた。コーディネート、動き方、キャラクターを選べる専用モールをオープンし、成長体系も設けて、月額10元のミニダイヤモンドをスタートした。

センチメートルショーは2016年7月10日から8月24日までの46日間、ユーザー招待制でオープンベータテストを実施したところ、ユーザーが1億人となった。

QQパーソナライズチームにとって、センチメートルショーは単なるスマホ上のQQショーではない。若い人に好まれるまったく新しいチャット方法を目指していた。モバイルQQをベースとして、若いユーザー間でかつてない相互のやりとりが誕生した。センチメートルショーは「センチメートルマン」というキャラを登場させたことで、さまざまな動きの表現、多彩なコーディネートができる。テキストやスタンプに比べて、「センチメートルマン」は表現力が優れているため、リアルな相手と向き合ってチャットしているような感覚になる。QQショーと比べても開拓性が大きく、大げさで面白いやり方で自分の思いを伝えられ、現実を超える一面を表現できる。

こうした今風の格好いい楽しみ方により、若いQQユーザーはセルフイメージをネットに投影して、自分らしさをよりはっきり出せるようになった。1995年から2000年代生まれの者たちが好む「萌え系女子」や「面白系いい人」も「センチメートルマン」で生き生きと表現できる。彼らにしてみれば、こうした新しいチャットスタイルでないと自分の言いたいことが伝わらないのだ。

QQの新たな攻略法その一　エンターテインメント化ソーシャル

低年齢化が進んでいることを踏まえ、QQは2016年にエンターテインメント化ソーシャルとシーン最適化通信という二大攻略法を定めた。

「QQのエンターテインメントソーシャル生態系の中核は若者にある。若者はエンターテインメントソーシャル生態系のエネルギー体だ。若者はコンテンツの消費者であり、伝達者でもあり、生産者ですらある」。殷宇はこう語る。QQには多くの属性があり、そのうち最も大きなものはエンターテインメントのDNAと若さのDNAの二つだ。それらはQQのDNAと言える。QQは一貫して、多彩な若年層向けの体験と個性の表現を追求してきた。いずれも若い人が好むものばかりであり、それは長期的に運営していてもQQが若さを持続できる理由だ。QQのプロダクト形態とユーザー画像からして、QQの新たなポジションは、若いユーザーにエンターテインメントコンテンツを提供するところ、つまりエンターテインメントソーシャルである。

2016年のテンセントビジネスパートナー会議において、殷宇はエンターテインメントソーシャル攻略法についてこう説明した。まずQQは映画・ドラマ、アニメ・コミック、ゲーム、文芸分野での展開により、エンターテインメント系コンテンツの展開を完備し、万全のコンテンツホルダーとなる。その一方で、QQを通じてグループ、「興趣部落」、ライブ配信、「QQ看点《カンディエン》」、「日迹《リージー》」などの機能を含めたエンターテインメントコンテンツがソーシャルを通じて影響力を生み出し、ソーシャルの増幅器となる。これがさらに多くのコンテンツビジネスパートナーの加入につながり、好循環ができあがる。これは、テンセントが注力するデジタルコンテンツとソーシャル、この二事業を一つのQQプラットフォーム上でしっかりと融合させる試みでもある。

殷宇によると、QQ体系には現在、空間《コンジエン》ライブ配信、NOWライブ配信、花様《ホワヤン》ライブ配信、ペンギンeスポーツという4個のライブ配信プロダクトがあり、それぞれがタイプの異なる動画コンテンツをライブ配信しているという。QQ日迹とQゾーンのショート動画機能は、非同期動画の二大プラットフォームだ。間違いなく動画は、エンターテインメントコンテンツを提示するのに最善の形態である。

Qゾーンは成熟したソーシャルネットワークプラットフォームとして、当然ながらライブ配信というソーシャル分野のブームを見逃さなかった。プラットフォーム上で生じたリレーション・チェーンが、他のプラットフォームとの本質的な違いを決定づけた。それによりライブ配信は、人生のきらめく瞬間を記録してシェアする機能となった。また、ゾーンにいる一人ひとりが自分の友達サークルの「キャスター」である。たとえばタイに行ってさわやかで感じのいい街角を見かけたとき、空間ライブ配信を立ち上げれば友達や家族がそのユーザーと一緒にタイの風情を楽しめる。しかもその意義深い行動の記録は自分のQゾーンに永久に保存される。こうした親密な関係の中でのライブ配信は一種のソーシャルなスタイルであり、エンターテインメントのスタイルでもある。

「あなたは夢のためにどこまで犠牲にできる？　誇り、愛情、それとも自由？」。卒業してわずか3カ月、故郷を離れて知り合いのいない北京で暮らす姚潔瑩《ヤオジエイン》は、2007年のある深夜にQゾーンでこんな日記を書いた。その頃は将来がまったく見えていなかった姚だが、それから9年後、彼女が制作するショート動画番組『無節操学院』はわずか3カ月の間にQゾーンでファン100万人を獲得し、動画再生回数は6億回を超えた。

実は断片的な動画の時代には、こうした物語がたびたび誕生している。

アメリカ留学中の張逗《ジャンドウ》、張花《ジャンホワ》は、思いがけない形でアメリカ人の同級生を中国ネットのインフルエンサーにした。彼らが制作するショート動画番組『アメリカ人のあなたはどう思う？』は、アメリカ人の同級生に中国の食べ物、有名人、話題のニュースなどについてコメントしてもらうものだ。「ブタの耳は、アリの屁みたいな味がする！」「カエルの肉がこんなに気に入るとはまったく思わなかった！」。このほか、アメリカ人がどうしても受け付けないグルメのナンバーワンである「皮蛋《ピーダン》」や、アメリカ人同級生たちの爆笑する様子なども撮っており、同世代のアメリカ人の見る中国を中国の若者が楽しめる。彼らの動画は2年ほどの間にQゾーンなど複数のプラットフォームで再生され、累計再生回数は数億回を超えた上、ベンチャーキャピタルの資金まで獲得した。

２０１６年、ＱＱチームはエンターテインメントソーシャルに基づく「ＥＱ計画」（Entertainment Quotient Plan）を発表した。テンセントＱＱは、今後3年で10億元を投じて１００名を超えるビジネスパートナーを支援し、エンターテインメントソーシャルの生態系を構築する意向だという。殷宇がＱＱのエンターテインメントソーシャル展開を発表した後、あるビジネス系メディアはシティバンクの分析を引用しながら、テンセントグループはデジタルコンテンツをＱＱプラットフォームに統合し、ユーザーに多角的コンテンツを提供する、と述べた。「ＥＱ計画」は継続的努力が必要な一つの方向であり、これによりＱＱおよび他のソーシャルプラットフォームにおける魅力的なエンターテインメントコンテンツの拡大を確保し、それがユーザーのロイヤリティー維持につながる。シティバンクはこう表明した。このような生態プラットフォームの構築によって、必ずしもグループの収入がすぐに急増するわけではないが、テンセントは長期的にはそれを徐々に商業化できると確信している。ソーシャルコンテンツを豊富にすることにより、ユーザーはそのデジタルエンターテインメントの領域での相互のやりとりをより盛んに行うだろう。ゲーム、映画、ライブ配信、ｅスポーツなどのいずれでも、より大きなトラフィックに転化できる見込みがあり、それによって潜在的な広告顧客数が増え、会員数と収入も拡大が可能だろう。

ＱＱはエンターテインメント生態系上の展開に加え、自身のエンターテインメント意識もより明確になった。2016年6月に上映されたアメリカの大作映画『インデペンデンス・デイ：リサージェンス』で男女の主役が地球と月の通信に使ったツールはQQだった。エイリアンに接続を中断されると、システムには「Thank you for using QQ」という一文まで表示される。映画館内の笑いを誘ったこのインサートを見て、QQがエンタメ路線に賭ける本気度を誰もが痛切に感じた。

ニール・ポストマンは著書『Amusing Ourselves to Death』（邦訳『愉しみながら死んでいく　思考停止をもたらすテレビの恐怖』）にこう書いた。一般人が語るあらゆる言葉はエンターテインメントとして徐々に現れて、一種の文化の精神となる。あらゆる文化的コンテンツは自ら望んでエンターテインメントの従属物となり、しかもまったく愚痴を言うことはなく、誰に知られることもない。その結果我々は、楽しみながら死んでいく生物となった。

もしニール・ポストマンの予言が本当なら、新時代のインターネットユーザーをつかんだQQは、モバイルインターネットのうねりの中で再び奇跡を生み出すことになりそうだ。

QQの新たな攻略法その二　シーン最適化通信

シーン最適化通信はQQのもう一つの大きな戦略だ。QQは、教育、ゲーム、オフィス、エンターテインメントといった重要な垂直領域それぞれに対する手配を進めている。

オフィス分野では、QQのファイル送信が最も高い頻度で使用されているはずだ。以前のPC版QQもオンラインファイル送信は重要な機能で、同一のLAN内の通信速度は速かった。だがスマホ利用の場合はネット環境が非常に複雑だ。電波が通信事業者のネットワークとWi-Fi間で頻繁に切り替わり、強度も安定していない。それでいながら、ユーザーがオンラインかどうかを問わず、スムーズにファイルを送れるようにしなければならない。このためスマホがオンラインのときは、送信プロセス全体をオフライン送信に変更してファイル送信が高い成功率を保てるようにした。また複数の端末をまたぐ送信も中核的なシーンに加わったため、現物のデータケーブルに代わるQQデータケーブル機能をリリースし、スマホとPC間で相互にファイルと画像を送信できるようにした。

一つ面白い話がある。当時、スマホのファイル送信プロダクト作成スタッフとデータケーブルファイル送信プロダクト作成スタッフがある賭けをした。1年後に自分のプロダクトの使用が少なかった側が相手に2回食事をおごる、というものだ。その結果、データケーブルはユーザー数1000万クラスのファンクションポイントとなり、従来のファイル送信機能よりも規模的な成長がだいぶ速かった。くだんのデータケーブルのスタッフは、満漢全席をごちそうになったそうだ。

オーディオと動画も似たような問題にぶつかっていた。

PC時代、パソコンのスクリーンにはカメラが標準装備されていた。皆、パソコンの前で家族と話したり、動画で出会いを求めたりするのが一般的で、パソコンから電話をすることはまれだった。しかしモバイルインターネット時代は、スマホで音声と動画の操作をするコストがパソコンよりも大幅に低下し、いつでもどこでもやりとりできるようになったので、ＰＣ動画を使うシーンは急速に減少した。

こうした状況から、モバイルＱＱはすぐに機能の重点を変更し、音声通話を動画と同等に重要なものとして位置づけた。通話品質を従来の電話に近づけるとともに、グループ通話などの機能を追加して、ユーザーがふだんからＰＣでなくスマホを使用するよう誘導していった。

ＱＱにはもう一つ天性の利用シーンがある。教育だ。ＱＱは誕生後の十数年において、教育分野向けにプロダクト機能をリリースしたことはなかったが、多くの学校のクラスのグループはＱＱ上に設けられている。ＱＱの教育分野進出は、ある偶然の機会からその扉が開いた。

２０１３年末、北京市は「北京市重度大気汚染緊急対応プログラム」を発表し、重度大気汚染の赤色警報の際は、幼稚園・小中高を休園・休校とするよう指示した。北京市教育委員会はその直後、赤色警報時は「休校しても学習は続けよう」という呼びかけを行った。小中高一貫校の北京景山《ジンシャン》学校は、想定される休校に備えてＱＱチームに積極的にアプローチし、小学校、中学校、高校の16クラスでＱＱグループ遠隔教育のテストを大々的に実施した。特別な事態のために行うこの緊急の授業方法は、社会的にも広く注目された。遠隔教育では動画送信が止まったりすることもなく、教員たちは授業中の生徒とのやりとりがより活発になったとはっきり実感した。
景山学校に触発されたＱＱプロダクトチームは、ＱＱのプラットフォームリソースに基づいてオンライン教育プラットフォーム「騰訊課堂《トンシュンコータン》」をリリースした。サードパーティーの教育機関を導入するモデルにより、職業訓練、語学学習、動画制作、海外留学などの学習カリキュラムを提供した。

若いユーザーの各年齢層の学びに対応するため、ＱＱはＫ12（幼稚園から高校3年まで）教育を対象とした「ＱＱ家庭・学校、教師・生徒グループ」および「ペンギン補習（企鵝《チーオ》輔導）」と、高等教育が対象の「ＱＱスマートキャンパス（ＱＱ智慧校園）」もそれぞれスタートさせた。またＱＱグループ内に革新的な「宿題」機能を設けた。教員向けにサードパーティーの問題集データバンクを提供し、保護者、生徒、教員の教室外教育の管理と日常的なコミュニケーションができるようになった。

若いユーザー向けのＱＱは、もちろん教育という重要なシーンを放ってはおかなかった。教育分野においては、Ｋ12の小中高から高等教育、職業教育に至るまで、ＱＱは積極的に取り組みを行った。オープンプラットフォーム方式で質の高い教育資源を導入し、若い学習者に手軽で質の高いオンライン教育を提供した。「ペンギン補習」は、全国の有名教師の授業のライブ配信や録画済み動画を各地の学生がオンライン視聴できるようにして、教育資源が十分でない地方のニーズに応え、中国の教育資源分布の不均衡性の問題を解決した。

テンセントがQQスマートキャンパスの学校管理および学生生活に対する探求を進める中で、通信能力と決済能力はキャンパス全体の基礎能力および中核技術となった。学生はキャンパスアカウント上で学費の納付、キャンパスカードのチャージ、本の貸し出しと閲覧などの操作が完結し、キャンパスの管理体験が最適化された。

シーン最適化通信の戦略展開により、QQは通信面でさらに一歩前進した。これらのシーンにいるユーザーにとっては、QQが最初の選択肢となった。

若年化の方向、エンターテインメントソーシャル戦略、シーン最適化通信の攻略法のいずれにおいても、モバイルインターネット時代のQQの楽しみ方が少しずつ明確になり、ウィーチャットとの関係もいっそうはっきりしていった。二大ソーシャルプラットフォームの生態系の整備を通じて、テンセントの二本足で歩むための展開全体が実現可能なものとなった。

第17章
インターネットプラス
——多領域エンターテインメントのループ型生態

「将来は、どんな人も有名になる15分間のチャンスを持つことになる」
——**アンディ・ウォーホル**（アメリカのポップアートの旗手）

「テンセントが行うのはつなぐこととコンテンツ、この二つだけだ」
——**馬化騰《マーホワトン》（ポニー・マー）**

「ロコキングダム」からのスタート

昼間は政界という殺し合いの場で命を賭けて戦っているフランク・アンダーウッドだが、夜は自宅に戻るとすぐ床にあぐらをかいてコンピューターのシューティングゲームに興じる。よくプレーするのは『KILLZONE 3』だ。これは、アメリカのドラマ『ハウス・オブ・カード 野望の階段』でたびたび登場するシーンである。

オンラインゲームは、欧米社会では映画に続く「第九の芸術」と呼ばれており、しかも唯一インタラクティブ性を持つモダンアートの形式だ。しかし中国では、オンラインゲームはずっと大人の社会に入り込めないままだった上、大きな原罪性も伴っている。それゆえにテンセントは中国そして世界最大のオンラインゲーム企業として、長期的に非難やそしりを受けてきた。

2010年以降、中国オンラインゲーム産業の急成長時代は人口ボーナスの終焉に伴って終結したが、モバイルインターネットがこの産業の進化に向けて新たな道を切り開いた。2011年7月の第7回中国国際アニメ・コミック・ゲーム博覧会において、テンセントグループ副総裁の程武《チョンウー》が初めて「多領域エンターテインメント戦略」という構想を提起した。すなわち「IP」(訳注 Intellectual Property、知的財産の略語だが、中国エンターテインメント産業においては小説・映画・ゲームのもととなる「作品の中身そのもの」を意味することが多い)

の運営を軸とし、ゲーム運営プラットフォームおよびネットワークプラットフォームを基盤とした、複数プラットフォームにわたる多領域ビジネス開拓モデルである。

程武はこう述べた。現在のネットワーク化、デジタル化、マルチメディア化などの流れに牽引されて、ゲーム、映画、アニメ・コミックはもはや個別の存在ではなく、密につながった有機的総体を形成している。この3業界を横断する産業チェーンはすでに構築されており、統合を続けながら前進している。国外では成功例が絶えず誕生している。どの業界にいる者も、皆がオープンで提携に積極的なマインドを持ち、業界を超えたカルチャー産業をともに形成する必要がある。それにより業界の枠を超えた中国自身のカルチャーブランドを構築するべきだ。

「実は私が『多領域エンターテインメント』を提起する前に、マーク（任宇昕《レンユーシン》）といろいろ議論していた。彼もこの考えに大賛成だった。『多領域エンターテインメント』は当時はまだ会社レベルの戦略ではなく、インタラクティブエンターテインメント事業部門が大きく躍進するための一種の探求だった」と、程武はのちに筆者に語っている。当時のテンセントには、この戦略を裏づけできるものは「ロコキングダム」しかなかった。

「ロコキングダム」はテンセントが自社で開発した子供向けのオンラインエンターテインメントコミュニティゲームだ。このゲームをもとに、インタラクティブエンターテインメント部門はライセンス付与によって多様な開発を実施した。まず児童向け絵本『ロコキングダム・ペット大図鑑』を出版すると、すぐに中国児童図書ランキングで堂々の1位を獲得した。続いてアニメーション映画『ロコキングダム！　聖竜騎士』を制作して国慶節シーズンに上映すると、興行収入3500万元を得た。

2012年3月、テンセントインタラクティブエンターテインメント年度戦略発表会において「多領域エンターテインメント戦略」が初めて本格的に提起され、これが馬化騰の「プラットフォーム＋コンテンツ」理念の最も重要な試験場となった。

程武はこのために「多領域エンターテインメントマエストロ顧問グループ」を結成した。メンバーは、音楽家の譚盾《タンドウン》、漫画家の蔡志忠《ツァイジージョン》、映画監督の陸川《ルーチユワン》、コミュニケーション学研究者の尹鴻《インホン》、香港の大物人形作家マイケル・ラウ（劉米高）などを含むアーティスト6名だ。程はのちにこう述べている。「実際の具体的な事業がまだ始まっていない中、『多領域エンターテインメント』は時代の先端を行く抽象的なコンセプトだった。そのため、このように『ラベルを貼る』ことにより、なるべくわかりやすくして皆に受け入れられるようにしなければならなかった」

アニメ・コミックから切り込む

「多領域エンターテインメント」は「一見とても美しい」戦略であるが、実行段階に入ると困難の連続だった。テンセントはエンジニアカルチャー色が非常に強い企業だ。理系出身者の思考が企業の価値観を決めており、トラフィックの現金化からコンテンツの多領域化に至るまで、難関だらけだった。任宇昕と程武はごく小さな突破口を探し、相手が納得するような所から切り込まなければならなかった。

二人は、これまで誰も有望視していなかったアニメ・コミックに狙いを定めた。

程武は清華大学物理学部卒で、在学中は大学の芸術団の演劇グループで業務グループ長を務めた。アートの細胞を生まれ持っていた理系学生だった。2009年にテンセントに入社するまでは、P&G、ペプシコーラなどのマーケット運営事業ラインの上級職としてマネジメント業務に当たっていた。こうした従来型日用消費財産業でのさまざまな経験がテンセントでも役立つときが来た。

程武は、オンラインゲームを利用するあらゆるユーザーグループにおいて、ユーザーの87%がアニメ・コミックを現在見たり読んだりしている、またはその需要があるということを、ある調査報告書で知った。かなり驚きのデータだった。しかも、マーベルやDCを代表とするアメリカのアニメ・コミック文化であれ、集英社や小学館などを代表とする日系のアニメ・コミック文化であれ、実は青少年に大きな影響力を持っている。それらは当初こそサブカルチャーだったが、のちにそのユーザーが大人になるにしたがって主流社会に溶け込んでいき、主流文化と化した。

中国では、ユーザーの低年齢性と産業チェーンの脆弱さにより、アニメ・コミックは一貫して大人になれない子供のような扱いだった。この業界に身を置く者は職業的な光栄感がないばかりか、マーケットでも現実的に認められることがなかった。従来型のアニメ・コミック出版は縮小が続き、ネット版のアニメ・コミックは玉石混淆《ぎょくせきこんこう》で海賊版も横行していた。

最も根本的な仕事から手がけなければいけないと、程武は気づいた。任宇昕の強力なサポートを受けながら、インタラクティブエンターテインメント事業グループのチャネル部からプロダクトの研究開発を担当するディレクターを1名抜てきし、そのディレクターが率いる8名の小型突撃隊を結成した。「当時、そのチームのアニメ・コミックに対する理解はほぼゼロだった。メンバーたちは、社内起業のような気持ちで完全に未知の領域に足を踏み入れた」

アニメ・コミックチームの最初の仕事は、国外のアニメ・コミック組織と提携し、良質な作品を導入した上、国内読者への恩返しとして無料で提供することだった。程武はこう語る。「我々は、ユーザーが正規版を読むという良好な習慣を身につけて、優秀なプロダクトとはどんなものかを体験してほしいと願っていた。そして、今後の正規版コンテンツの閲覧や体験は、海賊版の粗製濫造されたコンテンツのそれをはるかに上回るものであることを彼らに知ってもらいたかった」。2012年12月以降、テンセントは日本の集英社との長い交渉の末、『NARUTO－ナルト－』『ONE PIECE』といった優れた作品の中国での独占版権を獲得した。「独占版権なので我々が費用を支払ったが、中国のユーザーからはお金をもらわない。この行動は、実は産業を育成するためのものだった」

2番目の仕事は、中国オリジナルのアニメ・コミックを創作する能力の育成とエコシステムの構築だった。程武はプロジェクトが始動したその日から、中国が所有するコミック・アニメ創作エコシステムの形成を最大の戦略目標とした。テンセントはさまざまな漫画家と契約を結び、彼らにプロフェッショナルな創作と編集の指導を実施した。2012年以降の4年間で、テンセントアニメ・コミックプラットフォームに投稿する漫画家は5万人を超え、正式に契約した漫画家が発表した作品は2万作品を超えた。うちクリック数が1億を超えた連載漫画は40数作品あり、最も人気が高い漫画家数名の年収は100万元を突破した。これは、プラットフォーム構築以前にはまったく想像できなかった事態だった。

国内創作力の大幅な向上に伴い、テンセントは2015年にアニメ・コミック版権の海外輸出を開始した。程武が推進役となり、テンセントは日本、韓国のアニメ・コミック組織と版権委員会を結成し、優秀な中国のアニメ・コミック作品のプロデュースとプロモーションを共同実施した。

スタジオディーンは、40年の歴史を持つ日本の老舗アニメ制作会社だ。中国の漫画ファンにもおなじみの『るろうに剣心』や『らんま1／2』はいずれも同社の作品である。野口和紀社長は大変進取の気性に富んだ人で、中国の若いチームとの新たな冒険に喜んで応じてくれた。

中日双方の選定により、『従前有座霊剣山《ツオンチエンヨウズオリンジエンシャン》』というネット小説が原作に決まった。テンセントはスタジオディーンと共同制作グループを結成し、原作のアニメ化を進めた。完成したアニメ『霊剣山《れいけんざん》』の放送が２０１６年1月にテレビ東京系アニメ専門チャンネルで始まると、一挙に同月新作アニメランキングの1位を獲得し、ネットのクリック数は1億を超えた。「濃厚な中国らしさを持つこの作品は意外にも好評で、次の『封神演義《ほうしんえんぎ》』となるポテンシャルがある」と日本のメディアは論評した。

50億元で盛大文学《シャンダーウエンシュエ》を買収

小さなアニメ・コミックチームは、わずか2年余りで全国最大のアニメ・コミックプラットフォームを構築した。この成功でテンセントは突如コンテンツ市場で一角の地盤を手に入れた。従来の主流層の視界には入らない出来事ではあったが、社内方針決定者たちに大きな自信を与えた。実際、早くも２０１３年初めのインタラクティブエンターテインメント事業グループ幹部のマネジメント会議において、任宇昕は「多領域エンターテインメント」は事業グループの三大中核戦略の一つであると明確に定義していた。

続いて劉熾平《ラウチーピン》、任宇昕、程武が注目したのはネット文学だった。アニメ・コミックと比べて、当然ながらその10倍クラスのレッドオーシャン市場だ。

中国のネット文学は、かなり長く粗暴な育成期を経てきた。

北京大学を卒業した呉文輝《ウーウエンフィ》は、２００２年に玄幻文学（神話系ファンタジー）のウェブサイト「起点原創文学協会」を開設した。「起点中文網《チーディエンジョンウェンワン》」の前身だ。翌年、起点中文網はオンライン有料購読制をスタートした。オリジナル連載小説に有料の壁を設けることにより、自サイトの運営費を得る収益モデルを築いた。

2004年、当時成長の真っ盛りだったシャンダ（盛大）が200万ドルで起点中文網を買収した。続いて榕樹下《ロンシューシア》、紅袖添香《ホンシウテイエンシアン》、言情小説吧《イエンチンシヤオシュオバー》、晋江文学《ジンシアンウエンシュエ》など多数の企業も取得し、一挙に国内最大のネット文学プラットフォームとなった。2013年前後、ピーク時のシャンダはネット文学市場の70%を超えるシェアを持っていた。ユーザー数は、全国ネットユーザーの24%に相当する約1億5000万人だった。

ネット文学は、誕生したその日から川上・川下に派生するという特徴を持ち合わせている。シャンダの文学プラットフォームのオリジナル作品の多く、たとえば『甄嬛伝』『歩歩驚心』『裸婚時代』などは、テレビドラマ化されて人気を博した。2006年に起点中文網への掲載が始まった墓荒らしの小説『鬼吹灯』は、著作権譲渡によって漫画版、オンラインゲーム版、映画・ドラマ版、舞台劇などの派生コンテンツが相次いで制作された。この小説の起点中文網での購読数は約2000万で、同名の紙版小説も出版されてから数カ月で4回重版し、総販売数は1000万部を超えた。

2010年初めにジョブズがiPadを発表すると、モバイルインターネットの時代が轟音を立ててやってきた。同年6月、チャイナモバイルの読書プラットフォームが公開されると、その有無を言わさぬ強力な費用徴収力によって急速にモバイル読書市場の王者となり、その年の営業収入は50億元に上った。

テンセント社内にはかなり長い期間二つのネット文学コンテンツ部門が存在していた。一つは騰訊網《トンシユンワン》の文学チャンネル、もう一つはＱＱ閲読《ユエドウー》だ。両チームは合わせて１００人を超える規模だったが、躍進するための戦略ポイントが見いだせないままだった。２０１３年初め、劉熾平はネット読書事業をインタラクティブエンターテインメント事業グループに移した。シャンダ文学で人事の激震が起きたのは、ちょうどその頃だった。

日増しに激化する市場競争の中で、シャンダの戦略は陳天橋《チエンティエンチアオ》の性格と同様に、何度もためらっては揺れ動いていた。２０１３年3月、2度の打撃を受けてナスダック上場が果たせなかったことに加え、経営陣との意見対立もあり、呉文輝は起点中文網の中核をなす当初のチームメンバーたちを引き連れてシャンダを集団で去った。２０１３年9月10日、テンセントは社内の全ネット文学事業を統合して本格的に「テンセント文学」のサービスを開始するとともに、同サービスは「多領域エンターテインメント事業マトリックスの重要な部分」という位置づけが確立された。２０１５年7月、テンセントはさらにシャンダ文学全体を50億元で買収して「閲文集団《ユエウエン》」を設立し、呉文輝がＣＥＯに就任した。

こうした一連の動きと再編により、中国のデジタル読書市場は急激に局面が変化した。デジタル書籍版権数と収入が最大のチャイナモバイル「和閲読《ホーユエドウー》」、最もアクティブなモバイルユーザー群を擁する「掌閲《ジャンユエ》」、そして1000万弱の文学作品と執筆者400万人を擁し、オリジナルネット文学の市場をほぼすべて手中に収めて新規参入したテンセントの「閲文」。この三つ巴の状態がしっかりと形づくられた。

「起点」時代から「閲文」時代に至るまでの13年間に、中国のデジタル読書市場はいくつかの大きな変化を経てきた。その一つ目はPC利用からモバイル利用への移行、二つ目は読者層の庶民から主流層への変化、三つ目は読書プロダクトに価値を付加するモデルに生じた変化、四つ目は読書のソーシャル化という特徴が次第に鮮明化したことである。

呉文輝の考えによれば、将来のデジタル読書プラットフォームはカスタムメード型、すなわち読者一人ひとりが読書の場に入ると自身の「読者としての身元」を設定できるようになるはずだという。読者が書籍の閲覧や検索を続けていくうち、バックグラウンドがビッグデータとしてその読者の行動を把握するようになり、識別体系ができあがる。最終的には、読者それぞれがクラウドに自身のナレッジベースを構築することになる。

2015年末、閲文はウィーチャット（微信《ウエイシン》）との提携により「ウィーチャット読書」をリリースした。これは読書ソーシャル化の試験が始まったことを意味する。

四つのループの合体、コンテンツの生態系

テンセントは社内でのインキュベーションと社外での買収により、アニメ・コミック、ネット文学という二つのジャンルで大きな収穫を得て、インターネットコンテンツ制作分野の一角を確保した。

２０１４年のテンセントインタラクティブエンターテインメント年度発表会において、程武は多領域エンターテインメント戦略の「バージョン２・０」を提起した。これまでの戦略に磨きをかけて「人気優良ＩＰを枢軸としたファン経済を構築する」ものだ。「人気優良ＩＰの構築」という総体命題のもと、テンセントの事業思考はさらに明確になった。

文学やアニメ・コミックの創作は、ストーリーづくりとキャラクター構築のコストが最も低い一方でその効果は最も高いので、ＩＰの源泉とするのに適している。しかも企業は、インターネットプラットフォームを利用して大量のプロダクトを保有でき、多数のクリエーションが可能である。ユーザーは、読んでから投票することで優良な作品を選び抜ける。ただ、ゲームが最も成熟したインターネットビジネスモデルとしてＩＰを現金化する強力なチャネルであるのに対し、ネット文学とアニメ・コミック作品の社会的影響力は、相対的に大きなものではない。あるＩＰの影響力が急激に拡大するのは、往々にしてドラマ化または映画化されたときだ。

こうしたことから、テンセントは理の当然として映画・ドラマ業界に参入した。最初の小手調べは、郭敬明《グオジンミン》との提携だった。

2014年8月、程武は上海でこの1980年代生まれの人気作家と会った。その時期の郭敬明は小説『爵迹』の映像化に着手したところだった。同シリーズ小説の販売数は600万部を超えており、2010年と2011年の2年連続で全国書籍販売部数総合第1位を獲得したため、当時は複数の映像制作会社による版権争奪戦が起こっていた。

程武は一括提携のプランを提示した。ネット文学部門が『爵迹』の独占版権を購入し、アニメ・コミック部門がアニメ・コミック版の権利を独占購入して制作と配信に参加し、オンラインゲーム部門は作品のゲーム開発を進める。そしてテンセントが『爵迹』映像化のための出資計画に加わる。程武のプランはすぐにビジネスセンスにたけた郭敬明の心を動かし、両者はまもなく全方位戦略提携の合意に達した。

この面会から1カ月後の2014年9月、テンセントは多領域エンターテインメント事業傘下の新ビジネスモジュールを北京《ペキン》に設置すると発表した。文学、動画、ゲームのいずれでもない第四のモジュールを、当時は「テンセント映画＋」と呼んでいた。程武は「＋」の三つの意味をこう解説した。「第一の意味は、映画は『インターネットプラス』と一体化させるべきであり、それによりインターネットが極めて大きな助力となり得ること。第二の意味は、多領域エンターテインメント戦略において、映画に文学、アニメ・コミック、ゲームがプラスされて、盛んなコンテンツ生態系となってほしいという願い。第三の意味は、テンセントが映画でも一つのオープンプラットフォームとなり、皆で一緒にイマジネーションのある仕事をしたいという願いだ」

2015年3月、全国人民代表大会の代表として全国人民代表大会と全国政治協商会議に出席した馬化騰は、テンセントが将来専念するのはつなぐこととコンテンツの二つであると、初めて明確に述べた。

「テンセントはこの1、2年で大きく戦略を調整した。検索とeコマースを売却した後、いっそう中核に照準を合わせた。すなわち我々は、通信とソーシャルを中核とし、ウィーチャットとQQをプラットフォームおよび接続装置とする。我々は最もシンプルな接続を実現し、あらゆる人と情報、サービスをつなぎたいと願っている。二つ目にすることはコンテンツ産業だ。たったこれだけだ。一つは接続装置、一つはコンテンツ産業である」

数日後のテンセントインタラクティブエンターテインメント年度発表会において、馬化騰のこの構想は自社発展の共通認識となった。程武が細部に手を加えて、未来に向けた五つの思考として提起した。

一、どんなエンターテインメントの形式ももはや単独では存在しておらず、全面的に境界を越えてつながり、融合して共生している。

二、創作者と消費者の境界線が次第に崩れており、誰でも創作の達人になれる。

三、モバイルインターネットがファン経済の誕生を促し、人気優良ＩＰ誕生の効率は大幅にアップする。

四、面白いインタラクティブ体験が広範に応用され、エンターテインメント思考が人々のライフスタイルを再構築するだろう。

五、サイエンス、アート、人材の自由。「インターネットプラス」は、大クリエイティブ時代の誕生を促す。

９月11日、動画プラットフォームとメディア属性を合体させた「ペンギン影業《インイエ》」の設立が発表され、テンセント動画責任者の孫忠懐《スンジョンホワイ》が組織を率いることになった。また、わずか数日後の９月17日、テンセント影業公司を北京に設立し、任宇昕が董事長、程武がＣＥＯにそれぞれ就任すると発表した。

程武はメディアの取材に対し、テンセントが「多領域エンターテインメント」の概念を掲げてから４年になるが、テンセント影業の設立は自社の多領域エンターテインメント事業に最後の１ピースが入ってジグソーパズルが完成したことを意味する、と述べた。現在テンセントインタラクティブエンターテインメントの下には、テンセントゲーム、テンセントアニメ・コミック、テンセント文学、テンセント影業の計４プラットフォームが備わり、多領域エンターテインメント生態系の万全の体制ができあがっている。

4ジャンルのコンテンツ制作に加え、テンセントはウィーチャットとQQプラットフォームをベースとするチケットサービス会社「微票児《ウエイピアオアル》」にも出資した。この会社は「QQ電影《ディエンイン》票《ピアオ》」を昇格させたものだ。2015年12月、北京の「微影時代《ウエイインシーダイ》」と上海の「格瓦拉《ゴーワーラー》」の合併が発表され、微票児と格瓦拉の2ブランドで別個に運営することになった。その提携映画館は4500軒で、全国500都市に及んでいる。観客層のカバー率は90%を超える。オンライン座席選択プラットフォームとして、全国提携映画館数と観客層カバー率で第1位となった。

2011年にスタートしたコンテンツ産業の展開は、テンセントの体系全体においては「部分的な出来事」でしかなく、この企業のソーシャルという生来の属性を変えることはなかった。だが同産業の急成長およびループ型の生態系チェーンの形成により、社内と社外のいずれに対しても戦略的な影響が生じた。

社内においては、「多領域エンターテインメント」は、馬化騰が提唱した「インターネットプラス」と「テンセントはつなぐこととコンテンツのみを行う」という戦略の最も積極的な実験者となった。長期的に見ると「多領域エンターテインメント」は、テンセント業務系統内におけるカルチャーの成長の極となる可能性がある。

社外においては、テンセントは単に国内で最も早く「多領域エンターテインメント」の概念（この概念は、2014年からずっと中国インターネットで最も重要な発展トレンドの一つと認定されている）を提起した大型インターネット企業だっただけではなく、今の中国で盛んに使われる「ＩＰ」という名詞を最初に発掘して新たな定義を与えた企業でもあった。

第18章
アウト・オブ・コントロール
——大自然化するインターネット

「技術的な力は、まさに指数関数的な速度で急激に外部へと拡張している。人類はまさに加速的に変化する波の先端にいて、その波は我々の歴史のどの瞬間も追い越した」

——**カーツワイル**（アメリカの未来学者）、『The Singularity Is Near: When Humans Transcend Biology. Viking』（邦訳『ポスト・ヒューマン誕生 コンピュータが人類の知性を超えるとき』）

「生命と真に類似する行動を得たいなら、真に複雑な生物を何とかして創造するのではなく、単純な生物にきわめて豊かな変異環境を与えてやればいいと、私はついに気づいた」

——**ケビン・ケリー**（アメリカ『ワイアード』誌創刊編集長）、『Out of Control: The New Biology of Machines, Social Systems, and the Economic World』（邦訳『「複雑系」を超えて システムを永久進化させる９つの法則』）

「将来テンセントの敵となるのは誰か」

馬化騰《マーホワトン》（ポニー・マー）は潮汕《ちょうさん》人の習慣に従い、創業した年から春節開けの初出勤日に会社（正確には自分のオフィスの入り口）に立って社員一人ひとりに紅包《ホンバオ》を手渡すことにしていた。紅包の額は当初は10元だったが、のちに100元となった。テンセントの社員はどんどん増えていき、上場前後の2004年に700人となり、2007年には3000人、2008年に5000人をそれぞれ突破し、2011年初めには1万人の大台に乗った。それからの1年でさらに8000人増えた。毎年春節明けの初出勤日には必ず、深圳《しんせん》のテンセント本社にうねうねと続く壮観なまでの長蛇の列ができる。馬化騰はそれでも一人ずつ紅包を渡し続ける。「ポニーの紅包手渡し」は、まるで深圳の風物詩のようだ。

馬化騰がついに社員一人ひとりに紅包を手渡せなくなる日はいつか来るのだろうか。文化がマネジメント半径からの挑戦を受けることになるのだろうか。

2012年4月24日、もじゃもじゃの白いひげを生やしたケビン・ケリーがリュックサックを背負い、一眼レフカメラを手に提げてテンセントの北京《ペキン》オフィスに現れた。ケリーは妻が台湾人で、若い頃にはアジアを10年ほど旅していたこともある。著書『Out of Control』が好評を博したため、ここ数年は中国のさまざまなインターネットフォーラムの常連招待者となっていた。皆から親しみを込めてＫＫと呼ばれている。かつて『ワイアード』誌の編集長を務め、大胆な予言をするのが好きなこの研究者は、中国に非常に好意的だ。「私は中国が大好きだ。未来はここにあると確信しているからだ。世界の未来は中国にある」

もじゃもじゃひげのＫＫと向かい合って座る42歳の馬化騰は、すっきりした品のよいたたずまいで、ますます卒業してまもない若者のように見える。

二人の討論はマネジメントのアウト・オブ・コントロールから入った。「我々にとって、社内管理の問題は大変大きな心配の種だ。たとえば、従業員はものすごいスピードで増えている。去年（２０１１年）は60％増えて、現在は2万人を超えている。マネジメントを含めた企業文化の希薄化は大きな問題を生みかねない。社外でもテンセントがアウト・オブ・コントロールしたのではないかと疑義を呈する記事を多く見かける」

もちろんＫＫは経営学者ではないが、彼が提起する理論は思考の際の一助となる。ＫＫによると「アウト・オブ・コントロール」とは、無秩序で効率が悪く、ひいては自己破滅という状態ではない。アリやミツバチの群れのように膨大な数の個体が構成する組織体は、高度な秩序と効率を示すことができる。それはアリやミツバチの女王が統制するからではなく、ある種のボトムからトップへの大規模な協力と、協力の中で「湧き出して」くる、「衆愚《しゅうぐ》は智となる」「大智は愚のごとし」という「群衆の知力」によるものだ。ＫＫは対話の中で『老子道徳経』の「有為」と「無為」に言及し、「もしかしたら、あなた方中国のご先祖の英知があらゆるインターネット企業の助けになるかもしれない」と冗談交じりに語った。

馬化騰にとっては、会社に対する自身の統制力がなくなることよりも、会社が自己成長と自己革新の能力を失うことのほうが怖かった。成熟したプロセスで会社を統制すれば、社内の衝突や争いを回避できるかのように見える。しかし企業運営の官僚化が次第に顕在化し、プロダクトや研究開発は決まった段取りで進み、社員も部門も結果ではなくプロセスにしか責任を負わなくなる恐れがある。そうなれば企業のイノベーション力は確実に低下し、何も手を加えない状態でおのずと生じるイノベーション力がしだいに縮小してしまう。

こうした困惑に対して、ＫＫはアマゾンの密林のアナロジーを用いた。ＫＫの考えでは、真にイノベーティブな企業は巨大な森に似ているはずだという。木を植える者、動物を飼育する者はいないが、さまざまな動植物がそこで盛んに生まれ育っている。それは「アウト・オブ・コントロール」のプロセスでもある。ＫＫは自著で述べた見解を引用した。「劣悪な環境がなければ、生命は自身を愛玩することしかできなくなる。自然界であれ、人工的にシミュレートした場であれ、生物を劣悪で変化の多い環境に置くと、必ずより多くの多様性が生じる」。

対話の最後に、馬化騰はこう尋ねた。「あなたから見て、将来テンセントの敵となるのは誰か」

「いやあ、それは少なくとも1億ドルの価値がある質問だ」とＫＫは笑った。彼の答えはやはり「アウト・オブ・コントロール」式の見本のようなものだった。「インターネットの世界では、まもなくあなたを滅ぼす者が既存のリストに掲載されたことは一度もない」

グレー度法則の七つの観点

KKの話に触発されたのか、馬化騰はその後しばらくの間社内で生態系型組織（時には「生物型組織」とも称した）づくりを提唱し続け、適者生存による進化論を皆に広めながら、巨大化が止まらないこの大きな会社のかじ取りをしていた。

KKとの対話から3カ月がたった頃、馬化騰はビジネスパートナーに宛てた手紙を発表し、「グレー度法則の七つの観点」を体系的に提起した。

中国の企業界で最初に「グレー度（灰度）」という概念を提示したのは、ファーウェイ（華為）の任正非《レンジョンフェイ》だ。任は「管理のグレー度」という一文でこう述べている。「ある企業の明瞭な方向は、混沌の中で生まれたものであり、灰色の中から頭角を現したものだ。方向は時間や空間とともに変化するものであり、頻繁にまた不明瞭となる。適切なグレー度を適正に確保することが、さまざまな影響を発展させる要素である」。任正非の考えによると、「明瞭な方向はグレー度から生じる。リーダーの重要な資質は、方向とリズムだ。リーダーのレベルとはすなわち適切なグレー度である。確固不動の正しい方向は、グレー度、妥協と寛容から生じる」

馬化騰は、同郷の先輩企業家である任正非をずっと尊敬してきた。グレー度という概念にも大いに賛同し、ビジネスパートナーへの手紙の中で、インターネット企業の特徴と結びつけながら七つの角度から新たな解釈を行った。馬化騰は、ジョブズやジャック・マー（馬雲《マーユン》）らのように何かにつけて金言を生み出すようなタイプではなく、言葉に関して優れた才能がある人物ではない。馬のスピーチや文書の「哲理」はごくわずかであるが、それらはすべて第一線での実践による「道理」から生じている。

〈需要度〉

ユーザー需要はプロダクトの中核であり、プロダクトが需要を体現する度合いは企業が生態系に必要とされる度合いである。

プロダクトの研究開発中に最も犯しやすい間違いを以下に述べたい。研究開発者は往々にして自分が苦心して生み出したプロダクトを我が子のように大切にし、守りたい気持ちになり、自分の心血を注いだ結晶だと思う。よいプロダクトには魂があり、優れた設計、技術、運営によって背後の理念を体現できる。開発者がプロダクトを設計する際、すごければすごいほどよいのだと思うことがある。だが実は、いわゆる特にすごい設計のようなものは、よいプロダクトには必要ない。なぜなら、自身を特にすごいと思っている者は、自分のすごさを故意に体現するからだ。それがユーザーに必要ないものであれば、本質をないがしろにして末節ばかり追求していることになる。

現在のインターネットプロダクトは、もはや早期のような単体ソフトウエアではなく一種のサービスに近い。したがって、設計者と開発者にはしっかりとしたユーザー感覚を持つよう求めたい。必ず、自分のプロダクトの忠実なユーザーでありつつ、自身の触角を他のユーザーに伸ばし、彼らの本当の声を感じ取らなければならない。そうしてこそ、不完全なところから完全なところへと少しずつ着実に近づける。

〈速度〉

一点突破を速やかに実現する。角度、鋭度、特に速度は、プロダクトが生態系の中で存在し発展する基本である。

我々は次のようないくつかの現象を頻繁に見かける。あれこれ手を広げ、何でも展開しようとするケース。完璧を追求することが習慣となっていて、常にプロダクトが自分に納得のいく完璧なレベルに達するまで磨き続けてなかなかリリースしないケース。イノベーションの重要性は重々承知していながら、失敗やリソースの無駄遣いを恐れているケース。

こうしたやり方で進めても、すばらしい結果は得られないのが常だ。マーケットとは辛抱強く待ってくれるものではないからだ。市場競争において、よいプロダクトは往々にして不完全なところからスタートする。また、先に市場に進出すればあとは枕を高くして寝られるなどと決して考えてはいけない。インターネットの時代は、人より5秒長くぼんやりしている者はいない、と私は確信している。競争相手がすぐに目覚めて追いついてくるかもしれない。場合によっては自分よりもいい仕事をして、自分がいる安全地帯の境界内にいつでも入り込んでくるかもしれない。

私がお勧めするのは「小股の疾走、急速なイテレーション」だ。プロダクトの各回の更新が完璧でなくても、毎日小さな問題を一つ二つ発見して修正を続けていけば、1年もしないうちに基本的にブラッシュアップされる。自身にも十分にプロダクトの感覚が身につくようになる。したがって、イノベーションのグレー度は、まずは一点突破の実現のために完璧でない状態を許容する必要がある。ただし完璧に近づけるためのスピードは必要だ。

〈柔軟度〉

アジャイルな企業となり、プロダクトを急速にイテレーションする鍵は自発的な変化である。自発的な変化は、変化への対応力よりも重要だ。

インターネットの生態系はめまぐるしく変化している。通常の場合、変化への対応力が非常に重要だと我々は考えているが、実際は自発的に変化する能力のほうが重要だ。管理者、プロダクト技術者は単なるマーケッターではない。より早く問題を予見して自発的に変化すれば、マーケットで後手に回ることはない。企業は、基盤を保ちコアコンピタンスを維持強化すると同時に、自身の各方面の柔軟性が大きな鍵である。生態系型企業において、自発的変化が常態となるべきだ。この点は、一般的に言われるリアルタイム企業、2・0企業、ソーシャル化企業という語でくくれるほど単純なものではない。

インターネット企業およびそのプロダクト・サービスは、敏感な触角や柔軟な身のこなしを維持できなければ、一様に大企業病に陥る。実はテンセントは、2011年以前からこうした問題が生じ始めていた。以前に当社事業部が実施していた事業ユニット制では、事業別の縦隊を結成することにより、各事業ユニットに一定の柔軟性を維持させていた。だが今見ると、まだまだ不十分だった。

〈冗長度〉

失敗を容認し、適度な浪費を許容し、社内の競争や試行錯誤を奨励する。試してみて失敗しなければ成功はない。

イノベーションの問題に向き合う上では、適度な浪費を許容しなければならない。どう理解すればよいか。戦略上このプロジェクトはどうしてもやらなければならないと考えるのであれば、リソース的に許されることが前提ではあるが、二つほどのチームが同時に一つのプロダクトを同時に研究開発することになっても、それは許容される。ウィーチャット（微信《ウエイシン》）の成功を目にした人は多いが、皆さんが知らないことがある。実はテンセント社内では、複数のチームがスマホベースの通信ソフトを同時に研究開発していた。各チームの設計理念と実現方法はそれぞれ異なっており、最終的にウィーチャットがより多くのユーザーから支持された。これはリソースの浪費と言えるだろうか。私は言えないと思う。競争がない状態は、イノベーションの死を意味する。たとえ最終的に競争で失敗したチームがあったとしても、そのチームは成功者のインスピレーションを呼び起こした源泉であり、「社内の試行錯誤」と理解すればよい。システムの冗長性がすべて浪費だというわけではない。トライアルや失敗をしなければ成功はなく、さまざまな可能性を創出しなければ、現実性を獲得するのは難しい。

〈オープン化協力度〉

最大限に協力を拡大すれば、インターネットの悪性競争の多くは協力型イノベーションに転じることができる。

インターネットのすばらしい点は、より多くの人をより広範に協力に巻き込むことにある。我々も、参画する人が多いほどネットの価値は大きくなること、ユーザーの需要が満たされる度合いが大きいほど、協力に参画した組織が得る収益も増えることを実感している。したがって適切なグレー度とは、自身のコアバリューに照準を合わせると同時に、ソーシャル化された協力をできるだけ深化し拡大することも意味する。

創業者にとって、いかにしてプラットフォームを活用して協力を実施するかは、じっくり考えるに値する問題だ。かつては、インターネットプロダクトを作る際はユーザーを少しずつ増やしていき、プログラム、データベース、設計等の経験スキルはすべてゼロから模索しなければならなかった。しかしプラットフォーム創業のトレンドが生じてからは、大きなプラットフォームがインフラ建設の責任を担うようになり、創業のコストと負担はそれに伴って大幅に低下し、皆がより多くの精力を最も中核的なイノベーションに集中させることができるようになった。

インターネットの本質はつなぐこと、オープン化、協力、シェアである。まず、他人に有益だからこそ、自分にも有益となる。よいエコシステムは必然的に種ごとの分業があり、最終的に協力を形成するものだ。あらゆる種が同じ方向を向いて進化するわけではない。こうした新たな思考のもと、インターネットの悪性競争の多くは協力型イノベーションに転じることができる。プラットフォームの既存の強みを生かし、ビジネスパートナー間の横方向または縦方向の提携を広範に行うことが、グレー度イノベーションの重要な方向となるだろう。

〈進化度〉

生物型組織を構築して、統制のない中でも自ら進化し、自ら組織する能力を企業組織自身に持たせる。

進化度とは実質的に、企業の文化や組織が自主進化、自主成長、自己修復、自己浄化する能力を持っているかどうかである。従来の機械型組織においては、「異端」のイノベーションは十分なリソースとサポートを得るのが難しい。場合によっては、組織の過去の戦略、優位性との衝突が原因で排除されたり、企業が精密性、統制、期待可能性を求めるゆえに、多数のイノベーションが生存の余地を確保できなくなったりする。こうした状況は、生物学でいう「緑の砂漠」によく似ている。同一の時期に広い面積に同一種の木を植えると、その樹林は非常に密集して高さもほぼ同じとなる。その結果、日光がすべて遮られてしまい、その下にある植生が成長できなくなるだけでなく、その樹林自体の災害抵抗力も弱くなる。

そうした状況を変えるには、新たな組織形態を構築するしかない。したがって私は、生物型組織がよいと思っている。そうした真に活力あるエコシステムは、外部からは混乱してアウト・オブ・コントロールのように見えるが、実は組織は自然に成長進化しており、イノベーションを探し求めている。いわゆる失敗や浪費も、複雑系が進化する過程で必要な生物多様性である。

〈イノベーション度〉

イノベーションは誰かが意図して行うものではなく、可能性と多様性に満ちた生物型組織の必然の産物である。

アイデアや研究開発は、実はイノベーションの源泉ではない。ある企業がすでに生態系型企業となっているのであれば、オープン化協力度、進化度、冗長度、速度、需要度はすべて高いので、イノベーションはグレー度空間からひっきりなしに湧き起こるだろう。この意味で言えば、イノベーションは原因ではなく結果であり、源泉ではなく産物だ。企業がなすべきは、生物型組織を創出し、自身のグレー度空間を拡大して、現実と未来の土壌と生態系を可能性と多様性でいっぱいにすることだ。それがすなわちグレー度の生存空間である。

インターネットは大自然化している。追求するのは、単なる成長ではなく遷移と進化である。

控えめ型の経営陣

腰椎に発作が出た網大為《ワンダーウエイ》は、オフィスのソファに横たわった状態で筆者と話をした。網が2011年にテンセントに加わってから初めて受けた外部の取材だった。

網はMIHのテンセント向け出資の後押しをした後、自ら困難な役目を買って出る形でアメリカに戻った。この十数年にわたり、網は2カ月おきにシリコンバレーから中国に飛び、テンセントの総弁会に出席するとともに、上級管理職たちに自身がつかんだ最新の動向を話して聞かせた。テンセントのアメリカオンラインゲームへの数回の出資と買収案件には、いずれも彼の影が見える。活躍を華々しくアピールするのが常のシリコンバレーにあっても、網大為は非常に自制的な「陰の投資家」だった。

2007年、網大為はライアットゲームズがDotAに似たゲームを開発する意向であることを知った。「当時はまだプロダクトのひな型もなく、構想だけだった。だが我々はポテンシャルの高い細分化市場だと思った」。テンセントは2008年に出資し、ライアットゲームズは800万ドルを調達した。2011年初めにはテンセントが16億7900万元でライアットゲームズの大多数の版権を購入した。現在この企業は、従業員数1600人を擁する欧米最大のパソコンゲーム開発会社である。テンセントはさらに、ゲームエンジン会社エピックゲームズの株式の48・4%を3億3000万ドルで取得し、ゲーム産業の川上への進出も果たした。網大為は実に誇らしげにテンセントと他のゲーム運営会社を比較した。「2014年のテンセントのオンラインゲーム収入は72億ドルで世界トップだった。ソニーは60億ドル、マイクロソフトは50億ドルで、10年前にはとても想像できないことだった」[6]

網大為は2014年に新たな役職「最高探索責任者（CXO）」に就任した。「以前は主にインタラクティブエンターテインメント事業グループ（IEG）部門の業務に協力していたが、すでに段階的に任務を終えた。テンセントはゲームから別の所へ目を向ける必要が出てきて、ゲノム、宇宙、ロボット、AIに取り組んでいる」。現在網大為は、5人の小さなチームを率いてあちこちで投資先ハンティングを続けている。最先端企業40数社に相次い

6　2016年6月、テンセントおよび関連投資財団は86億ドル（人民元換算で約566億元）でフィンランドのモバイルゲーム開発会社スーパーセルの株式の84・3%を取得した。これは現在のところ世界ゲーム業界の単発買収としては最大規模であり、中国インターネット史上においても最高額の海外買収だった。

で出資し、うち宇宙開発に従事する1社は2016年末にスペースバルーンの新プロジェクトを始動する。

テンセントの最高社内方針決定者たちは、大部分が網大為と同様に控えめで実務に徹するタイプだ。このチームはかなり長期的な安定性を維持しており、アリババやバイドゥ(百度)などの企業とは明らかに異なっている。

テンセントのような経営陣を説明するには、「庶民のヒーロー」より「控えめ型リーダー」という言葉のほうが間違いなく適切だろう。彼らは、従来の意味での大胆で勇敢なリーダーのイメージにはまったく当てはまらない。本人たちが基本的にそのようには振る舞いたくないからだ。

こういう経営陣は劇場型キャラクターがおらず、パフォーマンス欲もないが、最も毅然とした冷静な姿勢で会社をより先へと進めさせることができる。彼らは現実主義者で、いわゆる奇跡をあまり信じていない。人気書籍『Built to Last: Successful Habits of Visionary Companies』(邦訳『ビジョナリー・カンパニー 時代を超える生存の原則』)、『Good to Great: Why Some Companies Make the Leap ... And Others Don't』(邦訳『ビジョナリー・カンパニー2 飛躍の法則』)の著者ジェームズ・C・コリンズも、自身が行ったケーススタディーで、企業の長期経営におけるこのタイプのリーダーならではの価値を発見した。『Good to Great』の中で、コリンズは感慨深げにこう述べる。「この世界には、経営の鬼才、頭の切れすぎる戦略家、注目されたくて大げさなことを言う未来学者、恐怖ばかり語る者、人心を惑わす権威やその他いろいろな者が大勢いる。シンプルな理念にのみ依拠し、想像力と卓越した能力を駆使しつつ、その理念を活用して成功を収める企業を目にすることができたら、新鮮味が感じられて心から喝采したくなる」

筆者は5年に及ぶテンセントへのリサーチと取材の中で、この企業のリーダーたちからドラマチックなインスピレーションを得る難しさを痛感していた。彼らが発する言葉の世界では、歴史を築いた材料は複雑なデータと絶え間ないイテレーションという二つの事実であって、決してキラリと光る格言やテキストではなかった。他のスター的存在のインターネット企業家とは違い、遠い深圳に身を置く馬化騰はメディアや人前に登場することが圧倒的に少ない。だが馬のプロダクトは億単位のユーザーの日常生活に浸透している。馬は、かじ取りをする上での控えめさと事業拡張上の猛々しさを同時かつドラマチックに見せている。

ウィーチャットの成長と大規模な買収実施に伴い、テンセントの組織体制は2012年と2014年にそれぞれ大きく変更された。

2012年5月8日、テンセントはそれまでの業務系統制を事業グループ制に昇格させ、既存事業を企業発展グループ（CDG）、インタラクティブエンターテインメントグループ（IEG）、モバイルインターネットグループ（MIG）、オンラインメディアグループ（OMG）、ソーシャルネットワークグループ（SNG）に編成し直すと発表した。また、研究開発と運営のプラットフォームを統合して新たにテクノロジー＆エンジニアリング事業グループ（ＴＥＧ）を設置するとともに、テンセントＥコマースホールディングカンパニー（ＥＣＣ）を設立してｅコマース事業に特化させることにした。２００５年に続く3回目の組織体制変更だった。

この変更において、それまでＭＩＧに属していたモバイルＱＱ、携帯電話版Ｑゾーン、携帯電話版閲読《ユエドウー》、携帯電話版音楽などの事業が分離され、検索事業とともに捜狗《ソウゴウ》に統合された。これにより、この古株グループは一時「再起不能と思われる大打撃」を受けた。ＭＩＧの前身はテンセントワイヤレス事業部で、かつては文字どおり会社の「稼ぎ頭」だったが、モバイルインターネットの波が来てからはポジショニングのやり直しが急務だった。

組織変更後のＭＩＧは、セキュリティー、ブラウザー、アプリ配布マーケット、地図といったツール型プロダクトのプラットフォームを担当することになった。その頃は誰も予想していなかったが、ＭＩＧはそのわずか2年余り後の２０１５年に一躍テンセント全体で最も羽振りがいい事業グループとなる。テンセント手機管家《ショウジーグワンジア》、モバイルＱＱブラウザー、応用宝《インヨンバオ》の3プロダクトがほぼ同時に各自の競争相手を抜いて細分カテゴリーで第1位となった。数カ月の間に3回も祝賀会が催されたことから、ＭＩＧはテンセント社内で「一族から傑物が3人出た」と言われた。

今日に至っては、モバイルＱＱブラウザーの月間アクティブユーザー数は2億５０００万に達しており、ウィーチャット、ＱＱに次ぐテンセント第三のモバイルインターネットプロダクトとなっている。より重要なのは、テンセントがX5ブラウザコアを搭載したテンセントブラウザーサービスを開始した上、それをオープン化したことだ。ユーザーは、ウィーチャットなどのプラットフォームで行うブラウジングもこのサービスを使えるようになった。2016年10月には、テンセントブラウザーサービスの1日当たりユーザーページビューが100億を超えて、テンセントモバイルインターネット生態圏を築く重要な部分となった。またアプリストアのポータル価値上昇に伴い、応用宝は2013年11月の再始動以降、わずか1年半でアンドロイドアプリストアのトップの座を維持するに至った。2016年9月現在、応用宝の1日当たり配布数は延べ2億人を超え、月間アクティブユーザー数は1億9600万に達している。その巨大なトラフィックは、起業家たちにとってテンセントオープンプラットフォームの最大の魅力だ。こうしてMIGは、真にモバイルインターネット時代におけるテンセントの城の堀となった。

ウィーチャットは2013年、月間アクティブユーザー数が3億に達してアプリのトップに躍り出るとともに、通信という意味でもチャイナテレコムとチャイナユニコムのユーザー数を上回った、とテンセントは発表した。

2014年4月11日、QQの最高同時接続アカウント数が初めて2億を超え、ギネスがテンセントに「単一リアルタイム通信プラットフォームの最多同時接続数」の認定書を発行した。馬化騰は自身のウィーチャットモーメンツに「モバイルQQの貢献が大部分で、後から効いた力も強かった。ウィーチャットと相互補完し、競い合い、それぞれが使命と目標を持ちながら、2本の足でいっそう着実に進んでいく」と書いた。

1カ月後、テンセントは4度目の組織体制変更を実施した。事業グループは、ウィーチャットグループ（ＷＸＧ）、ソーシャルネットワークグループ（ＳＮＧ）、企業発展グループ（ＣＤＧ）、インタラクティブエンターテインメントグループ（ＩＥＧ）、モバイルインターネットグループ（ＭＩＧ）、オンラインメディアグループ（ＯＭＧ）、テクノロジー&エンジニアリング事業グループ（ＴＥＧ）の７つに再編された。

このときの最大の変更は、ｅコマース事業会社を廃止したことと、ウィーチャットを単独のグループとしたことだった。テンセントＥコマースホールディングカンパニーの解体後に残されたＯ２Ｏ事業チーム、微生活《ウエイションフオ》と微購物《ウエイゴウウー》のチーム、財付通《ツアイフートン》の一部のチームはウィーチャット部門に統合された。こうしてテンセントはウィーチャットとＱＱをダブルソーシャルプラットフォームとする体制を構築し、兄弟で頂上を目指してそれぞれ努力することになった。

「すべてをつなぐ」と「インターネットプラス」

ＫＫと馬化騰の北京での対話から1カ月弱の２０１２年5月18日夜、フェイスブックがナスダックに上場した。ティッカーは「ＦＢ」、ＩＰＯ価格は38ドルで、調達額は１６０億ドルに達した。発行価格で計算するとフェイスブックの評価額は1040億ドルで、アメリカ企業の上場評価額としては過去最高を記録した。デビッド・カークパトリックは著書『The Facebook Effect』（邦訳『フェイスブック　若き天才の野望』）にこう記した。「フェイスブックの総体的な貢献によって、あらゆるユーザーの思考と感想で構成されるグローバルなアセンブリーが誕生した。これは恐らく、原始的なグローバル・ブレインの方向に進化するだろうと多くの人が予言する。（中略）フェイスブックの目標は、人類全体のインデックスを作成することだ」

外向的でアピール上手なフェイスブックとは対照的に、テンセントは冷静な仮面の下にずっと表情を隠してきたように見える。競走をこれまで続けてきた中米両国のインターネット界は、緯度的には近い位置にあるがそれぞれ別個に存在しているように思える。国の競争、政治体制および文化、この三つの隔たりによって両者は終始合流できないままだ。だがビジネスモデルにおいては、非常に奇妙な現象が生じている。アメリカ企業が中国企業のある部分のやり方を学び始めており、中国企業のほうはますます見知らぬ領域へと暴走しているのだ。

2013年4月、『フォーブス』中国語版サイトに掲載されたある考察記事が「2013年のフェイスブックは2005年のテンセントに酷似している」と書いた。「この企業は、中国企業が2005年に行ったことを実施中もしくは実施する意向のようだ。すなわち、ユーザーがより長い時間をフェイスブック上で過ごし、かつここでより多くの取引を完結するよう後押しすることである」と述べている。その新たな試みには次のようなものがある。オンラインゲームプラットフォームをオープン化する、さらに多数のゲーム開発者がアクションゲーム、シューティングゲームやリアルタイムストラテジーゲームなどを普及するよう奨励する、ギフト進呈サービスをアメリカの全ユーザーに解禁する、ユーザーから友達への現物ギフト（ギフトカード、カップケーキ、有料ストリーミングミュージックなど）の贈呈を認める、そして「ワンストップ型オンラインライフ」という新たな主張を提起する、などだ。

テンセントにとって、未来の可能性は仮想領域であるインターネットではない所にあるようだ。

２０１３年11月11日、テンセントの創業15周年に馬化騰は「インターネットの未来への七つの道しるべ」という基調講演を行い、その際に初めて「すべてをつなぐ」と「インターネットプラス」という新主張を提起した。

馬化騰の見たところ、モバイルインターネットの時代には、スマホが人間の拡張的な電子臓器になる、という特徴がますます顕著になる。人と人をつなぐだけではない。将来は人と装置、装置と装置もつながるだろうし、さらに人とサービスの間にもつながりが生まれる可能性がある。したがってテンセントが将来探求する空間は、「まずはすべてをつなぐ」である。

馬化騰はこれに基づいて「インターネットプラス」を提起した。「『プラス』とは何か。従来型業界の各業種業界に（中略）インターネットがすでに通信、メディア、エンターテインメント、小売、金融などを『プラス』している。インターネットは一つのツールだ。ウィーチャットはテンセントに実体に通じる道を提供してくれた。ウィーチャットのパブリックプラットフォームはユーザーと実体世界の一つの接続点とすることができ、それによりユーザーと売り手をつなぐプラットフォームを構築する、というのが我々の構想だ」

明らかに、馬化騰のこの考察は中国産業経済の最も敏感な部分を突いていた。インターネットは20年近い進化と拡大を経て、人々それぞれの日常生活や企業の経営活動に浸透し、真の意味で現代商業文明のインフラとなった。それにより、さまざまな新たな変革と転覆が劇的に発生している最中だ。

2015年の全国人民代表大会と全国政治協商会議では、政府活動報告の中に「インターネットプラス」の概念が盛り込まれた。李克強《リーコーチアン》首相は「『インターネットプラス』行動計画を策定し、モバイルインターネット、クラウドコンピューティング、ビッグデータ、IoTなどと近代的製造業の融合を推進する。eコマース、インダストリアルインターネットとインターネットファイナンスの健全な発展を促進し、インターネット企業が国際市場を開拓するよう導く」と提起した。

「『インターネットプラス』インフラの第一の要素はクラウドである」。馬化騰は2016年7月の第2回「テンセントクラウドサミット」でこう述べた。

馬が新たなインフラと呼ぶ「クラウド」は、クラウドコンピューティングなどの技術をベースとした一連のサービスだ。２００６年以降に商業利用が始まり、特にグーグル、マイクロソフト、アマゾンといったインターネット企業が重視している。うち最も成長が急速で評判が高いのはＡＷＳ（アマゾンウェブサービス）だ。主要顧客はさまざまな規模の企業に加えて、アメリカの航空宇宙局や中央情報局などの政府機関も含まれる。

テンセントクラウドのリリースは当然の成り行きだった。ＱＱは、中国ならではのネット環境に対応し、ユーザーにより便利なサービスを提供するため、スタート当時からユーザーのやりとりした情報をクラウドでストレージしてシェアする仕様だった。今どきの言い方をすれば、実はＱＱはクラウドだった。しかし、テンセントが十数年かけて大量に蓄積してきたクラウドサービスの技術と能力は、主に自社用だった。ＱＱ、Ｑゾーン、ウィーチャット、テンセントゲームといった巨大事業の安定的運営をサポートするために使用していた。２０１０年にオープンプラットフォームへのアクセスが始まったのがきっかけで、テンセントはようやく初めてひっそりと外部にクラウドサービスを提供するようになった。最初は主に、テンセントオープンプラットフォームにアクセスするゲームやｅコマースのビジネスパートナー向けサービスだった。しかしオープンプラットフォームの拡大とテンセント生態系の絶え間ない整備に伴い、クラウドの能力はやがて使用シーンがさらに増え、もたらす価値も次第に鮮明になっていった。

一貫して控えめで落ち着いた社風のテンセントは、成長をまだ続けているこの新事業を焦って宣伝することはなかった。テンセントクラウドの外部向けサービスはすでに一定規模に達していたが、2011年6月に馬化騰が全世界のビジネスパートナーに向けてテンセントのオープン化戦略を発表した際も、特に触れることはなかった。それから5年後にテンセントクラウドの生態系全体における役割が次第に際立ってきたところで、馬化騰はようやくクラウドについて華々しく言及した。馬は2016年のビジネスパートナー宛ての公開書簡で「クラウドとシェア経済はコインの裏表のようなものだ。シェア経済とはすなわち生産力のクラウド化だ」と書いた。さらに将来の「インターネットプラス」についてはこう述べた。「従来型の業種がインターネット技術を活用し、クラウドにおいてはAIを用いてビッグデータを処理する」。

長年身を潜めていたテンセントクラウドがこの1年で目立った動きを見せるようになり、業界はようやくテンセントの戦略方向をはっきりと知った。この頃のテンセントクラウドは100万を超える開発者にサービスを提供しており、データセンターのノードは世界五大陸に広がっていた。ゲーム、金融、医療、eコマース、旅行、政務、O2O、教育、メディア、インテリジェントハードウエアなど多様な業種にソリューションを提供し、ビッグデータ分析、機械学習、顔認証、インタラクティブライブ放送、自然言語処理、AI音声認識などの技術力を外部に公開している。

ここ1年の貴州《きしゅう》ビッグデータ・エクスポ、クラウドサミット、グローバルビジネスパートナー会議において、馬化騰は何度もテンセントクラウドに言及した。実際、テンセントは2015年財務報告書で初めてテンセントクラウドに言及し、その収入が前年比100%超の伸びを見せたと明かした。湯道生《トンドウサーン》は、今後5年で100億元超を投入し、テンセントクラウドの継続的領域開拓を推し進めると外部に宣言した。

馬化騰はビジネスパートナーに「クラウドに移行する企業がますます増えてきた。コスト削減や効率アップのみならず、それぞれの企業の独自リソースと能力が顕在化してシェアされ、それ以外の仕事を生態系のパートナーに引き渡すようになったことがより重要だ。これはまさに我々の過去5年間の選択である」と表明した。

外部も「クラウド」を通じてテンセントのオープン化戦略の変化を見てとることができた。テンセントは6年近い間、自身はつなぐことに専念すると語ってきた。筆頭株主にはならないという「命半分」の精神で各垂直分野のパートナーと提携を実施し、「1本の大木」から「一つの森」へと成長した。6年前は何にでも自ら手を出す「タコ」だったが、今は「二つ半」の呼び方で、具体的にはソーシャルプラットフォーム、デジタルコンテンツとインターネット中核事業に焦点を絞ったオープンプラットフォームに変わった。「二つ半」はテンセント社内のファイナンスを指す。インターネットファイナンスは成長中なのでまだ「半」という扱いだが、将来は新たなプラットフォームに成長する可能性が高い。

インターネットファイナンスは、テンセントの「すべてをつなぐ」と「インターネットプラス」を解き明かせるもう一つの物語だ。その底層技術もテンセントクラウドがベースだ。

2014年3月、中国銀行業監督管理委員会は民営銀行5行のトライアル事業を認可した。

これは、1949年の中華人民共和国建国以降長く独占が続いていた銀行業に、民間資本が初めて参入を認められた瞬間だった。うちアリババとテンセントがそのライセンスを一つずつ取得した。テンセントは株式の30％を保有して、ウィーバンク（深圳前海微衆銀行）の最大株主となった。12月12日、ウィーバンクは正式に営業が承認されて中国初のネット銀行が誕生した。2015年1月4日に李克強首相がウィーバンクを視察した際にコンピュータのエンターキーを押すと、トラック運転手の徐軍《シュージュン》が貸付金3万5000元を手に入れ、インターネット民営銀行の最初の貸付取引が完了した。

2015年9月、テンセントの旧オンライン決済部を母体にして昇格させた「決済基礎プラットフォームと金融応用ライン」（略称FiT）が創設された。FiTは、理財通《リーツアイトン》プラットフォーム、決済プラットフォーム、研究開発プラットフォーム、金融協力と政策、金融市場ブランドおよび金融データ応用センターなどのモジュールからなり、財付通、テンセント理財通、インターネット信用照会、モバイル決済リスク管理、ウィーチャットペイの基礎プラットフォーム部分、QQウォレット、ファイナンスクラウドなどの事業およびプロダクトを擁している。テンセントのインターネットファイナンス分野が統合されてから、FiTは頼智明《ライジーミン》が総責任者を務めている。

財付通時代の10年間から現在のテンセントFiT設置後1年に至るまでは、二つの段階を経てきた。一つ目はユーザー・業者を金融機関とつなぐ段階、二つ目はテンセントのクラウド技術、ビッグデータ、決済能力、リスク管理能力をビジネスパートナーに開放し、金融機関と提携して、より多くの新たな金融の応用法を生み出す段階だ。

劉熾平《ラウチーピン》はある社内メールでインターネットファイナンスを戦略事業に昇格させた。「我々は、決済ユーザー数を巨大な規模にしてから、より多彩な金融の応用法をユーザーにさらに提供する能力を身につけた。それには技術力、ユーザーへのリーチシーンやデータが含まれており、これらによって我々はよりよいインターネットファイナンスサービスを提供できる」

馬化騰は以前、2016年さる年の大みそか当日に紅包の決済件数が25億件を超え、大みそかの紅包の個数も132億8000万個を超えたと明かした。またウィーチャットペイとQQウォレットを含むテンセントモバイル決済の1日当たり取引件数は5億件を超えた。テンセント決済セキュリティーチームはビッグデータを運用し、顔認証、IVR自動アウトバウンドなどの技術革新によって、ユーザー資金損失率を100万分の1に抑えている。

テンセントインターネットファイナンスは、決済分野で経験と実力そしてファイナンスクラウドやビッグデータの能力を蓄積しているため、金融機関は「カバン一つで入居」が可能だ。馬化騰はかつて「インターネットファイナンスには大きな市場潜在力がある。テンセント社内でもさまざまな形を積極的に模索中だ。現在のテンセントインターネットファイナンス事業については、ネット貸付以外のもう一つの分野はネット資産運用だ」と語った。テンセントは、2014年に他社にない特色を持つネット資産運用オープンプラットフォーム「テンセント理財通」をスタートした。当初のラインナップは通貨ファンドのみだったが、わずか2年で大量の優良資産が集まり、一定期間運用する商品、保険による資産運用、インデックスファンドなど、リスクレベルが異なる優良金融商品が十数種類に拡大した。ファンド、保険、証券など多数の優れた金融ビジネスパートナーとつながりながら、ウィーチャットおよびQQのユーザーに手軽な資産運用サービスを提供する一方で、金融ビジネスパートナーに対してもプロダクトイノベーション、若いユーザーへのすばやいリーチなどの価値を提供している。テンセント理財通のユーザー数は、サービス開始から2年余りで7000万人を突破し、保有資金額は1000億元を超えた。

頼智明はある時社内に向けてこう語った。「理財通は単なるサービス提供者ではなく、一種のオープンなプラットフォームだ。だがこのオープンプラットフォームはスーパーマーケットではなく、何のチェックもなしにあらゆるサプライヤーが入ってくる玉石混淆《ぎょくせきこんこう》の状態でもない。我々は最終的により手堅くよりオープンなモデルを選択し、通貨ファンドを運営している」

ファイナンスクラウドは、テンセントがインターネットファイナンス分野で現在強力に推進中の事業だ。頼智明は今後の流れについて、インターネットファイナンスの過去11年にわたる経験を踏まえて「STAR」モデルなるものを対外的に表明したことがある。これはテンセントの特徴であるだけでなく、今後の四つの流れを説明するものでもある。「STAR」のSはソーシャル化・生活化だ。ソーシャルプラットフォームの威力を利用し、果敢に不要なものをそぎ落としながら、モバイル決済プラットフォームでラッキーマネーのような人気アプリケーションプロダクトをさらに創出する。Tは同じ志の人たち（訳注 「同」の中国語読みは「tong」）との協力によるウィンウィン、すなわちプラットフォーム化を指す。たとえばテンセント理財通のプラットフォームにおいて、過去1年に同プラットフォーム上で各ファンド会社の口座を新規開設したユーザーの数は、各社がそれまでの10年間に開拓してきた新規顧客数を上回った。また、Aは金融包摂、手を伸ばせば届く、すなわちモバイル化とシーン最適化を、Rはデータ化、インテリジェント化をそれぞれ意味する。

テンセントの金融事業は同社戦略事業の一つであるが、テンセントが行うのは事業の「半分」だけだ。事業に関わる上級管理職複数がさまざまな場で「もう半分の命はビジネスパートナーに引き渡している」「金融に対する畏敬の念を持ち続ける」「金融の接続装置になる」といった考えを表明している。

だが後になって振り返ると、テンセントが銀行業に進出してインターネットファイナンス分野での探求を拡大したことには、革命的な意味があるかもしれない。それによりもう一つの広大な空間が創出され、人々は新たにこんな問いが浮かぶだろう。金融のDNAを埋め込まれたテンセントは、いったいどんな企業に進化するのだろうか。

テンセントの公益と社会的責任

馬化騰にとってテンセント設立は、ビジネス上の危険を覚悟した上での行動だったが、同時に自身の価値を実現するプロセスでもあった。したがってインターネットという手段でいかにして人々の生活の質を高めるかは、一貫して馬の最も重要な思考命題の一つだった。また、馬はテンセントが「リスペクトされる企業」となるよう望んでおり、公益事業や社会的責任においても取り組みを進めてきた。

２００６年９月、テンセントはテンセント公益慈善基金会を発起、設立した。中国インターネット企業が初めて設立した公益基金会だ。その後の２年余りで、基金会は６６００万元を投じた。中国青少年発展基金会、中国児童少年基金会などの公益組織と提携して１０００万元近い寄付を実施し、「春蕾計画」や「希望プロジェクト」の一環として貧困地域に小学校30校近くを設立した。ネットワーク、図書館などの付帯設備も建設し、さらに中国西部の農村で勤務する教師の育成プロジェクトも立ち上げた。

２００８年、中国では大きな社会的出来事が二つ発生した。一つは四川《しせん》省の汶川《ぶんせん》大地震とその支援、もう一つは北京オリンピックの開催だ。テンセントは、自身のインターネットプラットフォームを活用していずれにも積極的に参画した。汶川大地震の発生後、テンセントはＱＱ

と騰訊網《トンシュンワン》においてネット利用者に募金の呼びかけを行い、総額２３００万元が集まった。オリンピック開催期間には、ＱＱが趣向を凝らした「オンライン聖火リレー」を開催し、６０００万人余りがこのキャンペーンに参加した。またＱＱを通じていち早くオリンピック情報を獲得したユーザーはのべ16億人に達した。

２００８年11月、創業10周年を迎えたテンセント社は「テンセント企業公民および社会的責任報告書」を発表する形で自身の「10歳」の誕生日を祝った。馬化騰はこう述べた。「テンセントは10年間で、持続可能な成長のための非常に貴重な秘訣を一つ手に入れて、それを実行してきた。すなわち、一方向的な経済的メリットの最大化は絶対に追求してはならず、ユーザー価値と社会価値の最大化をバランスよく実現する方向に進むことだ。10年を振り返ると、自身の責任がはっきり見えてくる。我々のどんな経営行動も、億単位のユーザーに影響を及ぼす可能性がある。ユーザーに認められないかぎり、我々は健全に発展できない。したがって、社会とユーザーに対する責任と企業経営のバランス化は、間違いなく我々が大いに注視する戦略的問題である」

２０１４年9月にピーター・チャン監督の映画『最愛の子』が上映されると、誘拐されて売られた全国各地の子供に関心が集まった。ちょうどその年の10月に「ＱＱ全城助力」公益プロジェクトが始動し、モバイルインターネットの位置情報サービスで、子供が行方不明になった都市在住のＱＱユーザーを対象に関連情報を緊急プッシュ送信した。「ＱＱ全城助力」は初の行方不明児童捜索プラットフォームとして、2年間で全国（深圳、武漢《ぶかん》、アモイ、南寧《なんねい》、大同《だいどう》、阜陽《ふよう》などの都市）14世帯の行方不明児童および未成年者16名を無事帰宅させる助けとなった。技術的公益への姿勢に関して、馬化騰は社内メールに「そうだ。我々は正しいことをし続けるべきであり、しかもインターネットの強みを生かしてよいことをする能力がある」と書いた。

2015年、「騰訊公益《トンシユンゴンイー》」は中国初のインターネット公益デー「99公益デー」をスタートした。テーマは「ともに愛を」だ。

この公益デーのため、テンセントの各事業ラインがエンジン全開であらゆるリソースをつぎ込み、斬新でユーザーが楽しめるものを多数作り出した。ユーザーは「騰訊公益」ネットプラットフォーム上の公益プロジェクト数千件のどれかを選んで少額の寄付をすることができる。「インタラクション」が「99公益デー」のキーワードとなり、たとえばスマホ上で貧困山岳地帯の裸の子供に服を「着せる」と、その子は協賛業者が提供した衣類をもらえる。またスモッグに対抗するゲームをすると、新たに植える苗木1本の支援ができる。こうしたさまざまな楽しいインタラクションにより、公益とは「お金を寄付するだけ」という従来の凝り固まった考えを打ち破った。

このほか、各大型NGOや公益基金会も活動に加わって大技を繰り出した。有名な公益活動家で貧困地域無料給食の仕掛け人である鄧飛《ドンフェイ》は「99公益キャンプ」を実施した。スローガンは「99公益デー、愛のクローン」で、賛同者は「隊員」を18人探して「騰訊公益」プラットフォームで「一緒に寄付」を呼びかけると、モーメンツの力により、親が出稼ぎで家にいない山岳地帯の子供に無料給食が提供される。中国扶貧基金会も「百元大作戦」というイベントを開催した。目標額が1箱200元に設定されている「愛心小包」への寄付賛同者を募るもので、小包は貧困地域の小学生に新学期のお祝いとして贈られる。

2015年9月7日から9日までの3日間で、「騰訊公益」プラットフォーム経由で集まった「99公益デー」のチャリティー募金は総額1億2790万元、寄付を行った者はのべ205万人に達し、金額、参加者とも国内インターネット募金の過去最高を記録した。発起人兼接続装置となったテンセントの基金会は、公益プロジェクト数千件で集まった寄付金額に応じて自身も寄付を行い、3日間の同寄付額は合計で9999万元に達した。

馬化騰は2016年4月18日、テンセントの株式1億株を現在準備中の公益慈善基金に寄付し、各公益慈善組織やプロジェクトを通じて、中国内陸部を主とした医療、教育、環境保護などの公益慈善プロジェクトおよび世界の最先端技術や基礎科学の探求を支援すると発表した。1カ月後には、テンセント創業者の一人である陳一丹《チエンイーダン》が25億香港ドル（約3億2000万ドル）を寄付して世界最大規模の教育賞「一丹賞」を創設すると発表した。

寄付だけでなく、2015年7月にはウォーキングで寄付ができる「益行家《イーシンジア》」というプロダクトをリリースした。これにより多くの人が公益活動の新たな可能性を目にした。ネット利用者が「微信運動《ウエイシンユンドン》」「QQ健康」上で歩数を寄付すると、企業が代わりに寄付してくれる。「益行家」のプロダクト形態を確認する過程で、馬化騰は寄付できる歩数に最低ラインを設定するべきだと主張した。公益のための行動をやり遂げるには頑張りが必要だということで、1万歩を超えないと寄付できないことにしようと馬は提案した。プロダクトのリリースから1年がたち、「1日1万歩、健康で公益を」が大勢のネットユーザーの習慣となった。

「弱々しい朝の光が先の長い暗い道をまだ照らしている」

２０１１年11月、筆者は馬化騰の助けを借りてウィーチャットを使い始めた。すると、馬が大変「けち」で面白みのない「ウィーチャット友達」であることに気づいた。毎月発信するメッセージが10件を超えたことはなく、内容もほとんどがテンセント新事業のごく簡単な紹介とコメントだけだ。たとえば「初の大型生活実験番組。大きなチャレンジ」「購入済み。遅延お詫び金の体験を準備」「滴滴《デイーデイー》が再び戦う。新カテゴリー滴滴快車《クワイチョー》、ぜひご支援を」「プログラムの応答が遅すぎる、最適化が必要」、といった具合だ。

馬は18年の間に、同僚にすらあまり名前を覚えられていない普通のプログラマーから、中国インターネット界の余人をもって代えがたいリーダーにして最大の富を持つ者の一人となった。だが暮らしぶりはあまり変わっていないように見える。今でも人づきあいは好まず、新たに出すプロダクトに毎回注力している。部下たちも相変わらず細かい部分のダメ出しや提案を夜中に受け取っている。

自身の好奇心をコントロールするのが得意な人であると同時に、無限の可能性がある場所まで自身の興味を拡大することもできる。この意味で、彼はやはり望遠鏡にへばりついて果てなく広がる星空を見ていた南部の理系青年だ。2016年10月22日の清華《せいか》大学経管学院での対話において、馬は少年時代の趣味だった天体観測に何度も言及した。「星空を見ていると、自分がちっぽけに思えてくる。我々の存在は、宇宙の中の一つの偶然にすぎないのだろう。だから、どんな出来事もよくよく考えれば大したことはない。これは、くじけそうになったときに心を落ち着かせ、あれこれ悩むのをやめるのに役立つ」

近年、馬が唯一参加を増やした社会活動は公益やチャリティー関連だ。先天性心臓疾患の子供への募金活動を開始し、「壱基金」の理事、大自然保護協会の中国理事にも就任した。さらに桃花源生態保護基金会の創設にも参加した。馬化騰はこうした場で頻繁にジャック・マー(馬雲《マーユン》)と同席して言葉を交わしている。外部では彼らの確執が取り沙汰されているが、すべてデマのように思える。

完璧な人生なるものを我々が一度も見たことがないのと同様に、これは一つの完璧ではないビジネスストーリーだ。「彼」は青春の残酷さに満ちていて、目標に向かって風を切りながらがむしゃらに走る少年のようだ。言うことを聞かない荒馬のように見えるが、心の奥では誰にでもあるような恐怖を抱えている。「彼」が誕生してから筆者が書き終えた所までは18年、「彼」はまだ18歳である。

中国インターネットの成功は中国の改革開放とよく似ており、プラグマティストの勝利だった。アメリカの同業者と比べると、中国人は革命的なインターネット技術は発明していないだろうが、ビジネスモデルとユーザー体験面の努力では卓越している。またアメリカ人は進歩を推し進める技術を発明したが、中国人は利益を得る方法論を見いだした。これも、いわゆるアメリカ式優位性と中国式優位性を生き生きと示すものだ。より広い意味で言うと、中国のインターネット人の製造業、小売サービス業、メディア業、金融業など他分野への浸透《しんとう》が進んでいるが、これ自体はまだ始まったばかりだ。

あるやりとりの中で、馬化騰は感慨深くこう語ったことがある。「すでに大企業が多数誕生しているが、それがどれほどの数であろうと、人類は依然インターネット時代の黎明期に身を置いている。弱々しい朝の光が先の長い暗い道をまだ照らしている。インターネットは本当に不思議な代物だ。インターネットに後押しされて、人類の社会全体が醍醐味の尽きない実験室と化した。我々の世代は、誰もが皆この偉大な実験の計画者であり参加者だ。この実験は、畏敬の念をもって、一心不乱に全力で取り組むに値する」

２０１３年以降、馬化騰とともにテンセントを創業したクラスメートたちが相次いで一線を退いた。

2013年、陳一丹が最高総務責任者（CAO）を退任してテンセント公益慈善基金会の栄誉理事長に就任した。陳の主導によってテンセントはソーシャルプラットフォームの強みを発揮し、慈善公益事業において皆、称賛される活動をいくたびも実施した。また、陳は教育にも資金を投じた。2015年6月、中南《ちゅうなん》財経政法大学から分離された武漢学院は、教育部の承認を得て単独の民営大学に組織転換した。陳一丹は初回投資としてそこに20億元を出資した。

2014年9月には張志東《ジャンジードン》が最高技術責任者（CTO）の職を辞した。その後の張の肩書きはテンセント学院の一講師だ。馬化騰は社内メールに自分の思いをつづった。「技術自体よりもさらに重要な点がある。トニー（張志東）は当社のユーザー価値観を最も徹底的に実践した人だった。総弁会でも、トニーは絶対妥協せずにユーザーに寄り添っていられる人であり、終始その『こだわり』を持ち続けた。トニーのそうした確固たる姿勢は、強いユーザー志向という当社の理念的DNAにも溶け込んでいる」

確か2012年の夏だった。まだ退任していなかった張志東が自身のオフィスで取材に応じてくれた。我々がいる高層階の下は、緑に囲まれた深圳大学だ。そこにいた、若くてものを知らない学生から中国インターネット界で最も権勢のある者の一人となるまで、張と馬化騰は時代の波にのみ込まれて、よろめいたりつまずいたりしながらも前へ前へと進み、誰にも真似のできないすばらしい人生を形づくった。

取材を終えると、張はエレベーターまで送ってくれた。エレベーターが開くと、突然こうつぶやいた。「いつかテンセントがもっと大きな試練にぶつかったら、そこから新しい一日が始まるのかもしれない」

がっしりした体躯《たいく》の張に何も言い返せないまま、扉がゆっくりと閉まった。

あとがき

深圳《しんせん》テンセント本社の文書保管室は100平方メートル強しかない。ふだんは女性が一人で黙々と管理しており、室内は明るくきれいに整頓されている。最も多い資料はスクラップブックだ。2000年以降、テンセントが外部のスクラッピング会社に委託して毎月の報道記事を1冊にまとめさせていたが、やがて無意味だと考えたのだろう。2006年以降はサービスを利用しなくなった。

テンセントの会議は、動画資料はもちろんのこと、議事録を残すという習慣すらほとんどない。ほぼ全員から「収集が可能な資料は、各部署のいろんな管理職のところに分散している。テンセントはメールで管理する会社だから、歴史的なエピソードはその場に居合わせた者の記憶かメールボックスに残っているか、あるいは消えてしまっている」というようなことを言われた。テンセントの上級管理職は大多数が理系出身の技術者だ。彼らはデータには敏感だが、私が知りたいドラマのようなエピソードとなるとさっぱり覚えていない。どうやら、自社の歴史に「無頓着《むとんちゃく》」なこの企業にいる者たちはいずれも、そうした状態を「とてもよいこと」と考えている節がある。ある上級管理職からは「インターネット企業の者は皆こんなものだ。

我々にしてみれば、昨日がいったん終わってしまえばもう何の意味もない。我々の目は未来しか見てこなかった」と言われた。

さらにまずいことに、テンセントの事業ラインはその複雑さでよく知られている。馬化騰《マーホワトン》（ポニー・マー）自身ですら、ウィーチャット（微信《ウエイシン》）のモーメンツで申し訳なさそうに「テンセントの事業モデルをリーダーたちにきちんと説明するのは、何度やっても難しい」と書いていた。私もしばらくの間、事業グループの各総裁を取材するたびに、まずはマネジメントや事業の体制図を描いてもらっていた。あるとき、人事担当のシニア・エグゼクティブ・バイスプレジデントである奚丹《シーダン》に「テンセントにはいったいいくつのプロダクトがあるのか」と質問したところ、「その質問は恐らくポニーでも答えられない」と言われた。

こうしたことはいずれも、2011年に本著の執筆に着手した時点ではまったく予想していなかった。これまでの5年余りでテンセントの各クラス管理職者60数名を取材し、周囲の人100人以上からいろいろ話を聞いた。この時期はまさにウィーチャットが成長していた頃で、テンセントの社内組織体制も2度にわたる大幅な変更を実施した。ウィーチャットの戦略上の格上げと猛烈な産業的拡張は、見ていて目がチカチカするほどだった。したがって、本著の執筆は大規模な「フィールドワーク」であると同時に、現場で目撃したものをそのまま記録する作業でもあった。本著はもともと、テンセント創立15周年の節目に当たる2013年末に刊行する予定だった。だがその3年後の2016年末までかかって、ようやくどうにかすべての執筆を終わらせた次第である。

私の仕事に対するテンセントおよび馬化騰のサポートに感謝したい。彼らは当初から、徹底的にオープンな姿勢を取ると約束してくれた。社内のどんな人、どの部署への取材も可能だったし、執筆内容に過度に横やりを入れてくることもなかった。この5年余りの間、この会社の率直さと誠実さを実感し、彼らが前へ進む際の感情の高ぶり、不安、迷いを理解することもできた。

２００７年頃、私が経営する藍獅子《ランシーズ》財経《ツァイジン》創意《チュアンイー》中心《ジョンシン》でアリババ初の公式企業伝『アリババ　天下に不可能なビジネスはない（阿里巴巴：天下没有難做的生意）』を出版したことがある。当時はちょうどアリババが香港に上場し、ＢＡＴ（バイドゥ、アリババ、テンセント）が中国インターネットの新たな支配勢力になろうとしていた。そして今回の長い執筆で、私は再びこの産業の中核地帯に入り込んだ。２０１４年5月には、ウィーチャットのパブリックアカウントプラットフォーム上に「呉暁波《ウーシアオボー》チャンネル」を開設し、不慣れで難度の高いセルフメディアも試験的に始めた。アリババとテンセントに対する2度の密着取材により、従来型の文筆業者で企業ウオッチャーでもある私の「インターネットＩＱ」は間違いなく大幅に高まった。

今回の執筆に際し、最もありがたかったのはテンセント広報部だ。劉暢《リウチャン》（すでに退職して起業し、現在は「伴米《バンミー》」の経営に情熱を注いでいる）、李航《リーハン》、岳淼《ユエミアオ》、王暁冰《ワンシアオビン》、周南誼《ジョウナンイー》、毛暁《マオシヤオ》芳《ファン》（執筆を始めた頃、彼女は結婚したばかりで、現在は第二子が誕生間近だ。広報部の同僚がこの子に「伝伝《チユワンチユワン》」という幼名をすでにつけたという）、杜軍《ドウージユン》（すでに退職）、樊杰《ファンジエ》らには、最大限の無私のサポートをしていただいた。もし彼らが面倒をいとわずに取材の手配や一次資料の収集をしてくれなければ、執筆を終えるのは不可能だった。また藍獅子の陶英琪《タオインチー》、趙晨毅《ジヤオチエンイー》、陳一寧《チエンイーニン》、李雪虎《リーシユエフー》、孫振曦《スンジエンイー》も同様にいろいろな仕事をしてくれた。孫暁亮《スンシヤオリヤン》、王《ワン》天義《ティエンイー》、王亜賽《ワンヤーサイ》らデザイナー数名は、装丁デザインとグラフを仕上げてくれた。

感謝したい社外の取材対象者はかなり数が多いので、胡延平《フーイエンピン》、段永朝《ドワンヨンチヤオ》、謝文《シエウエン》、羅振宇《ルオジエンユー》、方興東《ファンシンドン》など、主な数名のみ名前を掲げたい。うち羅振宇は本著に関して「最初に悪事を仕組んだ者」の一人だ。「３Ｑ大戦」以降、まさにこの人がテンセント経営陣に本著の出版を持ちかけ、「有能者の推挙に友も避けず」式で私を推薦してくれたのだった。

毎回の執筆は遺憾の芸術だ。私たちは永遠に事実の真相を書き尽くすことはできない。あるいは事実が文字で再構築された時点で、選択、切り捨て、ないしは歪曲の過程を耐え忍んだことになる。特にノンフィクションである企業史の執筆において、書き落とされた、あるいは考察されなかったエピソードは、一つの審議対象として解読をやり直してもらうことになるだろう。概して、ある企業の存在価値は産業繁栄の結果であって原因ではない。私が保証できるのはエピソードとデータの真実性だが、もしそこに何か漏れがあったとしたら、その過失はすべて私の責任である。

家族にも感謝したい。邵冰冰《シヤオビンビン》は一貫して本著原稿の最も粘り強い催促者だった。彼女によると、完成は唯一の解脱《げだつ》の道だそうだ。娘の呉舒然《ウーシューラン》は現在ロサンゼルスの大学に留学中で、私の世界からどんどん遠ざかっている。だが、いつか帰国してビジネスを始める決意をする日が来るとしたら、彼女が私のこれまでの著作に目を通す可能性が出てくるかもしれない。

最後に、インターネットにも感謝したい。これまでの20年間に、インターネットはここまで破壊的に私たち一人ひとりの人生を変え、ここまで大きく私たちの国を変えてきた。恩恵を受けてきた私たちには、当然ながらインターネットについて記録する責任がある。

呉暁波《ウーシアオボー》
2016年10月18日
杭州《こうしゅう》市大運河のほとりにて

［著者略歴］
呉 暁波（ウー・シァオボー）
著名ビジネス作家。「呉暁波チャンネル」主催。「藍獅子出版」創業者。中国企業史執筆や企業のケーススタディに取り組む。著書に『大敗局』（I・II）、『激蕩三十年』、『跌蕩一百年』、『浩蕩両千年』、『歴代経済改革の得失』など。著作は『亜洲周刊』のベスト図書に二度選ばれる。

［訳者略歴］
箭子喜美江（やこ・きみえ）
中国語翻訳者。ビジネス全般、時事経済、学術研究論文・資料等の実務翻訳および訳文校閲、連続ドラマやドキュメンタリー等の映像字幕翻訳など、幅広い分野の翻訳に従事。サイマル・アカデミー東京校中国語翻訳者養成コース非常勤講師として後進の育成にも携わる。東京外国語大学中国語学科卒。訳書に『謝罪を越えて』（文春文庫）。

テンセント
知られざる中国デジタル革命トップランナーの全貌

2019年10月19日　第1刷発行

著　者　呉 暁波
訳　者　箭子喜美江
発行者　長坂嘉昭
発行所　株式会社プレジデント社
〒102-8641 東京都千代田区平河町2-16-1
平河町森タワー 13F
http://president.jp
電話　編集（03）3237-3732
販売（03）3237-3731
編　集　渡邉 崇　田所陽一
販　売　桂木栄一　高橋 徹　川井田美景　森田 巌　末吉秀樹
装　丁　秦 浩司（hatagram）
本文DTP　横内俊彦（ビジネスリンク）
出版協力　菅原伸昭
宣伝協力　葉 志松
制　作　関 結香
印刷・製本　凸版印刷株式会社

 ISBN978-4-8334-2337-3　Printed in Japan